Ivantchik Les Cimmériens au Proche-Orient

ORBIS BIBLICUS ET ORIENTALIS

Publié au nom de l'Institut biblique
de l'Université de Fribourg Suisse,
du Seminar für biblische Zeit- und Sozialgeschichte
der Universität Münster i.W.
et de la Société suisse
pour l'étude du Proche-Orient ancien
par Othmar Keel
avec la collaboration
d'Erich Zenger et Albert de Pury

L'auteur

Askold Ivantchik (1965) a terminé ses études d'histoire ancienne et de philologie classique à l'Université de Moscou en 1986. Depuis 1986, il est collaborateur scientifique à l'Institut des études orientales de l'Académie des sciences (Moscou), section de l'Orient ancien. Entre 1986 et 1989, il a étudié en tant que doctorant les langues akkadienne, hébraïque, avestique et le vieux-perse aux Instituts des études orientales de Moscou et de Leningrad, et à l'Institut linguistique de Moscou. En 1990, il a soutenu sa thèse de doctorat, dont cet ouvrage est une reprise actualisée, à l'Institut des études orientales de Moscou. Entre 1990 et 1992, il a travaillé dans le cadre de l'Université de Fribourg (Suisse) comme boursier du canton de Fribourg. A côté de ses recherches historiques et philologiques, il a participé également à plusieurs expéditions archéologiques: en Russie du Sud (1980–1988, les tumuli des steppes, les sites du royaume du Bosphore, les villes de Patrasys, de Phanagorie et de Chersonèse), en Bulgarie (1988-1990, le tell Yunacité) et en Grèce (1991-1992, Argos).

Orbis Biblicus et Orientalis 127

Askold I. Ivantchik

Les Cimmériens au Proche-Orient

Editions Universitaires Fribourg Suisse
Vandenhoeck & Ruprecht Göttingen

Die Deutsche Bibliothek – CIP-Einheitsaufnahme

Ivantchik, Askold I.: Les Cimmériens au Proche-Orient / Askold I. Ivantchik – Freiburg, Schweiz: Univ.-Verl.; Göttingen: Vandenhoeck und Ruprecht, 1993.
(Orbis biblicus et orientalis; 127)
ISBN 3-525-53762-X (Vandenhoeck und Ruprecht)
ISBN 3-7278-0876-4 (Univ.-Verl.)
NE: GT

Les originaux de ce livre, prêts à la reproduction, ont été fournis par l'auteur.

Imprimerie Saint-Paul Fribourg Suisse

ISBN 3-7278-0876-4 (Editions Universitaires)
ISBN 3-525-53762-X (Vandenhoeck & Ruprecht)

TABLE DES MATIÈRES

AVANT-PROPOS

Cette étude est fondée sur ma thèse de doctorat soutenue au début de 1990 à l'Institut des études orientales de l'Académie des sciences (Moscou). Je remercie mon directeur de thèse M. E.A. Grantovsky dont l'attention permanente, les remarques et les conseils ont été très importants pour moi au cours de toutes les étapes de cette recherche. Je remercie également M. G.M. Bongard-Levin sous la direction de qui j'ai commencé mon travail à l'Institut des études orientales et qui ne m'a pas ménagé par la suite son soutien scientifique et moral.

La publication de plusieurs ouvrages importants, parus après la soutenance de ma thèse en 1990, a imposé une révision et une augmentation importantes de cette étude. Parmi ces nouveaux ouvrages, il faut mentionner en premier lieu le IVe et le Ve volumes de la collection *State Archives of Assyria* (Helsinki). Ces deux volumes contiennent la publication de plusieurs nouveaux textes mentionnant les Cimmériens ainsi que la réédition de textes connus, fondée sur de nouvelles collations. En outre, G. Lanfranchi a publié à la fin de 1990 la première monographie sérieuse spécialement consacrée au problème cimmérien.

Grâce à une bourse qui m'a été accordée par l'Université de Fribourg (Suisse), j'ai eu la possibilité de continuer mes recherches sur le problème cimmérien dans le cadre de cette Université durant les années 1990/91 et 1991/92. Mon travail à Fribourg a été particulièrement agréable grâce à la collaboration de M. M. Piérart dont l'assistance amicale a rendu possible l'achèvement de ce livre.

Je tiens également à remercier tous mes collègues qui ont lu les différentes parties de cet ouvrage lors des diverses étapes de sa préparation pour leurs remarques et critiques. Je voudrais remercier en particulier M. I.M. Diakonoff (Institut des études orientales, St.-Pétersbourg) dont les observations furent toujours très approfondies et très utiles, bien que je ne fusse pas toujours d'accord avec ses remarques. Je suis également reconnaissant envers le Père J.-D. Barthélemy (Université de Fribourg), M. W. Burkert (Université de Zürich), M. L.A. Gindin (Institut des études slaves et balkaniques, Moscou), M. I.S. Klotchkov (Institut d'histoire générale, Moscou), M. D.S. Raevsky (Institut des études orientales, Moscou), M. S.R. Tokhtasijev (Institut des études orientales, St.-Pétersbourg), M. Ch. Uehlinger (Université de Fribourg), ainsi que mes autres collègues.

Je remercie cordialement mes amis J. Barberis, D. de Rivaz et C. Konqui qui ont bien voulu rectifier mon français.

Fribourg, août 1992

INTRODUCTION

Le problème cimmérien est l'une des questions les plus compliquées et les plus obscures de l'histoire du Ier millénaire avant J.-C. Ce problème est directement lié aux différents aspects de l'histoire et de la culture de l'antiquité classique, du Proche-Orient et de la région pontique. Il est également important pour l'étude de l'archéologie de ces territoires. Cependant, les Cimmériens furent rarement l'objet d'une étude spéciale et approfondie, bien que des travaux d'ordre général ou des études consacrés à d'autres sujets contiennent beaucoup de remarques sur ce problème. Cela s'explique probablement par la diversité des sources concernant les Cimmériens.

1. Les sources historiques concernant les Cimmériens appartiennent à deux groupes tout à fait différents. Le premier groupe inclut les données, relativement nombreuses, de la tradition classique. Le plus ancien témoignage grec concernant les Cimmériens peut être daté de la deuxième moitié du VIIIe siècle avant J.-C. Il se trouve dans l'*Odyssée* d'Homère (XI, 14). Les Cimmériens sont décrits dans ce poème comme un peuple mythique habitant près de l'entrée des Enfers, dans des ténèbres perpétuelles. Le texte d'Homère prouve que les Grecs de son époque n'avaient pas encore eu de contacts directs avec les Cimmériens. Ils ne savaient probablement rien de ce peuple, si ce n'est son nom.

La tradition classique ne comprend qu'un seul texte mentionnant les Cimmériens dont l'auteur fut le contemporain des contacts directs entre les Grecs et les Cimmériens. Il s'agit d'un vers du poète élégiaque Callinos qui est conservé dans la *Géographie* de Strabon (fr. 3 Gentili - Prato): νῦν δ' ἐπὶ Κιμμερίων στρατὸς ἔρχεται ὀβριμοεργῶν, "la horde des Cimmériens malfaisants (les) attaque à présent." Ce vers ne nous renseigne cependant que sur le fait même de l'incursion des Cimmériens en Ionie.

Tous les autres témoignages classiques ne sont en fait que de seconde ou de troisième main. Ils sont conservés dans les oeuvres d'auteurs dont le plus ancien, Hérodote, vivait plus de deux cents ans après la disparition des Cimmériens. Les contacts directs entre les Cimmériens et les Grecs furent très courts. Les informations sur ce peuple ont été tout d'abord conservées dans la tradition orale folklorique, et elles ont subi les modifications et les altérations habituelles pour une telle tradition. De plus, les données sur les Cimmériens à la disposition des auteurs antiques étaient très ténues. Dès l'époque la plus ancienne, le manque d'information fut compensé par différentes théories et par des constructions savantes. La tradition classique ne bénéficia plus de nouvelles informations, et son développement ne consista donc qu'en l'apparition de nouvelles interprétations de la quantité restreinte des données déjà connues. La majorité de ces interprétations a été fondée sur des *studia homerica*, souvent de caractère savant ou mythographique. C'était une sorte de commentaire du texte mentionné d'Homère qui ne contenait dès le début aucune information authentique concernant les Cimmériens. Les altérations provenant de la tradition orale folklorique ont donc été suppléées par des altérations et des déformations de caractère savant.

Ces conditions du développement de la tradition classique relatif aux Cimmériens exigent une attitude très prudente envers ces données. Bien que plusieurs récits d'auteurs antiques soient fondés sur des événements réels, le problème de la vérification de leur authenticité reste très important lors de leur étude. Ce problème ne peut être résolu que par l'étude spéciale de l'histoire de la transmission de chaque témoignage. Un des buts principaux de l'étude de cette matière doit donc être l'élucidation du problème de la source initiale de chaque témoignage. La sous-estimation de ces exigences et la confiance absolue dans la tradition classique créent souvent des conceptions erronées de l'histoire des Cimmériens.

C'est pourquoi le deuxième groupe de sources revêt une importance particulière. L'étude de ce groupe de textes est le moyen principal de vérification des données des sources classiques, moyen qui permet de discerner les faits historiques dans ces données et de les isoler des théories savantes et des conjectures tardives. Ce groupe comprend les textes cunéiformes akkadiens rédigés à l'époque des contacts directs entre les Cimmériens et les Assyriens. Ces textes donnent des informations authentiques et fiables de première main. Plusieurs documents akkadiens sont bien datés, et nous connaissons souvent l'année et parfois même le mois et le jour de leur rédaction. La précision de ces datations permet de restituer une chronologie sûre et fiable de l'histoire cimmérienne et de l'inclure dans le contexte général de l'histoire du Proche-Orient. La restitution de cette chronologie a sa propre valeur et elle peut, de plus, être comparée avec les données correspondantes de la tradition grecque. Cette comparaison permet de juger de l'authenticité des dates proposées par les auteurs classiques et de celle de tout l'ensemble de leurs témoignages.

Les textes cunéiformes akkadiens mentionnant les Cimmériens appartiennent à des genres divers. Cette diversité permet une critique efficace des sources akkadiennes, notamment par leur confrontation. La confrontation des textes akkadiens entre eux permet d'établir la réalité historique qui est souvent dissimulée dans les textes de certains genres, notamment dans les inscriptions royales officielles. Une partie considérable des textes akkadiens mentionnant les Cimmériens est constituée les inscriptions dites "annales" (les "cylindres" et les "prismes") des rois assyriens Assarhaddon et Assourbanipal. Ce sont des inscriptions de construction plus ou moins détaillées, rédigées sous forme d'une sorte de rapport adressé aux dieux. Une partie importante de ces inscriptions est la relation des gestes, notamment militaires, du roi. Si la conjoncture politique changeait, ou si le roi effectuait de nouvelles actions importantes, on pouvait rédiger une nouvelle version des "annales". Cette version était inscrite sur des "prismes" et des "cylindres" qui étaient placés dans les fondations des nouvelles constructions. La comparaison des différentes versions des "annales", qui peuvent habituellement être datées assez précisément, permet de juger des changements de la situation politique. Cette comparaison permet également de tirer des conclusions quant à la fiabilité des appréciations des événements donnés par les "annales" (les succès des rois sont habituellement exagérés et les échecs sont sous-estimés ou simplement passés sous silence). Cette comparaison permet également une datation efficace des événements décrits dans les "annales".

Les données que l'on peut tirer de la correspondance royale sont plus fiables, car cette dernière servait à l'usage interne et avait un caractère moins officiel. Ce groupe de documents inclut la correspondance des rois Sargon, Assarhaddon et Assourbanipal avec des fonctionnaires de l'administration (ainsi que de ces derniers entre eux). Il inclut également les lettres envoyées aux rois par les astrologues. Ces dernières contiennent beaucoup de descriptions de différents phénomènes célestes. Grâce à ces descriptions, les lettres des astrologues peuvent souvent être datées d'une façon très précise. La date des événements mentionnés dans ces lettres peut donc être assurée. Les demandes royales à l'oracle du dieu Shamash sont proches de ce groupe de textes. Ces demandes contiennent des questions concernant des affaires politiques concrètes qui intéressaient le roi au moment de leur rédaction. Les textes de cette série sont malheureusement souvent très abîmés, ce qui rend difficile leur interprétation.

Les particularités des sources sur le problème cimmérien ont déterminé la direction de notre recherche. Le but principal de ce travail est la restitution de l'histoire réelle des Cimmériens, notamment de la chronologie de cette histoire. Le problème de l'appartenance ethnique des Cimmériens sera également étudié. L'étude des sources du deuxième groupe est très important pour la résolution de ces problèmes, car il s'agit de textes assyriens et babyloniens qui contiennent des données précises et fiables sur l'histoire des Cimmériens. Par contre, la tradition classique nous donne une information plutôt sur l'*image* des Cimmériens que sur un peuple réel. Cette image, qui existait dans la littérature classique, était souvent très différente de la réalité historique.

L'étude de l'image des Cimmériens dans la tradition classique est très importante pour les recherches sur la formation et le développement de cette tradition, ainsi que sur le problème général de la réception de l'Orient par la culture grecque. Ces problèmes sont cependant liés davantage à l'étude de la littérature grecque qu'à celle de l'histoire du Proche-Orient. De plus, ce sujet est très large et complexe. La réunification de ces deux sujets différents dans une seule étude ne semble être rationnelle du point de vue ni de sa structure, ni de sa dimension.

Ce sont donc les textes akkadiens qui constituent le fondement principal de cette recherche. Les données de la tradition grecque ont été utilisées seulement lorsqu'on pouvait les confronter avec les sources akkadiennes. Dans ce cas, on a pu s'assurer que les témoignages des auteurs grecs étaient fondés sur des faits historiques et non sur des théories ou des constructions savantes. Les sources nous ont également obligés à limiter notre recherche à l'histoire des Cimmériens durant leur présence au Proche-Orient, c'est-à-dire pendant la période relatée par les sources akkadiennes. D'autres problèmes, comme le problème compliqué de la patrie de Cimmériens, sont laissés de côté, car les sources les plus importantes sur ce sujet appartiennent à la tradition classique. Le problème de la patrie des Cimmériens, ainsi que plusieurs sujets concernant le développement de la tradition classique sur les

Cimmériens (par exemple, les récits de la présence des Cimmériens en Italie, le témoignage d'Homère et son interprétation dans la littérature tardive, etc.) doivent être étudiés seulement après l'étude approfondie des sources akkadiennes. Une fois établies, grâce à cette étude, nos connaissances certaines sur l'histoire réelle des Cimmériens, nous pourrions analyser d'une façon sérieuse les données des textes classiques.

2. Il faut dire encore quelques mots de la culture archéologique dite "cimmérienne". Ce terme a déjà été proposé par les premiers chercheurs qui ont étudié les cultures préscythes des steppes de la Russie du sud pour désigner ces dernières[1]. On a proposé plus tard différentes variantes pour l'identification concrète des cultures archéologiques de cette région avec le peuple historique des Cimmériens[2]. L'opinion d'A.I. Terenožkin est maintenant la plus répandue dans la littérature archéologique. Selon cette opinion, ce sont les monuments préscythes de type Tchernaja gora et du type du trésor de Novotcherkassk qui appartiendraient aux Cimmériens[3]. Les relations entre ces vestiges et la culture précédente dite *Srubnaja* ne sont pas tout à fait claires. Ils sont habituellement considérés comme la dernière phase de cette culture, ou comme une nouvelle culture apparue sur ces bases.

Les auteurs des études archéologiques n'ont cependant pas discuté des problèmes de la critique des sources écrites, et ce n'est d'ailleurs pas de leur compétence. Ils n'ont donc pas spécialement étudié le problème de la localisation des Cimmériens comme peuple historique d'après les données des textes. Ce problème n'est pas résolu, et l'identification des Cimmériens avec une culture archéologique semble donc être prématurée au stade actuel des recherches. Le terme de "culture cimmérienne" utilisé dans la littérature archéologique n'est en réalité qu'une désignation conventionnelle des cultures préscythes de la Russie du sud. Ce terme est apparu sur la foi aveugle dans le récit d'Hérodote de l'expulsion des Cimmériens par les Scythes de la région pontique. L'authenticité de ce récit est cependant loin d'être prouvée et, en tout cas, il doit être analysé par des méthodes philologiques et historiques.

La littérature archéologique concernant les Cimmériens est donc pratiquement inutilisable dans le cadre de notre étude. Le problème de la culture archéologique des Cimmériens ne peut être résolu qu'après avoir identifié les régions incontestables de leur localisation. Cette localisation ne peut être établie qu'en résultat de l'analyse des sources écrites qui mentionnent le peuple historique des Cimmériens. L'étude des textes doit

---

[1]SAMOKVASOV D. Ja., *Mogily russkoj zemli,* Moscou, 1908, pp. 41 suiv. EBERT M., *Südrussland im Altertum,* Bonn, Leipzig, 1921, pp. 386 suiv. TALLGREN A.M., "La Pontide préscythique", in: *Eurasia septentrionalis antiqua,* 2, Helsinki, 1926, *passim.* GORODCOV V.A., "K voprosu o kimmerijskoj kul'ture", in: *Trudy sekcii arkheologii RANION,* 3, 1928.

[2]Pour l'histoire de l'étude de ce problème, voir: SULIMIRSKI T., "The Cimmerian Problem", in: *Bulletin of the Institute of Archaeology of London,* 2, 1960, pp. 45-65. TERENOZKIN A.I., "K istorii izučenija predskifskogo perioda": *Skifskije drevnosti,* Kiev, 1973, pp. 7-19.

[3]TERENOZKIN A.I., *Kimmerijcy,* Kiev, 1976.

donc précéder toute tentative d'identifier les Cimmériens historiques avec une culture archéologique connue. Sinon, le terme de "culture cimmérienne" ne serait plus qu'une convention dont la relation avec la réalité historique resterait pour le moins obscure.

3. Le sujet principal de cette étude est donc la restitution de l'histoire des Cimmériens à l'époque de leur présence au Proche-Orient. C'est pourquoi la première partie de ce livre est consacrée à l'analyse proprement dite des sources historiques. La deuxième partie représente le corpus des textes akkadiens concernant les Cimmériens. Nous avons inclus dans ce corpus tous les textes connus du VIIIe et du VIIe siècles avant J.-C. mentionnant ce peuple. Les textes dans lesquels le nom des Cimmériens est seulement restitué n'y sont pas inclus. En outre, le corpus comprend les demandes à l'oracle de Shamash mentionnant les Scythes. Cette exception s'explique par les liens étroits entre les demandes concernant les Scythes et les Cimmériens, ainsi que par l'existence de l'hypothèse selon laquelle le nom des Cimmériens désignerait souvent dans les textes de ce groupe les Scythes réels. Les textes inclus dans ce corpus sont donnés en translittération fondée sur les meilleures éditions précédentes de ces textes. La translittération est accompagnée par les traductions et par des commentaires. Ces derniers font mention des éditions principales de chaque texte et donnent les explications nécessaires du caractère historique et philologique, lesquelle ne sont pas comprises dans la première partie de cette étude.

4. L'étude des sources akkadiennes concernant les Cimmériens a commencé tout de suite après la naissance de l'assyriologie même. Les Cimmériens étaient déjà mentionnés dans les premiers textes assyriens découverts en 1849 par H. Layard lors des fouilles de Kouyoundjik (Ninive) et publiés en 1851[4]. La majorité des textes mentionnant les Cimmériens a été retrouvée plus tard au même endroit et fait maintenant partie de la collection de Kouyoundjik du British Museum. Une partie des textes concernant les Cimmériens provient cependant d'autres centres assyriens, notamment de Nimrud (pour les textes et leurs publications, voir dans la partie II). Les *Gimirrāia* des textes assyriens ont été vite identifiés avec les Κιμμέριοι de la tradition classique[5]. Les travaux spécialement consacrés à l'histoire des Cimmériens furent cependant peu nombreux jusqu'à l'époque la plus récente.

La première de ces études a été publiée en 1897 par H. Winckler[6]. Il a confronté dans cette étude plusieurs témoignages de la tradition classique et de textes orientaux concernant des actions des Scythes et des Cimmériens au Proche-Orient. Une attention particulière a été accordée aux textes

---

[4]LAYARD A.H., *Inscriptions in the Cuneiform Characters from Assyrian Monuments*, London, 1851, pl. 20-29, 54-58.

[5]NEUMANN K., *Die Hellenen in Skythenlande*, vol. I, Berlin, 1855, pp. 114-117. GELZER H., "Das Zeitalter des Gyges", in: *RhM*, 30, 1875, pp. 230-268. ROHDE E., "Studien zur Chronologie der griechischen Litteraturgeschichte", in: *Kleine Schriften*, vol. I, Tübingen, Leipzig, 1901, p. 99 (l'article de 1881).

[6]WINCKLER H., "Kimmerier, Skythen, Ašguzäer", in: *Altorientalische Forschungen*, Heft VI, Leipzig, 1897, pp. 484-496.

mentionnant le roi Dugdammi / Lygdamis, textes qui étaient connus à l'époque (surtout, l'hymne d'Assourbanipal au dieu Marduk). H. Winckler a analysé des textes de l'époque d'Assarhaddon et d'Assourbanipal. Les principales conclusions de cet article, et surtout celles qui concernent la chronologie, sont maintenant dépassées à cause de l'apparition d'un grand nombre de sources nouvelles.

Une nouvelle étape dans l'étude des Cimmériens a été marquée par l'article de C. Lehmann-Haupt dans la *Real-Encyclopädie der classischen Altertumswissenschaft*[7]. L'auteur de cet article a recueilli presque toutes les données des sources écrites connues à l'époque sur les Cimmériens. En s'appuyant sur ces données, il a essayé de restituer leur histoire. Il a également analysé (bien que de façon assez superficielle) une grande partie des textes classiques, notamment la tradition qui remonte au témoignage d'Homère. En outre, il a fait plusieurs remarques sur l'étymologie des noms cimmériens et sur l'identification ethnique de ce peuple. L'étude de C. Lehmann-Haupt n'a pas encore perdu toute sa valeur scientifique, surtout comme recueil de matériaux, bien qu'il ne soit plus complet à cause de la découverte de textes nouveaux. Cette étude est également importante parce qu'elle réunit des observations dispersées, faites vers le début des années 20 par différents auteurs. L'article de C. Lehmann-Haupt n'est cependant pas d'une conception originale et il est déjà vieilli, surtout dans sa partie linguistique et chronologique.

Les travaux d'I.M. Diakonoff occupent une place particulière parmi les études du problème cimmérien. Son recueil de traductions de textes akkadiens mentionnant les Cimmériens a joué un grand rôle dans l'étude de ce problème. Ce recueil fait partie de son corpus des sources akkadiennes concernant l'histoire de l'Ourartou, publié en 1951[8]. Ce corpus ne contient malheureusement pas les translitérations des textes. Une partie des textes est omise, et l'interprétation des autres est déjà désuète. Néanmoins, ces traductions, souvent fondées sur des interprétations nouvelles des textes, sont très utiles. De plus, l'auteur fait beaucoup de remarques importantes dans ses commentaires. Plus tard, I.M. Diakonoff a accordé une attention particulière au problème cimmérien[9] dans son étude sur l'histoire de la Médie. Il a proposé dans ce livre une conception originale de l'histoire des Cimmériens et a fait beaucoup d'observations importantes pour notre étude. L'apparition de données nouvelles nous oblige cependant à faire plusieurs corrections importantes à cette conception.

Il y a quelques années, I.M. Diakonoff a repris l'étude du problème cimmérien. Il a publié un grand article intitulé simplement "Les Cimmériens"[10]. Le sujet principal de cet article est l'interprétation du nom des

---

[7]LEHMANN-HAUPT C.F., "Kimmerier", in: *RE*, vol. XI, 1921, coll. 398-434.

[8]AVIIU.

[9]D'JAKONOV I.M., *Istorija Midii*, Moscou, Léningrad, 1956, pp. 228-286.

[10]DIAKONOFF I.M., "The Cimmerians", in: *Acta Iranica*, 21, 1981, pp. 103-140. Une variante abrégée de cet article a été publié en russe: D'JAKONOV I.M., "K metodike

Cimmériens et de son emploi dans les textes akkadiens, ainsi que le problème de l'appartenance ethnique des Cimmériens. L'auteur a également fait des remarques importantes sur l'étymologie des noms cimmériens. Cet article donne pour la première fois une analyse scientifique du nom des Cimmériens, analyse fondée sur l'étude de toutes ses attestations connues. Nous ne pouvons cependant pas approuver la conclusion principale de l'auteur (cf. chapitre 4).

Une première monographie sur le problème cimmérien a été publiée en 1968[11]. Elle est consacrée à l'étude de la tradition classique sur les Cimmériens, mais une partie de ce livre tient également compte des sources akkadiennes. L'auteur n'en donne cependant pas une analyse particulière. Parfois même, il ignore des importants textes akkadiens et la bibliographie relative problème. La monographie d'U. Cozzoli ne contient pas d'étude sérieuse de l'histoire des Cimmériens; elle est donc presque inutile pour l'objet de cette étude.

Il faut mentionner encore une série d'articles importants publiés durant les trente dernières années. Ces articles ont été consacrés soit à l'analyse d'un texte concret mentionnant les Cimmériens, soit à celle d'un groupe de textes, et non à l'étude générale du problème cimmérien[12]. Ces articles contiennent les datations des textes étudiées, ainsi qu'un grand nombre de commentaires de caractères philologique et historique. Les textes eux-mêmes sont réédités en tenant compte des nouvelles collations.

Deux autres études monographiques spécialement consacrées au problème cimmérien ont été publiées dans le courant de ces dernières années. La première d'entre elles, le livre d'A. Kristensen, a paru en 1988[13]. La partie principale de ce livre est consacrée à l'étude des textes akkadiens mentionnant

---

issledovanij po etničeskoj istorii ("kimmerijcy")", in: *Etničeskije problemy istorii Central'noj Azii v drevnosti (II tys. do n.e.)*, Moscou, 1981, pp. 90-100.

[11]COZZOLI U., *I Cimmeri*, Roma, 1968.

[12]HARTMAN L.F., "The date of Cimmerian Threat against Ashurbanipal according to ABL 1391", in: *JNES*, 21, 1962, pp. 25-37. ARO J., "Remarks on the Practice of Extispicy in the Time of Esarhaddon and Assurbanipal", in: *La divination en Mésopotamie ancienne et dans les régions voisines*, Paris, 1966, pp. 109-117. COGAN M., TADMOR H., "Gyges and Ashurbanipal. A Study of Literary Transmission", in: *Orientalia*, 46, 1977, pp. 65-85. FALES F.M., LANFRANCHI G.B., "ABL 1237: The Role of the Cimmerians in a Letter to Esarhaddon", in: *East and West*, N.S. 31, 1981, pp. 9-33. LANFRANCHI G.B., "Some new Texts about a Revolt against the Urartian King Rusa I", in: *OrAnt*, 22, 1983, pp. 123-135. DELLER K., "Ausgewählte neuassyrische Briefe betreffend Urartu zur Zeit Sargons II", in: PECORELLA P.E., SALVINI M., *Tra lo Zagros e l'Urmia. Richerche stroriche ed archeologiche nell'Azerbaigian Iraniano*, Roma, 1984, pp. 96-124, cf. les chapitres correspondant dans l'article: SALVINI M., "La storia della regione in epoca Urartea e i documenti", in: PECORELLA P.E., SALVINI M. *Tra lo Zagros e l'Urmia*, Roma, 1984, pp. 35-51.

[13]KRISTENSEN A.K.G., *Who were the Cimmerians, and where did they come from? Sargon II, the Cimmerians, and Rusa I, (Historisk-filosofiske Meddelelser. Det Kongelige Danske Videnskabernes Selskab, 57)*, Copenhagen, 1988.

les Cimmériens, qui datent de l'époque de Sargon. Les résultats de cette étude ne nous semblent malheureusement pas satisfaisants. L'analyse des textes n'est pas pertinente: tout le raisonnement de Mme Kristensen est fondé sur les résultats des travaux de M. Salvini et de G. Lanfranchi publiés peu avant la parution de ce livre. La conception de l'auteur n'est pas suffisamment argumentée et contredit plusieurs données des sources (cf. chapitre 1). En outre, A. Kristensen a proposé une hypothèse selon laquelle les Cimmériens étaient des Hébreux déportés par les Assyriens en Mésopotamie. Cette hypothèse, encore moins argumentée, est absolument inacceptable (cf. chapitre 4). En conclusion, on est obligé de constater avec regret que le livre d'A. Kristensen n'apporte rien de nouveau pour l'étude du problème cimmérien.

Le deuxième livre consacré au problème cimmérien a été publié en 1990 par G. Lanfranchi[14]. L'auteur de ce travail a recueilli et a étudié toutes les sources akkadiennes concernant ce problème. L'analyse de ces textes, souvent fondée sur de nouvelles collations, est d'un niveau très élevé. Il faut cependant noter que plusieurs éléments dans la conception de l'auteur semblent être contestables. Ainsi, il n'y a pas à notre sens de raisons suffisantes pour supposer, comme le fait G. Lanfranchi, que les détachements cimmériens actifs en Manna et en Médie faisaient partie de l'armée assyrienne. En outre, les sources classiques ne sont presque pas utilisées dans cette étude. Le problème de l'identification ethnique des Cimmériens n'a pas non plus attiré l'attention de G. Lanfranchi. Malgré cela, ce livre reste très important. Il constitue la première étude générale de l'histoire des Cimmériens durant leur présence au Proche-Orient qui soit d'un niveau très élevé.

Pour compléter cet aperçu, il faut mentionner encore les publications de L.A. Elnitsky[15] qui a prétendu combiner les témoignages des sources orientales et classiques, ainsi que les données linguistiques et archéologiques. L'auteur de ces travaux a cependant prouvé son dilettantisme dans tous ces domaines. Ses travaux contiennent un entassement d'inventions qui passent pour des faits, des conjectures empruntées à ses prédécesseurs et des tentatives d'étymologies absurdes. Il serait superflu d'ajouter que ses travaux n'ont pas apporté la moindre contribution à l'étude du problème cimmérien.

---

[14]LANFRANCHI G.B., *I Cimmeri. Emergenza delle élites militari iraniche nel Vicino Oriente (VIII - VII sec. a. C.)*, Padova, 1990.

[15]EL'NICKIJ L.A., "Kimmerijcy i kimmerijskaja kul'tura", in: *Vestnik drevnej istorii*, 1949, N° 3. IDEM., *Skifija evrazijskikh stepej*, Novosibirsk, 1977, pp. 24-69.

PARTIE I.

L'HISTOIRE DES CIMMÉRIENS

1.
LES CIMMÉRIENS ET L'OURARTOU À L'ÉPOQUE DE SARGON II

1.1 Les Cimmériens sont apparus pour la première fois dans les sources connues vers la fin du VIIIe siècle avant J.-C., sous le règne de Sargon II. Cette période de l'histoire des Cimmériens est connue par six lettres des archives de ce roi. Quatre d'entre elles relatent sans doute le même événement, à savoir la défaite de l'armée de l'Ourartou lors de sa tentative d'envahir le territoire occupé par les Cimmériens. Les Assyriens eux-même n'avaient pas, à l'époque, de contacts directs avec les Cimmériens. Toutes les lettres en question sont des rapports du "Deuxième Bureau" assyrien concernant les événements lointains en Ourartou.

Quatre sur six des tablettes en question font partie de la collection de Kouyoundjik du British Museum (Rm 554, K 181, K 1080, K 485, partie II, N° 1, 2, 4, 5). Ces tablettes, comme presque toutes les autres tablettes de la collection, sont dépourvues d'indications de provenance précises. On ne peut même pas être sûr du fait que toutes les tablettes de cette collection ont vraiment été trouvées à Ninive[1]. On est cependant obligé de traiter la collection de Kouyoundjik comme ayant une certaine unité.

Les documents de cette collection, qui datent de l'époque de Sargon, appartenaient primitivement, comme on l'a supposé il y a peu de temps, aux archives du palais nord de Kouyoundjik[2]. Ce palais était la résidence du prince héritier (*bīt rēdûti*), qui était à l'époque Sennachérib. Les lettres de Sennachérib à Sargon qui se trouvaient dans ce palais doivent donc être des copies des originaux envoyés au destinataire. Nous avons cependant une indication selon laquelle la majorité des documents comportant les numéros K 1 à 278 (la lettre K 181 qui nous intéresse fait partie de cette série) aurait été trouvée par H. Layard en 1851 dans les chambres 40 et 41 du palais sud-ouest[3]. Cette indication est peu vraisemblable, car le palais sud-ouest n'a été édifié qu'en 703 avant J.-C. Les données fragmentaires et confuses de la documentation de H. Layard et d'O. Rassam ne sont pas dignes de foi. De plus, même si la majorité des tablettes portant les numéros mentionnés proviennent en effet de ce palais, nous ne pouvons cependant pas être sûrs que toutes les tablettes en question aient été trouvées dans ses archives.

Les quatres tablettes des archives de Kouyoundjik ont été insérées dans la publication des lettres assyriennes et babyloniennes de la collection de Kouyoundjik, préparée par R. Harper (ABL 1079, 197, 146, 112). Cette publication, qui inclut à peu près la moitié des lettres connues, a utilisé les

---

[1]PARPOLA S., "The Royal Archives of Nineveh", in *Cuneiform Archives and Libraries*, (CRRAI 30, Leiden, 1983), Istanbul, 1986, pp. 221-235. READE J., "Archaeology and the Kuyunjik Archives", in *Ibid.*, p. 213.

[2]PARPOLA, *op. cit.*, pp. 230-234.

[3]READE, *op. cit.*, p. 213.

caractères cunéiformes typographiques, sans reproductions ni autographies des textes. En se basant sur cette édition, il est donc impossible de se faire sa propre idée sur la probabilité d'une lecture ou d'une restitution proposées par l'éditeur. Les collations plus tardives obligent dans certains cas à changer les lectures de R. Harper, mais son édition reste cependant une base pour l'étude de la correspondance royale des Sargonides. Les textes publiés par R. Harper en écriture cunéiforme ont été réédités par L. Waterman en translittération et en traduction anglaise avec commentaires[4]. La publication de L.Waterman contient un grand nombre de translittérations et de traductions erronées et ne répond pas aux exigences scientifiques, même de son époque.

La cinquième et la sixième tablette de l'époque de Sargon mentionnant les Cimmériens ont été trouvées durant les années 50 dans de petites archives de Nimrud. Elles ont été publiées par D. Wiseman et par H. Saggs, avec les copies et les translittérations des textes[5]. Ces tablettes se trouvent maintenant au Musée archéologique national d'Iraq à Bagdad (ND 1107, ND 2608, partie II, N° 3, 6). Plus tard, une de ces tablettes (ND 1107) a été rééditée dans une publication des documents des archives de Nimrud effectuée par J. Postgate[6]. Toutes les lettres mentionnées, de même qu'une quantité d'autres lettres concernant les relations ourarto-assyriennes à l'époque de Sargon II, ont été rééditées par K. Deller[7]. Les nouvelles collations sur lesquelles cette édition a été fondée ont permis de préciser certaines lectures admises dans les éditions plus anciennes. Un peu plus tard, ces tablettes ont été une fois de plus rééditées par S. Parpola et G. Lanfranchi en translittérations fondées sur des collations nouvelles indépendantes et accompagnées de traductions anglaises[8]. Les éditions de K. Deller et de S. Parpola - G. Lanfranchi semblent pour l'instant être les meilleures, et ce sont ces éditions qui ont servi de base principale à notre étude des lettres de l'époque de Sargon.

Dans notre analyse des lettres mentionnant les Cimmériens, nous serons obligés de prêter une attention spéciale aux autres lettres de la collection de Kouyoundjik qui parlent d'événements plus ou moins liés à ceux qui nous intéressent. L'étude de ces lettres permettra de placer la campagne cimmérienne dans le contexte général de l'histoire de l'Ourartou et de mieux comprendre la logique du développement des événements. Une partie de ces lettres a été publiée dans l'édition mentionnée de R. Harper. Les autres sont restées longtemps inédites et leurs autographies n'ont été publiées qu'en 1979 dans l'un des volumes de la série "Les textes cunéiformes sur les tablettes babyloniennes du British Museum"[9]. Ces lettres ont été rééditées plus tard en

---

[4]RCAE, la numérotation des document est la même que dans l'édition ABL.

[5]WISEMAN D.J., "The Nimrud Tablets, 1951, in *Iraq,* 14, 1952, p. 64, pl. XXII. SAGGS H.W., "The Nimrud Letters. Part IV", in *Iraq,* 20, 1958, pp. 198-199, pl. XL, (N° 46).

[6]POSTGATE J.N., The Governor's Palace Archive. Cuneiform Texts from Nimrud II, London, 1973, N° 243.

[7]DELLER, *op. cit.*, pp. 96-124.

[8]SAA 1, N° 30 - 32. SAA 5, N° 92, 144, 145.

[9]PARPOLA S., *Neo-Assyrian Letters from the Kuyunjik Collection,* CT, N° 53, London, 1979.

translittération et en traduction dans les ouvrages mentionnés de K. Deller, S. Parpola et G. Lanfranchi.

1.2 Nous avons déjà noté que quatre lettres sur les six mentionnant les Cimmériens, relatent la défaite de l'armée ourartéenne. Trois d'entre elles ont été écrites par le prince héritier Sennachérib. Ces lettres sont séparées les unes des autres par de brefs intervalles, et elles reflètent la réception progressive par leur auteur des renseignements concernant les événements en Ourartou.

La première lettre Rm 554 (ABL 1079 = SAA 1, 30, partie II, N° 1) est écrite au moment où Sennachérib ne possède que des rumeurs imprécises concernant le conflit entre les Cimmériens et l'Ourartou. Les Assyriens ont évidemment attribué une grande importance à cet événement. L'adjoint du héraut du palais (lú2-*ú ša* lú600-É.GAL) Šulmu-Bēl est venu personnellement chez Sennachérib aussitôt après avoir reçu le premier renseignement concernant la défaite des Ourartéens et n'ayant encore aucune information détaillée (9-10: *ma-a qu-di-i-ni ba-ti-iq-tú la-a ni-har-ra-ṣa,* "nous n'avons pas encore d'information"[10]). Le premier renseignement concernant la défaite de l'armée ourartéenne ne contient aucun détail, si ce n'est la nouvelle de la mort du gouverneur d'Uasi. Ce renseignement a été envoyé dans la province du héraut du palais[11] par le roi du Muṣaṣir voisin, Urzana.

La deuxième lettre de Sennachérib (K 181, ABL 197 = SAA 1, 31, partie II, N° 2) conservée presque entièrement, contient déjà un résumé de différents rapports concernant le conflit entre les Cimmériens et l'Ourartou. Sennachérib mentionne les rapports du roi des Ukkéens[12] (*kurUk-ka-a-a*) et de deux gouverneurs de provinces frontalières avec l'Ourartou, celui d'Aššūrrēṣūwa (gouverneur de Kumme[13]) et celui de Nabû-lē'i (gouverneur de Habhu[14]). Il mentionne également les rapports de tous les commandants de garnisons des

---

[10]Pour la traduction, cf.: CAD, vol. 13 Q, p. 295.

[11]Cette province se trouvait dans une région en amont du Petit Zab: FORRER E., *Die Provinzeinteilung des assyrischen Reiches,* Leipzig, 1920, pp. 117-118. Pour le poste de héraut du palais (*nāgir ekalli*), l'une des fonctions les plus élevées en Assyrie, voir: KLAUBER E., *Assyrisches Beamtentum nach Briefen aus der Sargonidenzeit,* Leipzig, 1910, pp. 64-69.

[12]C'est un peuple qui habitait à la frontière entre l'Assyrie et l'Ourartou dans la vallée du Khizel-sou, au pied de la montagne Djoudi-dag. A l'époque en question, les Ukkéens étaient formellement indépendants des deux puissances: KESSLER K., *Untersuchungen zur historischen Topographie Nordmesopotamiens nach keilschriftlichen Quellen des 1. Jahrtausends v. Chr,* Wiesbaden, 1980, pp. 169 suiv.

[13]Cette province se trouvait dans une région en amont du Khabour (*Ibid.*, pp. 10, 169). Aššūrrēṣūwa est souvent mentionné dans la correspondance de l'époque de Sargon et il est l'auteur d'une quantité de lettres (SAA 5, 84 -89, 91, 92, 94, 96, 97, 98, 100). La lettres ABL 123 (SAA 5, 113) laisse à croire qu'il était le gouverneur de Kumme. Aššūrrēṣūwa est mentionné dans cette lettre à côté des gouverneurs d'autres provinces frontalières. Les doutes d'E. Forrer (*op. cit.*, p. 116) à ce sujet ne sont pas suffisamment argumentés.

[14]Pour la localisation de cette province voir: KESSLER, *op. cit.*, pp. 52 suiv., avec les références. Nabû-lē'i est l'auteur de la lettre SAA 5, 128; il est mentionné dans les lettres ABL 123 (SAA 5, 113): 10 et ABL 1307, Rv. 8, 12.

forteresses frontalières (^{lú}EN.NUN ^{uru}*bi-rat gab-bu ša* AŠ.UGU *ta-hu-me ṭè-e-mu a-ki an-ni-im-ma i-sa-par-u-ni,* "les commandants de garnisons de toutes les forteresses sur la frontière envoient des rapports semblables"). Les informateurs de Sennachérib témoignent du fait que les Ourartéens ont réuni presque toutes leurs forces armées pour la campagne contre les Cimmériens. Le roi lui-même, son *turtānu* (commandant en chef) et treize gouverneurs au moins ont participé personnellement à cette expédition. Malgré la concentration par les Ourartéens de toutes leurs forces, les Cimmériens leur ont infligé une lourde défaite. Les armées du *turtānu* et de deux gouverneurs ont été complètement défaites et eux-mêmes ont été capturés. Les armées des onze autres gouverneurs ont été obligées de se retirer, et le roi est retourné en Ourartou après avoir abandonné son armée (Rv. 13-15: *ma-dak-tú-šú ú-di-i-ni la ta-qa-ri-ba,* "son armée n'arrive pas encore"). Tout cela prouve que les Cimmériens disposaient d'une force militaire considérable, capable de s'opposer avec succès à toute l'armée d'une aussi grande puissance que l'Ourartou.

La troisième lettre de Sennachérib (ND 2608 = SAA 1, 32, partie II, N° 2) décrit la situation qui prévalait en Ourartou après cette défaite. Les Ourartéens battus craignaient une agression de l'Assyrie et étaient pris d'une véritable panique (13-14: TA *pa-an* LUGAL EN-*ia pal-hu a-dan-niš [ma-a a-k]i* MÍ-MEŠ *⌈i⌉-ru-ú-⌈bu⌉ i-qúl-lu,* "ils ont grand peur du roi, mon seigneur; ils tremblent et se taisent[15] comme des femmes").

Les lettres du prince Sennachérib permettent de dater assez précisément le conflit entre les Cimmériens et l'Ourartou. Le *terminus ante quem* de ces événements est déterminé par la mention du roi du Muṣaṣir Urzana dans les deux premières lettres (ABL, 1079: 4; ABL, 197: Rv. 17). La localisation du Muṣaṣir dans la région de la Revandouz contemporaine, vers le sud-ouest du lac d'Ourmia, obligeait son roi à louvoyer constamment entre ses deux puissants voisins, l'Assyrie et l'Ourartou. Des sanctuaires communs aux Ourartéens se trouvaient à Muṣaṣir, et son roi se sentait plus lié à l'Ourartou, comme le montre, par exemple, la lettre ABL 409 (SAA 5, 147) qu'il a écrite à Sargon. Il est même possible que la dynastie ourartéenne soit originaire du Muṣaṣir. Cette supposition pourrait expliquer le fait que la divinité principale de l'Ourartou était le dieu du Muṣaṣir Haldi et non Teysheba[16]. Elle explique également le fait que le couronnement des rois ourartéens se déroulait à Muṣaṣir[17]. Selon l'inscription bilingue de Topzawä, Rousa I considérait Urzana comme son sujet[18]. Ce fait est aussi attesté par la deuxième lettre de Sennachérib (ABL 197). Cette lettre prouve que le roi du Muṣaṣir,

---

15 La variante "ne font rien" est également possible, cf.: CAD, vol. Q, pp. 72-73.

16 Cette possibilité m'a été signalée par I.M. Diakonoff. Je le remercie de ses conseils et de ses très précieuses remarques.

17 MAYER W., "Sargons Feldzug gegen Urartu - 714 v. Chr. Text und Übersetzung", in *MDOG,* 115, 1983, p. 103: 336 - 342.

18 UKN, pp. 323-327. SALVINI, *op. cit.,* pp. 79 suiv.

accompagné de son frère et de son fils, est venu personnellement chez le roi ourartéen après la défaite de ce dernier pour lui exprimer sa soumission.

Toutefois, Urzana essayait également de garder de bonnes relations avec l'Assyrie. Il rapportait aux Assyriens les actions et les projets du roi ourartéen, comme le montrent les renseignements du "Deuxième bureau" assyrien. Nous connaissons même ses propres lettres adressées aux Assyriens (ABL 409 = SAA 5, 147; ABL 768 = SAA 5, 146). La dernière de ces lettres prouve que Sargon a même convoqué Urzana à sa cour, et ce dernier s'est excusé humblement du retard de sa visite. Cette visite a cependant eu lieu, comme le prouve la lettre ABL 891 (SAA 5, 136). Selon une interprétation convaincante de K. Deller, cette lettre contient l'itinéraire du voyage d'Urzana du Muṣaṣir à Kalhu[19].

La neutralité instable d'Urzana ne satisfaisait cependant pas Sargon. En 714 avant J.-C., lors de sa fameuse huitième campagne contre l'Ourartou, Sargon a envahi et pillé le Muṣaṣir. Urzana lui-même a été obligé de fuir dans les montagnes[20]. Son royaume a été inclus dans la province de héraut du palais voisine (les "annales" de Sargon, 134-135[21]) et a perdu son indépendance, ce qui devait évidemment affaiblir l'Ourartou. Même si l'on supposait qu'Urzana était revenu à Muṣaṣir après 714 avant J.-C. (cette supposition n'a cependant aucun fondement réel), il n'aurait plus pu jouer de rôle plus ou moins indépendant dans la politique de la région. Or, ce rôle indépendant est sous-entendu par toute son activité durant le conflit ourarto-cimmérien, notamment par les expressions de soumission d'Urzana envers le roi ourartéen après la défaite de ce dernier (ABL 197, Rv. 17-19). Les mentions du roi du Muṣaṣir Urzana et le rôle qu'il a joué durant le conflit entre les Ourartéens et les Cimmériens permettent avec certitude de dater ce conflit à l'époque précédant 714 avant J.-C.[22]

Cette date est aussi confirmée par la mention (ABL 197: Rv. 26-29) du fait que Sennachérib a reçu une lettre du majordome de la fille de Sargon II Ahāt-abīša du Tabal[23]. Cette princesse était mariée au roi du Tabal Ambaridu

---

[19]DELLER, *op. cit.*, p. 121.

[20]Cette information n'est pas conservée dans la relation par Sargon de sa huitième campagne. Elle se trouvait probablement dans les lignes détruites 334-335. La supposition de G. LANFRANCHI (*Cimmeri*, p. 31) selon laquelle Mouṣaṣir a été détruite avant la campagne de Sargon contre l'Ourartou n'a aucun fondement. Cette supposition contredit les indications directes des textes de la lettre de Sargon à Assour et celles de ses "annales".

[21]LIE A.G., *The Inscriptions of Sargon II, King of Assyria. Part I. The Annals. Transliterated and Translated with Notes*, Paris, 1929, pp. 24-25.

[22]Cf.: BARAMIDZE A.A., "K voprosu o datirovk'e proniknov'enija kimmerijcev v Peredn'uju Aziju", in *Soobščenija Akademii nauk Gruzinskoj SSR*, 1956, 16, N° 8, p. 651. SALVINI, *op. cit.*, pp. 43-44. LANFRANCHI, *Cimmeri*, p. 30.

[23]THUREAU-DANGIN, *Une relation de la huitième campagne de Sargon II*, Paris, 1912,p. XV. AVIIU, N° 50, 10, n. 13. PIOTROVSKIJ B.B. *Vanskoje carstvo (Urartu)*. Moscou, 1959, p. 97.

(les "annales" de Sargon, 194-202)[24], mais son mari s'est révolté contre Sargon. A cause de cette révolte, il a été détrôné en 713 avant J.-C. et a été déporté avec toute sa famille en Assyrie.

Certains auteurs datent le conflit entre les Cimmériens et l'Ourartou d'une époque postérieure à 714 avant J.-C., le plus souvent entre 709 et 707 avant J.-C.[25] Ils n'apportent cependant aucun argument sérieux pour l'établissement de ces dates. Ils ne se basent que sur des raisonnements généraux, comme la constatation que Rousa était trop occupé en 714 avant J.-C. par ses démêlés avec l'Assyrie et qu'il était donc incapable d'organiser une campagne contre les Cimmériens. Ces auteurs citent également la mention d'Aššūrrēṣūwa, gouverneur à la frontière de l'Ourartou, dans un document de 709 avant J.-C. (ADD 1141). Il est cependant évident qu'une personne mentionnée dans un texte de 709 avant J.-C. pouvait déjà être active quelques années auparavant.

W. Mayer a formulé, il y a quelques temps, certaines objections contre la datation du conflit entre les Cimmériens et l'Ourartou antérieure à 714 avant J.-C. Ces objections ne sont pas plus convaincantes que les autres et peuvent être résumées comme suit: 1) Les Cimmériens ne sont pas mentionnés dans les "annales" de Sargon. 2) Sennachérib était trop jeune pour devenir chef du service de renseignements en 714 avant J.-C. Il est plus probable qu'il ait reçu cette charge lorsque la situation à la frontière nord de l'Assyrie se fut calmée, c'est-à-dire après la campagne de 714 avant J.-C. 3) Rousa devait s'attendre à une attaque assyrienne du côté de la Manna et il ne pouvait donc pas se permettre d'organiser simultanément une campagne vers le nord[26].

Toutes ces objections ne résistent pas à la critique. Il serait difficile de s'attendre à une mention des Cimmériens dans les "annales" de Sargon. En effet, les Assyriens eux-mêmes n'avaient encore, à l'époque de Sargon, aucun conflit direct avec les Cimmériens. Or, les "annales" sont consacrées à la description des gestes du roi assyrien. Les Cimmériens ne pouvaient donc simplement pas être mentionnés dans les "annales" de Sargon. Par contre, le plus souvent, les lettres des archives royales décrivent justement des événements ignorés des inscriptions officielles dites "annales"[27]. L'absence de description du conflit entre les Cimmériens et l'Ourartou dans les "annales" assyriennes avant 714 aussi bien que après 714 est donc tout à fait normale. C'est le contraire qui eût été étonnant.

---

[24]WINCKLER H., *Die Keilschrifttexte Sargons*, Leipzig, 1889, p. 102. LIE, *op. cit.*, p. 33.

[25]JOHNS C.H.W., *Babylonian and Assyrian Laws, Contracts and Letters*, Edinburgh, 1904, p. 338. OLMSTEAD A.T., *History of Assyria*, New York, London, 1923, p. 266. WISEMAN, *op. cit.*, p. 64. POSTGATE J.N., "Assyrian Texts and Fragments", in *Iraq*, 35, 1973, p. 31. MAYER W., "Sargons Feldzug gegen Urartu 714 v. Chr.", in *MDOG*, 112, 1980, p. 14.

[26]MAYER, "Sargons Feldzug gegen Urartu 714 v. Chr.", p. 14. Cf. la critique de ces thèses: SALVINI, *op. cit.*, p. 44-45.

[27]PARPOLA S., "Assyrian Royal Inscriptions and Neo-Assyrian Letters", in *Assyrian Royal Inscriptions. New Horizons*, Roma, 1981, pp. 123-124.

En ce qui concerne l'âge de Sennachérib et l'impossibilité pour lui d'être le chef du "Deuxième bureau", il s'agit-là d'un raisonnement d'ordre général qui n'est confirmé par aucun fait. L'âge précis de Sennachérib est inconnu et ne peut donc constituer un argument en faveur de l'hypothèse de W. Mayer. De plus, nous connaissons des lettres qui appartiennent aux archives de Sennachérib et qui datent de 716 avant J.-C. (ABL 1058; CT 53, 885, cf. plus loin). Ces lettres sont consacrées à la description d'événements en Manna, ce qui permet de conclure qu'en 716 avant J.-C, Sennachérib contrôlait déjà le service de renseignement sur la frontière du nord.

En ce qui concerne la dernière objection de W. Mayer, la supposition que Rousa était prêt à s'opposer à l'attaque des Assyriens en 714 avant J.-C. n'est confirmée par aucun argument. De plus, la campagne de Sargon a commencé assez tard, au mois de *tamūzu* (juin - juillet) et elle s'est d'abord dirigée vers l'est, vers le Zikirtu et l'Andia, et non vers le nord. Les Ourartéens ont donc pu d'abord supposer qu'il ne s'agissait pas d'une invasion de leur territoire.

On peut constater que la majorité des lettres de l'époque de Sargon faisant partie de la collection de Kouyoundjik ont été écrites à l'époque où Sennachérib était prince héritier[28] et que ces lettres appartenaient aux archives du prince. Un nombre restreint de lettres a été probablement écrit lors des deux premières années du règne de Sargon. Les documents traités n'appartiennent évidemment pas à ce petit groupe (à supposer qu'il existe), car ils ont été rédigés après la nomination de Sennachérib au rang de prince héritier. Toutes ces lettres sont directement liées à l'activité de Sennachérib en tant que chef du "Deuxième bureau". Les plus anciennes lettres des archives de Sennachérib que l'on puisse dater remontent à 716 avant J.-C. Il s'agit des lettres ABL 1058 (SAA 5, 218) et CT 53, 885 (SAA 5, 216) consacrées aux événements en Manna. Ces lettres mentionnent les noms du roi de Manna Azâ tué en 716 avant J.-C. et du roi de Karalla Aššūr-lēʾi qui conclut un traité avec Ullusūnu durant la même année[29]. Le *terminus post quem* pour le conflit entre les Cimmériens et l'Ourartou est donc l'année où Sennachérib devient prince héritier, c'est-à-dire 716 ou 715 avant J.-C. Cet événement peut donc être daté entre 716 et 714 avant J.-C.

La défaite de l'armée ourartéenne par les Cimmériens a donc eu lieu peu avant la huitième campagne de Sargon contre l'Ourartou. Dans sa troisième lettre, Sennachérib a jugé nécessaire de faire savoir à son père le désarroi des Ourartéens et leur crainte d'une invasion assyrienne. Cette alerte était évidemment justifiée. Grâce au travail très efficace de leur "Deuxième bureau", les Assyriens ont pu choisir le moment le plus favorable pour leur invasion. On peut donc supposer qu'une bonne partie du succès des Assyriens lors de leur huitième campagne est due à ce choix. L'armée ourartéenne qui venait de subir une importante défaite ne pouvait pas s'opposer de façon suffisante aux Assyriens. Si cette supposition est exacte, le conflit entre les Cimmériens et l'Ourartou doit être daté de 714 avant J.-C.,

---

[28] *Ibid.*, pp. 120 suiv.

[29] SAA 5, p. XVI.

peu avant la huitième campagne de Sargon. Un argument supplémentaire en faveur de cette date est le fait que l'armée ourartéenne était occupée en 715 avant J.-C. par la confrontation avec l'Assyrie et la Manna au sud du pays[30]. La même situation prévalait en 716 avant J.-C. quand les Ourartéens étaient occupés par des conflits avec les Assyriens en Manna. Il est clair que l'Ourartou n'a pas pu simultanément organiser une campagne importante vers le nord et s'engager dans une lutte contre les Assyriens, lutte qui se passait au sud, c'est-à-dire à l'autre extrémité du pays.

1.3 La quatrième lettre mentionnant la défaite de l'Ourartou contre les Cimmériens (K 1080 + K 12992, ABL 146 = SAA 5, 92, partie II, N° 4) a été écrite par le gouverneur Aššūrrēṣūwa et elle est adressée au roi-même. Malheureusement, le texte de ce document, après la 11ème ligne, est très abîmé, et seul le début peut être lu sans difficulté. La partie conservée de cette lettre contient un témoignage très important permettant de localiser le territoire occupé par les Cimmériens ("le pays Gamir") à cette époque. Les lignes 5-6 contiennent le texte suivant: ^{kur}*Gu-ri-a-ni-a* ^{kur}*na-gi-ú bir-te* ^{kur}URI *bir-te* ^{kur}*Ga-mir-ra,* "Guriania est une région entre l'Ourartou et la Gamirra". Le pays de Guriania (la lecture *Qú-ri-a-ni-a* est également possible) doit être identifié de toute évidence avec le pays de ^{kur}*Qu-ri-a-ni* mentionné dans les "annales" ourartéennes de Sardūri II (UKN, 155 F,6). Ces "annales" permettent de localiser le pays de Guriani et, par conséquent, le pays de Gamirra. La description de la campagne de Sardūri II contre les pays d'Etiuni (nom collectif des territoires de Transcaucasie du sud) contient cette phrase: *iš-ti-ni-i-e an-da-ni* ^{kur}*E-ri-a-hi* *wa_x-al-du-bi sal-ma-at-hi* ^{kur}*Qu-ri-a-ni-ni,* "là-bas, j'ai accordé une grâce à la région (?) d'Eriahi, *salmathi* de Quriani". La signification du mot *salmathi* n'est pas claire. G.A. Melikišvili dans son corpus des textes ourartéens le laisse sans traduction. N.V. Aroutunian le traduit comme "voisin", sans donner d'arguments spéciaux en faveur de cette traduction[31]. I.I. Meščaninov a proposé de traduire ce mot par "prospérité, bonheur" et il donne des traductions correspondantes dans tous les textes où ce mot se rencontre[32]. Ces traductions, dans la plupart des cas, ne semblent cependant pas très heureuses ni convaincantes. On a proposé encore d'autres variantes de traduction pour ce mot[33].

Bien que certains mots de la phrase en question ne soient pas tout à fait compréhensibles, son sens général est cependant très clair. Lors de sa campagne contre les pays d'Etiuni, Sardūri n'a pas tout d'abord envahi les régions d'Eriahi et de Quriani qui se trouvaient sur sa route. Quriani n'est plus mentionné dans les inscriptions ourartéennes, mais le pays d'Eriahi, lui,

---

[30]WINCKLER, *Die Keilschrifttexte Sargons,* pp. 16, 75-80. LIE, *op. cit.*, pp. 16-19. AVIIU, N° 46 (75).

[31]ARUT'UN'AN N.V., *Biajnili (Urartu),* Erevan, 1970, p. 270,n. 337.

[32]MESHCHANINOV I.I., *Annotirovannyj slovar' urartskogo (biajnskogo) jazyka,* Léningrad, 1978, pp. 249-250.

[33]Cf.: MEDVEDSKAJA I.N., "K utočneniju maršruta pohoda Sargona v 714 g. do n.e.", in *Vestnik drevnej istorii,* 1989, N° 2, p. 107.

est bien connu (UKN, 127 I: 11; V: 48; 128 B 1: 36; 133: 3; 155 B: 30; C: 20-26; E: 20; F: 5, 12). Ce pays peut être localisé avec certitude dans la région de la Leninakan contemporaine, grâce à une inscription sur un rocher près du village de Ganlidja (UKN 133). Après avoir quitté l'Eriahi, Sardūri est entré dans le pays d'Iga(ni). Ce pays est également localisé avec certitude grâce à une inscription trouvée près du village de Dash-Kepru (UKN, 159). Cette inscription parle de la prise, par Sardūri II, de la ville de Maqaltu(ni) qui se trouvait dans le pays d'Iga(ni) (UKN, 127, I: 11). Iga(ni) se trouvait par conséquent au sud-ouest du lac de Çildir. Sardūri, après avoir quitté l'Eriahi, s'est dirigé vers le nord-ouest.

A son retour du pays d'Iga(ni), Sardūri a probablement choisi un autre chemin: le pays de Quriani n'est plus mentionné. En outre, Sardūri a également envahi un autre pays, le Puzunia, qui n'est plus mentionné nulle part (peut-être, se trouvait-il à l'ouest de l'Iga(ni)), avant de se retrouver de nouveau en Eriahi. En revenant de l'Eriahi, il est entré dans les pays d'Išteluani, de Kadiani, d'Apunî et d'Abiliani. Le pays d'Abiliani est mentionné également dans les "annales" d'Argishti (UKN, 127, I: 17) et dans un autre passage des mêmes "annales" de Sardūri (UKN, 155 C: 7, 21, 35, 37). Il se trouvait probablement au sud du pays d'Eriahi, sur la rive gauche de l'Araxe[34]. Le pays d'Apunî est aussi mentionné dans les "annales" d'Argishti comme étant un voisin du pays d'Eriahi (UKN, 127, I: 12; 128, B 1: 38). Le deuxième texte prouve que le pays d'Apunî était plus éloigné que les régions de Luša, de Katarza, d'Eriahi, de Gulutahi et d'Uiteruhi qui y sont également mentionnées. A la différence de ce qui est mentionné sur les autres pays, l'inscription nous dit ceci de l'Apunî: *[ku-ṭu]-bi pa-ri* ^{kur}*A-pu-ni-i-e,* "j'ai **atteint** le pays d'Apunî". De plus, ce pays est cité à la fin de la liste des régions envahies. Tout cela permet de localiser le pays d'Apunî au sud-ouest d'Eriahi et à l'ouest d'Abiliani[35]. En revenant d'Eriahi, Sardūri allait donc vers le sud, en déviant un peu vers l'ouest. Il a renvoyé ensuite une partie de l'armée et s'est dirigé avec le reste des troupes vers l'est, où il a ravagé le pays d'Uelikuni. Ce dernier se trouvait sur la rive occidentale du lac Sevan, dans la région de Nor-Bajazet (Kamô) (UKN, 265).

Le Quriani se trouvait donc à côté du pays d'Eriahi. Il ne pouvait cependant pas se trouver au sud de ce pays (l'Abiliani et les autres contrées étaient localisés dans cette région), ni au nord-est (emplacement de l'Iga(ni)). Il est également peu probable que le Quriani se trouvât à l'ouest ou au sud-ouest d'Eriahi. Le Puzunia et l'Apunî devaient probablement être localisés dans cette région, et le Kulha et le Diauhi se trouvaient plus loin dans la même direction. Les rois ourartéens ont fait plusieurs campagnes contre ces derniers pays, mais le Quriani n'est jamais mentionné dans leurs descriptions. La

---

[34]UKN, p. 415, cf.: KAPANC'AN G., *Istoriko-lingvističeskoje značenije toponimii drevnej Armenii,* Erevan, 1940, p. 6. DIAKONOFF I.M., KASHKAI S.M., *Geographical Names according to Urartian Texts,* ("Répertoire géographique des textes cunéiformes", vol. 9), Wiesbaden, 1981, p. 2.

[35]ARUT'UN'AN, *op. cit.,* pp. 399-402. DIAKONOFF, KASHKAI, *op.. cit.,* pp. 2-3.

localisation du Quriani au nord ou à l'est d'Eriahi est donc la plus probable. Cela correspond aux régions de l'est et du nord-est du lac Çildir, et du nord et du nord-ouest du lac Sevan. Il faut noter à ce propos la mention du pays *kurGu-ri-a-i-ni* parmi les 19 autres pays de "l'autre côté du lac" Sevan dans l'inscription de Tsovinar (Kelagran) (UKN, 266: 9). Si l'on comprend "l'autre côté" comme une indication des littoraux nord et est du lac, l'identification de *kurGu-ri-a-i-ni* avec *kurQu-ri-a-ni* est presque certaine[36]. Le pays de Gamir(ra) limitrophe du Quriani doit donc être localisé en Transcaucasie centrale[37].

A ce propos, il faut noter encore le point de vue de M. Salvini sur la localisation de la région mentionnée dans la lettre ABL 146[38]. Il met en doute l'identification du *kurGu(Qú)-ri-a-ni-a* de la lettre assyrienne avec le *kurQu-ri-a-ni* de l'inscription de Sardūri II. Il identifie tout de même ce pays avec le *kurGu-ri-a-i-ni* de l'inscription de Tsovinar. M. Salvini prétend également que la deuxième identification exclut la première. Les deux inscriptions ourartéennes, comme nous l'avons vu, sous-entendent à peu près la même région et les deux identifications, au contraire, se soutiennent l'une l'autre. M. Salvini ne donne pas d'autres arguments contre la localisation proposée pour Guriani, excepté le fait que cette localisation contredit sa restitution des événements décrits dans les textes assyriens. Ce fait l'oblige à rejeter soit cette restitution, soit la localisation assurée de Guriani, et il préfère donc garder la première. En outre, M. Salvini reprend la supposition de K. Deller[39] selon laquelle la lecture *uruSu-ri-a-na-a-a* dans la lettre ABL 112: Rv. 5 doit être remplacée par *uruGur!-ri-a-na-a-a*. A la suite de quoi, il propose de localiser cette région au sud-ouest du lac d'Ourmia. L'autographie de la tablette publiée par K. Deller prouve cependant que la lecture du signe *SU* dans ce document est tout à fait certaine. La supposition de K. Deller est donc une simple conjecture qui n'est pas indispensable. En outre, même si l'on admet la conjecture de K. Deller, elle exclut évidemment la localisation de Guriani(a) dans la région du lac Sevan. Cette localisation semble toutefois être préconisée par M. Salvini. Les suppositions de M. Salvini ne sont donc pas vraisemblables.

A. Kristensen, ainsi que M. Salvini, refusent de localiser le Guriani(a) au nord de l'Ourartou[40] et supposent que cette région se trouvait au sud ou au sud-ouest du lac d'Ourmia. En suivant son prédécesseur, elle cite le pays *kurGu-ri-a-i-ni* de l'inscription de Tsovinar pour confirmer cette supposition. L'identification des deux pays contredit cependant sa localisation, car l'inscription de Tsovinar parle de la région de Sevan et non de l'Ourmia. En outre, A. Kristensen mentionne une comparaison très douteuse du nom de la

---

[36]Cf.: PIOTROVSKIJ, *op. cit.*, p. 92. *Contra:* ARUT'UN'AN, *op. cit.*, p. 282, n. 393.
[37]Cf.: DIAKONOFF, KASHKAI, *op. cit.*, p. 71.
[38]SALVINI, *op. cit.*, p. 46.
[39]DELLER, *op. cit.*, pp. 102-103.
[40]KRISTENSEN, *op. cit.*, pp. 14-17.

région de Guriani(a) avec un ethnonyme Γουρανίοι mentionné par Strabon (XI, 14,14)[41]. Tous les autres arguments ne sont que la répétition du raisonnement de M. Salvini. De plus, les hypothèses proposées par lui à titre de suppositions se transforment dans l'exposition d'A. Kristensen en faits assurés. Ainsi, elle affirme sans la moindre équivoque que c'est le nom *kurGur-ri-a-na-a-a* qu'on lit dans la lettre ABL 112, ou que le contenu des lettres ABL 444, 492 et 646 est lié à la campagne contre les Cimmériens. Le livre d'A. Kristensen n'ajoute rien de nouveau à la discussion sur la localisation du pays de Gamir(ra) à l'époque de Sargon. Une seule nouvelle thèse pourtant: Sennachérib recevait des informations concernant le conflit entre les Cimmériens et l'Ourartou du roi du Muṣaṣir, du roi des Ukkéens (ABL 197, 1079) et, probablement, d'un habitant de la ville d'Ištahup (ND 2608). En s'appuyant sur ce fait, A. Kristensen présume que le conflit en question a eu lieu non loin de ces régions[42]. Il est cependant évident que les gouverneurs des provinces limitrophes de l'Ourartou, aussi bien que les rois dépendant de l'Assyrie, ont été chargés de recueillir toutes les informations possibles concernant l'Ourartou. Ils étaient, sans doute, les principales sources d'information du chef du service de renseignement Sennachérib. C'est pourquoi Aššūrrēṣūwa, Nabû-lēʾi, Urzana, le roi des Ukkéens et les autres, rapportèrent à Sennachérib, parmi d'autres informations, la victoire des Cimmériens sur les Ourartéens, tout comme ils rapportèrent, par exemple, les événements dans la capitale de l'Ourartou. Il est clair que ces données ne permettent pas de juger de l'endroit où se sont passés les événements décrits dans ces rapports. Si l'on suivait le même raisonnement qu'A. Kristensen, on serait obligé de supposer que tous les événements mentionnés dans les lettres de Sennachérib se soient passés aux alentours de sa résidence à Ninive.

Les lignes 12 - 15 de la lettre ABL 146, qui donnent des détails supplémentaires concernant le conflit entre les Cimmériens et l'Ourartou, sont malheureusement très abîmés. Leur compréhension pose donc beaucoup de problèmes. G. Lanfranchi a supposé qu'il s'agissait ici de la réorganisation de l'armée de l'Ourartou[43]. Selon lui, les Ourartéens se sont retirés après leur premier échec sur le territoire du Guriani. Ils y ont regroupé leurs forces avant la nouvelle attaque contre le pays des Cimmériens. Cette restitution ne semble cependant pas être tout à fait convaincante, et les autres possibilités ne sont pas à exclure. La restitution de K. Deller[44] est proche de celle proposée dans l'édition SAA 5, bien que cette dernière soit plus prudente (voir dans la partie II). Ces deux restitutions sous-entendent que ce texte décrit le massacre

---

[41]Cette comparaison est proposée dans le livre: COZZOLI, *op. cit.*, 1968, pp. 98-99, 103.

[42]KRISTENSEN, *op. cit.*, p. 20. G. Lanfranchi s'est rangé à l'avis de M. Salvini et d'A. Kristensen. Il n'a cependant donné aucun nouvel argument en faveur de cette localisation: LANFRANCHI, *Cimmeri*, p. 26-27.

[43]LANFRANCHI, "Some new Texts", p. 131.

[44]DELLER, *op. cit.*, p. 98.

et l'emprisonnement par les Cimmériens des Ourartéens alors qu'ils se retiraient en Guriani.

La dernière ligne de la lettre (Rv. 16) confirme que le roi d'Ourartou se trouvait dans sa capitale Turušpa. Cela signifie probablement que cette lettre a été écrite avant la lettre ABL 197. Selon cette dernière, le roi d'Ourartou se trouvait alors dans la province d'Uazaun. Cela était probablement lié à la nécessité d'organiser la défense contre l'invasion éventuelle des Assyriens ainsi qu'à la mort du gouverneur de cette province.

Les lettres mentionnées peuvent donc être disposées dans l'ordre chronologique suivant:

1. ABL 1079 = SAA 1, 30. Sennachérib écrit que les Ourartéens, selon les premières informations reçues, ont été défaits lors de leur campagne contre le pays de Gamir. Un des gouverneurs a été tué, la cavalerie s'est enfuie. Une information détaillée manque encore.

2. ABL 146 = SAA 5, 92. Aššūrrēṣūwa écrit que l'armée de l'Ourartou a été défaite lors de la campagne contre le pays de Gamir(ra) et qu'elle s'est retirée dans une région proche de Guriani(a). Le roi a quitté son armée et se trouve dans sa capitale Turušpa.

3. ABL 197 = SAA 1, 31. Sennachérib donne le résumé final des rapports concernant la défaite de l'armée de l'Ourartou. Le *turtānu* (commandant en chef) et deux gouverneurs ont été faits prisonniers. Onze gouverneurs se sont retirés avec leurs armées et sont revenus dans leurs provinces. Le roi se trouve dans la région d'Uazaun, "le pays est calme".

4. ND 2608 = SAA 1, 32. Sennachérib écrit que les Ourartéens sont pris de panique après leur défaite et qu'ils craignent une invasion des Assyriens.

Il faut mentionner encore deux petits fragments de lettres qui concernent probablement les mêmes événements. Le nom des Cimmériens n'est cependant pas conservé dans ces fragments. Ces textes sont très abîmés et il est difficile de les restituer avec certitude. Ces deux fragments peuvent être attribués au même groupe, mais seulement à titre de supposition. L'auteur du premier fragment (CT 53, 99[45]) est inconnu. Son texte n'est pas tout à fait clair et il ne donne pas beaucoup d'informations: (3) *[m]a-a* LUGAL-*šú-nu* ⌜lú⌝[GAL.MEŠ-*šu ?*] (4) [AŠ] KASKAL *bé-et i[l-lik-u-ni]* (5) *[m]a-a de-ek-tu-šú-[nu ma-a'-da]* (6) ⌜*i*⌝*-du-ku ma-a* ^{lú}GA[L.MEŠ-*šú x*] (7) *[d]e-e-ku ba-ti-i[q-tú]* (8) *[l]a-a ah-ru-ṣa ki-[i]* (9) *[š]a e-pa-šu-u-ni a-[na]* (10) [E]N-*ia la-a áš-p[u-ra]* ("“Leur roi, [ses dignitaires ?], quand ils [ont fait la campagne], ils ont infligé une [grande] défaite à e[ux][46]. [Ses magna]ts sont tués“. Je n'ai

---

[45]*Ibid.*, p. 100. SAA 5, N° 173, p. 130.

[46]C'est évidemment une forme de la 3e personne du pluriel du verbe *duāku* au prétérit de la conjugaison I (G). La traduction de K. Deller rend bien cette forme: *[ma]-a* LUGAL-*šú-nu x[...]* (4) [AŠ] KASKAL *bi-it i[l-li-ku-ni]* (5) *[m]a-a de-ek-tu-šú [...]* (6) ⌜*i*⌝*-du-ku, "Auf dem Feldzug, auf den er sich begeben hatte, haben sie ihrem König eine Niederlage zugefügt"*. SAA 5 propose cette traduction: *"Their king [and his magnates] have been [utterly] defeated on (their) expedition"*, qui semble moins heureuse. La IVe (N) conjugaison

pas trouvé d'information. Je n'ai donc pas é[crit] à mon seigneur ce qui s'était passé"). Il est difficile de tirer des conclusions certaines de ce texte. Il est impossible d'établir avec certitude qui était l'adversaire des Ourartéens (il n'y a même pas d'indication directe qu'il s'agissait bien du roi des Ourartéens). Il n'est pas aisé non plus de savoir qui a infligé la défaite ni à qui. Si l'on suppose qu'il s'agisse ici de la défaite du roi mentionné dans ce texte (LUGAL-*šú-nu*), on s'attendrait plutôt à la forme du statif, comme c'est le cas dans des textes semblables (ABL 197: 25-26 par exemple). La forme active du verbe devrait plutôt indiquer que le sujet de la phrase est le roi avec les dignitaires, ou alors son armée. Le lexique utilisé dans ce fragment ressemble à celui du rapport d'Aššūrrēṣūwa au prince Sennachérib (ABL 197, 25-26). Cette ressemblance n'est cependant pas suffisante pour supposer que les deux documents décrivent le même événement.

Les lignes 7 - 10 de ce fragment, faute de contexte, ne sont pas plus compréhensibles. On ne sait pas si l'auteur de la lettre possédait une information incomplète au moment où il l'écrivait, ou s'il s'agit dans ce passage du renvoi à une lettre précédente. S. Parpola et G. Lanfranchi dans leur édition SAA 5 préfèrent la deuxième possibilité en s'appuyant probablement sur l'utilisation des formes du prétérit aux lignes 8 - 10. Ce détail n'est cependant pas suffisant pour prouver cette interprétation. L'absence de contexte ne permet pas, à notre avis, de résoudre ce problème avec certitude. Si l'on choisit la première possibilité, cette lettre doit être le plus ancien des documents mentionnés. Dans ce cas, on est obligé de supposer qu'elle a été écrite au moment où son auteur n'avait encore aucune information précise sur la défaite de Rousa I. Si l'on choisit la deuxième possibilité, il n'en reste pas moins que cette lettre a tout de même été écrite avant la lettre ABL 197 qui contient le résumé final des rapports des informateurs assyriens. Dans ce cas, il est possible même que les informations contenues dans la lettre CT 53, 99 aient été utilisées dans ce résumé. Il faut tout de même noter que tous ces raisonnements n'ont de sens que si l'on suppose que cette lettre concerne bien le conflit entre les Cimmériens et l'Ourartou.

Les lignes suivantes de ce fragment sont encore plus abîmées: (11) ⌜*ú*⌝-*ma-a* TA ŠÀ *[*^{kur}*x x]* (12) [AŠ Š]À KUR *ia e [x x x]* (13) *[x]* ⌜*x*⌝ *ra* ⌜*x*⌝*[x x x x]*. K. Deller a proposé de restituer ici le nom du pays des Cimmériens: *[a-n]a* KUR *Ia-e-[ri ...* ^{kur}P]AP-*ra* KUR [...]. La restitution de S. Parpola et de G. Lanfranchi dans l'édition SAA 5 semble cependant plus convaincante: [AŠ Š]À KUR-*ia e-[tar-bu-ni] [*^{uru}*b]i-ra-t[e x x x x]* ("ils sont a[rrivés] maintenant du pays [...] à mon pays. Les forteress[es ...]"). Si cette restitution est exacte, on peut supposer que l'auteur de cette lettre était l'un des petits souverains obligés de louvoyer entre l'Assyrie et l'Ourartou. Cela pourrait être par exemple, le roi des Ukkéens à qui Rousa I, après sa défaite contre les

du verbe *duāku* a comme forme du prétérit *iddik:* VON SODEN W., *Grundriss der akkadischen Grammatik*, Roma, 1952, p. 34*.

Cimmériens, a rendu visite (ABL 197: 14). Cependant, le texte est trop mal conservé pour en tirer des conclusions certaines.

On peut dire la même chose de l'autre fragment (CT 53, 583)[47] encore plus abîmé que le premier: (1) *[x x x x] x ša [x x x]* (2) *[x x x* $^{k]ur}$URI-*a-a* [AŠ ^{kur}*Gi-mir]* (3) *[bé-et i]l-li-ku-u-[ni x x x x]* (4) *[x x x ga]b-bu de-e-[ku x x]* (5) [TA ŠÀ-*bi l]a is-hu-r[a x x x]* (suivant la restitution SAA 5) ("[quand] l'Ourartéen [est al]lé [contre Gimir ... t]out est tu[é ... n']est pas revenu [de là ...]"). La restitution du nom des Cimmériens dans ce texte est purement hypothétique. De plus, même si cette restitution est exacte, le fragment ne donne aucune nouvelle information concernant le conflit entre les Cimmériens et l'Ourartou.

1.4 Essayons maintenant de trouver la place de l'événement en question dans le contexte général de l'histoire de l'Ourartou. On a supposé à plusieurs reprises qu'une des plus importantes conséquences de la défaite de Rousa I avait été une grande insurrection en Ourartou[48]. On suppose que cette insurrection est décrite dans les lettres ABL 197, 444, 492 et CT 53, 114 (SAA 1, 31; SAA 5, 87, 86, 112). Selon cette hypothèse, le *turtānu* Kaqqadānu fut le chef de cette insurrection et la ville d'Uasi en fut le centre.

Cette hypothèse ne résiste pas à la critique. D'abord, il est impossible de trouver dans la lettre ABL 197 la moindre mention de la révolte contre le roi ourartéen. Cette supposition est fondée sur une interprétation de la phrase ^{m}SAG-DU-*a-nu* ^{lú}*tur-ta-nu-šu ṣa-bi-it* ("Kaqqadānu, son *turtānu,* est capturé") comme étant une description de l'arrestation par le roi d'un commandant en chef rebelle. Toute la lettre ABL 197 est cependant consacrée à la description du conflit avec les Cimmériens. Aucune révolte n'est mentionnée dans ce document. L'emprisonnement du *turtānu* est mentionné non seulement dans le rapport cité d'Aššūrrēṣūwa mais également dans celui du roi des Ukkéens. Le contexte de ce dernier signale sans la moindre équivoque ceux qui ont capturé le commandant en chef ourartéen: (9) *ma-a* LUGAL ^{kur}URI-*a-a a-na* ^{kur}*Ga-mir* (10) *bé-et il-lik-ú-ni ma-a* ^{lú}*e-mu-qi-šú* (11) *a-na ma-la de-e-ka ma-a 11* ^{lú}EN.NAM.MEŠ-*šú* (12) [TA] ^{lú}*e-mu-qi-šú-nu še-e-lu-u* (13) *[*^{lú}*tur-t]a-nu-šú* 2 ^{lú}EN.NAM.MEŠ-*te* (14) *[ṣa-ab-tu],* "quand le roi ourartéen a marché contre Gamir, son armée a été complètement défaite. Onze de ses gouverneurs [avec] leurs forces se sont repliés. Son [command]ant en chef et deux gouverneurs [ont été capturés]". Nabû-lēʾi, dans son rapport cité dans la même lettre, parle également de la défaite de trois dignitaires (il s'agit évidemment du *turtānu* et des deux gouverneurs). Après la campagne contre les Cimmériens, Kaqqadānu ne pouvait donc pas agir et d'autant moins se révolter contre son roi, car il était dans une geôle cimmérienne. Les lettres faisant mention de Kaqqadānu doivent donc être datées d'une époque antérieure à cette campagne.

---

[47]DELLER, *op. cit.,* p. 100. SAA 5, N° 174, p. 130. LANFRANCHI, *Cimmeri,* p. 20.

[48]Cf., par exemple: PIOTROVSKIJ, *op. cit.,* pp. 98-99. LANFRANCHI, "Some new Texts", pp. 123-135. KRISTENSEN, *op. cit.,* pp. 76-79.

Kaqqadānu est encore mentionné dans les lettres ABL 444 et 492. On a aussi proposé de voir dans ces lettres la description d'une révolte en Ourartou. Il n'y a cependant pas un seul mot dans ces documents faisant allusion à une insurrection ou à un conflit entre le roi et son armée. Des suppositions semblables ne sont qu'une transposition dans ces textes de la situation mal comprise de la lettre ABL 197. Les lettres ABL 444 et 492 ne décrivent qu'une concentration de forces ourartéennes dans la région d'Elizzadu et d'Uasi. Le roi lui-même, selon ces lettres, ne s'y trouve pas encore avec son armée, mais il s'y dirige.

1.5 La localisation du pays *Uaṣ/za(u)n* et de sa capitale *Uasi/Uesi/Uaiais*[49] est importante pour bien comprendre les textes en question. Cette région peut probablement être identifiée à la région ourartéenne d'*uruÚ-i-ši-(né)*[50]. F. Thureau-Dangin a localisé cette ville au sud-ouest du lac de Van, dans la région de la Bitlis actuelle[51]. Plus tard, une localisation similaire (au sud du lac de Van) a été proposée par G.A. Melikišvili[52] et a été soutenue par d'autres spécialistes[53]. L'argument principal en faveur de cette localisation est un fragment d'inscription ourartéenne mentionnant cette ville, fragment retrouvé sur l'île d'Akhtamar dans le lac de Van (UKN, 62). Cependant, ce fragment n'a sans doute pas été retrouvé *in situ*. De plus, le genre auquel appartient cette inscription ne peut être déterminé. Cela pourrait être, par exemple, un fragment d'"annales" ou d'une autre inscription dont le contenu n'est pas lié à sa localisation. Même si cette inscription se trouvait primitivement sur le littoral nord du lac de Van, cela ne signifie pas que la ville d'Uasi doive être localisée au même endroit[54]. Cette localisation cause des difficultés considérables dans l'interprétation des nombreux textes assyriens qui la mentionnent. A cause de cela, il a été proposé une autre localisation de la ville d'Uasi, dans la région de l'Ušnaviyeh (Ušnu) contemporaine, au sud-ouest du lac d'Ourmia[55]. Cette localisation correspond bien aux données des sources assyriennes. Elle a été confirmée plus tard par la découverte d'une inscription ourartéenne *in situ* près de Qalatgah, dans la région d'Ušnaviyeh[56]. Grâce à cette inscription mentionnant la ville d'Uasi, sa localisation au sud-ouest du lac d'Ourmia peut être déterminée avec certitude. M. Salvini a cependant mis en doute la lecture

---

[49]Les doutes sur l'identité de ces deux régions (LANFRANCHI, *Cimmeri*, p. 227, n. 54) ne sont pas argumentés.

[50]UKN, 27: 16, 59; 62: Rv. 8. van LOON M., "The Inscription of Ishpuini and Meinua at Qalatgah, Iran", in *JNES*, 34, 1975, pp. 204-205.

[51]THUREAU-DANGIN, *op. cit.*, p. X.

[52]MELIKIŠVILI G.A., "Urartovedčeskije zametki", *Vestnik drevnej istorii*, 1951, N° 3, pp. 176-178.

[53]AVIIU, N° 49, n. 71. PIOTROVSKIJ, *op. cit.*, pp. 98-99. ARUT'UN'AN, *op. cit.*, pp. 288 suiv. NAT, la carte.

[54]Cf.: SALVINI, *op. cit.*, pp. 23-24.

[55]KINNIER-WILSON J.V., "The Kurba'il Statue of Shalmaneser III", in *Iraq*, 24, 1962, pp. 108-110.

[56]van LOON, *op. cit.*, pp. 201-207.

du nom *Uiši* dans l'inscription de Qalatgah, bien qu'il soit d'accord avec sa localisation dans la région du lac d'Ourmia et non près du lac de Van[57]. La lecture de ce nom dans la publication de M. van Loon est néanmoins tout à fait claire. Nous n'avons aucune raison de douter qu'il ait correctement reproduit et lu cette inscription, du moins pas avant qu'il n'y ait de nouvelles collations réfutant la lecture de l'éditeur. M. Salvini n'a cependant pas publié de semblables collations et ses objections contre la lecture de M. van Loon ne semblent pas suffisamment argumentées.

Les lettres des archives de Kouyoundjik (notamment ABL 112) sont toutefois suffisantes pour localiser Uasi même sans l'aide de l'inscription de Qalatgah. Selon leurs données, Uasi était une région frontalière de l'Ourartou, limitrophe de la Manna et du Muṣaṣir et qui se trouvait probablement entre les deux. Sa localisation dans la région du lac de Van est donc improbable. M. Salvini a proposé d'identifier Uasi avec le site de Qal'eh Ismail Aqa fouillé par l'expédition italienne[58]. Ce site se trouve au nord-ouest de la ville contemporaine d'Ourmia. M. Salvini ne donne cependant pas d'arguments historiques ni philologiques en faveur de cette localisation. Il ne cite que des raisonnements généraux de caractère géographique et stratégique qui ne peuvent pas servir d'argument décisif dans cette discussion. Qal'eh Ismail Aqa se trouve trop loin au nord pour jouer le rôle qui est réservé à Uasi dans les lettres de l'époque de Sargon. La localisation d'Uasi/Uaši dans la région de l'Ušnu/Ušnaviyeh contemporaine est donc confirmée par les données de l'inscription ourartéenne de Qalatgah et par la similitude des deux toponymes[59]. Cette localisation est conforme également à la situation décrite dans les lettres assyriennes de la collection de Kouyoundjik. La supposition de l'existence de deux villes homonymes d'Uasi/Uaši dans les régions du lac de Van et du lac d'Ourmia est également possible[60]. Dans ce cas, on est cependant obligé de considérer l'inscription obscure de l'île d'Akhtamar comme une source unique mentionnant Uaši dans la région de Van[61].

1.6 Or, les lettres ABL 444 et 492 font mention de la concentration des forces ourartéennes sur la frontière sud-est, dans la région limitrophe de la Manna. Cette concentration ne pouvait sans doute pas être une préparation à la campagne contre les Cimmériens, dont le pays se trouvait à l'autre

---

[57]SALVINI, *op. cit.*, p. 24.

[58]*Ibid.*, pp. 46-50.

[59]Cette similitude a déjà été notée dans le travail: LEHMANN-HAUPT C.F., *Armenien einst und jetzt*, vol. II,1, Berlin, Leipzig, 1926, p. 341.

[60]DIAKONOFF, KASHKAI, *op. cit.*, p. 101.

[61]La localisation d'Uasi dans la région du lac d'Ourmia demande une révision de l'itinéraire de la huitième campagne de Sargon (cf.: MEDVEDSKAJA, *op. cit.*, pp. 100-116, avec les références. Cf. également: LIEBIG M., "Zur Lage einiger im Bericht über den 8. Feldzug Sargons II. von Assyrien genannter Gebiete", in *ZA*, 81, 1991, pp. 31-36). Ce sujet mérite cependant une étude spéciale.

extrémité de l'Ourartou[62]. Le sens de cette activité de l'armée ourartéenne devient absolument clair, si l'on compare les documents en question avec la lettre à peu près contemporaine SAA 1, 29 (ABL 198 + CT 53, 120 + CT 53, 438). Cette lettre montre que l'armée ourartéenne, une fois rassemblée en Uasi, a entrepris des actions hostiles contre l'Assyrie. Les Ourartéens ont envahi notamment une partie de la Manna. Il est très probable que ce soient ces mêmes événements qui sont décrits dans les "annales" de Sargon II pour la 7ème année de son règne (715 avant J.-C.)[63]. Cette identification est également étayée par le fait que la lettre en question contient un détail important, permettant de déterminer son *terminus ante quem*. Ce détail est la mention dans les lignes Rv. 22-23 de la réception du tribut du peuple ^{kur}*Sa-du-da-a*. Ce nom, qui ne se rencontre nulle part ailleurs, a été interprété par S. Parpola comme une variante phonétique du nom de la ville phénicienne d'Ashdod[64]. Ashdod a été l'objet de la campagne assyrienne de 712 avant J.-C. qui a commencé probablement encore en 713 avant J.-C.[65] La cause de cette campagne a été la suspension du paiement du tribut par Ashdod, tribut qui n'a donc été perçu par l'Assyrie ni en 713, ni en 712 avant J.-C. Le *terminus ante quem* pour cette lettre est donc 714 avant J.-C.[66] On pourrait théoriquement supposer une date postérieure à 712 avant J.-C., mais nous n'avons aucun témoignage d'affrontements entre Assyriens et Ourartéens dans la région de la Manna à cette époque. La lettre SAA 1, 29 est datée du 11 *elūlu* (août - septembre) (Rv. 26). Sennachérib a écrit cette lettre à Sargon le jour même où il a reçu les renseignements du gouverneur Aššūrrēṣūwa. Ce fait témoigne de l'importance de ces informations pour les Assyriens. Il est fort probable que la lettre SAA 5, 112 (CT 53, 114) relate ces mêmes événements. Ce document, daté du mois de *tašrītu* suivant (septembre - octobre), prouve que le roi et le commandant en chef Kaqqadānu se trouvaient à Uasi.

La lettre ABL 492 concerne probablement des événements de la même année, ce qui serait prouvé par la mention du *turtānu* Kaqqadānu. Si c'est le

---

[62]Cette interprétation du contenu des lettres ABL 444 et 492 est proposée par M. Salvini. Il ne donne cependant aucun argument en faveur de cette hypothèse: SALVINI, *op. cit.*, pp. 41-42.

[63]WINCKLER, *Die Keilschrifttexte Sargons*, p. 16: 75 suiv. LIE, *op. cit.*, pp. 16-21. A. Kristensen a proposé l'identification des événements décrits dans ce texte et dans d'autres lettres avec la campagne assyrienne de 714 avant J.-C. (KRISTENSEN, *op. cit.*, pp. 13-98). Cette supposition, soutenue par G. LANFRANCHI (*Cimmeri*, pp. 27-29), n'est cependant pas convaincante. Un seul argument en faveur de cette hypothèse est la localisation de ces événements dans la même région géographique. Cet argument n'est pas suffisant. La tension politique dans la région de la Manna et des frontières ourarto-assyriennes a perduré pendant plusieurs années antérieurement à 714 avant J.-C., et des conflits militaires y eurent lieu plusieurs fois. Les événements relatés dans ces lettres ont donc pu se produire dans cette région avant 714 avant J.-C.

[64]SAA 1, p. 29.

[65]LIE, *op. cit.*, pp. 38-40, 248-253.

[66]LANFRANCHI, *Cimmeri*, p. 228, n. 79.

cas, la préparation des actions contre la Manna et la concentration des forces dans la région d'Uasi ont dû débuter encore au mois de *nisannu* (mars - avril). Selon cette lettre, toute l'armée ourartéenne ((10) ^{lú}*e-muq-qi ša* ^{kur}URI (11) *gab-bu*) avec son commandant en chef Kaqqadānu et le roi lui-même, se sont rassemblés dans la région d'Uasi (la ville inconnue d'Elizzadu y est également mentionnée). Les affrontements dans la région de la Manna ont donc duré au moins six mois et presque toute l'armée ourartéenne y participait.

Selon les "annales" de Sargon, Rousa I avait cependant entrepris des actions hostiles dans la région de la Manna avant 715 avant J.-C. déjà, notamment en 716 avant J.-C. En fait, la lettre ABL 444, qui doit probablement être datée d'une époque plus ancienne que tous les autres documents mentionnés, pourrait notamment faire mention de ces événements. En effet, lors de sa rédaction, Kaqqadānu n'était pas encore commandant en chef et il est désigné comme étant gouverneur de la province située "en face des Ukkéens". Ce fait est ignoré par M. Salvini qui suppose que cette lettre décrit la préparation de la campagne contre les Cimmériens.

La lettre très abîmée ABL 1196 (SAA 5, 89) relate probablement les mêmes événements que la lettre ABL 444. En tout cas, Kaqqadānu y est désigné comme gouverneur (ll. 5-6: ^{m}*Kaq-q[a-da-ni]* ^{lú}EN.NAM). L'Uasi et le Muṣaṣir y sont mentionnés dans un contexte peu clair.

En revanche, les lettres ABL 380 et 409 (SAA 5, 88 et 147) sont probablement liées aux événements de 715 avant J.-C. Ces lettres sont proches l'une de l'autre par leur date, et elles mentionnent toutes deux le séjour du roi ourartéen en Uasi. Le gouverneur Sētinu est mentionné dans la lettre ABL 380 comme dans ABL 444, mais la province située "en face des Ukkéens" est désormais gouvernée par Sunâ et non plus par Kaqqadānu. Ce dernier est évidemment déjà devenu le *turtānu*. La lettre ABL 380 mentionne les préparatifs militaires des Ourartéens en Muṣaṣir. Urzana, dans la lettre ABL 409 dont il est l'auteur, s'oppose ouvertement aux Assyriens. Il refuse d'obéir à un ordre de Sargon, ordre suivant lequel personne ne doit accomplir de rites à Muṣaṣir sans son autorisation. Il est fort probable que ce choix politique ait été l'une des causes de la destruction de Muṣaṣir en 714 avant J.-C. La lettre mal conservée ABL 1083 (SAA 5, 11), qui mentionne le séjour du gouverneur d'Uasi à Muṣaṣir, est probablement également liée à ce groupe.

G. Lanfranchi (dans l'introduction à l'édition SAA 5) suppose cependant que les lettres ABL 380, 409 et 1083 doivent être postérieures à la huitième campagne de Sargon en 714 avant J.-C. Si l'on admet que ces lettres sont liées à celles que nous avons mentionnées, cela doit être le cas pour tout le groupe.

L'argument principal en faveur de cette date est l'identification des événements décrits dans ces lettres aux événements relatés par les inscriptions de Rousa I. Il s'agit de deux inscriptions bilingues portant le même texte, trouvées à Topzawä et à Mergeh Karvan[67]. Ces inscriptions ne peuvent cependant pas être datées d'une époque postérieure à 714 avant J.-C. Selon plusieurs indications des inscriptions de Sargon II, Rousa s'est suicidé après avoir perdu la campagne de 714 avant J.-C. et immédiatement après la destruction de Muṣaṣir[68]. Il n'y a aucune raison de douter de ces indications directes des sources. L'identification des événements décrits dans les lettres et dans les inscriptions bilingues de Rousa est fort probable. Cette identification sous-entend cependant que les deux groupes de sources doivent être datés d'une époque antérieure à 714 avant J.-C.

G. Lanfranchi cherche une autre indication pour la datation des événements en question dans la lettre d'Urzana ABL 409[69]. Il suppose que le fait qu'Urzana a envoyé une lettre au héraut du palais signifie que celui-ci était subordonné au fonctionnaire assyrien. Cette situation ne pourrait être possible qu'après 714 avant J.-C. Il suppose en outre que les lignes Rv. 8 - 9 de cette lettre (*ki-i* LUGAL ^{kur}*Aš–šur*^{ki} (9) *i-lik-an-ni ak-tal-šú-u:* "quand le roi d'Assyrie est arrivé ici, est-ce que je l'ai entravé?") font allusion à la destruction de Muṣaṣir lors de la huitième campagne de Sargon.

Les deux arguments ne sont pas convaincants. Rien ne prouve dans cette lettre qu'Urzana ait été subordonné au héraut du palais. Il ne se présente pas une seule fois comme son serviteur (ARAD-*ka*). Le héraut du palais n'est pas non plus dénommé "mon seigneur" (EN-*ia*). Or, l'emploi de ces deux formules était obligatoire lorsque l'on s'adressait à un fonctionnaire supérieur, surtout à un fonctionnaire aussi haut placé que le héraut du palais. En outre, le ton de cette lettre est tout à fait insolent non seulement à l'égard du héraut du palais, mais à l'égard de Sargon lui-même. Bien qu'Urzana mentionne le roi d'Assyrie, il ne le nomme pas son seigneur (EN-*ia*), ce qui est une arrogance impardonnable de sa part. Tout le contenu de la lettre n'a que faire avec le rapport d'un subordonné à son supérieur. Par contre, elle ressemble à la riposte à un voisin trop prétentieux. Urzana exige de son voisin qu'il ne s'ingère pas dans les affaires d'autrui.

Dans la première partie de sa lettre (ll. 4 - Rv. 2), Urzana confirme des renseignements déjà reçus par le héraut du palais, qui était le gouverneur de la province assyrienne la plus proche du Muṣaṣir. Selon ces renseignements, le gouverneur de la province ourartéenne d'Uasi, ainsi que celui de la province qui se trouve "en face des Ukkéens", sont arrivés à Muṣaṣir pour accomplir des rites dans son temple. Il est probable qu'Aššurrēṣūwa, dans sa lettre ABL 380, fasse mention des mêmes gouverneurs, mais en indiquant leurs noms: Sētinu et Sunâ. Urzana écrit également dans sa lettre que le roi

---

[67]SAA 5, p. XVII. Pour la publication du texte commun de ces duplicata avec les commentaires voir: SALVINI, *op. cit.*, pp. 79-95. Pour l'identification des événements décrits dans ces inscriptions à ceux de la lettre ABL 409 voir: SALVINI, *op. cit.*, pp. 37-38, avec la date de 716 avant J.-C.

[68]L'inscription sur la stèle: WINCKLER, *Die Keilschrifttexte Sargons*, p. 176: 49-50; *Prunkinschriften:* WINCKLER, *Die Keilschrifttexte Sargons*, p. 112: 76-77. Les "annales": WINCKLER, *Die Keilschrifttexte Sargons*, p. 26: 139. LIE, *op. cit.*, p. 28-29.

[69]SAA 5, p. XVII.

ourartéen se trouve actuellement en Uasi et qu'il a l'intention de venir à Muşaşir avec d'autres gouverneurs: (4) *[š]a taš-pur-an-ni* (5) *ma-a* LUGAL ^{kur}URI-*a-a* (6) *a-di* ^{lú}*e-muq-qi-šú* (7) *kar-ka-te-e : i-lak* (8) *ma-a a-a-ka ú-šab* (9) ^{lú}EN.NAM *šá* ^{uru}*U-a-si* (10) ^{lú}EN.NAM *ša qa-ni* ^{kur}*U-ka-a-a* (11) *i-tal-ku-u-ni : dul-lu* (12) AŠ É-DINGIR *: e-pu-šú* (13) *i-da-bu-ub : ma-a* LUGAL (14) *i-lak* AŠ ^{uru}*U-a-si ú-šab* (15) *ma-a* ^{lú}NAM.MEŠ *ah-hu-ru* (e.16) *i-la-ku-u-ni* (Rv.1) AŠ ^{uru}*Mu-şa-şir* (2) *dul-lu e-pu-šú,* "En ce qui concerne ce que tu m'as écrit: "Est-ce que le roi va avec ses forces rassemblées? Où se trouve-t-il?": Le gouverneur d'Uasi (et) le gouverneur qui est près des Ukkéens sont arrivés. Ils ont accompli le rite dans le temple. Il (*sic!*) dit: Le roi va / viendra, il se trouve en Uasi. (D'autres) gouverneurs arriveront plus tard à Muşaşir pour accomplir le rite".

Ensuite, Urzana non seulement reconnaît qu'il a consciemment violé l'ordre du roi assyrien de ne pas accomplir de rites dans le temple de Muşaşir sans sa permission, mais il n'éprouve aucun regret. De plus, il déclare sans équivoque que le roi ourartéen n'est pas moins important pour lui que celui de l'Assyrie. Urzana ne s'est même pas donné la peine d'exprimer cette déclaration sous une forme quelque peu aimable: (Rv. 3) *šá taš-pur-an-ni* (4) *ma-a : ša* ⌜*la*⌝ *pi-i* (5) *ša* LUGAL *me-me-ni* (6) Á-*šú* AŠ *dul-li* (7) *lu la ú-ba-la* (8) *ki-i* LUGAL ^{kur}*Aš-šur*^{ki} (9) *i-lik-an-ni : ak-tal-šú-u* (10) *šá e-pu-šú-ni : e-tap-šá* (11) *ú an-ni-u : a-ke-e* (12) *lak-la-šú,* "En ce qui concerne ce que tu m'as écrit: "Que personne ne se mette (*lit.* ne touche) au rite sans la permission du roi": Quand le roi d'Assyrie est venu ici, est-ce que je l'ai entravé? Ce que je faisais / il faisait, j'ai / il a) fait[70]. Et comment l'(*scil.* le roi ourartéen)entraverais-je?"

Il suffit de comparer cette lettre avec une autre écrite par Urzana (ABL 768 = SAA 5, 146) pour sentir la différence dans son attitude envers les Assyriens. Il est impossible d'imaginer qu'une lettre du genre d'ABL 409 soit écrite soit par un subordonné du gouverneur assyrien, soit par un dynaste vassal. Cette lettre signifie de toute évidence une rupture avec l'Assyrie et une claire orientation vers l'Ourartou. C'est probablement cette action qui est désignée dans les inscriptions de Sargon comme étant une trahison d'Urzana.

En ce qui concerne la supposition de G. Lanfranchi selon laquelle la ligne Rv. 10 ferait allusion à la destruction de Muşaşir en 714 avant J.-C., elle n'est pas convaincante. Urzana considère les visites de Sargon et du roi ourartéen comme des événements semblables. Ce serait en fait difficile à imaginer, tenant compte du caractère de l'invasion assyrienne de 714 avant J.-C. Il est difficile de supposer qu'Urzana se souvienne avec sérénité de la dévastation et du pillage de la ville de Muşaşir et de son temple. Par contre, il est fort probable que Sargon ait visité Muşaşir durant l'une de ses campagnes dans la Manna voisine (par exemple, en 716 ou 715 avant J.-C.). Il a en outre

[70]Il est impossible de déterminer s'il s'agit de la première ou de la troisième personne du verbe *epēšu*. Le sujet de la phrase n'est donc pas clair: cela peut être Urzana, le roi assyrien ou le roi ourartéen.

visité la région de Hubuškia en 715 avant J.-C.[71] De plus, la phrase en question ne signifie pas forcément que Sargon ait visité la ville même de Muṣaṣir. La phrase peut être comprise comme une allusion au séjour du roi dans les alentours de Muṣaṣir, par exemple dans la Manna ou dans le Hubuškia.

La datation de ces lettres proposée par G. Lanfranchi est fondée sur la supposition qu'Urzana a repris son trône après la campagne de 714 avant J.-C., mais qu'il était soumis au héraut du palais assyrien. Selon la même supposition, le temple de Muṣaṣir a été reconstruit et les statues des dieux y ont été renvoyées peu de temps après leur enlèvement en Assyrie. Sans quoi il aurait été impossible d'accomplir des rites à Muṣaṣir après 714 avant J.-C.

Ces suppositions ne sont pas suffisamment étayées. L'un des arguments principaux en leur faveur peut être un fragment abîmé et peu compréhensible de la lettre CT 53, 340 (SAA 1, 7)[72]: (1) *[...] ap-ta [...]* (2) *[...]-u-ni ú-ṣa-[bit$^{?}$ ...]* (3) *[...] ta-qa-bi ma-[a ...]* (4) *[... lu]-sa-hi-ir li-di-n[a ...]* (5) *[...] ⸢ár⸣-hiš ba-ti-iq-[tú ...]* (6) *[...] ba-si* DINGIR.MEŠ*-ni-ka [...]* (7) *[...]-nak-ka ^{uru}Mu-ṣa-[ṣir ...]* (8) *[... Š]À-bi ši-i-bi ṣa-ba-[at ...]* (9) *[...] x ša* DINGIR.MEŠ*-ni-ka [...]* (10) *[...]-ia ha-an-ni-i š[a ...]* (e.11) *[...] x-a la-a x [...],* "tu dis / elle dit: "[... qu'il] rende, qu'il don[ne ...] vite information [...] tes dieux bientôt [...] Muṣa[ṣir ...] pren[ds] à témoin [...] tes dieux [...] mon ce [...] pas [...]". La restitution de ce texte proposée dans l'édition SAA 5 n'est qu'une pure hypothèse. Il n'y a pas une seule ligne complète qui ait été conservée dans ce fragment. Le nombre précis de signes dans chaque ligne est donc inconnu et l'on ne peut s'en faire une idée qu'en comparant ce fragment avec d'autres lettres néo-assyriennes. En outre, les mots conservés dans ce fragment ne donnent aucun contexte. Le contexte n'apparaît qu'une fois les lacunes comblées, exercice assez arbitraire. Ni le destinataire, ni l'auteur de cette lettre ne sont connus. La supposition qu'il s'agisse ici d'un message de Sargon à Urzana concernant le renvoi des statues des dieux à Muṣaṣir n'est, dans ces conditions, qu'une hypothèse gratuite. Cette lettre ne peut donc servir de fondement à des conclusions ultérieures.

On pourrait dire presque la même chose de la liste des éponymes C^b 4 (Rm 2, 97). H. Tadmor restitue à la 11e ligne de cette liste le texte suivant: *[ta-a-a-rat ^{d}Hal-di-a a-n]a ^{uru}Mu-ṣa-ṣir,* "[le retour de Haldi à] Muṣaṣir"[73] et date cet événement de 713 avant J.-C. Cette restitution est cependant contestable. La seule certitude est que ce texte abîmé mentionne le Muṣaṣir. Même si l'on admet cette restitution, on ne peut en conclure qu'Urzana soit revenu à Muṣaṣir et encore moins que cette région ait été perdue par les Assyriens. L'inverse est plus probable. Le renvoi des statues à Muṣaṣir

---

[71] LIE, *op. cit.*, p. 18: 104.

[72] Cf.: DELLER, *op. cit.*, p. 116.

[73] TADMOR H., "The Campaigns of Sargon II of Assur: a Chronological and Historical Study", in *JCS*, 12, 1958, pp. 85, 95. Cf.: UNGNAD, "Eponymen", in *RLA*, vol. II, 1938, p. 433.

témoignerait plutôt en faveur de l'hypothèse que les Assyriens considéraient qu'ils contrôlaient suffisamment cette région.

En fait, toutes les autres sources connues contredisent la supposition selon laquelle le pouvoir d'Urzana ait été rétabli à Muṣaṣir après 714 avant J.-C. Les inscriptions de Sargon ne mentionnent pas cette restauration, bien qu'elles relatent habituellement des cas semblables. Ainsi, Sargon raconte qu'il a fait grâce à Ullusūnu de la Manna et qu'il lui a rendu son trône en 716 avant J.-C., malgré la trahison de ce roi. Par contre, Sargon indique sans équivoque qu'Urzana s'est enfui dans les montagnes quand l'armée assyrienne s'est approchée de sa ville. Le roi du Muṣaṣir n'est plus mentionné dans les sources. Il n'y aucune indication dans les textes assyriens concernant le fait qu'Urzana ait pu faire amende honorable à Sargon, ce qui aurait été une *conditio sine qua non* de son rétablissement au pouvoir. Par contre, les textes témoignent clairement du fait que la population de Muṣaṣir, notamment la famille d'Urzana, ainsi que tous ses biens, a été emmenée en Assyrie. Le royaume lui-même a été incorporé à l'empire assyrien et soumis au gouverneur de la province voisine, c'est-à-dire au héraut du palais. Ce fait en soi contredit la supposition du rétablissement d'Urzana au pouvoir. Les rois dépendants et semi-dépendants de l'Assyrie n'étaient jamais directement soumis aux gouverneurs assyriens. Il est fort probable que non seulement le pouvoir d'Urzana n'a pas été rétabli, mais que même le Muṣaṣir n'existait plus après 714 avant J.-C. en tant qu'état indépendant. En tout cas, les textes assyriens ne le mentionnent plus comme tel. Par contre, une des inscriptions d'Assarhaddon mentionne Muṣaṣir dans une liste de chantiers de construction sur le territoire de l'Assyrie[74]. Ce texte témoigne probablement du fait que l'Assyrie, du moins à cette époque, contrôlait le territoire du Muṣaṣir. Il est aussi important de noter que le nom d'Ardini (Muṣaṣir) souvent mentionné dans les textes ourartéens jusqu'à l'époque de Rousa I, ne s'y rencontre plus à l'époque plus tardive.

Nous n'avons donc aucune raison de dater les lettres mentionnées à une époque postérieure à la campagne de 714 avant J.-C. Le fait que Rousa I et Urzana participent aux événements qu'elles relatent nous permet, par contre, de dater ces lettres d'une époque antérieure à la huitième campagne de Sargon. La lettre d'Urzana ABL 409 prouve qu'il a pris une position franchement proourartéenne et qu'il s'opposait aux Assyriens au moment où il l'écrivait. Le ton et le contenu de cette lettre ne correspondent pas à la situation qui prévalait après la huitième campagne de Sargon, même si l'on suppose le rétablissement d'Urzana au pouvoir. La fidélité d'Urzana à son choix politique est attestée par le fait qu'il a exprimé sa soumission au roi ourartéen, après la défaite de ce dernier contre les Cimmériens. L'orientation proourartéenne d'Urzana ne l'a cependant pas empêché d'informer les Assyriens des événements en Ourartou.

---

[74]BORGER R., *Die Inschriften Asarhaddons, AfO,* Beiheft 9, Graz, 1956, p. 95, Smlt, Rv. 44.

Nous pouvons donc classer les lettres étudiées dans l'ordre chronologique suivant. Ce groupe de textes est antérieur au groupe des lettres relatant le conflit entre les Cimmériens et l'Ourartou.

1. ABL 444 = SAA 5, 87. Avant 715 avant J.-C. (716 avant J.-C. ?). Rousa a quitté Turušpa et s'est dirigé vers Uazaun. Cinq gouverneurs avec leurs forces armées, et notamment Kaqqadānu et Sētinu, se trouvent en Uasi et menacent la Manna.

2. ABL 1196 = SAA 5, 89. Probablement, les mêmes événements.

3. ABL 492 = SAA 5, 86. *Nisannu - aiāru* 715 avant J.-C. Rousa a quitté Turušpa et se trouve dans la ville d'Elizzadu. Toute l'armée ourartéenne doit se rassembler dans cette ville. Le commandant en chef Kaqqadānu se dirige vers Uasi.

4. ABL 380 = SAA 5, 88. Printemps - été 715 avant J.-C. Deux gouverneurs ourartéens, Sētinu (probablement celui d'Uasi) et Sunâ (celui de la province située "en face des Ukkéens") sont entrés avec leurs forces à Muṣaṣir. Ils se préparent probablement à une confrontation avec l'Assyrie. Le roi se dirige vers Uasi, ou s'y trouve déjà.

5. ABL 1083 = SAA 5, 11. Printemps - été 715 avant J.-C. (?). Le gouverneur d'Uasi se trouve à Muṣaṣir.

6. ABL 409 = SAA 5, 147. Eté 715 avant J.-C. Les deux gouverneurs ourartéens ont accompli des rites dans le temple de Muṣaṣir, malgré l'interdiction de Sargon. Le roi ourartéen se trouve en Uasi et il a l'intention de visiter Muṣaṣir pour y accomplir des rites. Urzana a pris une position proourartéenne.

7. ABL 198 + CT 53, 120 + CT 53, 438 = SAA 1, 29. Le 11 *elūlu* 715 avant J.-C. Le roi ourartéen a quitté Uasi avec une partie de ses troupes et est entré en Manna. Des gouverneurs assyriens sont attaqués.

8. CT 53, 114 = SAA 5, 112. *Tašrītu* 715. Le commandant en chef ourartéen est arrivé à Uasi. Rousa est revenu avec lui dans la même ville.

Il n'y a donc aucune raison de voir dans ces lettres la description d'une révolte contre Rousa I. Il existe cependant une lettre (ABL 144 = SAA 5, 91) qui relate effectivement une révolte semblable. Cette lettre a probablement été l'unique fondement de toute l'hypothèse de l'insurrection en Ourartou. L'importance de cette révolte a été fortement exagérée. Le commandant en chef n'a probablement rien à voir avec cette révolte, et elle a été dirigée par un courtisan portant le titre de ^{lú}GAL-*ka-ṣir* ("tailleur en chef") et qui s'appelait Naragê. Ce courtisan n'est pas mentionné dans d'autres sources et il n'a probablement joué qu'un rôle secondaire dans la politique ourartéenne. Seuls vingt eunuques ont comploté avec Naragê, et cent personnes en tout ont pris part à cette révolte. Il n'est pas étonnant qu'un tel complot ait été réprimé sans problème et que ses participants aient été exécutés (l. 12: ME-*šu-nu* ERIM-MEŠ *de-e-ku*). L'adjoint du *turtānu,* Urṣenê, et son frère le gouverneur Abliuqnu ont été d'abord soupçonnés d'avoir participé au complot de Naragê et par conséquent ils ont été arrêtés. Leur innocence a cependant bientôt été reconnue et ils ont été libérés (ll. 13-20). Un complot de cour aussi insignifiant n'a rien à voir avec une grande insurrection en Ourartou, telle qu'on l'a supposée. De plus, rien ne permet de penser que l'armée ait participé à cette révolte. La lettre ABL 144 ne contient aucune indication sur sa date. Il n'y a donc aucune raison de supposer que la révolte de Naragê ait été liée à la défaite de Rousa contre les Cimmériens. Comme la date de ce document n'est pas claire, nous ne pouvons pas déterminer ses relations chronologiques avec les autres lettres des archives assyriennes.

1.7 Il reste à discuter de deux lettres assyriennes dont l'interprétation est importante pour la compréhension des événements liés à la campagne ourartéenne contre les Cimmériens. Il s'agit des lettres ABL 646 (SAA 5, 90) et CT 53, 7 (SAA 5, 114). Déjà F. Thureau-Dangin a supposé que la première de ces lettres relatait le conflit entre l'armée de Rousa I et les Cimmériens[75]. Cette hypothèse a été ensuite soutenue par d'autres spécialistes[76]. Mais les Cimmériens ne sont pas mentionnés directement dans cette lettre, et cette supposition ne reste qu'une hypothèse. Il existe de sérieuses objections contre elle.

Les informations apportées par la lettre ABL 646 et par les quatre lettres relatant la défaite des Ourartéens comprennent d'importantes divergences entre elles. Selon la lettre ABL 197 qui contient le résumé final des renseignements, trois dignitaires ourartéens ont été tués ou défaits par les Cimmériens (*de-e-ku* peut signifier non seulement "tués" comme on le traduit habituellement dans cette lettre, mais aussi "défaits"[77]). Il s'agissait probablement du *turtānu* et de deux gouverneurs. Selon la lettre ABL 646, neuf gouverneurs ont été tués ou défaits. Tous ces gouverneurs sont énumérés, ce qui prouve l'exactitude de l'information. Il n'y a qu'une seule concordance entre le témoignage de la lettre ABL 646 et les renseignements concernant la campagne ourartéenne contre les Cimmériens. Il s'agit de l'information concernant la mort du gouverneur d'Uasi (ABL 1079: 8-9; ABL 646: 10). Cette concordance n'est cependant pas suffisante pour identifier les deux événements.

La lettre ABL 646 dit que le roi ourartéen s'est enfui seul et qu'il s'est dissimulé dans les montagnes. Son armée ne savait même pas s'il était vivant. Il en a résulté qu'un certain Melartua est devenu roi (Rv. 7-10). Ce personnage est encore mentionné dans la lettre CT 53, 7 (SAA 5, 114). Selon cette dernière lettre, il était le fils du roi ourartéen et probablement son héritier: (7) ^{m}*Me-la-ar-⌜ṭu-a⌝* (8) ^{lú}A-*šú*[78]. Aucune des quatre lettres relatant la défaite de l'armée ourartéenne dans le pays des Cimmériens ne mentionne un tel fait.

---

[75]THUREAU-DANGIN, *op. cit.*, p. X, n. 1; p. XIV, n. 5.

[76]LANFRANCHI, "Some new Texts", pp. 128-130. DELLER, *op. cit.*, pp. 99-100.

[77]CAD, vol. D, 1959, pp. 41-42. AHw, vol. I, p. 152.

[78]FALES F.M., "New Assyrian Letters from the Kuyunjik Collection", in: *AfO*, 27, 1980, p. 141. K. Deller a restitué les signes suivant le nom de Melartua comme ^{lú}A.⌜NIN⌝. Il les a expliqué comme une désignation du titre *Kronprinz* en s'appuyant sur les inscriptions gravées sur les sceaux ourartéens: KIŠIB ^{lú}A.NIN-*li:* DELLER, *op. cit.*, pp. 100, 104. Il est cependant difficile d'admettre cette supposition, car une désignation semblable du prince héritier ne se retrouve pas dans les textes akkadiens et n'appartient qu'aux inscriptions ourartéennes. Cf.: LANFRANCHI, *Cimmeri*, p. 226, n. 38.

Une des plus anciennes lettres de ce groupe (ABL 146) nous informe que le roi ourartéen se trouvait dans sa capitale, Turušpa. Selon la lettre ABL 197, la plus tardive, le roi a quitté la capitale et se dirige vers la région frontalière d'Uasi. Le roi du Muṣaṣir et le messager du roi du Hubuškia sont arrivés entre temps pour lui exprimer leur soumission, ce qui témoigne de la stabilité de la position du roi ourartéen. La même lettre indique que tout le pays de l'Ourartou est calme, et que les gouverneurs ourartéens sont retournés dans leurs provinces (ll. 27-29). Il faut encore noter que cette situation prévalait en Ourartou immédiatement après la campagne avortée contre les Cimmériens. En effet, la même lettre indique que toute l'armée n'est pas encore revenue de cette campagne. Tout cela correspond mal à la situation d'instabilité que laisse sous-entendre le fait de l'existence simultanée de deux rois dans le même pays et la fuite du roi légitime dans les montagnes.

Il semble donc certain que les quatre lettres relatant la campagne ourartéenne contre les Cimmériens et la lettre ABL 646 décrivent des situations différentes. Le rapport chronologique entre ces lettres n'est pas clair. Il est également difficile de déterminer s'il faut dater la lettre ABL 646 d'une époque antérieure ou postérieure à 714 avant J.-C. On ne sait donc pas qui était alors le roi d'Ourartou, Rousa I ou Argishti II.

Il est probable que cette lettre relate les mêmes événements que ceux qui sont décrits dans le rapport de Sargon au dieu Assour concernant la campagne de 714 avant J.-C., c'est-à-dire la défaite des Ourartéens sur le mont d'Uauš. L'importance de la défaite ourartéenne et la fuite du roi se conforment bien à la description de cet événement dans "la lettre à Assour". G. Lanfranchi suppose que la lettre ABL 646 doit être datée de l'époque où le Muṣaṣir a été complètement soumis à l'Assyrie[79]. Le seul fondement de cette supposition est le fait qu'une des provinces ourartéennes est désignée comme étant "en face" (*pūtu*) du Muṣaṣir. Cette désignation doit témoigner, selon l'opinion de G. Lanfranchi, de l'appartenance du Muṣaṣir à l'Assyrie. Il faut cependant noter que les noms des royaumes vassaux, ainsi que les noms des provinces assyriennes se rencontrent souvent dans le même contexte. Ainsi, le nom du royaume des Ukkéens est également utilisé pour désigner la localisation des provinces ourartéennes (SAA 4, 87: 7-8, 88: Rv. 1 etc.). Urzana était sans doute considéré par les Assyriens comme un roi vassal à l'époque précédant la destruction de Muṣaṣir. Ce statut de vassalité est attesté par les lettres d'Urzana, ainsi que par l'indication de Sargon selon laquelle il a détruit Muṣaṣir à titre de châtiment pour la trahison de son roi[80].

La lettre ABL 646 a été comparée avec le fragment abîmé CT 53, 365 + 462 (SAA 5, 93)[81]. Selon l'hypothèse résultant de cette comparaison, les premières lignes de ce fragment concernent Melartua: (1) *[AŠ]* *^{uru}[x x x]* (2) *[ša q]a-ni* *^{uru}Ú-⌜e⌝-[si]* (3) *[^{1}]^{ú}GAL.MEŠ-šú* (4) *[i]l-ti-bi-ú-šu* (5) *i-da-ku-šu:* "[dans] la ville [… en] dehors d'Ue[si], ses dignitaires l'ont entouré et l'ont

---

[79]IBID., pp. 29-31.
[80]MAYER, Sargons Feldzug. Text, p. 98: 309-311.
[81]LANFRANCHI, "Some new Texts", p. 130.

tué". Cette hypothèse n'est pas à exclure, mais elle n'est pas incontestable. Rien, dans le texte même de ce fragment, n'indique qu'il faille le comprendre de cette façon. De plus, on ne peut même pas être certain du fait que le souverain tué par ses dignitaires dans la région d'Uasi soit bien le roi ourartéen. Un tel événement, sans aucun doute très important, aurait dû être mentionné dans les sources contemporaines qui sont assez nombreuses. Nous ne possédons cependant aucun témoignage semblable.

La supposition que le fragment SAA 5, 93 relate le meurtre du roi de Manna Azâ n'est pas moins fondée. Ce roi a été tué en 716 avant J.-C. par ses sujets, à l'instigation des Ourartéens, dans la région de la montagne Uauš[82]. Selon la relation de la huitième campagne de Sargon, cette montagne se trouvait dans la région frontalière d'Uišdiš. Cette région qui appartenait à la Manna avait été annexée par Rousa I. La région d'Uasi était également limitrophe de la Manna. La lettre en question et les "annales" de Sargon parlent donc de la même région. On peut également noter que le nom de la région d'Uišdiš peut être restitué dans la deuxième ligne de ce fragment en lieu et place du nom de la province Uesi. Cette restitution est aussi probable que celle proposée dans l'édition SAA 5. Si elle est juste, l'interprétation proposée du fragment SAA 5, 93 est alors certaine. Il faut noter à ce propos qu'un autre fragment de lettre appartenant à la collection de Kouyoundjik (CT 53, 885 = SAA 5, 216) mentionne le roi de Manna Azâ dans un contexte fort abîmé. Ce fragment parle probablement des mêmes événements.

L'interprétation proposée du fragment SAA 5, 93 est hypothétique, car ni le nom du souverain tué, ni celui de son pays ne sont conservés. Cette hypothèse a cependant un avantage sur celle de G. Lanfranchi. D'après elle, ce fragment décrit des événements connus grâce à d'autres sources, notamment un texte du même groupe, le fragment CT 53, 885. G. Lanfranchi est par contre obligé de reconstituer des événements qui ne sont mentionnés nulle part, en s'appuyant seulement sur une restitution de texte abîmé.

Enfin, il nous faut encore mentionner le fragment de lettre CT 53, 7 (SAA 5, 114). Le texte suivant est conservé sur le recto de la tablette: (3) ^{kur}⌜*Ú-ra-ar-ṭa*⌝*-a-[a]* (4) *e-mu-*⌜*qe*⌝*-šú* AŠ ^{kur}*Ú-a-ṣa-na* (5) *up-tah-hi-*⌜*ir*⌝ *[0]* (6) *bé-et pa-[ni]-*⌜*šú-ni la*⌝ *áš-me* (7) ^{m}*Me-la-ar-*⌜*ṭu-a*⌝ (8) ^{lú}A-*šú* ⌜^{m}*A-ba*⌝*-[l]i-*⌜*ú*⌝*-qu-nu* (9) ^{lú}EN.NAM ⌜*ša*⌝ *[*^{kur}*x x] x-pa* (10) *a-di e-m[u-qe-šú-nu]* ("L'Ourartéen a rassemblé ses forces dans (le pays) d'Uaṣan. Je n'ai pas entendu où ils se dirigent. Son fils Melart[ua] et le gouverneur de [...]pa Aba[liu]qunu avec [leurs forces ...]"). Il est probable que ce fragment fait mention de la concentration des troupes ourartéennes, relatée dans les lettres étudiées plus haut. Dans ce cas, le fils du roi, Melartua, a participé à ces actions antiassyriennes aux côtés du roi Rousa I lui-même et d'un certain nombre de gouverneurs ourartéens. La lettre ABL 646 doit probablement être datée d'une époque plus tardive. Melartua, qui est également mentionné dans cette lettre, a probablement remplacé pour une très courte période son père Rousa ou son frère Argishti sur le trône ourartéen.

---

[82] LIE, *op. cit.*, p. 12: 78-82.

La supposition selon laquelle la lettre ABL 381 (SAA 5, 84) est liée à l'insurrection contre Rousa I[83] n'est que le résultat d'un malentendu. Il est important de noter d'abord qu'elle mentionne "le gouverneur du Muṣaṣir" Abaluqunu. Cette fonction ne pouvait pas exister avant 714 avant J.-C. lorsque le Muṣaṣir était dirigé par son propre roi Urzana. Comme nous l'avons déjà mentionné, en 714 avant J.-C. le Muṣaṣir a été incorporé à l'empire assyrien. Il y a donc deux possibilités d'interprétation de ce texte: soit le Muṣaṣir appartenait toujours à l'Assyrie et il était dirigé par son propre gouverneur, soit l'Ourartou avait réussi à le récupérer. Dans ce cas, le pouvoir d'Urzana n'a pas été rétabli, et l'administration de la région a été confiée au fonctionnaire ourartéen Abaluqunu. On a déjà noté cependant que les sources disponibles contredisent cette deuxième supposition. La première explication du texte paraît donc la plus probable.

Le contexte lui-même de la lettre ABL 381 témoigne également en faveur de la supposition selon laquelle Abaluqunu était un fonctionnaire assyrien et non ourartéen. Nous apprenons par cette lettre que "le mannéen" a essayé d'attaquer les forteresses ourartéennes au bord du lac d'Ourmia, mais qu'il s'est ensuite retiré (ll. 4-8). Le passage suivant (l. 9 - Rv. 3) nous apprend que le gouverneur du Muṣaṣir Abaluqunu ainsi que le gouverneur de Kār-siparri Tunbaun se sont dirigés vers la frontière de la Manna pour la protéger.

S. Parpola et G. Lanfranchi supposent que le Kār-siparri était une province ourartéenne[84]. E. Forrer la considérait cependant comme une province assyrienne[85]. La deuxième opinion semble plus probable. Cette province est mentionnée dans deux autres lettres des archives de Kouyoundjik: ABL 646 (SAA 5, 90): 12 et ABL 1325 (SAA 5, 166): Rv. 1. Le verso de la deuxième tablette contient le texte suivant: (Rv. 1) *ù* ^{uru}*Kar*-URUDU.MEŠ (2) *i-si-šú i-ti-ki-ri* (3) ^{lú}*tur-ta-nu-šu* (4) AŠ Š[À-*bi qa-r*]*a-bu ú-pa-ša* ("Kār-siparri lui était hostile. Son commandant en chef a livré une bat[aille là-b]as"). Pour les auteurs de l'édition SAA 5, ce texte contiendrait un renseignement sur une révolte contre le roi ourartéen ainsi que sur son écrasement. Cette explication est acceptable, mais il en existe une autre. Ce texte pourrait également concerner un conflit frontalier au cours duquel la ville assyrienne de Kār-siparri aurait été assiégée. Si nous possédions d'autres sources prouvant l'appartenance de cette ville à l'Ourartou, l'interprétation de SAA 5 aurait dû être admise. Les données du seul fragment ABL 1325 ne sont cependant pas suffisantes pour une telle conclusion.

En ce qui concerne la lettre ABL 646, elle relate, comme nous l'avons déjà noté, la mort ou la défaite de neuf gouverneurs ourartéens. Tous ces

---

[83]PIOTROVSKIJ, *op. cit.*, p. 98. ARUT'UN'AN, *op. cit.*, p. 284. La supposition selon laquelle il doit s'agir ici d'une insurrection est fondée sur la traduction "se révolter" du verbe *zaqāpu* dans la 7ème ligne du texte, cf.: CAD, vol. Z, p. 55. DELLER, *op. cit.*, p. 117. Ce verbe, dans ce contexte, a cependant la signification "attaquer": SALVINI, *op. cit.*, p. 21. SAA 5, p. 70.

[84]SAA 5, p. 247.

[85]FORRER, *op. cit.*, pp. 116, 118.

gouverneurs sont énumérés. Nous trouvons dans cette énumération la mention de *2* ^{lú}EN.NAM.MEŠ *ša pu-ut* ^{kur}*Kar*-UD.KA.BAR ("deux gouverneurs en face de Kār-siparri"). La désignation des provinces frontalières de l'Ourartou comme se trouvant "en face" (*pūtu*) d'autres régions se rencontre relativement souvent dans les textes assyriens. Pourtant ce sont toujours des noms de provinces assyriennes ou de royaumes de souverains dépendants de l'Assyrie qui sont utilisés dans les désignations de ce type (le plus souvent "en face de moi", "en face de nous"). Il n'existe pas un seul cas où une province ourartéenne soit désignée comme étant "en face" d'une autre province ourartéenne[86]. L'usage de la lettre ABL 646 suit cette règle. Son auteur mentionne parmi les gouverneurs ourartéens celui "en face du grand-échanson", celui "en face de nous", celui "en face de Ša-Aššūr-dubbu" (gouverneur de Tušhan) et celui "en face du Muṣaṣir". Le mot *pūtu* signifie donc dans ce contexte non pas "en face", mais "en face à travers la frontière". La lettre ABL 646 apporte donc un argument décisif en faveur de la supposition selon laquelle le Muṣaṣir et le Kār-siparri (dans la lettre ABL 381) sont bien des provinces assyriennes et non ourartéennes.

Cette supposition se confirme dans les dernières lignes de la lettre ABL 381 elle-même. Ce passage rapporte que le roi ourartéen a offert des sacrifices dans sa capitale Turušpa et que **tous** les gouverneurs étaient là avec lui (Rv. 7-8). Au même moment, Abaluqunu et Tunbaun se trouvaient à la frontière avec la Manna. Aššūrrēṣūwa, l'auteur de cette lettre, ne les considère donc pas comme des gouverneurs ourartéens. Il est donc fort probable qu'au moment de la rédaction de la lettre ABL 381, le Muṣaṣir faisait partie de l'empire assyrien et que ce pays était dirigé par le gouverneur Abaluqunu. Cette conclusion rend difficile l'identification d'^{m}*A-ba-lu-qu-nu* de la lettre ABL 381 avec le dignitaire ourartéen ^{m}*Ab-li-uq-nu* (ABL 144: 14,16), ^{m}*A-ba-[l]i-ú-qu-nu* (CT 53, 7: 8) qui était le gouverneur de la province [...]pa. Si l'on admet cependant cette identification, on est obligé de supposer que ce dignitaire ourartéen était passé au service de Sargon. Cette supposition est possible, ainsi que la lettre CT 53, 229 (SAA 1, 8) le confirme. Cette lettre a probablement été écrite par Sargon et adressée au roi ourartéen. Son texte est très abîmé, mais il est clair qu'il s'agit ici d'un gouverneur ourartéen dont le nom n'est pas conservé. Ce gouverneur s'est réfugié en Assyrie, où il a été admis au service de Sargon et où il a même reçu, semble-t-il, le titre de *turtānu* (Rv. 5-8). On peut supposer que cette lettre concerne justement Abaluqunu. Même si ce n'est pas le cas, elle prouve tout de même qu'un gouverneur ourartéen pouvait passer du côté des Assyriens et faire ensuite une brillante carrière en Assyrie. Dans ce cas, la nomination d'un dignitaire ourartéen réfugié au poste de gouverneur d'une nouvelle province de la population ourartéenne telle que Muṣaṣir semble être tout à fait logique. En résumé, il faut souligner que, quelle que soit l'interprétation de la lettre ABL 381, elle a été écrite après 714 avant J.-C. A

---

[86]Cf.: SAA 1, p. 223. SAA 5, p. 232.

cette époque, le Muṣaṣir n'avait plus de souverain propre et était dirigé par un gouverneur nommé par le roi d'une des puissances, l'Assyrie ou l'Ourartou.

La supposition selon laquelle la défaite de Rousa I contre les Cimmériens ait eu pour conséquence une grande insurrection contre lui dans tout l'Ourartou, n'est donc pas confirmée par les sources disponibles. Par contre, la situation dans le pays après cette campagne avortée est calme, si l'on en croit la lettre ABL 197. L'insignifiant complot de cour dirigé par Naragê, et dont l'écrasement est décrit dans la lettre ABL 144, n'a probablement rien à voir avec le conflit entre les Cimmériens et l'Ourartou. On ne sait même pas si ce complot a eu lieu avant ou après la campagne contre les Cimmériens. Il est fort probable que les lettres ABL 646 et CT 53, 7 mentionnant l'éventuel prétendant au trône ourartéen Melartua ne soient pas liées non plus à cette campagne.

Avant de terminer l'étude du conflit entre les Cimmériens et l'Ourartou, il nous faut revenir une fois encore sur le problème de sa datation. Nous avons déjà vu que ce conflit n'avait pu avoir lieu avant le mois de *tašrītu* 715 avant J.-C. Les forces ourartéennes étaient impliquées à cette époque dans une confrontation avec les Assyriens sur la frontière de la Manna. Dans sa relation au dieu Assour, Sargon écrit (l. 6) qu'il a commencé sa huitième campagne au mois de *tamūzu* 714 avant J.-C. La campagne de Rousa contre les Cimmériens doit se situer entre ces deux limites. Elle se situe donc dans une période allant d'octobre 715 jusqu'à juin 714 avant J.-C. Il est difficile d'imaginer une campagne hivernale de l'armée ourartéenne dans une région de montagnes où les cols ne sont praticables qu'au printemps. Nous pouvons donc préciser encore la date de cette campagne et supposer qu'elle a eu lieu au printemps ou au début de l'été 714 avant J.-C.

1.8 La cinquième lettre de l'époque de Sargon qui mentionne les Cimmériens (K 485, ABL 112 = SAA 5, 145, partie II, N° 5) relate un autre événement. Il ne s'agit plus de la campagne contre les Cimmériens, mais de l'incursion d'un certain "Cimmérien" sur le territoire de l'Ourartou. Cette lettre est malheureusement très abîmée et son texte contient plusieurs lacunes. Elle est écrite par un certain Urda-Sīn qui n'est pas mentionné dans d'autres sources. Il était probablement l'un des "espions de la maison du héraut du palais" mentionnés dans la lettre de Sennachérib ABL 1079 (Rv. 6): *[^{lú}da-a]-a-li ša* É ^{lú}600.É.GAL. La lettre d'Urda-Sīn est en tout cas adressée au héraut du palais. La localisation des événements mentionnés dans cette lettre est très importante. Les lignes 4 - 9 contiennent le texte suivant: (4) *[^{lú}G]a-me-ra-a* (5) *⸢x an?⸣-ni-ú* (6) *⸢it-tu⸣-ṣi* TA ŠÀ-*bi* (7) *⸢^{kur}Ma-na⸣-a-a* (8) ⸢AŠ ŠÀ-*bi*⸣ ^{kur}URI (9) *⸢e⸣-tar-ba* ("[C]e Cimmérien est [sor]ti de la Manna. Il est entré dans l'Ourartou").

Ensuite, nous lisons aux lignes 14 - Rv. 3: (14) ⸢^{lú}DUMU⸣ *šip-ri* (15) *šá* ^{lú}EN.NAM (16) *^{uru}Ú-e-⸢si⸣* (17) UGU *^{m}Ur-[za]-ni* (18) *it-ta[l-ka]* (Rv. 1) AŠ UGU *[kit?-ri?]* (2) *ma-a ⸢e-mu⸣-qi-k[a]* (3) *lil-li-ku-ni* ("le messager du gouverneur d'Uesi est arri[vé] chez Ur[za]na pour (demander) [de l'aide]. (Il dit): "Que te[s f]orces arrivent ici"").

Cette lettre apporte un argument important à l'encontre de la localisation de la ville d'Uasi dans la région du lac de Van (cf. plus haut). En effet, si cette localisation était exacte, il y aurait dans le texte une contradiction insoluble. Selon ce document, les Cimmériens, après avoir quitté la région de la Manna, menacent directement la région d'Uasi. Son gouverneur est obligé de demander de l'aide au roi du Muṣaṣir. Il suffit cependant de consulter une carte pour voir que le Muṣaṣir se trouve précisément sur la route menant de la Manna vers le littoral sud du lac de Van. La situation décrite dans la lettre est donc absolument impossible si l'on admet la localisation d'Uasi au bord du lac de Van. Cette contradiction ne peut être résolue que si l'on élimine le nom d'Uasi ou de la Manna. Cela serait difficile, car les deux toponymes sont bien attestés dans le texte.

Il est en revanche facile de régler ce problème si l'on admet la localisation de l'Uasi dans la région de Qalatgah, au sud-ouest du lac d'Ourmia. En effet, les Cimmériens après avoir quitté la Manna, devaient se retrouver justement dans une région voisine d'Uasi. Il était tout à fait naturel que le gouverneur de cette province demande l'aide du roi du Muṣaṣir, son voisin occidental.

La localisation de cette région par M. Salvini n'est pas très satisfaisante non plus. Selon son hypothèse, nous devons supposer que les Cimmériens menaçaient Qal'eh Ismail Aqa identifié par lui à l'Uasi. Ils devaient dans ce cas se diriger vers le nord en longeant le lac d'Ourmia. Il est difficile d'imaginer que le gouverneur de cette région puisse envoyer chercher de l'aide au Muṣaṣir si peu accessible depuis cet endroit-là. Son messager aurait dû dans, ce cas, aller presque à la rencontre des Cimmériens en train d'attaquer. La région de Qal'eh Ismail Aqa possède au nord et à l'ouest de bonnes communications avec les provinces ourartéennes, notamment à travers le col Sero qui se trouve non loin de ce site. La région d'Ušnaviyeh et de Qalatgah dispose, par contre, d'une voie de communication directe avec le Muṣaṣir par le col de Kelishin, et c'est justement par cette voie que son gouverneur pouvait recevoir de l'aide au plus vite.

Nous lisons dans les lignes Rv. 4-9 de la même lettre le texte suivant: (4) AŠ UGU ^{uru}*Pu-li-a-a* (5) AŠ UGU ^{uru}*Su-ri-a-na-a-a* (6) ^{kur}URI *gab-bi-šú* (7) *ip-ta-làh* (8) *a-da-niš* (9) *e-mu-qi ú-pa-hu-ru* ("Pour les habitants de Puli et de Suriani, tout l'Ourartou craint beaucoup. Ils rassemblent des forces"). Les villes de P/Buli et de Suria(ni) sont encore mentionnées dans les "annales" du roi assyrien Assournazirpal II. Cette mention fait partie de la description de sa campagne dans les pays de Naïri en 882 avant J.-C.[87] Selon ce texte, Pulia(ni) était voisine du pays de Nirbu dans les montagnes Kashyari[88] (la Mardin actuelle). Le pays de B/Puliu est encore mentionné dans une lettre ourartéenne (TK, 1898/99: 10: LÚ ^{kur}*B/Pu-li-ú-hi-e*)[89]. Le contexte de ce document ne donne cependant aucune information concernant la localisation de ce pays. La ville de Suria(ni), outre les "annales"

---

[87]AKA, vol. I, p. 301. Cf.: NAT , p. 94.

[88]Pour leur localisation, voir: KESSLER, *op. cit.*, pp. 22-76.

[89]D'JAKONOV I.M., *Urartskije pis'ma i dokumenty,* Moscou, Léningrad, 1963, p. 39.

d'Assournazirpal, est encore mentionnée sous une forme un peu différente (Šūra) dans l'inscription de Tušhan[90]. Ces inscriptions prouvent que la ville en question se trouvait non loin de Pulia(ni) au nord des mêmes montagnes Kashyari et qu'elle peut être identifiée avec la Savur actuelle[91]. K. Deller propose cependant de remplacer dans la lettre ABL 112 le nom de la ville par *uruGur!-ri-a-na-a-a* (la collation confirme la lecture du signe SU), mais cette conjecture ne semble pas être heureuse et son auteur lui-même n'insiste pas sur cette correction.

Les deux villes sont également mentionnées dans les lettres des archives de Kouyoundjik: *uruPu-lu-a* (ABL 506 = SAA 5, 21: 11), *uruPu-lu-u-a* (ABL 139 + CT 53, 57 = SAA 5, 31: 16; ABL 705 = SAA 5, 33: Rv. 16), *uruŠu-u-r[i]* (CT 53, 36 = SAA 5, 281: 10). La dernière lettre est passablement abîmée. L'auteur de la lettre ABL 705, le gouverneur de Tušhan Ša-Aššūr-dubbu, indique de façon directe que la région de Pulu se trouve "en face" de lui. Cette région était donc limitrophe de la province assyrienne du Tušhan. Les données des inscriptions d'Assournazirpal concernant la localisation de Pulu sont donc confirmées par des lettres des archives de Kouyoundjik.

Cette localisation trouve probablement confirmation par la mention, dans la dernière ligne de la lettre ABL 112 (s. 2), de la ville d'Arhi. La région d'Arhi est mentionnée à deux reprises dans des inscriptions ourartéennes (UKN, 41 C: 8; 127, III: 34). La première inscription provient de la ville de Moush. Elle prouve qu'Arhi se trouvait non loin de Qulmeri (la Kulimmeri des textes assyriens) et d'Urme, c'est-à-dire dans la même région du nord des montagnes de Kashyari et du sud-ouest du lac de Van. La mention d'Arhi dans la deuxième inscription ourartéenne, à savoir dans les "annales" d'Argishti I, ne peut pas être mise à profit pour sa localisation. Ce pays n'est mentionné que dans une déclaration initiale. Dans le passage suivant, Argishti décrit une campagne dans le pays de Buštu, en Manna.

Les villes de B/Puli et de Suria(ni), qui font l'objet de l'inquiétude des Ourartéens, se trouvent donc à l'ouest, loin de la région de l'Uasi et de la Manna. On peut en déduire que cette inquiétude n'a rien à voir avec l'invasion des Cimmériens (si c'était le cas, il devrait s'agir d'un autre détachement que celui qui a quitté la région de la Manna et qui menace l'Uasi). Le danger qui menace Puli et Suria(ni) a probablement d'autres causes que nous ne connaissons pas. Si l'on attribue néanmoins cette menace à l'invasion cimmérienne, on est obligé de supposer l'existence de deux couples de villes ourartéennes homonymes Puli et Suria(ni): l'une dans les montagnes de Kashyari et l'autre sur la frontière avec la Manna. Cette supposition est extrêmement improbable.

La raison de la mention du nom mdl5-BÀD dans cette lettre (l. 11) n'est pas claire, car le contexte où se trouve ce nom n'est pas conservé. Il est probable qu'il s'agit de la mention d'une personne qui portait le nom de Sardūri. Le même idéogramme peut également désigner le nom assyrien Ištar-

---

[90]AKA, pp. 225 suiv.

[91]Pour cette identification, voir: KESSLER, *op. cit.*, pp. 57-76.

dūri (ainsi, le gouverneur assyrien d'Arrapha portait le même nom; ce gouverneur était l'éponyme de l'année 714 avant J.-C.). Le contenu de la lettre indique cependant qu'il s'agirait plutôt d'un Ourartéen que d'un Assyrien. Son nom était donc probablement Sardūri et non pas Ištar-dūri. Il est difficile de supposer que le prédécesseur de Rousa I sur le trône ourartéen soit mentionné dans cette lettre: il est mort en 735 avant J.-C. Nous ne connaissons aucune lettre des archives de Kouyoundjik qui remonte à une si haute époque. Le même nom pouvait appartenir à un dignitaire ourartéen ou à un membre de la famille royale qui nous est inconnu. On peut supposer enfin qu'il s'agit de la mention d'une ville, bien que cette supposition soit peu probable. Ainsi, la ville ^{uru}*Ri-ia-ar* URU *ša* ^{md}15-BÀD est mentionnée dans la relation de la huitième campagne de Sargon (l. 277)[92] contre l'Ourartou. Selon ce texte, Riyar se trouvait non loin d'Uasi. On peut encore citer la ville ^{uru}15-BÀD-*a-ni* mentionnée dans une des lettres d'Aššūrrēṣūwa (ABL 147 = SAA 5, 97: Rv. 11).

La lettre ABL 112 doit être comparée à une autre lettre mentionnant les Cimmériens. Cette lettre qui provient de Nimrud (ND 1107 = SAA 5, 144, partie II, N° 6) est adressée à Sargon, et son auteur était probablement un haut fonctionnaire. Il ne s'agissait cependant pas du prince héritier Sennachérib, car la formule de salutation de cette lettre est différente de celle habituellement utilisée dans les messages de ce dernier. La lettre est malheureusement très abîmée, mais il est clair qu'elle mentionne les Cimmériens et le roi du Muṣaṣir, Urzana. Selon ce document, les Cimmériens se trouvaient, au moment de sa rédaction, dans une région nommée ^{kur}*Ú-ṣu-na-li*. Ce nom ne se rencontre nulle part ailleurs sous la même forme. Il est cependant facile de reconnaître dans ce nom le formant ourartéen du pluriel *-li*. Le nom ourartéen de cette région devait donc être vraisemblablement *Uṣun(a)*. Ce toponyme peut probablement être identifié avec le nom de la province ourartéenne bien connue d'^{kur}*Ú-a-ṣa(za)-e*, ^{kur}*Ú-a-ṣa(za)-na*, ^{kur}*Ú-a-ṣa(za)-un* (SAA 5, 90,10; SAA 5, 114,4; SAA 1, 31, Rv. 2) etc., dont la capitale était la ville d'Ua/esi[93]. Si cette identification est exacte, la lettre ND 1107 décrit alors les mêmes événements que la lettre ABL 112.

Il est nécessaire d'étudier plus particulièrement la date de ces lettres et par la suite celle de l'incursion des Cimmériens sur le territoire de l'Ourartou par la Manna. Le *terminus ante quem* de cet événement est déterminé par la mention du roi du Muṣaṣir Urzana (ABL 112: 17; ND 1107: Rv. 9). Ces lettres ont été donc écrites avant le mois de juin de 714 avant J.-C. L'invasion des Cimmériens a évidemment pris les Ourartéens au dépourvu. A ce moment-là, il n'y avait pas de troupes en Uasi, et son gouverneur a été obligé de les faire venir d'autres régions. Cette situation n'était pas possible en 715 avant J.-C. lorsque les forces armées ourartéennes était justement concentrées dans cette région. Les "annales" de Sargon démontrent que Rousa a entrepris en 716 avant J.-C. des actions hostiles envers l'Assyrie et la Manna dans la

[92]MAYER, "Sargons Feldzug. Text", p. 97.

[93]Nous remercions I.M. Diakonoff qui nous a signalé cette possibilité.

même région. Les troupes ourartéennes se trouvaient donc également en Uasi durant cette année-là. La grande majorité des lettres des archives de Kouyoundjik rédigées sous le règne de Sargon datent de l'époque où Sennachérib était prince héritier (716 - 704 avant J.-C., cf. supra). Si c'est le cas pour la lettre ABL 112, l'attaque des Cimmériens contre l'Uasi doit être rapportée à une époque très proche de celle de la campagne ourartéenne contre le pays des Cimmériens.

Les lignes Rv. 11-12 de la lettre ABL 112 contiennent le texte suivant: *ki-ma ku-pu-u i-di-i-ni* ("quand il y aura plus de neige"[94]). Cela signifie que les événements décrits se passaient en automne ou en hiver. Les Ourartéens comptaient sur le changement de temps qui devait les aider à défendre leur frontière occidentale. Si cette interprétation est exacte, l'incursion des Cimmériens a dû précéder la campagne des Ourartéens contre leur pays. Cette campagne date, comme nous l'avons établi, du printemps ou de l'été 714 avant J.-C. La campagne des Ourartéens pourrait en ce cas être considérée comme une réponse à la razzia cimmérienne. Les Cimmériens, à cette époque, occupaient probablement un territoire au nord de l'Ourartou, mais ils pouvaient en même temps effectuer des raids lointains à travers la Manna et attaquer les frontières sud-est de l'Ourartou.

L'autre interprétation de ces lettres est également probable. Les deux conflits entre les Cimmériens et l'Ourartou peuvent n'avoir rien de commun entre eux. Il est possible qu'il s'agisse de deux groupes différents de Cimmériens qui n'étaient pas liés entre eux. Un de ces groupes se trouvait probablement dans une région au nord de l'Ourartou, et l'autre dans la région de la Manna, où les Cimmériens sont attestés plus tard par les sources de l'époque d'Assarhaddon. Il est encore important de noter que la lettre ABL 112 ne contient aucune indication directe de son appartenance à la correspondance du prince héritier Sennachérib. Il est donc possible qu'elle ait appartenu primitivement à d'autres archives (nous ne pouvons même pas être tout à fait certains qu'elle provienne de Ninive). Dans ce cas, elle pourrait dater d'une époque antérieure à 716 avant J.-C. Notre seule certitude est que les lettres ABL 112 et ND 1107 ont été écrites avant 714 avant J.-C.

1.9 Pour terminer l'étude des sources assyriennes de l'époque de Sargon concernant les Cimmériens, il nous faut analyser encore une interprétation de ces sources proposée récemment. Il s'agit du livre déjà mentionné d'A. Kristensen. L'auteur de ce livre a essayé d'interpréter de façon nouvelle toutes les sources étudiées dans ce chapitre[95]. Malheureusement, cette tentative n'est pas très heureuse. Les thèses principales de la théorie d'A. Kristensen sont les suivantes[96]. Toutes les lettres mentionnées, les inscriptions bilingues de Topzawä et de Mergeh Karvan ainsi que la relation de la huitième campagne de Sargon dateraient de la même époque et relateraient les mêmes événements. Ces événements auraient eu lieu durant

---

[94]Pour la traduction voir: AHw, vol I, p. 509. CAD, vol. K, p. 551.

[95]KRISTENSEN, *op. cit.*, pp. 13 - 98.

[96]Nous laissons pour l'instant de côté le dernier chapitre de son livre, chapitre intitulé *"The Cimmerians, and where they came from"*. Il sera discuté plus tard, au IVème chapitre.

l'été 714 avant J.-C. Les Cimmériens auraient habité à cette époque en Manna, au sud du lac d'Ourmia. Leur pays, Gamir, aurait été identique à la région d'Uišdiš. Les Cimmériens auraient été déportés dans cette région par les Assyriens et ils auraient servi dans l'armée de l'Assyrie. La campagne de Rousa contre les Cimmériens ne serait rien d'autre que la bataille sur la montagne Uauš décrite dans la relation de Sargon au dieu Assour. Rousa se serait enfui à Turušpa après cette défaite, où il aurait réprimé une révolte contre lui. Il se serait rendu ensuite en Uasi, où il aurait réprimé une autre révolte dirigée par le commandant en chef Kaqqadānu. Il se serait dirigé ensuite vers le Muṣaṣir dont le roi Urzana aurait d'abord essayé de s'opposer à Rousa, mais aurait été vaincu. En conclusion, Urzana aurait été couronné à Muṣaṣir comme roi d'Ourartou (*sic!*) à titre de cogouverneur de Rousa. Ce couronnement aurait été considéré par Sargon comme une trahison, aussi aurait-il envahi le Muṣaṣir.

Une étude attentive de la théorie d'A. Kristensen éveille de sérieux doutes quant à son argumentation. Nous avons déjà analysé sa localisation du pays de Gamir dans la région du sud du lac d'Ourmia. Cette localisation erronée est cependant le point de départ de tout le raisonnement d'A. Kristensen. La première chose qui apparaît au lecteur lorsqu'il poursuit sa lecture, c'est le fait que son auteur n'essaie même pas de proposer sa propre analyse des textes. Ils sont toujours cités dans les traductions allemandes (le livre est publié en anglais) de K. Deller (pour les lettres assyriennes) et de W. Mayer ou d'E. Weidner (pour la relation de la huitième campagne de Sargon). Dans les rares cas où A. Kristensen juge cependant nécessaire de donner un équivalent assyrien à la traduction allemande, elle n'arrive pas toujours à faire correspondre le texte et sa traduction d'une façon exacte[97]. L'emploi des sources en traduction et non des originaux donne de fâcheux résultats. Ainsi, A. Kristensen délibère amplement sur la signification du pronom *sie* dans les lignes 339-342 de la relation de Sargon au dieu Assour[98], alors qu'il n'y a aucun pronom personnel dans ce passage. *Sie* n'apparaît dans la traduction d'E. Weidner que pour rendre des formes de la 3ème personne du pluriel des verbes, formes qui pourraient également être traduites avec le *man* allemand. Tout ce passage est interprété par A. Kristensen comme une description du couronnement d'Urzana à Muṣaṣir, couronnement qui aurait eu lieu simultanément à la campagne de Sargon II. Selon l'interprétation traditionnelle et, à notre sens, la seule possible, il s'agit dans ce texte d'une digression qui décrit des rites de couronnement ourartéens. Le couronnement des rois ourartéens, selon cette interprétation, se passait dans un centre cultuel commun pour tout l'Ourartou et qui se trouvait dans la ville de Muṣaṣir. Tous les verbes, dans le passage consacré au couronnement, ont des formes de présent, tandis que ce sont les formes du passé qui sont utilisées dans la partie principale de la relation. Ce fait est suffisant pour reconnaître dans la

---

[97]Ainsi, à la page 90, elle donne entre parenthèses le texte *[lú]Ga-mi-ra-a-a* au lieu de *[lú]Ga-mi-ra-a-a [an]-ni-ú* comme étant un équivalent de la traduction *dieser Kimmerier*.
[98]KRISTENSEN, *op. cit.*, pp. 29-30.

description du couronnement une digression qui ne peut relater des événements contemporains à la campagne de Sargon. Peut-être qu'A. Kristensen aurait remarqué cette particularité du texte, si elle avait étudié les sources en se basant sur les originaux et si elle les avait traduits elle-même.

L'emploi de traductions au lieu du texte original est d'autant plus inadmissible qu'il s'agit ici de l'étude de textes extrêmement abîmés et équivoques, comme c'est le cas pour les lettres des archives de Kouyoundjik. En effet, on peut souvent proposer plusieurs interprétations du même passage de ces textes. A. Kristensen traite cependant les interprétations proposées par ses prédécesseurs à titre d'hypothèses *possibles* comme des faits incontestables. Ainsi, elle prétend que, d'après la lettre CT 53, 462, Melartua aurait été tué par ses dignitaires (*"according to CT 53, 462, Melarṭua was killed at Uesi by the* rabûte"[99]), alors que Melartua n'est même pas mentionné dans ce fragment. On pourrait citer un nombre considérable d'exemples semblables. Il suffit de noter ici qu'A. Kristensen utilise des hypothèses comme des faits, hypothèses dont la majorité est empruntée aux travaux de G. Lanfranchi et de M. Salvini[100].

Ces interprétations hypothétiques, qui ne sont elles-mêmes pas toujours tout à fait convaincantes, sont réunies par A. Kristensen dans un schéma absolument fantaisiste. Tout ce schéma est fondé sur une conjecture selon laquelle toutes les sources mentionnées seraient contemporaines et relateraient le même événement de la même année. Cette conjecture n'est argumentée nulle part. Il nous semble que le matériel exposé au cours de ce chapitre démontre clairement que cette conjecture est fausse. Il est encore plus difficile d'admettre que la relation de la huitième campagne de Sargon et les inscriptions bilingues de Rousa I soient contemporaines. Puisque le postulat initial du raisonnement d'A. Kristensen est faux, tout son schéma s'écroule.

Les sources disponibles de l'époque de Sargon permettent donc de conclure que les premières actions connues des Cimmériens au Proche-Orient datent du printemps ou du début de l'été 714 avant J.-C. Ils occupaient à cette époque un territoire (*^{kur}Gamir*) en Transcaucasie centrale, probablement au sud du col de Daryal ou de Kloukhor. Les Cimmériens possédaient une puissance militaire suffisante pour défaire l'armée d'un Etat important comme l'Ourartou. Vers la même époque, peut-être plus tôt, les Cimmériens ont attaqué l'Uasi, la région sud-est de l'Ourartou. Ces défaites militaires ont affaibli l'Ourartou. Sargon, grâce à son service de renseignements, a pu choisir le moment le plus favorable pour l'attaquer et a ainsi facilement vaincu son adversaire.

1.10 Il faut mentionner encore une lettre, à savoir ABL 473, dans laquelle le nom des Cimmériens a été restitué par les éditeurs[101]. Cette

---

[99]Ibid., p. 77.

[100]LANFRANCHI, "Some new Texts". SALVINI, *op. cit.*

[101]RCAE, AVIIU, N° 50, 36. Pour la dernière édition de la translittération de cette lettre fondée sur de nouvelles collations et sa traduction, voir: LANFRANCHI, *Cimmeri*, p. 43-45.

restitution (*kurGi-m[ir-ra-a-a]*) n'est fondée que sur deux signes (KUR et GI) et une petite partie d'un troisième, signes qui sont lisibles au début de la 18ème ligne de cette lettre. Le texte est abîmé, mais on peut cependant supputer qu'il s'agit de la mort d'un roi assyrien et de la révolte qui s'ensuivit. Les événements décrits dans cette lettre se sont passés à Assour, fait qui est confirmé par la mention de ses habitants (Rv. 3, 17), ou, mais cela est moins probable, à Ninive.

L'identification du roi dont la mort est relatée dans cette lettre n'est pas tout à fait claire. Ainsi, R. Campbell Thompson a supposé qu'il s'agissait de la mort de Salmanasar V et de l'accession au pouvoir de Sargon II[102]. Cette interprétation a été réfutée par H. Tadmor qui a proposé de voir dans ce document la description de la mort de Sargon et l'accession au pouvoir de Sennachérib en 705 avant J.-C.[103] En s'appuyant sur cette interprétation, on a supposé que Sargon II aurait été tué par les Cimmériens et que c'est de leur pays que son corps aurait été transporté dans la capitale[104]. Cette hypothèse permettrait d'expliquer l'apparition du nom hypothétique des Cimmériens dans cette lettre. Le texte SAA 3, 33 (K 4730 + Sm 1876): 8-9 témoigne cependant du fait que Sargon n'a pas été inhumé en Assyrie. Son corps n'a pas été retrouvé sur le champ de bataille, ou alors il a été brûlé sur place[105].

La mort de Sargon est encore attestée par deux autres sources: la liste des éponymes $C^{b}6$[106] et la chronique babylonienne[107]. La première mentionne *mEš-pa-i lúKu-lum-ma-a* dans un contexte complètement détruit. La deuxième parle de la campagne contre le Tabal. En s'appuyant sur ce texte, H. Tadmor a également restitué le nom de ce pays dans la liste des éponymes. L'identification de *Kulumāia* n'est pas claire. On a proposé de le rapprocher du nom de la ville de *uruKu-lu-man* dans la région de la Médie[108], ce que semble être probant. Quant à l'identification de ce peuple avec les Cimmériens[109], elle est impossible.

---

[102]THOMPSON R.C., "An Assyrian Parallel to an Incident in the Story of Semiramis", in: *Iraq*, 4, 1937, pp. 35-43.

[103]TADMOR, *op. cit.*, p. 37, n. 138.

[104]D'JAKONOV, *Istorija Midii*, p. 236.

[105]TADMOR H., LANDSBERGER B., PARPOLA S., "The Sin of Sargon and Sennacherib's Last Will", in: *SAAB*, 3, 1989, pp. 28-29.

[106]UNGNAD, *op. cit.*, p. 435. TADMOR, *op. cit.*, pp. 85, 97.

[107]CT 34, pl. 44, col. II. TADMOR, *op. cit.*, pp. 97-98. GRAYSON A.K., *Assyrian and Babylonian Chronicles*, Locust Valley, 1975, N° 1, p. 76.

[108]STRECK M., "Das Gebiet der heutigen Landschaften Armenien, Kurdistân und Westpersien nach den babylonisch-assyrischen Keilinschriften", in *ZA*, 15, 1900, p. 366. NAT, p. 214.

[109]OLMSTEAD A.T., *Western Asia in the Days of Sargon of Assyria 722 - 705 B.C.*, New York, 1908, p. 157. Cf., cependant: OLMSTEAD, *History*, p. 267. SMITH S., "The Supremacy of Assyria", in *The Cambridge Ancient History*, vol. III, Cambridge, London, New York, New Rochelle, Melbourne, Sydney, 1976 (1925), p. 59.

Il y a donc deux possibilités pour localiser la mort de Sargon: au Tabal, ce qui semble le plus vraisemblable, ou en Médie. Le rôle des Cimmériens lors de ces événements reste obscur. La seule évidence est qu'ils ne sont pas mentionnés dans les deux sources principales concernant la mort de Sargon. Si l'on admet que les Cimmériens sont mentionnés dans la lettre ABL 473 et que cette mention est liée à la mort de Sargon, on peut supposer qu'une partie des Cimmériens se trouvait déjà en 705 avant J.-C. dans la région du Tabal. Leur présence dans cette région est attestée 25 ans plus tard par les sources de l'époque d'Assarhaddon. Si l'on préfère localiser la mort de Sargon en Médie, tout en admettant la participation des Cimmériens à cet événement, on peut supposer qu'ils aient déjà atteint cette région vers 705 avant J.-C. Cette supposition ne contredit pas les sources de l'époque d'Assarhaddon qui parlent d'activités des Cimmériens dans la région de la Médie. Il est cependant important de rappeler qu'il ne s'agit que de deux possibilités purement hypothétiques, qu'aucun témoignage incontestable ne confirme.

En outre, on a proposé il y a peu un argument de poids en faveur de la datation de cette lettre à 680 avant J.-C. Elle relaterait donc la mort de Sennachérib et l'accession au pouvoir d'Assarhaddon. L'auteur de la lettre ABL 473 fait mention dans la ligne Rv. 10 d'un chanteur nommé *^{lú}Qi-sa-a-a*. Le même personnage est mentionné, semble-t-il, dans un document inédit de la ville d'Assour[110]. Ce document date des années 680 avant J.-C. Comme la lettre ABL 473 nous apprend que Qisaia chantait avec ses filles qui étaient donc en âge de le faire, nous pouvons conclure que le chanteur lui-même n'était plus un jeune homme au moment de la rédaction de cette lettre. La datation de la lettre ABL 473 à 680 avant J.-C. est donc la plus probable, bien que la datation de 705 avant J.-C. ne soit pas complètement à exclure.

En ce qui concerne le nom des Cimmériens restitué dans cette lettre, sa relation au reste du texte est complètement obscure. Tous les événements décrits dans ce document semblent se passer dans la ville d'Assour. La mention des Cimmériens dans ce contexte est difficile à expliquer, à moins qu'on ne suppose qu'il s'agisse d'un contingent cimmérien dans le cadre de l'armée assyrienne. L'existence de ce contingent est confirmée par une mention dans le document SAA 6, 204 qui date de la même époque (679 avant J.-C.). L'attestation du nom des Cimmériens dans la lettre ABL 473 est elle-même très peu assurée. Cette attestation conjecturale ne peut donc pas constituer un fondement suffisamment solide pour d'autres hypothèses ou conclusions.

---

[110]LANFRANCHI, *Cimmeri*, p. 46, avec référence de la communication de S. Parpola.

2.
LES CIMMÉRIENS EN ASIE MINEURE À L'ÉPOQUE D'ASSARHADDON ET LE PROBLEME DES "CIMMÉRIENS ORIENTAUX"

Après les lettres des archives royales de Sargon II, qui datent, comme nous l'avons vu, de 714 avant J.-C., les Cimmériens ne sont plus mentionnés par les sources conservées durant 35 ans. Nous ne connaissons pas un seul texte de l'époque de Sennachérib qui mentionne les Cimmériens. Ils ne réapparaissent que dans les "annales" d'Assarhaddon.

2.1 Les "prismes" d'Assarhaddon qui datent de la période comprise entre 676 et 671 avant J.-C. contiennent tous des textes fort semblables[1]. Ces textes relatent le fait qu'Assarhaddon a défait le roi cimmérien Teušpâ (*^{m}Te-uš-pa-a*) avec toute son armée dans le pays de Hubušna (*^{kur}Hu-bu-uš-na*). La même information est conservée dans les "cylindres" d'Assarhaddon (inscriptions de construction plus courtes que les "prismes")[2] qui datent de 676 et de 672 avant J.-C. Cette défaite des Cimmériens est également mentionnée dans une inscription figurant sur une stèle de Tell Ahmar (l'ancienne Til-Barsib) qui date probablement de 677 avant J.-C.[3] Cette inscription contient une précision quant à la localisation du Hubušna (l. 24: AŠ KI-*tì ^{kur}Hu-bu-uš-na na-ge-e ^{kur}[...]*). Malheureusement, le nom du pays dont le Hubušna faisait partie est détruit dans cette inscription[4].

Ces mêmes événements sont sans doute relatés dans la chronique babylonienne dite "chronique d'Assarhaddon". Cette chronique contient la description des événements à partir de la première année du règne d'Assarhaddon (680/79 avant J.-C.) jusqu'à la première année du règne de Šamaš-šumu-ukīn (667/6 avant J.-C.)[5]. La "chronique d'Assarhaddon" et la "grande chronique babylonienne"[6] ont probablement utilisé la même source, bien que la description des événements soit parfois différente dans ces deux documents. Ainsi, la "chronique d'Assarhaddon" présente les événements sous un jour plus favorable pour le roi[7]. Cette chronique date la défaite des

---

[1]HEIDEL A., "A New Hexagonal prism of Esarhaddon (676 B.C.)", in *Sumer,* 12, 1956, pp. 14-15. BORGER R., *op. cit.*, p. 51, Nin A1, A2, A10, A17, Nin B, Nin C. Pour les détails, voir la partie II, N° 7.

[2]Pour le texte et ses publications, voir la partie II, N° 8.

[3]Pour le texte et ses publications, voir la partie II, N° 9.

[4]La restitution *^{kur}[Ta-bal-a]* est fort probable: NASTER P., *L'Asie Mineure et l'Assyrie aux VIIIe et VIIe siècles avant J.-C.*, Louvain, 1938, p. 78. LANFRANCHI, *Cimmeri*, p. 64.

[5]GRAYSON, *op. cit.*, N° 14, p. 125, pl. XX. Pour les détails, voir la partie II, N° 10.

[6]GRAYSON, *op. cit.*, N° 1, pp. 70-87. Le règne d'Assarhaddon est décrit aux lignes III, 39 - IV, 33.

[7]GRAYSON, *op. cit.*, pp. 12, 30-32.

Cimmériens de la deuxième année du règne d'Assarhaddon, ce qui permet de placer cet événement en 679/8 avant J.-C. Les lignes III, 48-50 de la "grande chronique" qui décrivent les événements de cette année sont malheureusement très abîmées, et la mention des Cimmériens n'y est pas conservée.

Il y a cependant une difficulté dans l'interprétation des données de la chronique babylonienne. La neuvième ligne contient le texte suivant: *⌜de⌝-ek-tú* AŠ ^{kur}BU-*x-ú-a u* ^{kur}*Gi-[mi]r-a-a* AŠ ^{kur}*⌜x-x⌝-nu de-k[át]* ("La bataille a eu li[eu] dans le pays de Bu[...]a et dans le pays de Gimirāia dans le [...]nu"). Les signes désignant le nom du pays où se trouvaient les Cimmériens ont été lus par S. Smith comme ^{kur}*Ku-še-ih-nu*[8]. R. Borger et A. Grayson[9] ont préféré la lecture proposée par B. Landsberger et Th. Bauer[10]: ^{kur}*⌜Šu-bu?-uh⌝-nu*. Les deux toponymes ne se rencontrent nulle part. Or, toutes les versions connues des "annales" assyriennes témoignent que la défaite des Cimmériens s'est passée dans une région nommée ^{kur}*Hu-bu-uš-na/nu*. Ce fait nous contraint à supposer dans les deux cas une faute de scribe et à restituer dans l'original de la chronique une forme semblable à celle des "annales" assyriennes. Il semble cependant qu'on peut interpréter les restes de ces signes de façon différente: ^{kur}*⌜Háb!-us!⌝-nu* (cf. IIe partie, N° 10). Dans ce cas, on est également obligé de supposer une faute du scribe, qui a confondu les signes semblables *HÁB* et *KU* (ou *ŠU*) et qui a mal écrit le signe *US*. Ces fautes pouvaient facilement être commises lors des nombreuses retranscriptions du texte initial de la chronique. La correspondance du *s* babylonien au *š* assyrien est sans aucun doute tout à fait normale. Les autres variantes mentionnées exigent également une correction du texte, mais elles proposent des restitutions d'un toponyme tout à fait différent de celui qui est attesté par les "annales" assyriennes. Le nom *Hubušnu* aurait pu probablement être altéré en *Šubuhnu* dans les conditions de la transmission orale du toponyme. Il est, par contre, difficile de supposer une altération semblable lors des transcriptions du texte par les scribes, comme c'était le cas dans la chronique babylonienne.

La localisation du Hubušna mentionné dans les "annales" et probablement dans la chronique babylonienne est assez facile. Ce pays peut être identifié au Hubišna mentionné dans des inscriptions de Salmanasar III et de Teglath-Phalasar III parmi d'autres régions du Tabal[11]. L'énumération des pays vaincus dans les "annales" d'Assarhaddon suit le principe géographique et non chronologique. Il est important de noter à ce propos que la mention de la défaite des Cimmériens en Hubušna dans les "annales" précède

---

[8]SMITH S., *Babylonian Historical Texts, Relating to the Capture and Downfall of Babylon*, London, 1924, pp. 1-21.

[9]BORGER, *op. cit.*, pp. 121-125; GRAYSON, *op. cit.*, p. 125.

[10]LANDSBERGER B., BAUER Th., "Zu neuveröffentlichen Geschichtsquellen der Zeit von Asarhaddon bis Nabonid", in *ZA*, 37, 1926, p. 79.

[11]FORRER, *op. cit.*, p. 73. D'JAKONOV, *Istorija Midii*, pp. 236, n. 5, 258. KESSLER K., "Hupišna", in *RLA*, vol. IV, 3, 1975, p. 500. LANFRANCHI, *Cimmeri*, pp. 52-54.

immédiatement la description des événements au Tabal et au Hilakku. Le Hubušna doit donc être localisé dans la même région. Ce fait rend improbable l'identification du Hubušna avec le pays de Hubuškia à la frontière de l'Assyrie et de l'Ourartou.

Il est nécessaire de mentionner encore une particularité de nos sources qui peut influencer la datation de la défaite de Teušpâ. Cette datation est fondée, comme on l'a vu, sur le témoignage de la "chronique d'Assarhaddon". G. Lanfranchi a cependant noté que la description des événements de la première moitié du règne d'Assarhaddon dans les chroniques babyloniennes est altérée[12]. Ce fait devient clair, si l'on compare les témoignages des "chroniques" à ceux des "annales" concernant l'exécution des rois Abdi-milkutti et Sanduarri. Dans la "grande chronique babylonienne", l'exécution de ces rois est datée du septième et du douzième mois (*tašrītu* et *addāru*) de 676/5 avant J.-C. (cet épisode est omis dans la "chronique d'Assarhaddon")[13]. Le "prisme" d'Assarhaddon qui date du 22 *aiāru* (le deuxième mois) de la même année contient cependant la description de cet événement[14]. De plus, la conquête du pays Bazzu est datée dans les chroniques babyloniennes du septième mois (*tašrītu*) de 676/5 avant J.-C.[15] alors que le "prisme" de 676 avant J.-C. la mentionne déjà[16]. Il n'y a aucune raison de douter de la date conservée sur ce "prisme". On est donc obligé d'admettre une faute dans la tradition des chroniques babyloniennes plusieurs fois recopiées.

Nous disposons encore d'une source qui pourrait jeter la lumière sur ce problème. Il s'agit d'un fragment des "annales" qui a suivi, au contraire d'autres rédactions, un principe chronologique et non géographique[17]. Les événements dans cette version mal connue des "annales" ont été relatés en suivant les campagnes militaires (*girru*). Un épisode concernant le roi Abdi-milkutti (II, 10-37) et un autre concernant Sanduarri qui le suit immédiatement sont datés, dans ce fragment, de la deuxième campagne. Cette datation contredit manifestement les données des chroniques babyloniennes, mais elle peut facilement être conciliée avec les témoignages des autres versions des "annales" d'Assarhaddon.

Selon une restitution convaincante de G. Lanfranchi[18], la première colonne de ce document devait contenir le passage correspondant au texte du "prisme" Nin A, I, 1-87, II, 1-10 (la partie correspondant au texte Nin A, I, 56-68 est conservée). La deuxième colonne devait reproduire le texte du "prisme" Nin A, II, 11 - III, 35 (la partie correspondant au texte Nin A, II,

---

[12]LANFRANCHI, *Cimmeri*, pp. 56-62.

[13]GRAYSON, *op. cit.*, p. 83: IV, 6-8.

[14]HEIDEL, *op. cit.*, pp. 16-17.

[15]GRAYSON, *op. cit.*, p. 83: IV, 5-6, p. 126: 13.

[16]HEIDEL, *op. cit.*, p. 20-22: III, 9-36.

[17]THOMPSON R. C., "A Selection from the Cuneiform Historical Texts from Nineveh (1927-32)", in *Iraq*, 7, 1940, N° 9, p. 95, fig. 5. BORGER, *op. cit.*, p. 38 (Nin D).

[18]LANFRANCHI, *Cimmeri*, pp. 57, 239, n. 54.

57 - III, 35 est conservée). La campagne contre le Hilakku et la défaite des Cimmériens de Teušpâ qui est liée à cette campagne n'ont donc pas pu être datées, d'après ce fragment, du premier *girru*. Les deux événements ont probablement été reportés dans ce texte au deuxième *girru*. Cette datation s'accorde bien avec celle qui est proposée par les chroniques babyloniennes.

G. Lanfranchi a démontré que la conquête des villes de Sissu et de Kundu se trouvant sur le territoire de la province de Que (elles étaient donc plus proches de l'Assyrie que le Hilakku et le Hubušna) a eu lieu lors de la même campagne[19]. Le roi de ces villes, Sanduarri, n'a cependant été exécuté que plus tard, car il s'était enfui dans les montagnes (Nin A, III, 23, 30-31[20]). Il n'a été capturé par les Assyriens qu'un certain temps après la conquête de son royaume. C'est probablement la raison pour laquelle la description de la campagne contre le Hilakku et la mention de l'exécution de Sanduarri ont été séparées aussi bien dans les "annales" que dans les chroniques babyloniennes. La datation du dernier événement a été altérée plus tard dans les chroniques.

La capture et l'exécution de Sanduarri ont probablement eu lieu la même année que la prise de Sidon et l'exécution de son roi Abdi-milkutti. Cette supposition est confirmée par les témoignages concordants des chroniques babyloniennes et des inscriptions royales (l'exécution d'Abdi-milkutti est datée du mois de *tašrītu*[21]; l'exécution de Sanduarri est datée du mois d'*addāru* dans les chroniques[22] et de "la même année" dans les "annales"[23]). Nous pouvons donc constater que tous les événements attribués dans les chroniques babyloniennes à la cinquième année du règne d'Assarhaddon (la conquête du Bazzu, l'exécution des rois de Sidon et de Kindu et Sissu) doivent dater au plus tard de la quatrième année de son règne. La datation erronée des chroniques peut s'expliquer si l'on suppose que la date de ces événements a été abîmée dans l'un des originaux de ce texte. Le scribe a pu, dans ce cas, attribuer une partie des événements de la quatrième année à la cinquième.

La prise de Sidon est datée dans les chroniques babyloniennes de la quatrième année du règne d'Assarhaddon. G. Lanfranchi a proposé de dater cet événement d'une année plus tôt, c'est-à-dire de 678/7 et non de 677/6 avant J.-C.[24], en s'appuyant sur le fait que les chroniques babyloniennes contiennent des dates erronées. Cette supposition est possible, mais elle n'est pas prouvée. Les chroniques babyloniennes contiennent, en effet, à côté de dates erronées, des dates fiables, notamment celle de la défaite de Teušpâ. On ne peut donc pas être sûr que la date de la prise de Sidon soit altérée, d'autant plus qu'on ne dispose pas de données d'autres sources contredisant le

---

[19] *Ibid.*, pp. 59-61.
[20] BORGER, *op. cit.*, pp. 49-50.
[21] *Ibid.*, p. 50 (Nin A, III, 33). GRAYSON, *op. cit.*, p. 83: IV, 6.
[22] GRAYSON, *op. cit.*, p. 83: IV, 7-8.
[23] BORGER, *op. cit.*, p. 50, Nin A, III, 32-34.
[24] LANFRANCHI, *Cimmeri*, pp. 60-61.

témoignage des chroniques. La prise de Sidon peut donc être datée de 678/7 ou 677/6 avant J.-C.

La défaite des Cimmériens au Hubušna fait donc partie des grandes opérations militaires effectuées par Assarhaddon à la frontière occidentale de l'Assyrie. Un des résultats importants de cette campagne a été la conquête d'une partie du territoire du Hilakku.

2.2 Le nom du roi cimmérien qui a été défait par Assarhaddon, *ᵐTe-uš-pa-a,* présente un intérêt spécial. On a proposé de l'identifier avec le nom d'un membre de la dynastie des Achéménides. Le fondement de cette identification est la comparaison de la forme grecque du nom de ce personnage Τεΐσπης avec le nom du roi cimmérien[25]. Cette identification a servi de base à d'autres hypothèses[26]. La ressemblance de ces deux formes est cependant trompeuse. La forme réelle de ce nom achéménide en vieux-perse (*Cišpiš*), ainsi que ses formes en akkadien (*Ši-iš-pi-iš*) et élamite (*Ṣi-iš-pi-iš*), rendent cette identification absolument impossible (le *č* iranien qui est souvent transcrit par le *tau* grec ne peut pas être transcrit par le *t* akkadien)[27].

On a proposé encore une étymologie iranienne de ce nom en le faisant remonter à un mot hypothétique **Tavāspa,* "(celui qui possède) des chevaux forts"[28] (*tava(h),* "fort, force" + *aspa,* "cheval"). Cette étymologie n'est cependant pas tout à fait convaincante, car cette forme iranienne hypothétique ne correspond pas au vocalisme de sa transcription akkadienne. La combinaison iranienne *-ava-* est transmise par les moyens de la langue akkadienne comme *-ua-* ou *-u-*. De plus, l'élément *tava(h)* qui se rencontre assez souvent dans les noms iraniens est rendu par le *tua* akkadien (*Araštua* < **Aršatava(h), Ṛšatava(h); Ramatua* < **Ramatava(h)*)[29]. Le *ā* long aurait dû d'autant plus être rendu dans la forme akkadienne de ce mot. La transcription akkadienne du mot hypothétique **Tavāspa* aurait donc eu la forme **Tuaš/spa.* L'étymologie de V.A. Livshitz et I.M. Diakonoff proposée il y a peu n'est pas non plus convaincante[30]. Selon cette étymologie, le nom du roi cimmérien doit être expliqué comme la combinaison **Tau(a)-spā, "strongly repulsing (the enemies)".* Cette hypothèse, comme la précédente, n'explique pas l'apparition du *e* après le *t.* Le mot iranien aurait dû être rendu en akkadien comme **Tus/špa.*

---

[25]STRECK M., *Assurbanipal und die letzten assyrische Könige bis zum Untergange Nineveh's,* Leipzig, 1916, T. 1, p. CCCLXXII, n. 3. LEHMANN-HAUPT, "Kimmerier", p. 423. LANFRANCHI, *Cimmeri,* p. 277, n. 71.

[26]STRUVE V.V., "Arijskaja problema", in *Sovetskaja etnografija,* 6-7, 1947, p. 120.

[27]D'JAKONOV, *Istorija Midii,* p. 236, n. 4.

[28]MARQUART J., "Untersuchungen zur Geschichte von Eran", *Philologus,* 55, 1896, p. 206. VASMER M., *Untersuchungen über die ältesten Wohnsitze der Slaven. I. Die Iranier in Südrußland,* Leipzig, 1923, p. 6. D'JAKONOV, *Istorija Midii,* p. 236, n. 4.

[29]GRANTOVSKIJ E.A., *Rann'aja istorija iranskikh plemen Perednej Azii,* Moscou, 1970, pp. 92, 121-122.

[30]DIAKONOFF, "The Cimmerians", pp. 116-117, n. 30

Si l'on suppose que le nom du roi cimmérien est d'origine iranienne, sa première voyelle ne pouvait transcrire que les combinaisons iraniennes *ai*, *aya*, moins probablement *ahya*[31]. La forme initiale de ce nom devrait donc ressembler à un mot du type **T(d,θ)ai(aya)u(av,ava)s(š)pa*. Ce mot peut être interprété de différentes façons, par exemple: **Taiu-aspa* ("ravisseur de chevaux"), **Taiu-spā* ("chien-ravisseur"), **Daiva-spā* ("chien divin"[32]). Dans les deux derniers cas, il s'agirait de noms "canins" très répandus dans le monde iranien[33]. Des noms de ce type, fort connus dans les autres traditions indo-européennes, conviennent bien pour un chef guerrier[34]. L'élément qui signifie "voleur, ravisseur", surtout "ravisseur de chevaux" comme composant du nom d'un chef de détachements mobiles nomades, pourrait également trouver place ici. En effet, c'était une vertu traditionnelle des détachements de ce type (cf., par exemples, les *bal* des Ossètes et des Scythes).

On pourrait cependant trouver d'autres explications de ce nom fondées sur les données des langues iraniennes. Il faut tout de même noter que toutes ces explications (notamment celles qui ont été proposées ici, ou dans des travaux précédents) sont des étymologies radicales fondées sur la combinaison de mots courts. Elles sont probables, mais non incontestables. Ces étymologies ne peuvent donc pas prouver que le nom en question est d'origine iranienne. On peut, par exemple, supposer que ce nom est d'origine hourrite et le comparer avec le nom du dieu hourrito-ourartéen *Teyśəba/Tešub*. Cette interprétation est moins convaincante du point de vue formel. On ne peut cependant exclure la possibilité de l'existence du nom de ce dieu sous une forme différente de celles qui sont attestées, en tenant compte de l'insuffisance de nos informations concernant les dialectes hourrites du Ier millénaire avant J.-C.

Il faut encore se pencher sur le mot ERIM-*man-da* qui est utilisé dans les "annales" d'Assarhaddon pour désigner les Cimmériens. Ce terme archaïque de style élevé a été souvent utilisé dans les textes littéraires de l'époque néo-assyrienne et néo-babylonienne pour désigner des peuples belliqueux et non civilisés (pour les détails cf. le 3e chapitre). Cette désignation n'a pas dans les "annales" une grande valeur sémantique et sa fonction est plutôt une ornementation stylistique du texte.

---

[31]GRANTOVSKIJ, *op. cit.*, pp. 77-84, 234-236.

[32]Pour la possibilité de la transmission du *d* iranien par le *t* akkadien, voir: GRANTOVSKIJ, *op. cit.*, p. 88.

[33]Cf. les noms analogues dans les matériaux scythes: GRANTOVSKIJ, *op. cit.*, p. 266. IVANTCHIK A.I., "Voiny-psy. Mužskije sojuzy i skifskije vtorženija v Peredn'uju Aziju", in *Sovetskaja etnografija*, 1988, N° 5, p. 47. IDEM, "Les guerriers-chiens. Les loups-garous et les invasions scythes en Asie Mineure", in *Métis*, sous presse. Des noms du même type sont également connus à Persépolis: MAYRHOFER M., *Onomastica Persopolitana*, Wien, 1973, N° 663-665, pp. 1768-1770.

[34]Pour les notions liées aux guerriers-chiens, voir: IVANTCHIK, "Voiny-psy", pp. 38-48, IDEM, "Les guerriers-chiens", avec les références

2.3 Un document intéressant de Ninive date de la même année que la défaite des Cimmériens de Teušpâ, c'est-à-dire de 679 avant J.-C.[35] C'est un contrat assez banal concernant la vente d'un potager. La liste des témoins qui ont signé la transaction est cependant moins banale. Cette liste inclut un ᵐSUHUŠ-KASKAL ˡᵘGAL-*ki-ṣir Gi-mir-a-a,* "Ubru-Harrān, chef d'un détachement cimmérien". Ubru-Harrān est un nom assyrien ordinaire[36], et il n'y a pas de raisons suffisantes pour supposer que le personnage en question soit Cimmérien. I.M. Diakonoff a supposé que l'apparition d'un "détachement cimmérien" en Assyrie ait été une conséquence directe de la victoire assyrienne au Hubušna[37]. Il est difficile d'accepter cette supposition, car le "détachement cimmérien" et son chef se trouvaient en Assyrie presque au moment de cette bataille. Il n'est cependant pas exclu qu'une partie des Cimmériens ait été asservie par les Assyriens avant 679 avant J.-C., ou qu'ils aient servi dans l'armée assyrienne à titre de mercenaires. La participation de contingents étrangers dans l'armée assyrienne est suffisamment bien connue[38]. Il existe cependant une autre possibilité pour expliquer le terme "détachement cimmérien". On peut supposer que ce détachement ait été simplement armé à la façon "cimmérienne", par exemple des célèbres arcs "cimmériens". On sait (bien que cela soit attesté seulement dans des textes du VIe et Ve siècle avant J.-C.) que les armées mésopotamiennes étaient équipées d'arcs et de flèches "cimmériens", ainsi que de certaines pièces de harnais de cheval de type "cimmérien"[39].

2.4 Un autre groupe de textes donne des informations importantes concernant l'histoire des Cimmériens à l'époque d'Assarhaddon. Il s'agit de demandes à l'oracle du dieu Shamash[40]. Ces demandes sont des textes standard qui suivent strictement un schéma très rigide. Elles ont été rédigées par des devins qui tiraient leurs présages de l'examen du foie des victimes[41]. Dans ces demandes, les devins posaient des questions qui concernaient différents aspects de la vie politique de l'Assyrie. En s'appuyant sur les résultats de leurs divinations, ils donnaient des conseils au roi qui devait prendre des décisions concernant les problèmes évoqués dans ces demandes.

---

[35]Pour le texte, voir la partie II, N° 41. La dernière édition: SAA 6, N° 204.

[36]Cf., par exemple, la mention d'un garde du corps (*ˡᵘqur-bu-te*) royal qui porte le même nom dans la lettre SAA 4, 227 (ABL 408): 7, 10.

[37]D'JAKONOV, *Istorija Midii,* p. 258. DIAKONOFF, "The Cimmerians", p. 113.

[38]DALLEY S., "Foreign Chariotry and Cavalry in the Armies of Tiglath-Pileser III and Sargon II", in *Iraq,* 47, 1985, pp. 31-48. LANFRANCHI, *Cimmeri,* p. 48.

[39]SALONEN E., *Die Waffen der alten Mesopotamier,* Helsinki, 1965, pp. 42-43. DANDAMAYEV M.A., "Data of the Babylonian Documents from the 6th to the 5th Centuries B.C. on the Sakas", in *Prolegomena to the Sources on the History of Pre-Islamic Central Asia,* Budapest, 1979, pp. 95-109, cf. la variante russe dans *Vestnik drevnej istorii,* 1977, N° 1, pp. 30-39. Cf. également la mention de la "chaussure cimmérienne" dans l'inventaire ADD 1039 (partie II, N° 54).

[40]Pour les publications principales, voir: AGS, PRT, SAA 4.

[41]Pour les détails sur les aruspices mésopotamiens et leurs rites, voir: STARR I., *The Rituals of the Diviner,* (*Bibliotheca Mesopotamica,* 12), Malibu, 1983.

Les demandes commencent toujours par une formule initiale: *Šamaš bēlu rabû ša ašallūka anna kīna apalanni,* "Shamash, grand seigneur, à ce que je te demande, donne-moi une ferme réponse positive". Cette formule est suivie de la demande proprement dite dont le contenu est relaté sous forme de phrases interrogatives. Cette partie du texte commence habituellement par la définition du délai (*adannu*) durant lequel la divination devait être valable. Ensuite, les demandes contiennent une série de phrases qui commencent par les mots *ezib ša,* "tolère que..." Ces phrases composées de formules type décrivent diverses situations néfastes qui auraient pu se produire lors des rites de divination. Ces situations (notamment la profanation du lieu du sacrifice ou des participants des rites) auraient pu altérer le résultat de la divination et rendre le présage moins exact[42]. La mention de ces situations dans le texte de demande devait diminuer leur action maléfique.

Le contenu de la demande est ensuite répété sous une forme raccourcie par rapport à sa première formulation. Les interrogations sont exprimées cette fois sous forme de questions indirectes qui sont introduites par la proposition *ašâlka Šamaš bēlu rabû kî...* ("je te demande, Shamash, grand seigneur, si..."). Cette partie de la demande se termine par une formule standard finale qui contient une prière à Shamash pour qu'il rende les présages favorables et compréhensibles[43].

Sur la même tablette, après le texte de demande, on trouve souvent une description du foie de l'animal sacrifié, c'est-à-dire le résultat de la divination. Les textes de demandes ont probablement été rédigés avant le sacrifice. Après le sacrifice, dès que le résultat de la divination était connu, on ajoutait la description des entrailles de la victime[44]. Pour autant que nous puissions en juger, cette partie des documents est constituée de citations textuelles des anciens recueils canoniques des aruspices. Seule la protase de chaque prédiction est citée sur les tablettes, bien que la conjonction *šumma* soit souvent conservée[45]. La deuxième partie de la phrase est habituellement omise. Pour comprendre la signification des présages cités, nous sommes donc obligés de rechercher leur explication dans d'autres sources, notamment dans les recueils des aruspices utilisés par les devins de l'époque d'Assarhaddon. La description de la divination est habituellement suivie d'une formule finale. Parfois les tablettes contiennent aussi les noms des devins (de tout le collège ou de ses deux premiers membres), ainsi que la date de la divination et l'indication de l'endroit où elle a été effectuée.

Des informations proprement historiques sont donc relatées dans un texte qui fait à peu près la moitié du volume total de chaque demande à l'oracle de Shamash. Ces parties du texte sont de plus répétées deux fois dans chaque

---

[42]AGS, pp. 24-43. PRT, pp. XIV-XXIII. SAA 4, pp. XX-XXVII.

[43]Pour les differentes variantes de cette formule, voir: AGS, pp. 46-50. PRT, p. XXIII; SAA 4, p. XXVIII.

[44]ARO, *op. cit.*, p. 110.

[45]Pour cette partie des demandes, voir: AGS, pp. 50-57. PRT, pp. XXVIII-LVI. SAA 4, p. XXXVI-LV.

demande. Ce fait permet souvent de restituer d'une manière certaine ces textes qui sont parfois très abîmés. Toute cette série de demandes date probablement de 676 à 657 avant J.-C.[46], mais seule une petite partie de ces documents date de l'époque d'Assourbanipal. La majorité des textes a été rédigée durant la deuxième moitié du règne d'Assarhaddon.

On peut distinguer parmi les demandes à l'oracle de Shamash mentionnant les Cimmériens quelques groupes. Les textes qui appartiennent à chaque groupe concernent le même sujet ou le même événement. Une partie de ces documents mentionne également les Scythes qui participaient habituellement aux mêmes actions que les Cimmériens. Tous les événements concernant les deux peuples sont localisés dans les régions de la Manna et de la Médie qui se trouvaient sur la frontière orientale de l'Assyrie. Aucun texte ne mentionne cependant l'activité conjointe des Scythes et des Cimmériens en Asie Mineure, où les "annales" et les autres sources de l'époque d'Assarhaddon et d'Assourbanipal localisent ce dernier peuple. On a supposé, par conséquent, que les Cimmériens et les Scythes ne faisaient qu'un dans les demandes à l'oracle de Shamash[47]. Il est donc pertinent de discuter conjointement les demandes qui mentionnent les deux peuples. Il faut cependant terminer l'analyse des sources concernant l'activité des Cimmériens en Asie Mineure avant d'aborder les textes mentionnant les Scythes et les Cimmériens "orientaux".

2.5 Parmi les demandes à l'oracle de Shamash, il y a deux textes qui relatent l'activité des Cimmériens en Asie Mineure. Ils peuvent donc être comparés avec les témoignages des "annales". Ces deux textes font partie d'un petit groupe de demandes concernant des opérations militaires en Asie Mineure. Selon l'édition SAA 4, il n'y a que dix-sept demandes de ce type dans tout le corpus.

Ces demandes témoignent du fait que la campagne d'Assarhaddon contre le Hilakku, ainsi que la défaite des Cimmériens dans la même région, relatées dans les "annales" et datées de 679 avant J.-C., n'ont pas été un succès décisif. Assarhaddon non seulement n'a pas réussi à occuper ces territoires, mais il n'a même pas réussi à assurer la sécurité à la frontière assyrienne. Ainsi, la demande SAA 4, 14 (AGS 60) relate une incursion des Tabaléens, des Kuzzurakéens et, probablement, des Ciliciens (leurs nom est restitué dans une lacune) dans la province frontalière assyrienne de Que.

Douze des dix-sept demandes concernant l'Asie Mineure mentionnent le nom de Mugallu[48]. Il s'agit dans ces textes de la confrontation entre ce roi et les Assyriens, ce qui permet de les dater approximativement de la même époque. Mugallu est nommé "le Melidien" dans une partie de ces textes. Mais il est désigné comme le roi du Tabal dans les textes de l'époque d'Assourbanipal à partir des "annales" de la rédaction HT, aux environs de

---

[46]D'JAKONOV, *Istorija Midii*, p. 259, n. 3. ARO, *op. cit.*, pp. 109-117. SAA 4, p. XIV.

[47]DIAKONOFF, "The Cimmerians", pp. 118-119.

[48]Pour l'identification de ce roi avec le roi Muwahanas mentionné dans une inscription louvite, voir: HAWKINS J.D., POSTGATE J.N., "Tribute from Tabal", in *SAAB*, 2, 1988, p. 38.

660 avant J.-C. Ce fait peut témoigner d'un changement dans son statut. Le premier groupe des demandes à l'oracle relate la campagne de l'armée assyrienne contre Mugallu qui y est désigné comme le gouverneur de Melid (SAA 4, 4-8).

Selon les textes SAA 4, 4-5, le commandant des forces assyriennes était *mMan-nu-ki-i-[...]*. Il s'agit probablement d'un détachement relativement petit, car nous ne connaissons aucun haut dignitaire de l'époque d'Assarhaddon portant ce nom. La première demande a été rédigée le 11 *nisannu* (mars - avril) et elle concerne une période de 30 jours. Il est probable que ce texte a été écrit avant le début de la campagne contre Mugallu. La partie conservée ne contient aucun détail concernant le déroulement de la campagne, mais nous ne pouvons pas être sûrs que ces événements n'aient pas été relatés dans la partie perdue de ce document. La deuxième demande a été rédigée le 11 *aiāru* (avril - mai), c'est-à-dire tout de suite après l'expiration du délai de la première. Ce texte concerne l'activité ultérieure du même détachement de Mannuki[...]. Selon ce texte, le détachement assyrien essaie de s'emparer de la forteresse Ba[...], abandonée par Mugallu.

La demande SAA 4, 6 est un petit fragment de tablette. Le texte conservé ne contient qu'une partie de la date (le 28 d'un mois dont le nom est abîmé) et une mention de "Mugallu le Melidien". Les deux autres demandes (SAA 4, 7-8) mentionnent également des tentatives des Assyriens de conquérir des forteresses qui appartenaient à Mugallu de Melid. Le texte de la première demande a conservé le nom de la forteresse de Quhna, mais le nom de la forteresse dans la deuxième demande est abîmé. La date de la première demande manque. La deuxième est datée du 10 *ābu* (juillet - août) et concerne une période de 30 jours. On peut supposer que ces textes relatent la lutte entre le gouverneur de Melid Mugallu et des détachements assyriens peu significatifs, lutte pour la possession de forteresses frontalières. Si toutes ces demandes relatent les événements de la même année, ce conflit a duré au moins six mois, au printemps et en été.

Les demandes SAA 4, 3 et 9 parlent d'une situation tout à fait différente. Il s'agit également d'actions militaires contre Mugallu, mais l'armée assyrienne est dirigée par l'un des plus hauts dignitaires. C'est l'eunuque en chef Ša-Nabû-šû. La date d'une de ces demandes (SAA 4, 9) manque, mais la deuxième (SAA 4, 3, s. 2) est datée du 10 *aiāru* (avril - mai). Assarhaddon demande dans ce texte si l'armée assyrienne, dirigée par Ša-Nabû-šû, parviendra à chasser Mugallu d'une forteresse, peut-être de Melid elle-même. Le texte de la demande est cependant très abîmé, aussi la question de savoir s'il s'agit de Melid ou d'une autre ville de sa région est-elle peu claire. Mugallu n'est pas nommé "le Melidien" dans ce document, ce qui peut être comparé avec sa désignation "Mugallu le Tabaléen" dans les textes de l'époque d'Assourbanipal. Ce fait semble suggérer que Mugallu a perdu une partie de son territoire par suite de l'invasion assyrienne. La ville de Melid faisait probablement partie de ce territoire, et Mugallu a donc perdu le droit d'être nommé "le Melidien". Il a réussi cependant à conserver une partie de ses possessions. On peut même supposer qu'il les a élargies vers l'Occident, et qu'il est de toute façon resté l'un des rois du Tabal. La demande SAA 4, 1 semble étayer cette supposition. Ce texte parle d'un danger éventuel qui menace Melid (moins probablement une forteresse de la région). L'inquiétude des Assyriens au sujet de Melid implique son appartenance à leur empire au moment de la rédaction de la demande. Le fait que Mugallu soit resté un roi tabaléen dont les relations avec l'Assyrie étaient hostiles est confirmé non seulement par les "annales" d'Assourbanipal, mais également par la lettre LAS 279. Cette lettre qui date probablement de 671 avant J.-C.[49], mentionne Mugallu parmi les rois ennemis (Rv. 7).

La demande SAA 4, 3 est datée, comme nous l'avons mentionné, du 10 *aiāru*. La demande SAA 4, 5 est datée presque du même jour (11 *aiāru*). Or, les situations décrites dans ces deux documents sont complètement différentes, et les forces assyriennes sont dirigées par deux personnes différentes dont les statuts officiels ne sont pas comparables. Nous pouvons donc conclure que le premier groupe de documents (SAA 4, 4-5 et probablement 6-8) et les demandes SAA 4, 3 et 9 relatent des événements de deux années différentes.

Les événements décrits dans les deux dernières demandes peuvent être datés. La "grande chronique babylonienne" et la "chronique d'Assarhaddon" mentionnent une campagne contre Melid durant la sixième année du règne d'Assarhaddon (675 avant J.-C.). La deuxième chronique indique de plus que la campagne a été dirigée contre Mugallu[50]. Une campagne de l'armée menée par un eunuque en chef est un événement suffisamment important pour être inclus dans les chroniques. Par contre, il est impossible de supposer que les petits conflits frontaliers décrits dans les demandes du premier groupe soient mentionnés dans les chroniques.

Le premier groupe de demandes peut être daté d'une époque légèrement antérieure à 675 avant J.-C., car Mugallu est encore nommé dans ces textes "le Melidien". Cette désignation serait impossible après la campagne couronnée de succès des Assyriens en 675 avant J.-C. Ces documents datent cependant d'après 679 avant J.-C., quand Assarhaddon a entrepris une autre grande campagne contre ces territoires qui est relatée dans ses "annales". Ces textes peuvent donc être datés entre 678 et 676 avant J.-C. Les documents SAA 4, 3 et 9 datent, comme nous l'avons déjà mentionné, de 675 avant J.-C. En ce qui concerne leur chronologie, on peut supposer que la demande SAA 4, 9 est plus ancienne. Elle ne contient aucun détail concernant des opérations militaires et parle en termes généraux d'un danger qui pourrait éventuellement menacer les troupes de Ša-Nabû-šû. Cela peut signifier que la demande a été rédigée avant le commencement de la campagne. Mugallu est désigné dans ce texte comme un "Melidien" (Rv. 1), ce qui prouve qu'il possédait encore cette ville. Le roi du Tabal Iškallû est nommé dans ce texte à côté de Mugallu comme un adversaire éventuel des Assyriens. Son nom est mentionné encore dans un petit fragment abîmé SAA 4, 11 dont la date reste obscure à cause du manque d'un contexte compréhensible. Il est également

[49]LAS, vol. II, p. 269.
[50]GRAYSON, *op. cit.*, pp. 83, 126.

mentionné dans la demande SAA 4, 10 qui parle de l'affrontement entre Mugallu et celui-ci. La cause de cet affrontement était probablement la querelle concernant la possession de villes frontalières (le nom d'une de ces villes, *mIš-ti-a-r[u...]*, est conservé). Si l'interprétation de ce texte est exacte, on peut supposer que cette demande est l'une des plus anciennes de ce groupe. En effet, Mugallu ne pouvait pas se permettre de lutter simultanément contre l'Assyrie et son voisin Iškallû. Le texte doit donc être daté de l'époque où Mugallu possédait encore la ville de Melid et où le conflit militaire avec l'Assyrie n'avait pas encore commencé. Il est possible que ce texte parle du début d'événements inconnus à la suite desquels Mugallu est devenu le roi du Tabal, probablement à la place d'Iškallû.

Les relations du texte SAA 4, 12 avec les deux groupes de demandes mentionnés ne sont pas claires. Ce texte fait mention d'un messager envoyé par Mugallu à Assarhaddon pour conclure la paix. On pourrait supposer que cette demande doit être rapprochée du premier groupe et datée d'une époque antérieure à 675 avant J.-C., car Mugallu y est désigné comme "le Melidien". Ce détail à lui seul n'est cependant pas suffisant pour dater de manière indubitable ce document.

Quant à la demande SAA 4, 1 qui mentionne les Cimmériens, elle parle d'un danger menaçant la ville de Melid, ou ses alentours. Nous avons déjà noté que ce fait témoigne de l'appartenance de cette ville aux Assyriens. La demande doit donc être datée d'une époque postérieure à 675 avant J.-C., quand Melid a été conquise par les Assyriens. La demande a théoriquement pu être écrite également en 675 avant J.-C., car elle est datée du mois de *simānu* (mai - juin). Or, la demande SAA 4, 3 qui relate le siège de Melid ou d'une forteresse des alentours est datée du 11 *aiāru,* c'est-à-dire du mois précédent. Les deux textes peuvent donc être datés de la même année, bien que cette supposition ne soit pas très vraisemblable.

2.6 Le texte en question donne une énumération des ennemis éventuels de l'Assyrie, parmi lesquels sont mentionnés le roi des Mušku dont le nom n'est pas conservé, ses alliés Cimmériens et probablement Mugallu (son nom est restitué dans une lacune). "Mušku" est la désignation habituelle des peuples apparentés des Phrygiens et des Protoarméniens dans les sources akkadiennes. Ce texte peut être comparé avec la demande SAA 4, 13 mentionnant un personnage nommé Midas (*mMi-it-ta-a,* 2, 9, Rv. 2, 8) qui porte le titre de *bēl āli.* Son nom coïncide avec le nom du roi phrygien attesté dans la tradition classique et dans les textes de l'époque de Sargon II[51]. Par conséquent, le nom Midas était probablement le nom dynastique des rois phrygiens et il peut être restitué dans le texte SAA 4, 1.

La demande SAA 4, 1 semble prouver que les Cimmériens étaient les alliés des Phrygiens (ou des Protoarméniens) pendant la deuxième moitié des années 70 du VIIe siècle avant J.-C. Ce témoignage doit être comparé avec

---

[51]LIE, *op. cit.*, pp. 10-12: 72-76, 20: 118-120, 66-68: 444-453. POSTGATE, "Assyrian Texts and Fragments", pp. 21-34. SAA 1, 1. Cf.: LANFRANCHI G.B., "Sargons's Letter to Aššur-šarru-uṣur: an Interpretation", in *SAAB*, 2, 1988, pp. 59-64.

les données des textes classiques. Selon la tradition antique (Strabo, I, 34, 21; Eustath., Ad Od., XI, 14), Midas s'est suicidé lors de l'invasion cimmérienne de son pays. Le roi phrygien Midas, personnage bien connu de la tradition classique, est habituellement identifié à l'adversaire de Sargon II, Mitâ, qui est mentionné dans les "annales" du roi assyrien pour les années 717 - 709 avant J.-C. La mention d'un monarque homonyme dans une demande à l'oracle de l'époque d'Assarhaddon (SAA 4, 13) atteste qu'il existait au moins deux rois portant ce nom. Le héros de la tradition classique peut donc être un personnage syncrétique réunifiant tous les événements qui se sont passés lors du règne de plusieurs rois homonymes. Ce personnage peut même regrouper toute l'information sur l'histoire de la Phrygie dont les Grecs disposaient.

Le fait lui-même de l'invasion de la Phrygie par les Cimmériens semble être tout à fait fiable. En effet, la présence des Cimmériens en Asie Mineure est attestée de façon indubitable par les sources assyriennes: dans sa partie orientale durant le règne d'Assarhaddon et en occident (en Lydie) à partir du commencement du règne d'Assourbanipal. Un argument important en faveur de la véracité de la présence des Cimmériens en Phrygie est le récit d'Etienne de Byzance (s.v. Συασσός· κώμη Φρυγίας. ἐν ταύτῃ τῇ κώμῃ φασὶ Κιμμερίους εὑρεῖν ἐν σιροῖς τεθησαυρισμένας μυριάδας πυρῶν, ἀφ' ὧν αὐτοὺ ἐπὶ πολὺν χρόνον διατραφῆναι, "Syassos, village de Phrygie. On raconte que les Cimmériens ont trouvé dans ce village des dizaines de milliers (de médimnes) de blé qui se trouvaient dans des greniers souterrains. Ils se nourrirent là-bas longtemps de ce blé."). L'origine indigène de ce récit est évidente. Il remonte probablement à la tradition orale phrygienne et représente de toute façon une tradition indépendante des sources de Strabon. Le caractère du récit et la mention d'une localité bien précise assurent du moins l'authenticité de la présence des Cimmériens en Phrygie, même si ce n'est pas le cas pour tous les détails du récit en question.

On peut mentionner encore d'autres récits concernant la présence des Cimmériens dans la Bithynie voisine, récits qui remontent sans doute à la tradition indigène folklorique (Arr., Bith.: FGrHist, 156, F 76, cf. F 60; Schol. Apoll. Rhod., I, 1126, cf. II, 440; Heracl. Pont., fr. 129 Wehrli). Ces récits confirment une fois de plus la véracité de la présence des Cimmériens dans cette région de l'Asie Mineure. Il nous reste donc à dater ces contacts indubitables entre les Cimmériens et les Phrygiens.

L'invasion des Cimmériens était liée, selon la tradition antique, au suicide du roi phrygien Midas. Ces deux événements ont donc été considérés comme synchrones. Eusèbe a daté la mort de Midas à 696/5 avant J.-C. (Hier., 92ª Helm) ou à 695/4 avant J.-C. (traduction arménienne: Euseb., 184 Karst), c'est-à-dire de la 20e Olympiade. Cette date est souvent considérée comme étant fiable, car elle s'accorde avec l'identification de Midas, personnage de la littérature classique, au contemporain de Sargon II, Mitâ[52]. Cette identification n'est cependant pas convaincante. Comme nous l'avons déjà

---

[52]Voir, par exemple: *The Gordion Excavations. Final Reports*, vol. I, Pennsylvania, 1981, pp. 271-272 (M.J. MELLINK).

vu, il y avait au moins deux rois phrygiens qui portaient le même nom. L'image de Midas le Phrygien dans la tradition antique a dû réunir des traits empruntés à différents rois phrygiens. Toute l'information disponible concernant l'histoire de la Phrygie a dû être attribuée par les Grecs au règne d'un personnage semi-mythique qui portait ce nom. La date de la mort de Midas proposée par Eusèbe ne peut donc permettre de dater l'invasion par les Cimmériens de la Phrygie.

Cependant, la tradition chronographique d'Eusèbe remontant aux savants alexandrins n'est pas la seule. Ainsi, Hellanicus considérait Midas comme un contemporain de Terpandre (FGrHist 4, F 85). En s'appuyant sur ce synchronisme, Apollodore a daté la mort de Midas de 676/5 avant J.-C.[53]

Nous possédons donc deux traditions antiques qui se contredisent l'une l'autre. La conservation par la tradition orale de dates précises absolues remontant à l'époque de Midas est totalement impossible. Il est peu probable que ces dates aient été connues de la littérature grecque de l'époque archaïque et classique qui utilisait une chronologie relative fondée sur des synchronismes et des computs généalogiques. L'apparition de ces dates absolues dans la tradition antique ne peut précéder l'époque hellénistique, lorsque l'on a commencé à utiliser couramment une chronologie absolue fondée le plus souvent sur les Olympiades. Les deux datations de la mort de Midas sont donc le résultat des recherches de savants hellénistiques ou même plus tardifs. Il nous reste donc à élucider les causes de l'apparition de ces datations et à décider laquelle des deux est la plus fiable. Il est important de rappeler à ce propos que ces deux dates sont des hypothèses qui ont presque le même statut que les datations hypothétiques des savants contemporains. Les datations des philologues antiques sont fondées, comme celles des modernes, sur l'étude des textes anciens. Les philologues alexandrins avaient cependant l'avantage de connaître plus de textes anciens que nous n'en possédons. Les sources cunéiformes, dont la connaissance nous avantage habituellement par rapport aux auteurs antiques, ne donnent aucune information relative à la mort de Midas ni à l'invasion par les Cimmériens de la Phrygie. Nous ne possédons donc pas de sources indépendantes permettant de vérifier les constructions historiques et chronologiques des savants antiques. Les philologues hellénistiques possédaient plus d'informations au sujet de cet événement que les chercheurs contemporains et cela malgré le fait que nos idées générales concernant l'histoire et la chronologie orientales sont, grâce à la connaissance des sources cunéiformes, beaucoup plus proches de la réalité que celles des savants antiques.

---

[53]Pour l'analyse détaillée de cette tradition, voir: MOSSHAMMER A.A., "Phainias of Eresos and Chronology", in *California Studies in Classical Antiquity*, 10, 1978, pp. 105-132. Il est fort probable que certains chronographes byzantins aient également suivi cette tradition. Ainsi, Cedrenus (195 Bekker) a synchronisé la mort de Midas avec le règne du roi hébreu Amos. Le règne d'Amos, qui dura deux ans, est daté dans la chronologie de Julius Africanus de 676 - 675 avant J.-C. Il est fort probable que cette date absolue a été empruntée par Cedrenus à l'oeuvre d'Africanus, cf.: GELZER, *op. cit.*, 1875, p. 252, n. 6. IDEM, *Sextus Julius Africanus und die Byzantinische Chronographie*, Leipzig, 1898, pp. 1-19, 179.

Hellanicus faisait de Terpandre le contemporain de Midas (FGrHist 4, F 85b = Clem. Alex., Strom., I, 131). Des synchronismes semblables entre un auteur ancien et un événement ou un personnage historique étaient habituellement fondés sur la mention de ce personnage ou de cet événement dans une oeuvre de l'auteur en question. Ainsi, l'un des repères les plus importants de toute la chronographie antique était la ferme conviction que Gygès et Archiloque avaient été contemporains. Ce synchronisme est fondé sur la mention de Gygès dans un poème d'Archiloque (fr. 22 Diehl). Il est fort probable qu'Hellanicus a supposé un synchronisme entre Terpandre et Midas pour des raisons semblables. Or, Hellanicus pensait que Terpandre avait été le premier vainqueur des concours Carnéens (FGrHist, 4, F 85a = Athen., XIV, 635e). La date absolue de l'institution de ces concours a probablement été établie pour la première fois par Sosibius qui l'a attribuée à la 26e Olympiade (676/2 avant J.-C.: FGrHist, 595, F 3). Il est improbable qu'Hellanicus connaissait déjà cette date, car la chronologie fondée sur les Olympiades n'était pas encore utilisée à son époque. En outre, son oeuvre aurait alors contenu une contradiction. En effet, Midas aurait été considéré comme un contemporain de Gygès. Le texte d'Hellanicus ne contenait cependant pas ce synchronisme, pour autant que nous puissions en juger en nous appuyant sur la critique qu'on lit chez Clément d'Alexandrie. Hellanicus n'a probablement fait que proposer un synchronisme entre Midas et Terpandre, sans avoir tiré de conclusions de cette hypothèse et sans avoir comparé les datations de ces deux personnages avec celles de Gygès et d'Archiloque. Il n'a sans doute donné aucune date absolue. Les données d'Hellanicus et de Sosibius ont probablement été combinées par Apollodore[54]. Il a donc placé Midas et Terpandre dans la 26e Olympiade (676/2 avant J.-C.). Ces deux personnages ont été pour Apollodore les contemporains, peut-être les aînés, de Gygès et d'Archiloque[55].

Eusèbe appartient à une autre tradition, selon laquelle Terpandre était beaucoup plus jeune qu'Archiloque[56]. L'*akmé* de Terpandre date, selon Eusèbe, de 642/1 avant J.-C., tandis que celle d'Archiloque date de 664 avant J.-C. L'origine relativement ancienne de cette datation est confirmée par le témoignage du Marbre de Paros (264 avant J.-C.) qui fait remonter l'*akmé* de Terpandre à 645/3 avant J.-C.[57] Or, Eusèbe situe la mort de Midas à 696/4

---

[54]JACOBY F., *Apollodors Chronik*, Berlin, 1902, pp. 148-149. MOSSHAMMER, *op. cit.*, pp. 128-129.

[55]Glaucus de Regium qui était un contemporain plus jeune d'Hellanicus pensait en tout cas que Terpandre était plus âgé qu'Archiloque: Plut., *De musica*, 1132f.

[56]Il est probable que cette tradition de la datation de Terpandre et l'idée qu'il était plus jeune qu'Archiloque remontent à l'élève d'Aristote Phainias d'Eresos (Phain., fr. 33 Wehrli), pour les détails, voir: MOSSHAMMER, *op. cit.*, pp. 108-109, 119-120.

[57]FGrHist 239, 34, vol. II B, p. 997. Pour l'origine de cette datation qui remonte à des computs savants du début de l'époque hellénistique, voir: von WILAMOWITZ-MÖLLENDORFF U., *Timotheos, Die Perser*, Berlin, 1903, p. 66. JACOBY F., *Das Marmor Parium*, Berlin, 1904, p. 189. MOSSHAMMER, *op. cit.*, p. 124.

avant J.-C.: il rejette donc catégoriquement le synchronisme entre Terpandre et Midas.

La tradition selon laquelle la cause du suicide de Midas aurait été l'invasion cimmérienne, n'est compatible qu'avec la première datation de sa mort (676/2 avant J.-C.). En effet, la tradition historique concernant cette invasion reportait cet événement à l'époque du roi lydien Ardys (dès Hérodote: I, 16). Il n'y a aucun texte classique qui lie Gygès aux Cimmériens. La mort de Midas, contemporaine de l'*akmé* de Terpandre, est synchronisée dans le système chronologique d'Apollodore avec la troisième année du règne d'Ardys[58]. Ce synchronisme permet de lier cet événement à l'invasion des Cimmériens. On peut supposer que certains vestiges de la même tradition ont également été conservés dans l'oeuvre d'Eusèbe. En effet, celui-ci fait remonter l'incursion des Scythes en Palestine, étroitement liée dans la tradition antique à l'invasion cimmérienne, à la 39e année du règne d'Ardys (635 avant J.-C.).

Un prédécesseur d'Eusèbe a cependant rejeté la datation haute de Terpandre (il est reporté à 642/1 avant J.-C.) et par conséquent son synchronisme avec Midas. La mort de Midas est synchronisée dans son système avec l'accession de Gygès au pouvoir (20e Olympiade). Pour autant que nous puissions en juger, il n'y a pas de textes littéraires anciens confirmant directement ce synchronisme. Il a été probablement fondé uniquement sur l'opinion selon laquelle Midas avait appartenu à la génération précédant celle de Gygès. Cette opinion pouvait s'appuyer sur la tradition delphique déjà connue d'Hérodote (I, 14), selon laquelle Gygès aurait été le premier roi barbare après Midas à envoyer des dons à Delphes. Gygès était donc considéré à Delphes comme étant plus jeune que Midas.

Il est logique que la tradition d'Eusèbe, en rejetant le synchronisme entre Midas et Terpandre, rejette également celui entre l'invasion cimmérienne et Midas. Cette invasion n'est pas datée non plus de l'époque d'Ardys. Bien qu'Eusèbe date l'incursion des Scythes en Palestine du règne d'Ardys, il renvoie cependant l'invasion des Cimmériens à une époque beaucoup plus éloignée. Les Cimmériens sont identifiés dans son oeuvre aux Amazones et leur invasion commune en Asie est datée de 1078/7 avant J.-C. Pour autant que nous puissions en juger, le fondement unique sur lequel repose cette datation a pu être le synchronisme entre l'invasion des Cimmériens et la vie d'Homère[59]. L'opinion selon laquelle Homère a vécu à l'époque de l'invasion cimmérienne était assez répandue à l'époque hellénistique (cf., par exemple, les indications directes de Strabon: I, 1,10; 2, 9; III, 2, 12). Elle est fondée uniquement sur la mention des Cimmériens dans l'*Odyssée*.

On peut donc constater que la tradition dont Eusèbe faisait partie niait le synchronisme entre Terpandre, Midas et l'invasion cimmérienne et les reportait à des époques différentes. La datation très haute de l'invasion cimmérienne dans cette tradition s'explique par le synchronisme avec

---

[58]MOSSHAMMER, *op. cit.*, pp. 126-127.

[59]Cf.: von der MÜHLL P., "Die Kimmerier der *Odyssee* und Theopomp", in *Museum Helveticum*, 16, 1959, p. 146.

l'époque d'Homère, qui est datée à son tour d'une période trop ancienne. La datation de la mort de Midas, dont tout lien avec l'invasion cimmérienne est rejeté, est fondée uniquement sur le synchronisme avec l'accession de Gygès au pouvoir. Cette synchronisation ne repose à son tour que sur l'opinion selon laquelle Gygès appartiendrait à la génération qui suit celle de Midas. Le fondement de la datation eusébienne de la mort de Midas est donc plus qu'instable. Il faut encore ajouter que toute la chronologie lydienne sur laquelle repose cette datation est trop haute dans l'oeuvre d'Eusèbe. Ainsi, la mort de Gygès est datée de 664 avant J.-C., tandis que les sources akkadiennes témoignent du fait qu'il est mort en 644 avant J.-C. Si l'on admet l'authenticité du rapport entre la mort de Midas et l'invasion cimmérienne, on est donc obligé de rejeter la datation de ces événements telle qu'elle est proposée par Eusèbe (696/5 avant J.-C.).

La deuxième tradition antique, selon laquelle Midas serait mort en 676/5 avant J.-C., semble être plus fiable. Le synchronisme entre la mort de Midas et l'*akmé* de Terpandre, noté encore par Hellanicus et approuvé par des auteurs plus tardifs, doit être fondé sur l'étude des oeuvres de Terpandre. Celles-ci devaient contenir une mention de cet événement qui représentait une base suffisante pour de semblables conclusions. Il est fort probable que la mort de Midas a été précisément liée à l'invasion des Cimmériens dans ce texte de Terpandre, bien que nous n'ayons aucun témoignage direct en faveur de cette supposition. La synchronisation de l'invasion cimmérienne avec la mort de Midas ne pouvait, de toute façon, exister que dans le cadre de cette tradition. En effet, la mort de Midas y était reportée au début du règne d'Ardys. Or, l'incursion des Cimmériens en Asie était justement liée dans la tradition antique au règne de ce roi. Il est cependant important de noter que la chronologie absolue de la dynastie lydienne dans la tradition classique est trop haute. Par conséquent, les événements en fait contemporains du début du règne de Gygès, ou même antérieurs, ont été reportés par les auteurs classiques à l'époque de son successeur Ardys.

Cette datation de la mort de Midas, approuvée par Apollodore, se fonde donc sur l'étude des textes anciens, avant tout ceux de Terpandre. Cela permet de lui attribuer plus de fiabilité. Il ne faut cependant pas oublier qu'une telle étude des textes anciens ne peut donner de date absolument précise. Son résultat doit tout de même être relativement proche de la réalité.

Les sources antiques permettent donc de constater que les Cimmériens ont attaqué le royaume phrygien aux environs des années 670 avant J.-C. Il est probable que le roi phrygien soit mort lors de cette invasion. Celui-ci a pu se nommer Midas, comme son prédécesseur, le contemporain de Sargon II. Il est possible que ce roi (ou son successeur) soit mentionné dans la demande à l'oracle de Shamash SAA 4, 13. La datation des sources classiques est corroborée par les données des textes assyriens, à savoir par les "annales" d'Assarhaddon et par les demandes de ce dernier à l'oracle de Shamash. Ces textes parlent de la prèsence des Cimmériens dans la région voisine de la Phrygie, au Tabal, précisément dans la première moitié des années 70 du VII siècle avant J.-C. De plus, un texte mentionne les Phrygiens (Mušku) à côté des Cimmériens. On peut supposer que les Phrygiens ont été partiellement soumis par les Cimmériens, ou qu'ils ont été simplement les alliés de ces derniers. Les événements en question datent des environs de 675 avant J.-C., ce qui correspond bien à la datation de la mort de Midas proposée par les savants antiques.

Le fragment SAA 4, 17 (PRT 43) doit probablement être daté d'une époque plus tardive que les autres textes du même groupe. Le texte fait état d'un danger venant des Ciliciens et des Cimmériens, mais il ne contient aucune information permettant de le dater en s'appuyant sur son contenu. La demande en question est en écriture néo-assyrienne. Or, J. Aro a remarqué que la majorité des demandes à l'oracle de Shamash est écrite en caractères néo-babyloniens et il a supposé que l'écriture néo-assyrienne n'a jamais été utilisée dans des textes antérieurs à 672 avant J.-C. Selon lui, cette écriture n'est entrée en usage chez les aruspices qu'à l'époque où Assourbanipal remplissait les fonctions de prince héritier, c'est-à-dire après 672 avant J.C[60]. Si cette hypothèse est exacte, la demande SAA 4, 17 doit être datée d'une époque postérieure à 672 avant J.-C. Il semble cependant que ce détail ne soit pas suffisant à lui seul pour la datation de ce texte. Il est vrai que les textes en écriture néo-assyrienne tendent en effet être plus tardifs que les textes en écriture néo-babylonienne. Cette tendance n'est cependant pas une règle absolue[61] et le mode d'écriture ne peut servir d'indice indubitable pour la datation des demandes à l'oracle de Shamash.

2.7 Il est fort probable que la demande SAA 4, 18 (AGS 48) est liée à l'activité du même groupe de Cimmériens dont la présence au Tabal, au Hilakku et en Phrygie durant les années 670 avant J.-C. est attestée par les sources. L'auteur de ce texte pose à l'oracle une question sur la possibilité d'une attaque de la province de Šubria par le roi ourartéen Rousa II et par les Cimmériens. La Šubria se trouvait au sud-ouest du lac de Van, dans les montagnes du Taurus occidental.

La datation de ce texte dépend de la date de la conquête de la Šubria et de l'organisation sur son territoire de provinces assyriennes[62]. Cet événement est daté dans les chroniques babyloniennes de la huitième année du règne d'Assarhaddon (673/2 avant J.-C.). La "grande chronique" le reporte au mois de *ṭebētu* (dixième mois, décembre - janvier). Ce passage était cependant abîmé dans l'original de la copie que nous possédons, comme le spécifie le texte de la chronique. La chronique mentionne de plus que le butin de la Šubria a été apporté en Assyrie au mois précédent de *kislīmu* (neuvième mois, novembre - décembre)[63]. La "chronique d'Assarhaddon" date cependant le même événement du mois d'*addāru*, c'est-à-dire du dernier mois

---

[60]ARO, *op. cit.*, p. 112. Cf.: SAA 4, p. LVI.

[61]Cf.: LANFRANCHI, *Cimmeri*, pp. 54-56.

[62]Pour la description de ces événements, voir la lettre d'Assarhaddon: BAUER T., "Ein Erstbericht Asarhaddons", in *ZA*, 6, 1931, pp. 234-259. BORGER, *op. cit.*, pp. 102-107 (Gbr).

[63]GRAYSON, *op. cit.*, p. 84: IV, 19-20.

de la même année (février - mars)[64]. Cette divergence de témoignages dans les deux chroniques babyloniennes nous oblige à mettre en doute leurs datations de l'invasion de la Šubria, d'autant plus que d'autres datations dans ces chroniques sont sans doute altérées.

Nous possédons un fragment d'une rédaction tardive des "annales" d'Assarhaddon[65]. Contrairement aux versions précédentes, cette rédaction a suivi le principe chronologique de la narration fondé sur les *girru* (campagnes militaires). La campagne victorieuse contre l'Égypte est datée dans ce fragment du dixième *girru*. Cette datation s'accorde avec celle qui est proposée par les chroniques babyloniennes. La description de la conquête de la Šubria dans ce fragment (lignes 1-5) précède immédiatement l'exposé de la campagne égyptienne. Cette conquête est donc datée du neuvième *girru*. Ce fait permet de supposer que la campagne contre la Šubria remonte à la neuvième et non pas à la huitième année du règne d'Assarhaddon, c'est-à-dire à 672/1 avant J.-C. Le terme *girru* correspond habituellement, bien qu'il y ait des exceptions[66], à une année de règne. Même quand une année de règne et un *girru* ne sont pas synonymes, deux *girru* ne correspondent jamais à une année. Nous pouvons donc supposer que le neuvième *girru* correspond dans ce cas à la neuvième et non à la huitième année du règne d'Assarhaddon. Cette hypothèse est confirmée par le fait que la description des événements de la neuvième année du règne d'Assarhaddon manque dans les chroniques babyloniennes. Les événements de la dixième année sont directement précédés dans cet exposé par ceux de la huitième. Ce fait permet de supposer que les événements de deux années du règne d'Assarhaddon ont été par erreur reportés à la seule huitième année. Cette erreur a pu se produire dans une des copies intermédiaires des chroniques ou dans leurs sources. L'hypothèse est également confirmée par une indication directe de notre exemplaire de la "chronique", selon laquelle une partie du texte de l'original était abîmée dans ce passage. Nous devons donc constater que la Šubria a été conquise en 672/1 avant J.-C.

Une fois la Šubria conquise, Assarhaddon a livré à Rousa II les transfuges ourartéens qui s'y trouvaient[67]. Ce fait témoigne de l'existence de bons rapports entre l'Assyrie et l'Ourartou à ce moment-là. La demande SAA 4, 18 date (ligne 2) du mois de *nisannu* (le premier mois de l'année, mars - avril). Elle a donc pu être rédigée au plus tôt en 671/0 avant J.-C. Cependant, si l'on admet cette date, il se serait écoulé trop peu de temps entre la conquête de la Šubria et la rédaction de la demande: un ou trois mois (si les indications des mois dans les chroniques babyloniennes sont justes). Un laps de temps aussi bref entre les deux événements est invraisemblable. De plus, la situation décrite dans la relation d'Assarhaddon implique l'existence de bonnes relations avec l'Ourartou, tandis que la demande SAA 4, 18 parle, par contre,

---

[64]*Ibid.*, p. 127: 24-25.

[65]BORGER, *op. cit.*, pp. 111-113 (Frt F).

[66]TADMOR, *op. cit.*, pp. 31-32.

[67]BAUER, *op. cit.*, pp. 246-248: 28-34.

d'hostilité entre les deux puissances. L'hypothèse que cette demande date d'une époque postérieure à 670 avant J.-C. semble donc être plus probable.

Il est plus difficile d'établir le *terminus ante quem* pour ce texte. Il est vraisemblable qu'il date de l'époque d'Assarhaddon, car la majorité des textes de cette série appartient à cette époque. La série des demandes à l'oracle de Shamash inclut cependant également des textes de l'époque d'Assourbanipal. Cette variante est donc possible pour la demande SAA 4, 18. Ainsi, les tentatives des Ourartéens d'attaquer les provinces assyriennes en Šubria ont eu lieu dans les années 650 avant J.-C., comme les "annales" d'Assourbanipal en témoignent (rédaction B, IV, 10-14). La description de ces événements manque dans la rédaction HT rédigée vers 660 avant J.-C. et elle apparaît pour la première fois dans la rédaction B de 649 avant J.-C. Le *terminus ante quem* de la demande en question est donc déterminé par la datation du texte le plus tardif de toute la série de demandes, c'est-à-dire de 657 avant J.-C.[68] La demande SAA 4, 18, comme nous l'avons déjà mentionné, parle d'une hostilité de Rousa II envers l'Assyrie. Il est donc fort probable que la rédaction de ce texte soit séparée par un intervalle considérable de l'année 672/1, où la Šubria a été conquise et où les relations entre l'Assyrie et l'Ourartou étaient bonnes. Il est également possible que les "annales" d'Assourbanipal relatent les mêmes événements que la demande SAA 4, 18.

2.8 Passons à l'étude des textes relatant l'activité des Cimmériens dans les régions à l'est de l'Assyrie, c'est-à-dire en Manna et en Médie. Une des sources les plus intéressantes de ce groupe est une lettre des archives royales, ABL 1237[69]. L. Waterman dans sa première publication de cette lettre a restitué le nom de son auteur comme Nabû-šarru-uṣur[70]. S. Schiffer a cependant prouvé peu après que cette lettre et la lettre ABL 1109 ont été écrites par le même auteur[71]. Il a proposé de restituer son nom comme *Bēl-ú-[bal-liṭ]*, car ses premiers signes, EN-*ú*..., se distinguent bien dans la deuxième lettre. Or, R. Campbell Thompson a proposé déjà en 1900 la restitution correcte du nom de l'auteur de la lettre ABL 1109: ^{md}EN-*ú-[še-zib]*[72]. L. Waterman a remarqué plus tard que la lettre ABL 1373, dans laquelle le nom de l'expéditeur ^{md}EN-*ú-še-zib* est conservé, a été écrite par la même personne que les lettres ABL 1237 et ABL 1109[73]. Dans son édition RCAE, il a cependant gardé par erreur la restitution du nom *Bēl-ú-⸢bal⸣-[liṭ]* pour la lettre ABL 1109, bien qu'il ait donné la traduction *Belushezib*. Dans

---

68SAA 4, p. XIV.

69Voir la partie II, N° 13. Pour la dernière publication avec les commentaires, voir: FALES, LANFRANCHI, *op. cit.*, pp. 9-33.

70WATERMAN L., "Some Kouyounjik Letters and Related Texts", in *AJSL*, 29, 1912, p. 22. Cf.: SCHIFFER S., Compte rendu du livre: ABL, vol. VIII-IX, in *OLZ*, 17, 1914, p. 400.

71SCHIFFER S., Compte rendu du livre: ABL, vol. X-XI, *OLZ*, 18, 1915, p. 14.

72RMA, N° 90, p. 25.

73RCAE, v. III, pp. 301, 325, 354.

la lettre ABL 1237, il n'a donné aucune restitution du nom de l'expéditeur. R. Pfeiffer a donné dans son édition la restitution correcte de ce nom.

L'auteur de la lettre ABL 1237 était donc Bēl-ušēzib, astrologue réputé et conseiller d'Assarhaddon[74]. Il donne dans sa lettre des conseils pratiques au roi quant à l'organisation de l'invasion de l'armée assyrienne en Manna. Le texte de la lettre témoigne du fait que les actions militaires avaient déjà commencé avant sa rédaction et se poursuivaient encore à ce moment-là. Les Cimmériens sont mentionnés à titre d'alliés éventuels des Mannéens qui ont cependant promis d'observer la neutralité et de ne pas intervenir dans ces affrontements. Nous connaissons encore deux lettres écrites par Bēl-ušēzib presque simultanément à la lettre ABL 1237. Elles concernent la même campagne contre la Manna et mentionnent les mêmes phénomènes célestes (K 15101 + 83-1-18,47[75] et K 1353[76]). La deuxième lettre contient une information qui permet de dater les trois documents en question d'une façon relativement précise. Bēl-ušēzib mentionne le fait que les Assyriens ont pris Sidon une année avant la rédaction de cette lettre. La datation de ces trois lettres de Bēl-ušēzib dépend donc de la datation de la prise de Sidon par les Assyriens. Si Sidon a été prise la troisième année du règne d'Assarhaddon, comme G. Lanfranchi le suppose[77], la campagne contre la Manna doit donc être datée de 677/6 avant J.-C. Cette hypothèse n'est cependant pas prouvée, comme nous l'avons relevé plus haut. Il est fort probable que les chroniques babyloniennes donnent une date correcte de cet événement (677/6 avant J.-C.). La campagne contre la Manna intervient alors une année plus tard, c'est-à-dire en 676/5 avant J.-C.

M. Dietrich a supposé que la lettre CT 54, 22 parle d'une éclipse partielle de lune qui a eu lieu, selon lui, le 21 mars 675 avant J.-C.[78] Les lettres de Bēl-ušēzib peuvent alors être datées du printemps 675 avant J.-C., c'est-à-dire de la fin de la cinquième ou du début de la sixième année du règne d'Assarhaddon. G. Lanfranchi a cependant contesté l'hypothèse selon laquelle l'éclipse lunaire est mentionnée dans la lettre CT 54, 22. Il a présumé qu'il n'y avait eu aucune éclipse lors des années 676 et 675 avant J.-C.[79] Ses arguments ne semblent guère convaincants. En effet, il n'explique pas pourquoi seul un croissant de lune était visible le 15e jour du mois (voir l'indication directe dans les lignes 3-4), alors que ce devait être un jour de pleine lune. Il est difficile d'interpréter ce phénomène autrement que par une éclipse lunaire. Le même phénomène est également mentionné à la ligne 21:

---

[74]Pour les détails sur ce personnage, voir: DIETRICH M., *Die Aramäer Südbabyloniens in der Sargonidenzeit (700 - 648)*, Neukirchen - Vluyn, 1970, pp. 62-68.

[75]RMA, 90. ABL 1109. CT 54, 294.

[76]CT 54, 22. LANFRANCHI G.B., "Scholars and Scholarly Tradition in Neo-Assyrian Times: A Case Study", in *SAAB*, 3, 1989, pp. 99-105.

[77]LANFRANCHI, *Cimmeri*, pp. 60-61, 72-73.

[78]DIETRICH M., "Neue Quellen zur Geschichte Babyloniens (II)" in *Die Welt des Orients*, 4,2, 1968, p. 235.

[79]LANFRANCHI, "Scholars and Scholarly Tradition", p. 102, n. 6.

DIŠ 30 NU IGI.LAL-*ma us-ka-ru* IGI-*ir*. Ce présage semble faire allusion à une éclipse lunaire. En effet, une simple phase de la lune est un phénomène sans doute trop banal pour être considéré comme un présage. Si la datation des lettres de Bēl-ušēzib par M. Dietrich est correcte, on peut déduire que la date de la prise de Sidon dans les chroniques babyloniennes (la quatrième année du règne d'Assarhaddon) est également juste.

La datation des lettres de Bēl-ušēzib est également confirmée par sa troisième lettre (ABL 1109 = CT 54, 294). Les phénomènes célestes qui y sont décrits ne peuvent être reportés qu'à l'intervalle entre 677 et 675 avant J.-C.[80] Ces phénomènes ne permettent cependant pas de préciser la date des lettres à l'intérieur de cet intervalle.

La lettre CT 54, 22 mentionne en outre un personnage nommé Šumma-iddina qui est désigné dans la description des événements de 675/4 avant J.-C. de la chronique babylonienne par le titre *guennakku*. Le contexte de la lettre prouve qu'au moment de sa rédaction, la personne en question n'occupait pas encore ce poste[81]. Les lettres de Bēl-ušēzib peuvent donc être datées de 677 ou de 675 avant J.-C. La deuxième datation, proposée par M. Dietrich, semble être préférable.

I.M. Diakonoff[82] et plus tard G. Lanfranchi[83] ont supposé que la lettre de Bēl-ušēzib ABL 1237 relate la même campagne contre la Manna que les "annales" d'Assarhaddon. Il semble cependant qu'il s'agisse dans cette lettre d'une autre campagne. En effet, le "prisme" d'Assarhaddon, daté du 22 *aiāru*, c'est-à-dire du début (deuxième mois) de l'année 676/5 avant J.-C., relate déjà la victoire sur les Mannéens et sur les Scythes (II, 20-23)[84]. Cet événement s'est passé de toute évidence peu avant la date indiquée sur le "prisme". Le texte de cette version des "annales" a été rédigé au début de 676/5 avant J.-C., et non antérieurement. En effet, le "prisme" contient la description de presque tous les événements qui se sont passés durant les quatre premières années du règne d'Assarhaddon. La campagne de l'Assyrie contre la Manna et ses alliés scythes dirigés par Išpakā a donc pu avoir lieu durant ces quatre premières années (680/9 - 677/6 avant J.-C.). Cette datation peut probablement être précisée. Lors des fouilles à Tell Ahmar (Til-Barsib) en 1927, on a retrouvé une stèle de basalte noir avec un relief. Ce relief représente Assarhaddon et deux figures agenouillés: le roi de Sidon Abdi-milkutti et le fils de Taharka Ušnahurri[85]. Cette stèle a vraisemblablement été érigée en commémoration de la prise de Sidon, c'est-à-dire probablement en 677/6 avant J.-C. Si cette datation de la stèle est juste, nous pouvons encore

---

[80]LAS 2, p. 420. LANFRANCHI, *Cimmeri*, p. 245, n. 45.

[81]DIETRICH, "Neue Quellen", pp. 235-236.

[82]D'JAKONOV, *Istorija Midii*, p. 264.

[83]LANFRANCHI, *Cimmeri*, pp. 70-83.

[84]HEIDEL, *op. cit.*, pp. 16-17.

[85]THUREAU-DANGIN F., "Tell Ahmar", in *Syria*, 10, 1929, pp. 189-196, pl. XXXVI. THUREAU-DANGIN F., DUNAND M., *Til-Barsib*, Paris, 1936, pp. 151-155, pl. XII. BORGER, *op. cit.*, Mnm B, pp. 32-35.

préciser la date de la victoire sur les Scythes d'Išpakā. En effet, cet événement est décrit dans l'inscription de la stèle de Tell Ahmar. Cette stèle confirme la supposition que la victoire sur les Scythes d'Išpakā et leurs alliés Mannéens et la campagne relatée dans les lettres de Bēl-ušēzib sont des événements différents. En effet, si le premier événement est mentionné dans l'inscription de la stèle érigée en commémoration de la prise de Sidon, il a dû se passer avant cette prise. Or, les lettres de Bēl-ušēzib ont été écrites, comme cela est mentionné expressément dans une de ces lettres, une année après la prise de Sidon. Les deux campagnes contre la Manna (celle des "annales" et celle des lettres de Bēl-ušēzib) sont donc séparées d'un intervalle de deux ans au moins.

Les Assyriens ont donc entrepris contre la Manna deux campagnes séparées par un intervalle relativement faible: entre deux et quatre ans. Il est peu probable que la situation en Manna ait pu sérieusement changer lors de cette période, d'autant plus que la première campagne contre les Mannéens n'a pas été un grand succès. Si cela avait été le cas, Assarhaddon n'aurait pas eu besoin d'entreprendre une nouvelle campagne peu après et sa victoire aurait été décrite plus amplement dans les "annales".

Les alliés des Mannéens lors de la première campagne d'Assarhaddon ont donc été les Scythes dirigés par Išpakā. Ils ne sont cependant même pas mentionnés par la suite, lors du deuxième conflit entre les Assyriens et la Manna. Ce sont les Cimmériens qui sont alors considérés comme les alliés éventuels de la Manna. Nous devons à présent étudier le problème des relations entre les noms *Iškuzāia* et *Gimirrāia* dans les inscriptions akkadiennes. I.M. Diakonoff a supposé que certains textes akkadiens avaient désigné les Scythes authentiques par le nom de Cimmériens encore au VIIe siècle avant J.-C., comme c'était le cas dans les textes des époques néo-babylonienne et achéménide. Il a supposé que c'était avant tout une pratique des textes rédigés en dialecte babylonien. Les auteurs de ces textes sont, selon lui, des ressortissants de la Mésopotamie du sud, région la plus éloignée des contacts directs avec les Cimmériens et les Scythes[86]. Si cette hypothèse était juste, on devrait alors supposer que la lettre de Bēl-ušēzib mentionne en réalité les Scythes et non les Cimmériens. On pourrait donc croire que la menion des prétendus "Cimmériens" aux lignes 13 et 14 (*^{kur}Man-na-a-a* AŠ *pa-ni-ku-nu* GÌR.2-*a-ni ni-ip-ta-ra-su,* "la Manna est à vous, nous nous sommes séparés (d'eux)") est une allusion à des promesses faites après la défaite d'Išpakā. On verra cependant plus tard que l'hypothèse d'I.M. Diakonoff n'est pas suffisamment argumentée et qu'il s'agit ici plutôt d'authentiques Cimmériens, distincts des Scythes pour les Assyriens.

En ce qui concerne la désignation des Cimmériens par le terme NUMUN *hal-qá-ti-i* (ABL 1237: 15), cette dénomination appartient, tout comme le terme *umman-manda,* à un lexique archaïque de style élevé, ce qui a été relevé

---

[86]D'JAKONOV, *Istorija Midii,* p. 265. DIAKONOFF, "The Cimmerians", pp. 118-119.

déjà par H. Güterbock[87] (pour les détails sur ces deux termes, voir le troisième chapitre). Le terme NUMUN *hal-qá-ti-i* se rencontre dans des textes littéraires beaucoup plus anciens comme désignation de troupes barbares agressives (CT 13, pl. 44: III, 8). Il est donc impossible d'interpréter ce terme comme une allusion à la légende hérodotéenne de la fuite des Cimmériens chassés par les Scythes de leur pays[88]. La traduction "la semence des fugitifs" est également inexacte. Les termes "destructeurs, barbares" rendent mieux l'idée qu'exprime cette dénomination (voir ci-dessous).

La campagne assyrienne contre la Manna, décrite dans les lettres de Bēl-ušēzib, n'a probablement pas abouti à une victoire décisive, tout comme les actions relatées dans les "annales". La Manna continue à être mentionnée dans les textes rédigés après 675 avant J.-C. comme une ennemie de l'Assyrie. La mention des Cimmériens dans les mêmes textes implique qu'ils restaient les alliés des Mannéens[89].

La majorité des demandes à l'oracle de Shamash relate également les activités d'un groupe des Cimmériens qui était localisé dans la région de la Manna et de la Médie. La plupart des textes de ce groupe date de la deuxième moitié du règne d'Assarhaddon, bien qu'il y ait un certain nombre de demandes de l'époque d'Assourbanipal. Il est souvent très difficile de distinguer chronologiquement les textes de ces deux groupes. Il semble donc convenable d'analyser ici tous les textes concernant le groupe oriental des Cimmériens, bien qu'une partie de ces textes date de l'époque d'Assourbanipal.

2.9 Un grand groupe de demandes à l'oracle de Shamash est lié aux actions hostiles entreprises contre l'Assyrie par un personnage nommé Kaštaritu, qui est souvent désigné comme "gouverneur de la ville de Kār-kaššî (^{lú}EN.URU *šá* ^{uru}*Kar-kaš-ši-i*). L'identité de ce nom avec le nom iranien *Xšaθrita* mentionné dans l'inscription de Béhistoun est évidente et reconnue par tout le monde. On propose souvent d'identifier *Kaštariti/Xšaθrita* au roi mède Φραόρτης (le *Fravartiš* de l'inscription de Béhistoun) bien connu de la tradition antique (par exemple, Hdt., I, 73, 102-

---

[87]GÜTERBOCK H.G., "Die historische Tradition und ihre literarische Gestaltung bei Babyloniern und Hethitern bis 1200", in *ZA*, 42, 1934, p. 73, n. 4.

[88]D'JAKONOV, *Istorija Midii*, p. 264, n. 3.

[89]L'hypothèse de G. Lanfranchi, selon laquelle les Cimmériens en Manna étaient des détachements rebelles de l'armée assyrienne (LANFRANCHI, *Cimmeri*, pp. 82-83) est peu convaincante. Les Cimmériens sont mentionnés dans les demandes à l'oracle de Shamash à côté des Scythes, Mèdes et Mannéens qui ne faisaient sûrement pas leur service dans l'armée assyrienne. Le contexte des lettres de Bēl-ušēzib ne permet pas de tirer une conclusion semblable. En outre, presque tous les textes akkadiens considèrent les Cimmériens comme un ennemi extérieur. Le seul texte faisant mention d'un "détachement cimmérien" est un contrat de vente de potager daté de 679 avant J.-C. Cet unique témoignage n'est pas suffisant pour confirmer la thèse suivant laquelle tous les Cimmériens étaient sous le contrôle des Assyriens et il va à l'encontre des données de tous les autres textes.

103). Pendant longtemps, cette identification a été largement admise[90]. On a cependant formulé par la suite d'importantes objections contre cette hypothèse, et elle ne peut plus être considérée comme un fait prouvé[91]. En effet, cette hypothèse n'est fondée que sur le récit de l'inscription de Béhistoun, selon lequel un imposteur nommé Fravartiš s'est proclamé le roi *Xšaθrita* de la dynastie de Cyaxare (*Huvaxšθra*). Ce fait n'est pas suffisant, à notre sens, pour prouver l'identité du Phraorte de la tradition antique avec Kaštaritu, gouverneur de la ville de Kār-kaššî, qui a vécu presque deux siècles avant l'époque de Darius.

La datation précise de la révolte de Kaštaritu n'est pas tout à fait claire. I.M. Diakonoff, en datant la guerre assyro-mannéenne de 674 avant J.-C., a supposé que la révolte a eu lieu après cette guerre. Il a reporté le début de l'insurrection de Kaštaritu à l'époque du nouvel an assyrien, c'est-à-dire à mars ou avril de 673 avant J.-C.[92] Il y a eu cependant, comme nous l'avons vu, plusieurs conflits assyro-mannéens. Ces conflits ont eu lieu aussi bien avant qu'après 674 avant J.-C. Ils ne peuvent donc être utilisés pour la datation de l'insurrection mède. L'hypothèse d'I.M. Diakonoff, selon laquelle cette insurrection est décrite dans les "annales" d'Assarhaddon comme la victoire sur les pays de Barnaku, de Til-Assuri et de Mehranu, doit être rejetée. En effet, cette victoire est déjà décrite dans la version des "annales" de 676 avant J.-C.[93] Elle doit donc être datée de 677/6 avant J.-C. au plus tard.

J. Aro a supposé que l'insurrection mède devait être reportée à une époque antérieure à 672 avant J.-C. Le fondement principal de cette hypothèse est l'observation selon laquelle il n'y a pas, parmi les demandes la mentionnant, de textes en écriture néo-assyrienne et qu'elles sont toutes en écriture néo-babylonienne[94]. Cet argument ne semble cependant pas suffisant. La demande SAA 4, 62 liée à l'insurrection mède est écrite de plus en écriture néo-assyrienne. L'observation de J. Aro n'est donc pas tout à fait exacte.

Il semble que l'argument décisif dans la discussion de la date de l'insurrection mède soit le traité conclu au mois d'*aiāru* (deuxième mois, avril - mai) 672 avant J.-C. entre le roi assyrien et son héritier d'une part et leurs

---

[90]PRAŠEK J., *Geschichte der Meder und Perser bis zur Makedonischen Eroberung*, vol. I, Gotha, 1906, p. 140. KÖNIG F.W., *Älteste Geschichte der Meder und Perser*, Leipzig, 1934, p. 29. CAMERON G., *History of Early Iran*, Chicago, 1936, pp. 177-178. GHIRSHMAN R., *L'Iran des origines à l'Islam*, Paris, 1951, p. 82. D'JAKONOV, *Istorija Midii*, pp. 275-276, etc.

[91]LABAT R., "Kaštariti, Phraorte et les débuts de l'histoire mède", in *JA*, 249, 1961, pp. 1-12. HELM P.R., "Herodotus' Medikos Logos and Median History" in *Iran*, 19, 1981, pp. 85-90.

[92]D'JAKONOV, *Istorija Midii*, pp. 266-267.

[93]HEIDEL, *op. cit.*, II, 16-19.

[94]ARO, *op. cit.*, p. 114. I. STARR (SAA 4, p. LXI) approuve cette hypothèse.

vassaux iraniens d'autre part[95]. Ce traité a été conclu à l'occasion de l'élévation d'Assourbanipal à la dignité de prince héritier. Il mentionne des chefs iraniens dont une partie au moins a participé à l'insurrection de Kaštaritu[96]. Pour autant que nous puissions en juger, l'insurrection de Kaštaritu a réussi et a abouti à la libération de ses possessions et des possessions des autres gouverneurs mèdes rebelles à la tutelle de l'Assyrie. Les demandes SAA 4, 56 (AGS 142 +) et SAA 4, 57 (PRT 3 +) confirment cette hypothèse. Elles font état d'un échange de messagers entre Kaštaritu et Assarhaddon. Si ces textes datent de la fin de l'insurrection mède, ils peuvent témoigner du fait que les Assyriens se soient résignés à la perte de leurs possessions en Médie. Ils étaient alors prêts à mener des pourparlers avec les Mèdes rebelles au lieu de les réprimer par la force militaire. On peut donc penser que le traité de vassalité conclu en 672 avant J.-C. témoigne d'une situation précédant l'insurrection de Kaštaritu. Cette insurrection n'a pas pu avoir lieu en 672 avant J.-C., car une partie des demandes qui en font mention (SAA 4, 43, 44, 45, 49, 50, 51, 57) est datée du mois d'*aiāru*, c'est-à-dire du même mois où le traité avec les chefs iraniens a été signé en 672 avant J.-C. La révolte de Kaštaritu peut donc être datée d'une époque comprise entre 671 et 669 avant J.-C., car elle a eu lieu sous le règne d'Assarhaddon[97].

Une partie des demandes en question mentionne les Cimmériens dans l'énumération des ennemis de l'Assyrie à côté de Kaštaritu de Kār-kaššî, de Dusanni de Saparda, des Mèdes et des Mannéens (SAA 4, 43-45, 48, 50). Ces textes parlent d'une menace pour les provinces de la frontière avec la Médie, provinces conquises par les Assyriens à l'époque de Sargon II ou même avant (Kišassu/Kišessu, Karibti, Ṣubara).

Il est possible que la lettre du prince héritier Assourbanipal à son père Assarhaddon (ABL 1026 + CT 53, 226, cf. partie II, N° 12) soit également liée à l'insurrection de Kaštaritu. Le contenu des événements relatés dans cette lettre est obscur, car elle est très abîmée. Assourbanipal informe son père des résultats de l'interrogatoire d'un fonctionnaire assyrien nommé Rahiṣ-dadda. Ce dernier relate ses pourparlers avec un certain Aiazê (*^{m}Ia-ze-e, ^{m}A-a-a-ze-e, ^{m}A-a-ze-e*). On lui pose une question dont le sens n'est pas tout à fait clair. La traduction la plus probable est "Pourquoi as-tu emmené les Cimmériens?" (variante possible: "Pourquoi as-tu écouté les Cimmériens?"). La réponse d'Aiazê est très abîmée, mais il est clair qu'elle commence par la mention de certains ennemis. Si la traduction "Pourquoi as-tu emmené les Cimmériens?" est correcte, il y a deux possibilités d'interprétation de ce texte. On peut supposer qu'il s'agisse d'un groupe de Cimmériens soumis par les

---

[95]Pour la publication des textes, voir: SAA 2, 6.

[96]C'est probablement le cas de Hatarna, gouverneur de la ville de Sikriš (SAA 2, 6, p. 28: 3). Cette ville se trouvait près de Saparda (LIE, *op. cit.*, pp. 16: 99, 18: 110) dont le gouverneur Dusanni était le principal chef, à côté de Kaštaritu, de l'insurrection mède.

[97]L'hypothèse de G. Lanfranchi (LANFRANCHI, *Cimmeri*, p. 105), selon laquelle cette insurrection date de 670 avant J.-C. est possible, mais elle n'est pas prouvée.

Assyriens, ou d'un contingent cimmérien dans le cadre de l'armée assyrienne. Cette interprétation pourrait être confirmée par la mention d'un "détachement cimmérien" dans le texte SAA 6, 204 (voir ci-dessus). Contingent "cimmérien" peut signifier aussi bien un contingent recruté parmi les Cimmériens qu'un contingent armé à la manière cimmérienne. Cependant, le contexte de la lettre permet de supposer qu'il s'agit ici de prisonniers cimmériens faits par les Assyriens ou par leurs alliés. Cette deuxième interprétation semble être la plus probable, car les demandes à l'oracle de Shamash relatant des événements presque contemporains qui se passaient dans la même région mentionnent toujours les Cimmériens comme les ennemis contre lesquels les Assyriens mènent des opérations militaires.

La suite de la lettre d'Assarhaddon se trouve dans le fragment K 4279 qui a été réunifié avec le texte bien connu ABL 1026 par S. Parpola[98]. Le contenu du texte est relativement obscur, mais on y peut distinguer la mention du "fils de *Huvaxšθra*" (DUMU *ᵐÚ-ak-sa-t[a-ar ...]*) et de la ville de *ᵘʳᵘKu-⸢ša⸣-na*. Ces deux mentions permettent de localiser les événements relatés dans la lettre dans la région de la Médie. Le toponyme Kušana peut être identifié avec le nom de la ville Kušianaš mentionné dans les "annales" de Teglath-Phalasar III, dans la description de sa deuxième campagne[99]. Le contexte de ces "annales" prouve que la ville en question se trouvait dans la région du pays de Namri, à l'est du cours moyen de la Diyala[100].

La mention du fils du roi mède Huvakhštra prouve également que les événements en question se passaient en Médie. "Fils de Huvakhštra" désigne probablement Kaštariti. Ce fait pourrait prouver l'identification du chef de l'insurrection mède avec le Phraorte d'Hérodote[101]. En effet, Huvakhštra (*Huvaxšθra: ᵐÚ-ak-sa-ta-ar,* Κυαξάρης)[102] était considéré comme le fondateur de la dynastie royale mède, comme le prouvent les données de l'inscription de Béhistoun. Les prétendants au trône mède, notamment Fravartiš, se proclamaient justement descendants de Huvakhštra. L'insurrection victorieuse de Kaštaritu a probablement abouti à la fondation

---

98 LAS, vol. II, p. 193, n. 331.

99 ROST P., *Die Keilschrifttexte Tiglat-Pilesers III., nach den Papierabklatschen und Originalen des Britischen Museum*, Leipzig, 1893, p. 6: 26-27.

100 LANFRANCHI, *Cimmeri*, p. 87.

101 G. Lanfranchi (LANFRANCHI, *Cimmeri*, p. 97) a proposé d'assimiler l'Uaksatar des inscriptions akkadiennes à Kaštaritu. Cette assimilation est inadmissible du point de vue linguistique. Les noms *Uaksatar* et *Kaštariti* ne peuvent être assimilés, car ce sont les transcriptions akkadiennes de deux noms iraniens absolument différents: *Huvaxšθra* et *Xšaθrita*.

102 Le rapprochement des formes grecque, akkadienne et perse de ce nom a été proposé déjà par G. HÜSING ("Kyaxares", in *OLZ*, 2, 1899, pp. 139-140). Ce rapprochement se fonde sur la mention du nom *ᵐÚ-ak-sa-tar* dans la lettre assyrienne de l'époque de Sargon II Rm 2, 464. Le texte de cette lettre a été publié (en caractères typographiques cunéiformes) par R.F. HARPER ("The Letters of the Rm 2 Collection of the British Museum", in *ZA*, 8, 1893, p. 358-359) et repris plus tard dans l'édition ABL (645).

du royaume mède dirigé par la dynastie de ses descendants. L'hypothèse selon laquelle Kaštaritu serait le fils de Huvakhštra, considéré comme le fondateur de cette dynastie, est donc bien probable. Il est possible que le même Huvakhštra soit mentionné dans la "lettre de Sargon au dieu Assour" (ligne 42: ^{m}*Uk-sa-tar*) parmi les autres gouverneurs mannéens et mèdes qui ont payé le tribut au roi assyrien. Le même personnage est peut-être également mentionné dans la lettre ABL 645 (^{m}*Ú-ak-sa-tar*).

Il est important de rappeler à ce propos qu'Hérodote considérait Cyaxare (Huvakhštra) comme le troisième roi mède et le fils de Phraorte. Diodore de Sicile (II, 32, 2-3) dit cependant que le premier roi mède s'appelait Cyaxare. Ce personnage a donc remplacé le Déjocès d'Hérodote, bien que Diodore commence sa narration de l'histoire mède en déclarant résumer le récit d'Hérodote. Le témoignage de l'inscription de Béhistoun selon laquelle Cyaxare était effectivement considéré comme le fondateur de la dynastie mède prouve qu'il ne s'agit pas d'une simple faute dans le résumé du récit d'Hérodote. Ce témoignage permet de supposer que Diodore possédait, en plus de l'oeuvre d'Hérodote, une autre source qu'il n'a pas nommée. La lettre d'Assourbanipal et l'inscription de Béhistoun permettent de conclure que cette source était mieux informée qu'Hérodote. C'est le père de Kaštaritu (*Xšaθrita*) nommé Huvakhštra (*Huvaxšθra*), qui était considéré dans la tradition iranienne comme le fondateur de la dynastie des rois mèdes. Hérodote, ou sa source, a cependant substitué Déjocès[103] à Cyaxare (*Huvaxšθra*) et Phraorte à Kaštaritu (*Xšaθrita*). Les raisons de cette substitution demeurent cependant obscures.

La lettre d'Assourbanipal, écrite sans doute à l'époque où il était le prince héritier (c'est-à-dire en 672 - 669 avant J.-C.), ne contient aucune indication sur le fait que l'insurrection de Kaštaritu avait alors déjà commencé. La situation semble par contre contrôlée par les Assyriens (voir les lignes 18 et 19: DI-*m[u ...]*, "bien"; *ma-a ha-di-u a-dan-⌜niš⌝*, "ils sont très contents"). Dans les lignes 26-27, il s'agit probablement d'un conflit entre des gouverneurs de villes, mais il n'y a aucune indication sur l'antagonisme entre les Assyriens et les Mèdes. Ceci peut témoigner du fait que la lettre d'Assourbanipal a été écrite avant le commencement de l'insurrection de Kaštaritu. Si cette hypothèse est exacte, la datation de l'insurrection mède dans les années 671 - 669 avant J.-C. reçoit une nouvelle confirmation.

---

[103]On identifie souvent le Déjocès d'Hérodote au gouverneur mannéen de l'époque de Sargon II Daiukku qui a été déporté avec toute sa famille en Syrie en 715 avant J.-C. Cette identification est peu probable, bien qu'elle ne soit pas absolument à exclure. D'importants arguments contre cette identification ont été présentés par E.A. Grantovsky: GRANTOVSKIJ, *op. cit.*, pp. 249-251. Le nom iranien *Dahy(a)uka* est, sans doute, non seulement un nom de personne, mais également un titre signifiant "chef de la région (*dahyu*)". Ce nom était relativement courant dans les milieux iraniens, voir: GRANTOVSKIJ, *op. cit.*, pp. 249-269; cf. aussi les textes de Persépolis: MAYRHOFER, *op. cit.*, pp. 13, 146, 149, 150. Il est possible que la substitution du nom Cyaxare par le nom Déjocès à une certaine étape du développement de la tradition s'explique par le fait que le deuxième nom était primitivement le titre que Cyaxare devait posséder.

La lettre d'Assourbanipal doit être comparée avec le fragment de la lettre ABL 1161 (partie II, N° 15). Le texte de ce fragment dit que les Cimmériens ont été emmenés dans la ville de ^{uru}*Me-in-da-a-a*. Pour autant que nous puissions en juger, cette ville n'est mentionnée nulle part ailleurs. Le texte de cette lettre est complètement abîmé, et nous ne pouvons donc juger ni de la datation des événements décrits, ni de leur localisation. Ce fragment ne peut, à notre sens, fournir une base suffisamment stable pour des hypothèses ultérieures.

Il faut mentionner encore une lettre qui appartient également à la correspondance royale d'Assarhaddon[104]. Le nom de son auteur n'est pas conservé, mais S. Parpola a prouvé qu'il s'agit de Marduk-šākin-šumi[105]. La mention de l'entrée solennelle dans la ville d'Arbela au début de la lettre (ligne 4) permet de la dater avec entière certitude. Cette lettre a été écrite en 670/669 avant J.-C. L'énumération des jours fastes du mois courant, aux lignes Rv. 5-9, permet également d'établir le mois de sa rédaction. Elle a été rédigée au début du mois d'*arahsamna* (huitième mois de l'année)[106]. Bien que la datation de cette lettre soit extrêmement précise, l'information historique qu'elle contient est minime. Les Cimmériens sont mentionnés à la ligne 8, mais le contexte de cette mention est obscur à cause du mauvais état de la tablette. Si la restitution du texte proposée par G. Lanfranchi[107] est correcte, il s'agit ici d'un conflit militaire entre les Assyriens et les Cimmériens, à la suite duquel ces derniers sont obligés de se retirer "dans leur pays". Il n'y a cependant dans ce texte aucune indication concrète sur la localisation de ces événements. La seule conclusion que nous pouvons en tirer est le fait que les Cimmériens étaient considérés en 670/69 avant J.-C. comme des ennemis de l'Assyrie. L'hypothèse de G. Lanfranchi[108], selon laquelle il s'agirait ici d'événements intervenus en Ellipi et de l'insurrection mède, est une simple conjecture. Cette hypothèse est possible, mais elle n'est confirmée par le témoignage d'aucune de nos sources.

2.10 Il est important de noter que les demandes à l'oracle de Shamash concernant l'insurrection de Kaštaritu mentionnent seulement les Cimmériens, alors que le nom des Scythes est inconnu de ce groupe de textes. Ce n'est cependant pas le cas dans un autre groupe de demandes concernant des événements qui se sont passés dans la même région. Il s'agit des textes SAA 4, 35, 36, 39 et 40[109] qui parlent de menaces contre les

---

[104]ABL 1168 = LAS 196 (la partie II, N° 14).

[105]LAS, vol. II, p. 192.

[106]*Ibid.*, pp. 192-193.

[107]LANFRANCHI, *Cimmeri*, pp. 95-96.

[108]*Ibid.*

[109]L'hypothèse selon laquelle ces demandes relatent les mêmes événements que la lettre d'Assourbanipal ABL 1026 + CT 53, 226 (LANFRANCHI, *Cimmeri*, pp. 87-88) est sans fondement. Nous pouvons seulement être sûrs qu'il s'agit ici plus ou moins de la même région, mais ceci ne suffit pas à l'identification de ces événements, car la région en question resta relativement longtemps dangereuse.

provinces assyriennes du Bīt-Hamban et du Parsumaš. Ces provinces, conquises encore à l'époque de Teglath-Phalasar III, se trouvaient dans la région de la Diyala et du Kurdistan contemporain[110]. La demande SAA 4, 35 parle de la menace scythe, les trois autres demandes concernent le danger cimmérien. L'état déplorable de ces textes ne permet pas de savoir avec exactitude si les Scythes et les Cimmériens sont mentionnés simultanément dans les mêmes demandes, bien que la restitution du nom des Scythes à côté de celui des Cimmériens soit ici théoriquement possible.

Nous avons déjà mentionné l'hypothèse d'I.M. Diakonoff, selon laquelle les scribes babyloniens utilisaient le nom des Cimmériens dans un sens élargi. Ce terme aurait désigné, dans leur usage, aussi bien les Cimmériens que les Scythes. Seuls les scribes assyriens auraient toujours distingué ces deux peuples. Si un texte mentionne les Scythes, on peut être sûr, selon cette hypothèse, qu'il s'agit vraiment d'eux, mais si ce même texte mentionne les Cimmériens, il peut faire allusion tout aussi bien aux Scythes qu'aux Cimmériens. Un argument essentiel en faveur de cette hypothèse est la constatation que les Cimmériens et les Scythes ne sont pas mentionnés ensemble dans les demandes à l'oracle de Shamash. Les Cimmériens, toujours suivant cette hypothèse, se trouvaient à l'époque d'Assarhaddon en Asie Mineure, à l'ouest de l'Assyrie, tandis que les Scythes étaient dans la région de la Manna et de la Médie, à l'est de l'Assyrie.

Cette hypothèse ne semble cependant pas être convaincante. En effet, il existe un certain nombre de textes écrits en caractères néo-babyloniens, c'est-à-dire par des scribes de la tradition babylonienne, qui contiennent le nom des Scythes. Nous connaissons quatre demandes de ce groupe (SAA 4, 20, 24, 35, 66), tandis que seules deux demandes écrites en caractères néo-assyriens mentionnent le nom des Scythes (SAA 4, 23 et 71). Le postulat suivant lequel le nom des Scythes est utilisé uniquement ou principalement dans les textes rédigés par les scribes assyriens est donc faux. C'est justement le contraire qui se rapproche des faits. En outre, nous connaissons au moins un texte qui mentionne au coup sûr les Scythes et les Cimmériens ensemble (SAA 4, 24 = AGS 38 + 25). Ce fait permet de restituer les deux ethnonymes l'un à côté de l'autre également dans d'autres textes abîmés. Enfin, nous avons parlé dans le chapitre précédent de l'activité d'un groupe de Cimmériens sur le territoire de la Manna à l'époque de Sargon II. Or, les Scythes n'étaient pas encore présents à cette époque sur les frontières de l'Assyrie. Tous ces faits semblent confirmer l'hypothèse de la présence réelle des Cimmériens dans les régions à l'est de l'Assyrie à côté des Scythes. La majorité des Cimmériens a probablement avancé vers l'ouest, en Asie Mineure, à l'époque d'Assarhaddon, mais un groupe issu de ce peuple est resté dans la région de la Manna. Les Cimmériens de ce dernier groupe ont probablement un peu avancé vers le sud, en Médie. Ceci n'exclut cependant pas le fait que le nom des Cimmériens était mieux connu des Assyriens que celui des Scythes. C'est ce premier nom qui est conservé dans la langue akkadienne de l'époque

---

[110]Pour les détails, voir : GRANTOVSKIJ, *op. cit.*, pp. 107-108, 133-178.

tardive comme la désignation des nomades iraniens, des Saces de l'Asie Centrale et des Scythes de la Russie du sud.

Il est encore important de noter que les demandes concernant le Parsumaš et le Bīt-Hamban parlent des Scythes et des Cimmériens comme des seuls ennemis menaçant ces provinces. Ce fait implique, semble-t-il, la loyauté des Mèdes envers l'Assyrie. On peut donc dater ce groupe de demandes de l'époque précédant l'insurrection de Kaštaritu.

L'autre groupe de demandes à l'oracle de Shamash concerne le tribut de chevaux qui était levé sur le territoire de la Médie. I.M. Diakonoff a supposé que c'était la partie la plus ancienne de tout le corpus des demandes, partie datant de l'époque peu après la campagne contre la Médie. Cette campagne décrite dans les "annales" d'Assarhaddon date, selon lui, de 674 avant J.-C.[111] Il est clair maintenant que cette campagne doit être renvoyée à 677 avant J.-C. au plus tard, car elle est décrite dans le "prisme" rédigé au début de 676 avant J.-C.[112] Les demandes en question énumèrent les adversaires éventuels susceptibles d'empêcher la levée du tribut par les gouverneurs assyriens. Il s'agit des Mannéens, des Mèdes, des Cimmériens et des Scythes (les Cimmériens sont mentionnés dans la demande SAA 4, 65, les Scythes dans les textes SAA 4, 66 et 71). Les textes de ce groupe mentionnent des toponymes localisés dans la Médie occidentale, notamment ceux qui sont nommés par les "annales" dans le liste des régions conquises. Il est fort probable que la rédaction de ce groupe de demandes ait précédé l'insurrection de Kaštaritu, car les "dignitaires" du Bīt-kāri et du Saparda y sont nommés parmi les collecteurs du tribut. Or, le Saparda a été perdu par l'Assyrie à la suite de l'insurrection mède, ainsi que, probablement, ses autres possessions en Médie occidentale. Les demandes concernant le tribut de chevaux peuvent donc être datées de l'époque entre la campagne mède d'Assourbanipal et l'insurrection de Kaštaritu, c'est-à-dire du milieu ou de la deuxième moitié des années 670 avant J.-C.

Les événements en Manna et la participation des Cimmériens à ces événements sont relatés non seulement par les sources analysées ci-dessus, mais également par les demandes à l'oracle de Shamash. Nous connaissons deux demandes qui témoignent de la présence des Scythes et des Cimmériens dans la région de la Manna et du Hubuškia. Le premier de ces textes (SAA 4, 23) nous apprend que les Scythes qui se trouvaient auparavant sur le territoire de la Manna sont venus au Hubuškia, d'où ils menacent le territoire de l'Assyrie. Le deuxième texte (SAA 4, 24) date probablement d'une époque proche. Il parle de l'intention d'Assarhaddon d'envoyer un messager à son vassal, roi du Hubuškia. La demande énumère les ennemis éventuels qui peuvent attaquer ce messager. Il s'agit des Cimmériens, des Scythes, des Mannéens et probablement des Ourartéens. Ce texte mentionne donc les Scythes et les Cimmériens ensemble. Ce fait confirme, comme nous l'avons déjà noté, l'hypothèse selon laquelle les Scythes et les Cimmériens

---

[111] DI'AKONOV, *Istorija Midii*, pp. 261 suivv.

[112] HEIDEL, *op. cit.*, III, 53 - IV, 20.

représentaient deux groupes ethniques différents, distincts pour les Assyriens.

Les événements en Manna sont également relatés dans la lettre de l'astrologue Nabû-iqbi[113]. L'astrologue décrit des phénomènes célestes qu'il a observés et donne leur interprétation. Il exprime la certitude (lignes 11-12) que les Mannéens et les Cimmériens, "tous les ennemis qui [n'ont pas peur] du roi" ([^{lú}KÚR].MEŠ *ma-la la-pa-an* LUGAL *[la pal-hu]*), seront livrés aux mains du roi assyrien par les dieux, comme c'était le cas de l'Égypte et du Kush (^{kur}*Ku-ú-ši u* ^{kur}*Mi-ṣir*). La mention de ce dernier événement donne le *terminus post quem* pour la datation de cette lettre. Grâce aux chroniques babyloniennes (IV, 23-28), nous savons qu'Assarhaddon n'est parvenu à conquérir l'Égypte (ce qui lui a permis de recevoir le titre de roi d'Égypte et du Kush) que dans la dixième année de son règne, c'est-à-dire en 671/0 avant J.-C. La lettre en question a donc été rédigée après cette date. Nous pouvons par conséquent constater que la campagne de 675 avant J.-C. contre la Manna décrite dans les lettres de Bēl-ušēzib, ainsi que la campagne précédente relatée dans les "annales", n'ont pas abouti à la victoire décisive d'Assarhaddon. L'alliance des Cimmériens et des Mannéens dirigée contre l'Assyrie subsistait également après 671 avant J.-C.

Il est plus difficile de trouver un *terminus ante quem* pour la datation de la lettre de Nabû-iqbi. Il est clair que cette lettre a été écrite avant le milieu des années 650 avant J.-C., quand l'Égypte a été définitivement perdue pour l'Assyrie. On pourrait trouver un autre repère dans la campagne victorieuse d'Assourbanipal contre le roi mannéen Ahseri. Le résultat de cette campagne a été l'insurrection pro-assyrienne contre Ahseri. Ualli, qui est devenu le roi de Manna après cette insurrection, s'est complètement soumis aux Assyriens, et son pays n'était désormais plus considéré comme un pays hostile. La campagne contre Ahseri n'est cependant pas datée avec précision. Il est évident qu'elle a eu lieu avant 649 avant J.-C., car sa description est inclue dans la version B des "annales" d'Assourbanipal rédigée à cette époque[114]. Cette campagne s'est cependant déroulée après 660 avant J.-C., car elle n'est pas mentionnée dans la version HT rédigée vers 660 avant J.-C.[115] Il est possible que la même campagne contre la Manna soit relatée dans la demande SAA 4, 269. Ce document très abîmé mentionne dans un contexte obscur les Cimmériens et le roi Ahseri. Si cette demande rapporte en effet la campagne d'Assourbanipal contre Ahseri, la datation de cette campagne peut être précisée. En effet, tout le corpus des demandes à l'oracle de Shamash date probablement de l'époque entre 676 et 657 avant J.-C. La campagne contre Ahseri pourrait donc être datée de 660 - 657 avant J.-C. La demande SAA 4,

---

[113] RMA, N° 22, vol. 1, pl. 5, vol. 2, p. XXXVI,5. Pour le texte, voir la partie II, N° 16.

[114] STRECK, *Assurbanipal*, T. II, pp. 96-99. PIEPKORN A.C., *Historical Prism Inscriptions of Asshurbanipal*, vol. I, Chicago, 1933, pp. 25 suiv

[115] SPALINGER A.J., "Esarhadon and Egypt: An Analysis of the First Invasion of Egypt", in *Orientalia*, 43, 1974, pp. 317-318.

269 est cependant trop abîmée et nous ne pouvons pas être sûr qu'elle relate vraiment cette campagne. Sa datation reste donc obscure.

I.M. Diakonoff a supposé que cette demande devait être attribuée à l'époque précédant la date de la rédaction de la lettre de Bēl-ušēzib[116]. Cette hypothèse se fonde cependant sur la lecture ^{d}EN-*ha-bu-ú šá* ^{kur}*Man-na-a-a* dans la ligne Rv. 4 de la lettre de Bēl-ušēzib. Le premier mot de cette ligne a été interprété comme le nom du roi de Manna Bēl-habû. Ce roi devrait donc être le prédécesseur d'Ahseri sur le trône de la Manna. Les nouvelles collations ont toutefois prouvé l'inexactitude de cette lecture. En effet, le déterminatif du nom propre ne précède pas le déterminatif DINGIR, ce qui rend problématique l'interprétation des signes ^{d}EN-*ha-bu-ú* comme nom de personne. En outre, la désignation des rois par la formule "nom + *ša* + nom du pays" ne se rencontre pas dans les textes akkadiens. Les rois y sont habituellement désignés par l'ethnonyme seul (sans *ša:* "le Mannéen", "l'Ourartéen", etc.), ou comme "le roi de tel ou tel pays". Les auteurs de la nouvelle publication de la lettre de Bēl-ušēzib ont démontré de façon convaincante la lecture [^{d}N]À ^{d}EN *ha-pu-ú šá* ^{kur}*Man-na-a-a [iq-bu-ú$^{?}$] ú-šá-an-nu* ("Nabû et Bēl ont dit et ont répété que la Manna serait anéantie")[117]. Nous ne connaissons donc qu'un seul roi de Manna régnant à cette époque, à savoir Ahseri. Il est tout à fait probable qu'il était roi de Manna non seulement au début du règne d'Assourbanipal, mais également vers 675 avant J.-C., lors de la rédaction de la lettre de Bēl-ušēzib. La date précise de la demande SAA 4, 269 reste donc inconnue. Le *terminus ante quem* pour ce document est déterminé par la mort d'Ahseri dans la première moitié des années 650 avant J.-C. Le *terminus post quem* est déterminé par la datation générale du corpus des demandes à l'oracle de Shamash. Tous les documents de ce type datent d'après 676 avant J.-C. Si l'on suppose que cette demande remonte à la même époque que la lettre de Nabû-iqbi, sa datation peut être précisée, car la lettre en question date d'après 671 avant J.-C. Il est impossible de préciser la date de la demande SAA 4, 269 à l'intérieur de ces limites. Pour autant que nous puissions en juger, les relations entre l'Assyrie et la Manna étaient hostiles et la présence des Cimmériens dans la région est attestée durant toute cette époque.

La lettre de l'astrologue Nabû-iqbi peut donc être datée de l'époque entre 671 et 657 avant J.-C. Il y a cependant des années à l'intérieur de cet intervalle qui ne conviennent pas pour la datation de cette lettre. En effet, l'Égypte s'est révoltée à plusieurs reprises contre les Assyriens, ce qui a provoqué des expéditions punitives répétées dont le but était la reconquête de ce pays. La lettre de Nabû-iqbi n'a pas pu être rédigée durant les périodes où l'Égypte était indépendante, mais seulement après une campagne victorieuse contre les rebelles égyptiens. Ainsi, les Assyriens ont été obligés d'organiser une nouvelle campagne contre l'Égypte en 669/8 avant J.-C., peu après sa conquête. Assarhaddon lui-même est mort lors de cette campagne, et c'est

---

[116] D'JAKONOV, *Istorija Midii*, p. 264.

[117] FALES, LANFRANCHI, *op. cit.*, pp. 18-21, voir la partie II, N° 13.

son fils Assourbanipal qui a terminé cette entreprise. Cette expédition couronnée de succès est décrite dans toutes les versions connues des "annales" d'Assourbanipal (excepté F, IT et H), à partir des rédactions E les plus anciennes (668 - 665 avant J.-C.)[118] La première campagne égyptienne d'Assourbanipal date probablement de 667 avant J.-C.[119] Cependant, l'Égypte se révolte bientôt et se sépare à nouveau de l'Assyrie. Assourbanipal organise la deuxième campagne décrite dans les "annales" à partir de la rédaction HT datée probablement de 664/3 avant J.-C.[120] La lettre de Nabû-iqbi peut donc être datée des années suivantes: 671 - 670, 667 - 665 et 662 - 657 avant J.-C.[121] De toute façon, les relations entree l'Assyrie et la Manna étaient hostiles et les Cimmériens restèrent les alliés des Mannéens durant toute cette période.

Il faut mentionner encore deux demandes, à savoir SAA 4, 79 (AGS 75) et SAA 4, 80 (AGS 23 + 162). Le contenu de ces deux textes est très semblable, et ils ont été longtemps considérés comme deux fragments d'une seule demande (à partir de leur publication dans AGS). Les nouvelles collations publiées dans l'édition SAA 4 ont cependant démontré que ces tablettes avaient une épaisseur différente. Elles ne peuvent donc appartenir à une même demande, malgré la convergence de leurs textes. Il est cependant fort probable que ces deux demandes aient été rédigées à la même époque et qu'elles décrivent les mêmes événements. Ces textes parlent de plans assyriens d'invasion de l'Ellipi, un pays qui se trouvait dans la région de l'actuelle Kermanshah[122]. Les Cimmériens sont mentionnés à côté des "troupes de l'Ellipi" et des Mèdes en tant qu'adversaires éventuels de l'armée assyrienne (le nom des Cimmériens est conservé dans la demande SAA 4, 80 et il est restitué dans la demande SAA 4, 79). La datation de ces deux demandes est déterminée par la mention dans la première d'"Assourbanipal, fils du roi d'Assyrie Assarhaddon" (Rv. 5: ^{m}*Aš-šur*-[DÙ-DU]MU.UŠ DUMU ^{m}*Aš-šur*-ŠEŠ-SUM-*na* [LUGAL ^{kur}*Aš-šur*^{ki}]). I.M. Diakonoff a cependant traduit cette phrase autrement: "Assourbanipal, fils d'Assarhaddon, le roi d'Assyrie". Il a donc reporté la demande en question au règne

---

[118]COGAN, TADMOR, *op. cit.*, p. 84.

[119]GRAYSON A.K., "The Chronology of the Reign of Ashurbanipal", in *ZA*, 70, 1981, pp. 230 suiv.

[120]PARKER H., "The Length of the Reign of Amasis and the Beginning of the Twenty Sixth Dynasty", in *MDAI*, 15, 1957, pp. 209 suiv. KITCHEN K.A., *The Third Intermediate Period in Egypt (1100 - 650 B.C.)*, London, 1973, pp. 391-395. SPALINGER, *op. cit.*, p. 323.

[121]H. Hunger (SAA 8, p. 238) date cette lettre de 666 avant J.-C. en citant l'édition LAS 2. S. Parpola la rapporte cependant à 667 avant J.-C. dans cette même édition. La seule raison de cette datation est la mention dans la lettre de Nabû-iqbi de la conquête de l'Egypte. Cette mention n'est cependant pas suffisante pour la datation précise de cette lettre, bien que les datations proposées par S. Parpola et H. Hunger, comme nous l'avons vu, ne soient pas exclues.

[122]GRANTOVSKIJ, *op. cit.*, pp. 109-110.

d'Assourbanipal[123]. Cette traduction doit être rejetée à cause de la mention dans le texte de l'eunuque en chef Ša-Nabû-šû qui occupait ce poste durant le règne d'Assarhaddon. Ce personnage est souvent mentionné dans les demandes à l'oracle de Shamash de cette époque. Par contre, c'était un autre personnage nommé Nabû-šarru-uṣur (^{md}AG-LUGAL-ŠEŠ) qui était eunuque en chef à l'époque d'Assourbanipal. Il est mentionné à ce titre dans les demandes à l'oracle de Shamash sous le règne d'Assourbanipal[124] (SAA 4, 267: 2, Rv. 7, 271: 10, 292: Rv. 8, 299: Rv. 1). En outre, le patronyme n'est jamais indiqué lorsque le roi est mentionné dans les demandes à l'oracle de Shamash. Il est donc plus que probable que ces deux demandes ont été rédigées à l'époque où Assourbanipal assumait la dignité de prince héritier. Une des charges du prince héritier était sans doute la direction des relations avec les pays à l'est de l'Assyrie. Le *terminus post quem* pour ces textes est donc la date de la désignation officielle d'Assourbanipal comme prince héritier, c'est-à-dire 672 avant J.-C.

Il existe encore un petit fragment de la demande SAA 4, 97 qui mentionne les Cimmériens à côté de l'eunuque en chef Ša-Nabû-šû. Ils sont cependant cités dans l'unique partie conservée de la demande qui contienne des phrases commençant par le mot *ezib* (pour ces phrases et leur rôle dans la structure de la demande, voir ci-dessus). Le texte de ce fragment ne donne aucune information historique. Nous ne savons donc pas quels sont les événements auxquels il est fait référence dans cette demande, ni à quelle époque il faut l'attribuer. En effet, Ša-Nabû-šû a dirigé l'armée assyrienne durant plusieurs campagnes militaires où l'implication des Cimmériens est possible. De fait, l'eunuque en chef a dirigé l'armée assyrienne non seulement lors de la campagne contre l'Ellipi, mais également durant l'expédition au Tabal (voir ci-dessus).

L'hypothèse selon laquelle la campagne contre l'Ellipi remonte à l'époque d'Assarhaddon est également confirmée par le texte d'un oracle reçu par ce roi de la part du dieu Assour[125]. Cet oracle contient la promesse de livrer les Cimmériens aux mains d'Assarhaddon et de "mettre le feu au" pays de l'Ellipi. Il est fort probable que cet oracle soit lié aux mêmes événements relatés dans les demandes SAA 4, 79 et 80. Ces trois textes peuvent donc être datés entre 672 et 669 avant J.-C. Ils témoignent de ce que les Ellipéens, alliés aux Mèdes et aux Cimmériens, étaient hostiles à cette époque à l'Assyrie[126].

---

[123] AVIIU, N° 75, 1.

[124] Ša-Nabû-šû a été l'éponyme de l'année 658 avant J.-C. Il n'était cependant plus à cette époque eunuque en chef (à moins que cet éponyme n'ait été un homonyme du personnage en question): UNGNAD, *op. cit.*, p. 455.

[125] Pour le texte et ces éditions, voir la partie II, N° 11.

[126] G. Lanfranchi (LANFRANCHI, *Cimmeri*, pp. 88-91) suppose que les textes relatant la campagne contre l'Ellipi concernent l'insurrection de Kaštaritu. Il n'argumente cependant pas suffisamment dans ce sens. Son hypothèse selon laquelle ces textes datent de 670 avant J.-C. se fonde sur le fait qu'Assarhaddon a été malade cette année-là. Assourbanipal a été obligé, selon lui, de prendre la décision d'organiser la campagne en Ellipi durant cette

En conclusion, nous pouvons constater que les demandes à l'oracle de Shamash ne confirment en aucun cas l'hypothèse selon laquelle le groupe oriental des Cimmériens n'existait pas en réalité et que c'était les Scythes qui étaient désignés par ce nom. On peut, par contre, affirmer que les Scythes étaient voisins, sur le territoire de la Manna et de la Médie, avec un groupe de Cimmériens installé dans cette région probablement à l'époque de Sargon II. Il y a encore un détail important qui semble confirmer cela: les Scythes ne sont mentionnés nulle part dans les nombreuses demandes concernant l'insurrection de Kaštaritu, tandis que les Cimmériens, au contraire, sont souvent nommés au titre d'alliés des rebelles mèdes. Ce fait ne peut pas être fortuit. Il témoigne probablement du fait que les Scythes n'ont pas pris part à l'insurrection mède, tandis que les Cimmériens ont soutenu les rebelles. L'insurrection de Kaštaritu date, comme nous l'avons relevé, d'une époque postérieure à 672 avant J.-C. De plus, il est intéressant de noter que les Scythes ne sont mentionnés nulle part dans les textes qui datent de cette époque.

Les Scythes ne sont mentionnés à côté des Cimmériens ou d'autres ennemis de l'Assyrie (des Mannéens et des Mèdes) que dans trois groupes de demandes à l'oracle de Shamash. Le premier groupe comprend les textes SAA 4, 23 et 24 concernant la menace contre le Hubuškia (ennemis éventuels: les Scythes, les Cimmériens, les Mannéens et probablement les Ourartéens). Le deuxième inclut les textes SAA 4, 35, 36, 39 et 40 concernant la menace contre le Bīt-Hamban et le Parsumaš (les Scythes y sont mentionnés à côté des Cimmériens). Les textes du troisième groupe (SAA 4, 65, 66 et 71) relatent la collecte du tribut de chevaux sur le territoire de la Médie (ennemis éventuels: les Scythes, les Cimmériens, les Mannéens, les Mèdes). Les textes des deux derniers groupes peuvent être reportés avec certitude, comme nous l'avons constaté, à l'époque précédant l'insurrection de Kaštaritu. La date du premier groupe est inconnue. Les Scythes sont donc mentionnés comme ennemis de l'Assyrie seulement dans les demandes précédant l'insurrection de Kaštaritu, qui a eu lieu en 671 - 669 avant J.-C. Le groupe oriental des Cimmériens resta, par contre, hostile à l'Assyrie durant toute la période de la rédaction des demandes à l'oracle de Shamash. Si cette supposition est correcte, nous pouvons reporter les textes SAA 23 et

---

maladie. Cette constatation ne semble cependant pas être suffisante. Le prince héritier Assourbanipal participait sans doute activement à l'administration de l'Etat. Il pouvait être chargé de la direction de toutes les relations avec les pays orientaux. On peut rappeler à ce propos le rôle important du prince héritier Sennachérib dans la direction des relations avec les voisins orientaux et septentrionaux de l'Assyrie. Il a été chargé, entre autres de la direction de tout le service de renseignement. En outre, Assourbanipal a pu prendre des décisions politiques importantes durant l'absence de son père de l'Assyrie, par exemple lors de sa campagne contre l'Egypte en 671 ou en 668 avant J.-C. Il n'y a aucune preuve que l'eunuque en chef ait participé à ces campagnes avec le roi: il a pu rester en Assyrie pour diriger une campagne simultanée contre un autre pays.

24 à une époque proche de la rédaction des lettres de Bēl-ušēzib relatives à la campagne contre la Manna.

2.11 Il semble que l'explication de la disparition de la mention des Scythes se trouve dans le texte de la demande SAA 4, 20 (PRT 16). Ce texte concerne la demande en mariage d'une fille d'Assarhaddon par le roi scythe Bartatua. Ce roi est probablement identique à Προτοθύης, père du fameux roi scythe Madyès, bien connu de la tradition antique dès l'époque d'Hérodote (I, 103). Le mariage entre le roi scythe et la princesse assyrienne a dû être accompagné, selon cette demande, d'un traité d'alliance entre les Scythes et l'Assyrie. La tablette en question contient non seulement le texte de la demande à l'oracle, mais également la description des résultats de la divination. Les présages trouvés dans les entrailles de la victime sont quelque peu ambigus. Deux signes sont défavorables, alors que tous les autres semblent être favorables. Le résultat de toute la divination a donc dû être considéré comme favorable[127]. Ce résultat a probablement dû influencer positivement la décision d'Assarhaddon de conclure un traité avec les Scythes et de consentir au mariage de sa fille avec leur roi. L'absence de la mention des Scythes comme ennemis dans les textes de la fin du règne d'Assarhaddon et du règne d'Assourbanipal peut donc être expliquée par la supposition que ce mariage ait bel et bien eu lieu et que les Scythes soient restés fidèles au traité conclu avec les Assyriens. Si cette supposition est juste, on peut croire que la demande SAA 4, 20 et le mariage du roi scythe avec la princesse assyrienne datent de l'époque précédant l'insurrection de Kaštaritu. Cette demande a cependant été rédigée plus tard que tous les autres textes de ce groupe mentionnant les Scythes. Le mariage du roi Bartatua a donc eu lieu vers 672 avant J.-C.

Il faut enfin mentionner encore deux demandes à l'oracle de Shamash, à savoir les textes SAA 4, 139 et 144 (AGS 108 et 109). Ce sont des demandes dites à contenu général. Assarhaddon énumère dans les textes de ce type divers courtisans et pays et il demande au dieu si ceux qu'il vient de nommer se révolteront contre lui et s'ils attenteront à sa vie. L'énumération comprend aussi bien des peuples indépendants de l'Assyrie (l'Ourartou, l'Elam) que des pays sujets (Sidon, l'Égypte, etc.). Les Cimmériens sont également inclus dans ces listes, mais la spécificité de ces textes ne permet d'en tirer aucune information nouvelle.

Pour terminer l'analyse des demandes à l'oracle de Shamash, il faut mentionner encore un texte qui date de l'époque d'Assourbanipal (SAA 4, 295). Le texte est très abîmé, mais on peut comprendre qu'il s'agit des messagers envoyés par Assourbanipal aux Cimmériens. Le nom des Cimmériens est cependant restitué plutôt que conservé, car la tablette n'a gardé que le déterminatif et une partie du premier signe de ce nom. Le texte ne mentionne aucun toponyme, et nous ne pouvons donc même pas savoir s'il s'agit du groupe oriental ou occidental des Cimmériens. L'information historique donnée par cette demande est minime.

---

[127]Pour les détails, voir la partie II, N° 20. Cf.: ARO, *op. cit.*, p. 114.

En résumé, nous pouvons constater que les sources de l'époque d'Assarhaddon distinguent deux groupes de Cimmériens. Le premier est localisé près des frontières occidentales de l'Assyrie. Les Cimmériens de ce groupe participent constamment à des actions antiassyriennes aux côtés des Hilakkéens, des Tabaléens et des Mušku. Les Cimmériens étaient alliés aux Mušku (ou à une partie de ce peuple), malgré l'invasion cimmérienne du territoire de la Phrygie et la destruction probable du royaume phrygien. Cette invasion a probablement eu lieu au cours de la première moitié des années 670 avant J.-C., ou peu avant. Les tentatives d'Assarhaddon pour défaire les Cimmériens n'ont pas été couronnées de succès. L'opinion selon laquelle ils auraient été repoussés des frontières de l'Assyrie en 679 avant J.-C. et que par conséquent ils seraient partis en occident est sans fondement. La victoire d'Assarhaddon en 679 avant J.-C. n'a pas eu plus d'importance pour l'anéantissement des Cimmériens que la campagne contre le Hilakku pour la conquête définitive de ce pays. Les Cimmériens et les Hilakkéens sont également considérés comme ennemis de l'Assyrie dans les sources de la deuxième moitié des années 670 avant J.-C.

Le deuxième groupe de Cimmériens a été localisé, par contre, sur les frontières orientales de l'Assyrie. Il n'avait probablement aucun lien avec le groupe occidental. Les Cimmériens orientaux ont joué un rôle important dans les événements en Manna, au Hubuškia, à l'Ellipi et en Médie. Un groupe de Scythes se trouvait dans la même région aux côtés des Cimmériens durant le règne d'Assarhaddon. Les Scythes étaient hostiles à l'Assyrie durant la première moitié des années 670 avant J.-C. Leur roi Išpakā et ses alliés Mannéens ont été défaits par les Assyriens au début de cette décennie. Un autre roi scythe nommé Bartatua (le Προτοθύης des sources antiques), successeur probable d'Išpakā, a cependant demandé en mariage une fille d'Assarhaddon et a promis de conclure un traité d'amitié avec les Assyriens. Cet événement a eu lieu dans la deuxième moitié des années 670 avant J.-C., sans doute vers 672 avant J.-C. Il est fort probable que ce mariage, ainsi que l'alliance militaire qu'en a résulté, ont été conclus. Après cet événement, les Scythes n'étaient plus considérés comme des ennemis de l'Assyrie. Les Cimmériens sont, par contre, restés hostiles à l'Assyrie. Ils prirent part aux actions antiassyriennes des Mannéens et des Mèdes, et apportèrent notamment leur soutien à l'insurrection de Kaštaritu.

3.
LES CIMMÉRIENS À L'ÉPOQUE D'ASSOURBANIPAL. LES INCURSIONS EN LYDIE ET EN IONIE.

La période suivante de l'histoire cimmérienne, qui coïncide avec le règne d'Assourbanipal, est mieux connue que les autres grâce au nombre considérable et à la diversité des sources disponibles. A cette époque, les Cimmériens sont entrés pour la première fois en contact direct avec les Grecs d'Ionie. Il en résulte que les idées concernant les Cimmériens sont devenues plus précises et se sont libérées de la mythologisation homérique. Nous possédons une tradition grecque considérable concernant les événements de cette époque, mais l'authenticité de ces informations est souvent douteuse. Le problème des sources de chaque récit des auteurs classiques et de la véracité des informations dont disposaient ces auteurs sont donc d'une importance primordiale pour l'étude de ces sources. C'est d'autant plus important que les textes akkadiens et les sources grecques présentent souvent des divergences. Les textes akkadiens, assez nombreux, qui ont été écrits presque simultanément aux événements qu'ils décrivent, ont donc la même valeur pour l'histoire de cette période que pour l'histoire des périodes précédentes.

3.1 Les inscriptions royales d'Assourbanipal, souvent nommées les "annales", contiennent les informations les plus importantes sur l'histoire des Cimmériens à cette époque. Ces inscriptions sont connues par plusieurs versions. Chaque nouvelle version était complétée par le récit des événements qui s'étaient déroulés après la rédaction de la version précédente. Parallèlement, la description des événements déjà inclus dans l'ancienne version était aussi transformée selon les exigences de la situation politique. Il est très important de comparer les diverses versions des annales entre elles aussi bien qu'avec les autres sources, avant tout avec les chroniques babyloniennes qui comprennent des indications sur les dates des événements décrits. Grâce à cette comparaison, nous pouvons dater les rédactions des annales et, donc, des événements qui y sont décrits.

Les deux premières versions des annales d'Assourbanipal sont les versions E_1 et E_2[1]. Le *terminus post quem* de ces deux rédactions est déterminé par la mention de la campagne contre le Kirbitu qui date, selon les chroniques babyloniennes, de 668 avant J.-C.[2] La description des événements prend fin dans ces versions avec l'intronisation de Nékao à Saïs. La version suivante des "annales" parle déjà de l'insurrection de Tanoutamon

---

[1]Pour les textes des deux versions, voir: COGAN, TADMOR, *op. cit.*, pp. 66-71. Pour les autres éditions, voir Partie II, N° 42 et 43.

[2]Bab. Chron. IV, 37; Asrh. Chron., 38: GRAYSON A.K., *Assyrian and Babylonian Chronicles*, pp. 86, 127.

et de la prise de Thèbes en 664/3 avant J.-C.[3] Les deux rédactions E n'en parlent pas, ce qui permet de les dater comme antérieures à 664 avant J.-C. La composition de la version E_2 doit donc être datée de 667-664 avant J.-C., et celle de la version E_1 d'au moins une année plus tôt.

Le fragment de la rédaction E_1 que nous possédons ne mentionne ni la Lydie ni les Cimmériens, mais G. Smith déjà a supposé qu'il s'agissait ici de l'ambassade de Gygès auprès d'Assourbanipal dont la description est donnée dans d'autres versions des annales[4]. Cette supposition est devenue plus tard l'*opinio communis*[5]. Les "annales" indiquent spécialement que personne à la cour du roi assyrien ne comprenait la langue lydienne (A.7920, 12-14: *be-el* EME-*šú ul ib-ši-ma* EME-*šu na-ak-rat-ma la i-šim-mu at-mu-šu:* "il n'y avait pas de traducteur de sa langue; sa langue est étrangère, et sa parole est incompréhensible"). Cette ambassade fut évidemment le premier contact entre les deux états, en tout cas au niveau diplomatique (cf. A. 7920, 6-7).

La description de l'ambassade de Gygès est beaucoup mieux conservée dans la rédaction E_2. Selon ce texte, les Cimmériens, un ennemi puissant (B.M. 134454, A, 15: *[lúGi-mi]r-ra-a-a* lúKÚR *ak-ṣu*), ont déferlé sur toute la Lydie (il s'agit peut-être cependant d'une hyperbole, habituelle pour les textes assyriens: BM 134445, C, 1-2, selon la restitution de H. Tadmor et M. Cogan: G[IM ZI.GA-*ut* BUR_5-HÁ] *ka-[tim kurLu-ud-di ka-li-ša]:* "com[me par une invasion de criquets, toute la Lydie a été] cou[verte (par les Cimmériens)"]). Gygès n'avait pas assez de forces armées pour s'y opposer (BM. 134454, A, 14: *[i-ṣu-t]ú e-mu-qi*). Pour recevoir l'aide d'Assourbanipal, il a reconnu sa vassalité envers l'Assyrie et s'est engagé à lui envoyer un tribut annuel (BM. 134455, A, 8-9, BM. 127923, A, 7: *šat-ti-šam [l]a na-par-ka-a na-šá-ku [k]a-bit-tú* GUN).

Mais les "annales" de la rédaction E_2 ne mentionnent pas encore la victoire décisive de Gygès sur les Cimmériens, décrite dans la version suivante. Nous pouvons donc en conclure que cette victoire n'avait pas encore été remportée par Gygès au moment de la composition de la version E_2, ou qu'elle n'était en tout cas pas encore connue d'Assourbanipal. La version E_2 ne mentionne plus que la langue lydienne était incompréhensible, mais décrit par contre d'une manière assez détaillée la situation en Lydie et le songe de Gygès. Nous pouvons donc supposer qu'il y a eu une deuxième ambassade de Gygès en Assyrie entre la composition de la version E_1 et celle de la version E_2. Il semble que les lignes A, 7-11 du fragment BM. 13445 témoignent de l'existence d'ambassades lydiennes répétées: (7)*[ul-tu* UD-*m]e an-ni-i* (8) *šat-*

---

[3]KITCHEN K.A., *The Third Intermediate Period in Egypt (1100 - 650 B.C.)*, London, 1973, pp. 391-395.

[4]SMITH G., *History of Ashurbanipal*, London, 1871, p. 78.

[5]OLMSTEAD A.T., *History of Assyria*, p. 421. KALETSCH H., "Zur Lydische Chronologie", in *Historia*, 7, 1958, p. 31. COGAN, TADMOR, *op. cit.*, p. 68. GELIO R., "La délégation envoyée par Gygès, roi de Lydie. Un cas de propagande politique", in *Assyrian Royal Inscriptions, New Horizons*, Roma, 1981, pp. 204-205; LANFRANCHI, *Cimmeri*, p. 110.

ti-šam [l]a na-par-ka-a (9) *na-šá-ku [k]a-bit-tú* GUN (10) *[ù a]-na ṣi-ir* ^{lú}KÚR.MEŠ-*šú* (11) *[ka-ia-na] a-na-ku la-as-ma-ku* - "[à partir de] ce [jou]r, chaque année, sans interruption, j'apporte un lourd tribut [et] j'attaque [constamment] ses (d'Assourbanipal) ennemis".

Tout cela permet de situer la deuxième ambassade de Gygès vers 666-665 avant J.-C., et quant à la première, une année plus tôt. Les invasions des Cimmériens en Lydie, cause de ces ambassades, qui s'étaient répétées, doivent donc être datées de la fin des années 670 ou du début des années 660.

On a proposé une autre date pour l'ambassade de Gygès: 661 avant J.-C.[6], mais cette date n'est fondée que sur une seule rédaction tardive des annales, sur le fameux "cylindre de Rassam". Les partisans de cette date indiquent que dans ce cylindre la description de l'ambassade se trouve entre la description de la campagne contre l'Égypte (662 avant J.-C.) et celle contre la Manna (660 avant J.-C.), ce qui permet de la dater de 661 avant J.-C. Mais nous savons que l'ordre de la description des événements dans les annales d'Assourbanipal est géographique et non chronologique[7]. Ainsi, dans toutes les rédactions qui relatent la deuxième campagne contre l'Égypte (B, D, C, A), la description de cette expédition se trouve au commencement des annales, juste après la description de la première campagne et avant celle des premières expéditions d'Assourbanipal: en Kirbitu (668 avant J.-C.), à Tyr, en Arvad, en Hilakku et au Tabal. Donc, la datation de l'ambassade de Gygès de 661 avant J.-C. n'est fondée que sur une confusion et contredit les données des sources.

3.2 Les événements ultérieurs sont décrits dans la version suivante des annales, HT. Cette rédaction est connue grâce à deux tablettes (KK.228 + 3081 + 3084 et K.2675) qui appartiennent aux archives de Kouyoundjik (Ninive) et qui contiennent sans doute une copie du texte d'un prisme qui doit se trouver dans les fondements du temple de Sin à Harran[8]. Dans cette rédaction, la description de l'ambassade de Gygès est beaucoup plus laconique, peut-être parce que cet événement avait perdu de son actualité. En outre, le texte s'est standardisé, et il est maintenant rempli d'une phraséologie impériale qui souligne la vassalité de Gygès et la grandeur d'Assourbanipal. Malgré son laconisme, la rédaction HT contient une information nouvelle sur les événements en Lydie. Selon les "annales", Gygès a vaincu et capturé des Cimmériens. Une partie des prisonniers a été envoyée au roi assyrien avec le tribut. La rédaction de cette version date probablement de 660 avant J.-C.

---

[6]Par exemple: STRUVE V.V., "Khronologija VI v. do n.e. v trud'e Gerodota i data pokhoda Darija I na skifov Pričernomor'ja", in *Et'udy po istorii Severnogo Pričernomor'ja, Kavkaza i Srednej Azii*, Léningrad, 1968, p. 88. SOLOV'JOVA S.S., "Lidija pri Gigese i jego vzaimootnošenija s Assirijej", in *Drevnij Vostok*, 1, Moscou, 1975, p. 256.

[7]OLMSTEAD A.T., *Assyrian Historiography*, Columbia, 1918, pp. 53-59. GRAYSON, "The Chronology of the Reign of Ashurbanipal", pp. 228-229.

[8]SMITH G., *op. cit.*, pp. 73-76. SMITH S.A., *Die Keilschrifttexte Asurbanipals, Königs von Assyrien*, vol. III, Leipzig, 1889, pp. 124-125. STRECK, *Assurbanipal*, partie 1, pp. XXXII-XXXIII, partie 2, pp. 166-169. BAUER Th., *Die Inschriftenwerk Assurbanipals, vervolständigt une neu bearbeitet*, Leipzig, 1933, pp. 33 suiv., cf.: Partie II, N° 44.

environ[9], mais la victoire de Gygès étant le prolongement direct des événements décrits dans la version E_2, elle ne doit pas être séparée de ces événements par un temps très long. Nous pouvons donc conclure que Gygès a vaincu les Cimmériens vers 665 avant J.-C., et pas plus tard que 660 avant J.-C.

Il faut encore mentionner à ce propos un fragment d'une lettre concernant les Cimmériens, à savoir le texte CT 53, 944 (voir partie II, N° 51). Le texte est tellement abîmé qu'il est très difficile d'en juger le contenu. La deuxième ligne mentionne la ville de Babylone, et la troisième contient le nom du roi Assourbanipal accompagné du titre *šar kiššati*. Plus loin, les Cimmériens sont mentionnés, et les lignes 5-6 contiennent, semble-t-il, une énumération des dons ou du tribut reçus par les Assyriens. G. Lanfranchi[10] suppose qu'il s'agit là de la réception des dons de l'ambassade de Gygès ou du tribut de ce dernier. Cette supposition n'est pas à exclure, mais nous n'en avons aucune confirmation. Elle n'est donc qu'une hypothèse gratuite qui ne peut servir de fondement suffisamment stable à d'autres suppositions.

Les événements suivants sont décrits dans une lettre d'un astrologue assyrien réputé, Akkullanu, au roi Assourbanipal[11]. A notre avis, on n'a pas prêté à cette lettre l'attention nécessaire, peut-être parce que ses deux fragments n'ont été réunis par S. Parpola que récemment. La lettre contient des prédictions faites d'après les phénomènes célestes, empruntées par cet astrologue aux anciens recueils. Ces prédictions anciennes alternent dans la lettre avec leurs commentaires. Ces derniers appartiennent à l'astrologue lui-même. Les prédictions sont écrites en dialecte babylonien avec beaucoup de sumérogrammes, et les commentaires en dialecte assyrien. Les phénomènes célestes mentionnés dans la lettre, l'éclipse partielle du soleil en premier lieu, nous permettent de la dater très exactement: elle a été écrite le 16 ou 17 mai 657 avant J.-C.[12]

L'une des prophéties qui est empruntée au recueil bien connu *Enūma Anu Enlil*[13], dit (9-12): (9) [DIŠ ^{m}]^{ul}*ṣal-bat-a-nu a-na* ^{mul}ŠU.GI TE-*hi* ÁŠ ^{kur}MAR.TU (10) BAL-*tu*$_4$ GÁL-*ma* ŠEŠ ŠEŠ-*šú* GAZ-*ak* (11) É.GAL NUN KAR-*a' ni-ṣir-ti* KUR DIŠ KUR *šá-ni-tim-ma* È (12) [Š]U.NIR KUR HUL.MEŠ LUGAL ŠÚ DINGIR.MEŠ-*šú ana* KÚR-*šú ú-sa-ha-ha-ru-šú:* "[Si] Mars s'approche de Persée, il y aura révolte dans le pays d'Amurru, le frère tuera son frère. Le palais du souverain (*malku*) sera pillé, les trésors du pays seront emportés dans un autre pays. Le signe du pays est défavorable.

---

[9]SPALINGER, *op. cit.*, pp. 317-318.

[10]LANFRANCHI, *Cimmeri*, p. 113.

[11]ABL 679 + 1391. HARTMAN, *op. cit.*, pp. 25-37. LAS, vol. II, pp. 307-311, 375-377, cf.: Partie II, N° 52. Akkullannu est aussi l'auteur d'autres lettres qui datent de 672 - 650 avant J.-C.: ABL 539, RMA 89, 235, 272A, LAS 40, 104, 109, 110+300, 298, 299, 302, voir LAS, vol. II, p. 468, cf.: DHORME E., "Quelques prêtres assyriens d'après leur correspondance", in *RHR*, 116, 1937, pp. 11-17.

[12]HARTMAN, *op. cit.*, pp. 34-37. LAS, vol. II, p. 310.

[13]ACh, Išt 20, LVI, 92-94.

Le roi du monde sera livré par ses dieux à son ennemi". Cette prédiction est commentée ainsi (13-15): (13) HUL *ša* [DIŠ ^{kur}MAR *šu-u-tú* DINGIR.MEŠ-*ka šum-ma kiš-šu-tu*$_4$ (14) *[a]m-mar* ^{kur}*Gim-ra-a-a e-pu-u[š-u-n]i Aš-šur* DINGIR-*ka* (15) *la i-na-áš-šá-an-ni a-na* LUGAL EN-*iá l[a id-da]n-u-ni:* "C'est un mauvais présage pour le pays d'Amurru. Tes dieux (et) Assour, ton dieu, enlèveront sûrement la puissance acquise par les Cimmériens, si grande qu'elle soit, et la donneront au roi, mon seigneur".

Les lignes Rv. 12-13 contiennent une autre prophétie qui parle également des malheurs du pays d'Amurru: [DIŠ ^{d}30 AŠ] ITI.SIG$_4$ UD-30-KÁM IGI LÁ *[ṭuh]-du* MAR.TU^{ki} *ah-la-mu-u* KÚ: "[Si au] mois de *simānu* [la lune] apparaît (pour la première fois) au 30ème jour (d'*aiāru*), les *ahlamû* mangeront la richesse du pays d'Amurru"[14]. Le mot *ahlamû* (peut-être, lié au mot arabe**aġlām: "Jungmannschaft"*) désigne habituellement les Araméens[15]. Le commentaire de cette prophétie est presque le même que celui de la première: Akkullanu promet également que les dieux livreront les ennemis entre les mains d'Assourbanipal. Le nom *Amurru* mentionné par Akkullanu (sumer. ^{kur}MAR.(TU) ou MAR.TU^{ki}) est un des exemples de l'archaïsation consciente très caractéristique de la littérature prophétique babylonienne. Les astrologues akkadiens employaient habituellement des toponymes anciens qui n'étaient plus en vigueur à leur époque depuis longtemps[16].

La compréhension de ce texte dépend de l'interprétation de ce toponyme, car le roi d'Amurru est certainement identifié ici avec le roi des Cimmériens. L. Hartman et A. Spalinger supposent que le nom *Amurru* désignait dans cette lettre la Lydie[17], mais cette hypothèse ne semble guère convaincante. Il n'y a aucune preuve que les Cimmériens aient controlé la Lydie en 657 avant J.-C. On a vu par contre que Gygès avait réussi à les défaire peu avant cette année-là et qu'il s'était donc momentanément protégé contre leurs incursions. Le nom *Amurru* désigne le plus souvent, à l'époque tardive, la Syrie ou la Palestine[18]. Ce fait a permis à S. Parpola d'identifier l'*Amurru* de cette lettre à la Syrie[19]. Le terme *Amurru* a cependant un sens beaucoup plus large. Il pouvait désigner, dans les textes astrologiques, comme le témoigne une lettre de l'astrologue Mār-Ištar[20], les "Hittites" (les royaumes de l'Asie Mineure), les Arabes, le Tabal ou même l'Ethiopie. Le terme *Amurru* peut donc

---

[14]La citation d'*Enūma Anu Enlil* : ACh 2 Spl, 13a, 13.

[15]KUPPER J.-R., *Les nomades en Mésopotamie au temps des rois de Mari,* Paris, 1957, pp. 104 suiv. AHw, vol. I, p. 21.

[16]D'JAKONOV I.M., "Poslednije gody urartskogo gosudarstva po assiro-vavilonskim istočnikam", in *Vestnik drevnej istorii,* 1951, N° 2, p. 35.

[17]HARTMAN, *op. cit.,* p. 29. SPALINGER A.J., "The Date of the Death of Gyges and its Historical Implications", in *JAOS,* 98, 1978, p. 403.

[18]HONIGMANN, "Amurru", in *RLA,* vol. I, 2, 1929, p. 100.

[19]LAS, vol. II, p. 308.

[20]LAS 279: 21 - Rv. 2; Rv. 6-8.

désigner dans cette lettre n'importe quel territoire de l'Asie Mineure, de la Syrie ou de la Palestine.

Le contexte de cette lettre témoigne cependant du fait que les Cimmériens non seulement possédaient un territoire en Asie Mineure, mais qu'ils étaient également considérés en 657 avant J.-C. comme une principales des forces politiques de la région (la mention de la *kiššūtu* des Cimmériens). Ils menaçaient l'Assyrie, et cette menace inquiétait sérieusement son roi.

Il est très intéressant de constater que le roi des Cimmériens porte dans cette lettre le titre de *šar kiššati:* "le roi du monde". En même temps, Akkullanu assure Assourbanipal qu'il obtiendra tout de même la grande puissance (*kiššutu*) dont le roi cimmérien est actuellement le possesseur. Il faut noter à ce propos que selon des notions mésopotamiennes, il ne pouvait exister dans le monde qu'un unique *šar kiššati* et que ce titre ne pouvait pas appartenir à deux rois simultanément. Il s'agit donc d'une situation sans précédent, lorsque le titre de *šar kiššati* est attribué à un roi étranger et non assyrien. Nous ne connaissons pas de cas semblable à l'époque néo-assyrienne, durant laquelle *šar kiššati* est un épithète constant qualifiant le roi assyrien. Le fragment de la lettre CT 53, 944, que nous avons discuté plus haut, date probablement d'une époque assez proche de la rédaction de la lettre d'Akkullanu. Ce fragment démontre qu'Assourbanipal portait le même titre au moment de sa rédaction. La lettre d'Akkullanu insiste sur le fait que les Cimmériens se sont emparés de la *kiššūtu* qui devait cependant leur être ensuite enlevée et rendue au roi assyrien. Tout cela pourrait indiquer que les Cimmériens ont réussi à s'emparer d'un territoire que les Assyriens considéraient comme le leur. Cette conquête a dû constituer un tort évident au prestige du roi assyrien. Ce préjudice a cependant été considéré par l'astrologue comme temporaire et passager. La *kiššūtu,* propriété légitime du roi assyrien et temporairement usurpée par les Cimmériens, doit finalement lui être rendue. On peut donc conclure que dans cette lettre le pays d'Amurru désigne une partie des possessions occidentales de l'Assyrie. Cela pourrait être, par exemple, la province de Que, ou même une partie de la Syrie comme S. Parpola l'a supposé. Ces possessions perdues par l'Assyrie étaient contrôlées au moment de la rédaction de la lettre par les Cimmériens.

Le roi cimmérien était donc considéré en 657 avant J.-C. comme un souverain aussi puissant qu'Assourbanipal, ou, du moins, comme un souverain de même rang. Cette conclusion peut sûrement paraître inattendue: elle contient une certaine contradiction avec les notions habituelles de l'idéologie néo-assyrienne, mais nous ne voyons pas d'autre moyen d'expliquer ce texte. G. Lanfranchi en a proposé[21] une autre interprétation. La ligne 12 de la lettre, ainsi que l'original de la prédiction dans le recueil *Enūma Anu Enlil*[22], contient les signes LUGAL ŠÚ. G. Lanfranchi pense qu'ils ne doivent pas être compris comme deux idéogrammes désignant *šar kiššati* ("le roi du monde"), et propose donc de les lire comme un

---

[21]LANFRANCHI, *Cimmeri,* pp. 114, 258, n. 27.

[22]ACh, Išt, Fasc. 7, p. 26: 92-94.

idéogramme et la désignation phonétique du suffixe pronominal, c'est-à-dire comme LUGAL-*šú*, "son roi". Cette interprétation ne peut cependant pas être acceptée, car le mot *mātu* est du genre féminin, et le suffixe dans ce cas devrait être *-šā*, et non *-šū*. Cette prédiction est de plus attestée par deux textes, notamment dans le recueil ancien *Enūma Anu Enlil;* une faute fortuite est par conséquent exclue. La lecture *šar kiššati* semble donc être la seule possibilité pour l'interprétation du texte en question.

On peut supposer que les Cimmériens, après s'être heurtés à une résistance de la part de la Lydie, se sont retournés contre l'Assyrie et ont conquis une partie de ses possessions occidentales. Gygès, qui a compris à la suite de ces événements que l'Assyrie ne pourrait plus lui venir en aide, rompt l'union avec Assourbanipal au milieu des années 650 avant J.-C. et se range aux côtés de son ennemi, le roi d'Égypte Psammétique.

Le texte suivant, qui appartient probablement presque à la même époque, est un oracle reçu par Assourbanipal de la déesse Ishtar[23]. Cet oracle mentionne deux événements qui permettent de le dater. A la ligne 14, Ishtar promet de "faire avec les Cimmériens comme avec l'Elam": (*ki-i* ^{kur}ELAM^{ki} ^{kur}*Gi-mir-a-[a e-puš]*). L'oracle a donc été composé peu de temps après une victoire sur l'Elam. Durant le règne d'Assourbanipal, il y eut plusieurs campagnes victorieuses contre l'Elam: en 653, 648 et 647. En outre, en 667 avant J.-C., le roi d'Elam Urtaki a mené une expédition ratée contre l'Assyrie. De même, l'oracle contient des menaces envers l'Égypte (Rv. 5). Cet oracle a donc été rédigé après une grande victoire sur l'Elam et lors d'une insurrection en Égypte, alors hostile à l'Assyrie. Les événements de 667 avant J.-C. ne remplissent pas ces conditions. Le roi d'Elam a attaqué l'Assyrie au moment où Assourbanipal était encore en Égypte[24] et d'où il n'est revenu qu'après l'écrasement de l'insurrection. Selon l'oracle, après la victoire sur l'Elam, les Égyptiens étaient encore hostiles à l'Assyrie, et Assourbanipal se trouvait à ce moment-là dans sa capitale où il reçut le message de la déesse. En outre, la défaite de l'Elam en 667 était peu importante et ne pouvait donc pas être citée comme une victoire exemplaire.

Par contre, la situation décrite par l'oracle correspond bien aux événements de 653 avant J.-C. Durant l'été de cette année (la date est déterminée grâce à l'éclipse lunaire du 13 juillet 653 avant J.-C.)[25], Assourbanipal écrase l'armée de l'Elam et tue le roi Teumman. C'est un

---

[23]STRONG A., "On some Oracles to Esarhaddon and Ashurbanipal", in *Beiträge zur Assyriologie und vergleichenden Semitischen Sprachwissenschaft*, vol. II, Leipzig, 1894, pp. 633-635, 645. CRAIG J.A., *Assyrian and Babylonian Religious Texts being Prayers, Oracles and Hymns*, vol. I, Leipzig, 1895, pl. 26-27. SCHEIL V., "Choix de textes religieux assyriens", in *RHR*, 36, 1897, pp. 206-207. MARTIN F., *Textes religieux assyriens et babyloniens. Transcription, traduction et commentaire*, Paris, 1903, pp. 100-105. JASTROW M., *Die Religion Babyloniens und Assyriens*, vol. II,1, Gießen, 1912, pp. 170-174, cf. Partie II, N° 51.

[24]GRAYSON, "The Chronology of the Reign of Ashurbanipal", pp. 230, 244.

[25]PIEPKORN, *op. cit*, pp. 105-109. GRAYSON, "The Chronology of the Reign of Ashurbanipal", p. 236.

nouveau roi, à la solde de l'Assyrie, qui lui succède (les "annales": A, III, 27-69; B, IV, 87 - V, 2; F, II, 53 - III, 5). Presque en même temps, au milieu des années 650, l'Égypte se libère de l'Assyrie. L'Assyrie n'a plus réussi à s'emparer de l'Égypte et a bientôt dû renoncer à toute tentative visant ce but. Pour autant que nous puissions en juger, Assourbanipal s'est résigné à la perte de l'Égypte vers la fin des années 650. Il est donc peu probable qu'il s'agisse dans l'oracle des événements de 648 ou de 647. En s'appuyant sur ces données, nous pouvons dater l'oracle d'Ishtar aux environs de 653-652 avant J.-C. D'après ce texte, les Cimmériens menaçaient encore l'Assyrie à cette époque. Cette menace inquiétait Assourbanipal qui fut même obligé de consulter à plusieurs reprises les oracles à ce sujet (l. 14: *[ma]-a šá-ni-tú laq-bak-ka:* "je te parle pour la deuxième fois").

3.3 Le texte assyrien suivant qui parle des Cimmériens est la rédaction B des "annales"[26]. Les plus anciens fragments de prismes contenant les textes de cette rédaction sont datés de l'éponymie Ahu-ilāʾī (649 avant J.-C.), ce qui permet de dater toute la rédaction de cette période environ. Le récit de l'ambassade de Gygès ressemble beaucoup à celui de la rédaction HT, mais quelques changements sont évidents. La phraséologie impériale qui soulignait la grandeur d'Assourbanipal et la vassalité de Gygès a diminué. Cette simplification s'explique évidemment par les événements qui se sont déroulés après la composition de la version HT et surtout par la défection de Gygès au milieu des années 650, bien que cet événement ne soit pas mentionné explicitement. Les Cimmériens y sont cependant décrits plus amplement. Au lieu des mots figurant dans la rédaction HT: *lúGi-mir-ra-a-a mu-dal-li-bu-u-ti* KUR-*šu* AŠ *qir-bi tam-ha-ri bal-ṭu-us-su ik-šú-da* ŠU.2-*šu:* "Ses mains (de Gygès) ont pris vivants, pendant la bataille, les Cimmériens qui avaient opprimé son pays.", nous lisons dans la rédaction B: *lúGi-mir-a-a* lúKÚR *ek-ṣu ša la ip-tal-la-hu* AD.MEŠ-*ia ù ia-a-ši la iṣ-ba-tú* GÌR.2 LUGAL-*ti-ia* AŠ TUKUL-*ti* AN.ŠÁR *u* dAMAR.UTU EN.MEŠ-*ia* AZ *gišṣi-iṣ-ṣi šat-qa-ti gišši-ga-ri ú-tam-me-eh-ma:* "Les Cimmériens, un ennemi tenace, qui n'avaient pas craint mes aïeux et moi, n'avaient pas étreint les pieds de ma royauté, il (Gygès) (les) a mis aux fers, aux menottes et aux cangues grâce à l'aide d'Assour et de Marduk". Cette description plus détaillée de la scélératesse des Cimmériens et de leur humiliation s'explique par l'hostilité qu'ils ont montrée envers l'Assyrie dans la période située entre la composition des versions HT et B. En outre, Assourbanipal lui-même n'a sans doute pas réussi à leur infliger une défaite qui méritait d'être mentionnée dans les "annales".

---

[26]SMITH G., *op. cit.*, pp. 68-73. WINCKLER H., *Sammlung von Keilschrifttexte*, vol. III, Leipzig, 1895, pp. 38-48. STRECK, *Assurbanipal*, partie 1, pp. XXI-XXVII, partie 2, pp. 96-99. PIEPKORN, *op. cit.*, pp. 24 suiv. THOMPSON, "A Selection", pp. 103-104, N° 25, fig. 15. Cf.: Partie II, N° 45.

Les deux rédactions suivantes des annales, C(647 avant J.-C.)[27] et F (645 avant J.-C.)[28], reprennent le même récit sur Gygès et les Cimmériens, presque sans changement. La seule modification du texte dans les versions C et F est le remplacement par le nom d'Ishtar du nom de Marduk qui se trouvait dans la version B à côté du nom d'Assour. Cette substitution est peut-être liée à l'insurrection de Šamaš-šumu-ukīn et à la prise de Babylone en 648/7 avant J.-C.[29] L'absence d'informations nouvelles dans ces rédactions des "annales" prouve probablement que la situation n'avait pas tellement changé durant la première moitié des années 640.

Mais déjà la rédaction suivante, A[30], à laquelle appartient le fameux "cylindre de Rassam", contient une information essentiellement nouvelle. Selon ce texte, quelque temps après sa victoire sur les Cimmériens, Gygès a rompu toute relation avec Assourbanipal, il a cessé de vénérer le patron céleste de ce dernier, Assour, et a envoyé ses troupes pour aider le roi égyptien rebelle Psammétique[31] (II, 111-115). Bien que cet événement se soit passé au milieu des années 650 avant J.-C., le récit de la trahison de Gygès n'a été inclus dans les annales que 10 ans plus tard, alors que ce dernier avait déjà été tué et que sa félonie impunie ne pouvait plus jeter de doute sur la puissance d'Assourbanipal et de ses dieux. Cette issue, juste du point de vue d'Assourbanipal, lui a permis d'amplifier à nouveau le récit laconique des rédactions B, C et F de l'ambassade de Gygès. De même, le récit de la victoire de Gygès sur les Cimmériens, d'après lequel des prisonniers avaient été envoyés à Assourbanipal, devint encore plus étendu. La rédaction A mentionne que les Lydiens firent prisonniers un certain nombre de "chefs de villes" cimmériens, *bēl ālāni* (^{lú}EN.URU.MEŠ), et que deux d'entre eux furent envoyés à Assourbanipal avec le tribut habituel. La signification de ce terme n'est pas tout à fait claire. Le mot akkadien *ālu* ne signifie pas précisément "ville" et peut désigner une agglomération de n'importe quelle

[27] BAUER, *Die Inschriftenwerk Assurbanipals*, pp. 13-24. KNUDSEN E.E., "Fragments of Historical Texts from Nimrud, II", in *Iraq*, 29, 1967, pp. 46-69; la date: TADMOR H., "Tri poslednikh des'atiletija Assirii", in *Trudy XXV Meždunarodnogo kongressa vostokovedov*, vol. I, Moscou, 1962, p. 240. Cf.: Partie II, N° 45.

[28] BAUER, *Die Inschriftenwerk Assurbanipals*, pp. 3-8 (attribué à la version A). AYNARD J.-M., *Le prisme du Louvre AO 19.939*, Paris, 1957. Cf.: Partie II, N° 45.

[29] Cf.: LANFRANCHI, *Cimmeri*, p. 257, n. 13.

[30] SMITH G., *op. cit.*, p. 3 suiv. IDEM, *Assyrian Discoveries. An Account of Explorations and Discoveries on the Site of Nineveh during 1873 and 1874*. New York, 1875, pp. 318-376. SMITH S.A., *Die Keilschrifttexte Asurbanipals*, vol. 1, Leipzig, 1887. WINCKLER, *Sammlung*, pp. 1-37. SCHRADER E., *Keilschriftliche Bibliothek. Sammlung von assyrischen und babylonischen Texten in Umschrift und Übersetzung*, vol. II, Berlin, 1890, pp. 152 suiv. STRECK, *Assurbanipal*, partie 1, pp. XVII-XXI, partie 2, pp. 20-23, cf. partie II, N° 46.

[31] Dans le texte du "cylindre de Rassam" (Rm 1) ce nom est écrit *Ti-ša-mì-il-ki*. Dans le texte parallèle du "prisme A" (K 8537), on trouve la forme habituelle *Pi-ša-mì-il-ki*, plus proche de l'égypt. Psmṯk et du grec Ψαμμήτιχος. Il s'agit évidemment d'une faute du scribe du "cylindre de Rassam".

grandeur - fortifiée, y compris une simple forteresse - ou non, mais toujours sédentaire[32]. La désignation *bēl āli* n'était pas employée simplement pour des dignitaires ou des généraux (il existait pour cela des termes moins précis *rabūti, rab kiṣri,* etc.). Il semble que le terme *bēl āli* n'ait pas été utilisé dans un sens élargi[33]. La traduction de "chef de ville, ou de localité" n'est donc pas conventionnelle et décrit assez précisément le statut des prisonniers cimmériens. Les Cimmériens avaient donc à cette époque des habitats sédentaires en Asie Mineure, ou alors ils nommaient des gouverneurs dans les villes envahies. Si cette supposition est juste, nous pouvons conclure que la domination cimmérienne en Asie ne fut pas toujours une ἐξ ἐπιδρομῆς ἁρπαγή, comme Hérodote la décrit (I, 6,3).

Selon les "annales" de la rédaction A, quelque temps après la trahison de Gygès, les Cimmériens ont tué le roi lydien et ont dévasté tout son pays (II, 120: *is-pu-nu gi-mir* KUR-*šu*). Le fils de Gygès, devenu roi après sa mort, a été obligé de demander l'aide d'Assourbanipal et de se reconnaître comme son vassal. Selon la tradition grecque, le nom du nouveau roi était Ἄρδυς, mais les sources assyriennes ne le nomment pas directement. Il est toutefois fort probable que la rédaction A des "annales" contienne son nom de manière implicite. A la ligne II, 125 du "cylindre de Rassam": *ia-a-ti* ARAD *pa-lih-ka kur-ban-ni-i-ma la-šú-ṭa ap-ša-an-ka:* "bénis-moi, esclave qui te craint, et que je traîne ton joug", A. Dávid[34] a supposé que l'idéogramme ARAD (sans le suffixe *-ka,* habituel dans les contextes de ce type) devait être compris non comme *ardu/urdu,* "esclave", mais comme le nom du roi lydien *Ardu.* Cette supposition ne semble guère convaincante, mais le calembour volontaire est ici tout à fait probable[35].

La mort de Gygès est l'une des dates de référence pour l'histoire de toute l'Asie Mineure et de la Mésopotamie, surtout dans la tradition classique. Il y a déjà plus de cent ans que H. Gelzer a daté cet événement de 652 avant J.-C. en s'appuyant sur les données des "Chroniques" d'Eusèbe et du "cylindre de Rassam" qui venait d'être publié[36]. Cette date a été longtemps admise par la plupart des spécialistes[37]. Cependant, V.V. Strouvé et quelques auteurs après lui ont préféré une autre date, 654 avant J.-C., en s'appuyant sur les sources

---

[32]CAD, vol. I, pp. 1, 379-388.

[33]*Ibid.*, pp. 388-389.

[34]DÁVID A., "Le fils de Gygès", in *Oriens antiquus. A Magyar keleti Társaság Kiadványai. Acta Societatis Hungaricae Orientalis,* 5-12, Budapest, 1945, p. 158.

[35]Cf. AVIIU, N° 72, n. 9.

[36]GELZER, "Das Zeitalter des Gyges", pp. 230 suiv.

[37]RADET G., *La Lydie et le monde grec aux temps des Mermnades (687-546),* Paris, 1893, pp. 179 suiv. LEHMANN-HAUPT, "Kimmerier", p. 415. OLMSTEAD, *History,* pp. 422 suiv. KALETSCH,*op. cit.,* p. 30; BOUZEK J., "Les Cimmériens en Anatolie", in *Modes de contacts et processus de transformation dans les sociétés anciennes,* Pise - Rome, 1983, pp. 147-148 etc.

assyriennes[38]. Mais leur date se fondait sur une fausse datation de ces documents. L'hymne à Marduk, par exemple, qui a été daté par V. Strouvé de 652 avant J.-C., a été écrit après 639 avant J.-C.[39] Comme nous l'avons vu, lors de la composition de la rédaction F des "annales" (645 avant J.-C.), Assourbanipal ignorait encore la mort de Gygès. La description de cet événement important pour l'Assyrie n'a été incluse dans les annales qu'en 643/2, pendant la composition de la nouvelle rédaction A[40]. La mort de Gygès et la dévastation de la Lydie doivent donc être datées de 644 avant J.-C. environ[41].

La date traditionnelle de la mort de Gygès doit être rejetée, comme nous l'avons vu. De même, il faut réfuter la supposition répandue qui veut que le meurtre de Gygès soit le résultat des machinations d'Assourbanipal désirant se venger de sa trahison. Si cette supposition était juste, le châtiment serait alors survenu plus de dix ans après le crime. En outre, les Cimmériens représentaient, durant les années 650-640 avant J.-C. justement, une force indépendante et, de plus, ils étaient hostiles à l'Assyrie. Assourbanipal ne contrôlait pas du tout les Cimmériens mais, par contre, il devait les craindre.

3.4 Les témoignages concernant les invasions des Cimmériens sur le territoire de la Lydie sont conservés également dans des oeuvres d'auteurs classiques. Ceux-ci parlent aussi de leurs attaques contre des villes grecques d'Ionie, attaques inconnues des sources assyriennes. Le plus ancien récit de ces événements que nous connaissions appartient à Hérodote. En relatant brièvement l'histoire de la Lydie, il dit que Sardes a été prise par les Cimmériens (I, 15). Dans cette partie de son oeuvre, Hérodote donne une sèche énumération des rois lydiens appartenant à la dynastie des Mermnades et indique la durée et les principaux événements de leurs règnes. Les matériaux de ces chapitres sont sans doute empruntés à une source écrite, non orale ni folklorique[42]. "L'Histoire" d'Hérodote a été précédée d'une prose ionienne assez riche, mais nous n'avons conservé que de misérables fragments des oeuvres de ces auteurs. Nous ne pouvons même pas être sûrs de connaître les noms de tous les logographes. C'est pourquoi il ne semble pas possible d'identifier avec certitude la source des informations sur la chronologie et l'histoire de la Lydie utilisée par Hérodote. Nous pouvons cependant constater que cette source connaissait déjà la tradition de la prise de Sardes par les Cimmériens. Bien que les sources assyriennes ne mentionnent pas explicitement la chute de Sardes, il est très probable que cet événement ait

---

[38]STRUVE, "Khronologija VI v. do n.e.", pp. 90-91; D'JAKONOV, *Istorija Midii*, p. 284. SOLOV'JOVA, *op. cit.*, p. 251.

[39]TADMOR, "Tri poslednikh des'atiletija Assirii", p. 241.

[40]Pour les dates voir: *Ibid.*, pp. 240-241. Cf.: COGAN, TADMOR, *op. cit.*, pp. 78-79, nn. 25, 84.

[41]MAZETTI K., "Voprosy lidijskoj khronologii", *Vestnik drevnej istorii*, 1978, N° 2, p. 176. SPALINGER, "The Date", pp. 400-409. GRAYSON, "The Chronology", p. 232.

[42]Voir déjà: SOEDEL P., *De fabellis ad Croesum pertinentibus quaestiones selectae*, Diss., Gottingae, 1911, pp. 58, 64 suiv. Cf.: DREWS R., *The Greek Accounts of Eastern History*, Washington, 1973, pp. 27-28, avec les références.

été lié au meurtre de Gygès. Cette supposition a été faite par H. Gelzer tout de suite après la publication du "cylindre de Rassam" et fut admise par tous les spécialistes.

Hérodote dit néanmoins que Sardes a été prise par les Cimmériens pendant le règne d'Ardys et non pendant celui de son père, Gygès. En outre, le contexte prouve qu'Hérodote ne place pas cet événement au commencement de ce règne.

Pour expliquer cette contradiction, on citait habituellement le témoignage de Callisthène conservé dans l'oeuvre de Strabon (XIII, 4,8; XIV, 1,40)[43]. Selon lui, Sardes a été prise deux fois. On supposait qu'Hérodote parlait de la deuxième prise de Sardes, tandis que la première, qui avait eu lieu à l'époque de Gygès, lui était inconnue. Mais il y a déjà plus d'un siècle que H. Gelzer et E. Rohde ont noté que les versions de l'histoire cimmérienne exposées par Callisthène et Hérodote appartiennent à des traditions différentes et sont incompatibles[44]. Callisthène, comme nous pouvons le conclure d'après le texte de Strabon, se fondait sur l'interprétation des textes des poètes anciens Callinos et Archiloque. Son récit même de la double prise de Sardes n'est qu'une explication du fait que Callinos n'a pas mentionné la destruction de Magnésie (Καλλῖνος μὲν οὖν ὡς εὐτυχούντων ἔτι τῶν Μαγνήτων μέμνηται: Strab., XIV, 1,40), tandis qu'Archiloque connaissait déjà "les malheurs des Magnésiens" (Κλαίω τὰ Θασίων, οὐ τὰ Μαγνήτων κακά: fr. 280 Lass). De ce fait Callisthène a déduit qu'Archiloque était plus jeune que Callinos (ἐξ οὗ καὶ αὐτὸν ('Αρχίλοχον scil.) νεώτερον εἶναι τοῦ Καλλίνου τεκμαίρεσθαι πάρεστιν: Strab., XIV, 1,40, cf. Clem. Alex. *Strom.*, I, 131,7). A la suite, Callisthène en a tiré une autre conclusion: quand Callinos parle d'une incursion des Cimmériens et d'une prise de Sardes, il s'agit d'une autre incursion, plus ancienne que celle dont Archiloque était le contemporain. Sardes a donc été prise deux fois, à l'époque de Callinos et à celle d'Archiloque: telle était la conclusion de Callisthène (ἄλλης δέ τινος ἐφόδου τῶν Κιμμερίων μέμνηται πρεσβυτέρας ὁ Καλλῖνος ἐπὰν φῇ· νῦν δ 'ἐπὶ Κιμμερίων στρατὸς ἔρχεται ὀβριμοεργῶν (fr. 3 Gentili - Prato), ἐν ᾗ τὴν Σάρδεων ἅλωσιν δηλοῖ). Toute la tradition des deux prises successives de Sardes n'est donc fondée que sur les commentaires des vers de Callinos et d'Archiloque, commentaires dont le but principal était d'élucider la chronologie de leurs vies. L'insuffisance de données dans ces vers pour la restitution de la situation historique est bien mise en évidence par un témoignage d'Athénée (XII, 525c): ἀπώλοντο δὲ καὶ Μάγνητες οἱ πρὸς τῷ Μαιάνδρῳ διὰ τὸ πλέον ἀνεθῆναι, ὥς φησι Καλλῖνος ἐν τοῖς ἐλεγείοις καὶ 'Αρχίλοχος· ἑάλωσαν γὰρ ὑπ''Εφεσίων: "et les Magnésiens, qui étaient près du Méandre, ont péri après une longue prospérité, comme Callinos le dit dans ses élégies, ainsi qu'Archiloque. En

---

[43]KALETSCH, *op. cit.*, pp. 35-36, avec les références. Cf.: SPALINGER, "The Date", pp. 405-406.

[44]GELZER, "Das Zeitalter des Gyges", pp. 259-260. ROHDE, *op. cit.*, pp. 97-98, n. 1.

effet, ils furent envahis par les Ephésiens". Un auteur inconnu, source utilisée par Athénée, cite donc les mêmes textes de Callinos et d'Archiloque, et prétend que Magnésie a été détruite par les Ephésiens et non par les Cimmériens. Les auteurs hellénistiques ne possédaient donc pas une tradition certaine de l'histoire ancienne de Magnésie et ne disposaient que de quelques légendes historiques remontant au folklore ainsi que de mentions fortuites dispersées dans les oeuvres des poètes.

La tradition des deux prises de Sardes remonte donc aux constructions savantes de Callisthène et elle n'est entrée dans la littérature grecque qu'après son époque. Hérodote, bien sûr, ne connaissait pas encore la théorie de Callisthène et pensait que les Cimmériens avait pris Sardes une seule fois, pendant le règne d'Ardys. Comme nous pouvons le déduire de son texte, Hérodote (I, 15) reportait l'apparition même des Cimmériens en Asie au règne d'Ardys et pensait que ceux-ci avaient pris Sardes presque immédiatement après leur apparition (ἐπὶ τούτου τυραννεύοντος Σαρδίων Κιμμέριοι ἐξ ἠθέων ὑπὸ Σκυθέων τῶν νομάδων ἐξαναστάντες ἀπίκοντο ἐς τὴν Ἀσίην καὶ Σάρδεις πλὴν τῆς ἀκροπόλιος εἷλον: "quand il (Ardys *scil.*) régnait à Sardes, les Cimmériens, expulsés de chez eux par les Scythes nomades, sont arrivés en Asie et ont pris Sardes, excepté l'acropole"). Hérodote ne connaissait donc aucun conflit entre les Cimmériens et la Lydie avant le règne d'Ardys. La "première" prise de Sardes ne pouvait tout simplement pas exister pour lui parce que les Cimmériens n'étaient apparus en Asie qu'à l'époque de la "deuxième" prise.

La prise de Sardes par les Cimmériens n'a donc eu lieu qu'une seule fois. Ni les sources assyriennes, ni les auteurs grecs avant Callisthène ne parlent de deux prises de Sardes. La supposition de la double prise de Sardes ne correspond pas non plus au contexte historique connu. Pour autant que nous puissions en juger, peu de temps après la mort de Lygdamis en 640 avant J.-C., la puissance des Cimmériens a été réduite et ils n'étaient dès lors plus mentionnés par les sources. Il est peu probable qu'ils aient été capables à cette époque d'infliger une nouvelle défaite à la Lydie.

Comme nous l'avons vu, la prise de Sardes a eu lieu pendant le règne de Gygès. Il faut donc trouver les causes particulières de l'attribution par Hérodote de cet événement au règne d'Ardys. Pour trouver la solution, nous devons examiner les principes généraux de la chronologie d'Hérodote.

Il est clair depuis longtemps que les auteurs classiques, y compris Hérodote et les chronographes tardifs, ne possédaient qu'une chronologie fictive de l'histoire lydienne et, en général, de l'histoire orientale[45]. Les dates

---

[45] JACOBY, *Apollodors Chronik*. SOEDEL, *op. cit.*, pp. 65 suiv. PRAKKEN D., *Studies in Greek Genealogical Chronology*, Lancaster, 1943, pp. 8-48. BURN A.R., "Early Greek Chronology", in *JHS*, 69, 1949, pp. 70-73. STRASBURGER H., "Herodots Zeitrechnung", in *Historia*, 5, 1956, pp. 143 suiv. MITCHEL F., "Herodotos' Use of Genealogical Chronology", in *Phoenix*, 10, 1956, pp. 48-69. KALETSCH, *op. cit.*, pp. 1-47. MILLER M., "Herodotus as Chronographer", in *Klio*, 46, 1965, pp. 109-128. DREWS R., "The Fall of Astyages and Herodotus' Chronology of the Eastern Kingdom",

de l'histoire orientale ont été calculées selon le principe qui fait correspondre à chaque génération, et donc à chaque souverain, ou à toute une dynastie, un certain laps de temps moyen, c'est-à-dire selon la théorie des γενεαί (cf. Hesych., *s.v.* γενεά; Censor. *De die nat.*, 17, 2). Après avoir synchronisé les générations des rois des divers pays orientaux, les auteurs classiques en ont tiré le système général de la chronologie orientale. Les propres calculs chronologiques d'Hérodote se fondaient sur le principe de la correspondance de trois générations à un siècle (II, 141), principe qu'il a été probablement le premier à utiliser[46]. Les plus anciens historiens utilisaient habituellement des γενεαί d'une autre durée, le plus souvent de 25 années[47]. C'est pourquoi nous pouvons supposer que les passages dans lesquels Hérodote s'appuie sur une génération de 25 années sont empruntés à ses prédécesseurs.

On a essayé plusieurs fois de reconstituer le système chronologique d'Hérodote. La tentative la plus réussie semble être celle de R. Drews[48], mais son schéma n'est pas sans faille non plus. R. Drews pense que l'auteur de la source dont Hérodote s'est servi connaissait la durée réelle du règne de Cyrus (24 ans). Cette supposition est très douteuse, car les Grecs ne connaissaient pas la durée des règnes des souverains orientaux avant le Ve siècle avant J.-C., et ils essayaient de les calculer en utilisant divers procédés chronographiques. Si nous supposions tout de même que ce prédécesseur d'Hérodote connaissait la durée du règne de Cyrus, il ne serait alors pas possible d'expliquer pourquoi Hérodote lui aurait emprunté tout son schéma chronologique à l'exception de cette date importante. En effet, il indique directement que Cyrus régna durant 29 ans (I, 214,3). En outre, R. Drews inclut Cyrus dans le schéma symétrique des souverains de la Haute et de la Basse Asie. Cette supposition ne semble pas correcte: selon Hérodote, le règne de Cyrus marqua, au contraire, la fin de l'époque de l'existence séparée des deux parties de l'Asie. Cyrus était pour Hérodote le roi de τὰ πάντα (I, 214,3). Ce statut de Cyrus est confirmé par son appartenance à une génération plus jeune que les rois des deux parties de l'Asie. En effet, il est le petit-fils d'Astyage qui fut le contemporain de Crésus et de son père Alyatte. En outre, le schéma de R. Drews ne prend pas en considération la période d'hégémonie des Scythes, qui devait être incluse dans la chronologie généalogique. R. Drews prétend que le prédécesseur d'Hérodote pensait déjà

---

in *Historia,* 18, 1967, pp. 1-10. IDEM, *The Greek Accounts, passim.* den BOER W., "Herodot und die Systeme der Chronologie", in *Mnemosyne,* 20, 1967, pp. 30-60. Cf.: PIÉRART M., "Les dates de la chute de Troie et de la fondation de Rome: Comput par génération ou compte à rebours?", in *Historia testis. Mélanges d'épigraphie, d'histoire ancienne et de philologie offerts à Tadeusz Zawadzki. Seges,* 7, Fribourg, 1989, pp. 1-20.

[46]PRAKKEN., *op. cit.,* pp. 18-48; MAZETTI., *op. cit.,* pp. 175 suiv. Nous ne pouvons néanmoins pas exclure la possibilité de l'utilisation du même principe chronologique par des auteurs inconnus, plus anciens qu'Hérodote, cf.: VON FRITZ K., *Die griechische Geschichtsschreibung,* vol. I, Anmerkungsband, Berlin, 1967, pp. 178-179.

[47]DREWS, "The Fall", pp. 9-10. MAZETTI, *op. cit.,* p. 175.

[48]DREWS, "The Fall".

que les Mermnades avaient régné durant 170 ans. Mais, comme cela a été démontré il y déjà presque 100 ans[49], ce chiffre a été calculé selon le principe qui fait correspondre un siècle à trois générations et il ne pouvait pas appartenir au système chronologique fondé sur une génération de 25 ans. Enfin, la durée du règne des rois mèdes, 156 ans selon l'interprétation de R. Drews[50] (I, 130,1), qui ne correspond à aucun principe de la chronologie généalogique, reste inexplicable dans le schéma de ce dernier. Les autres tentatives de restituer et d'expliquer la chronologie d'Hérodote sont encore moins satisfaisantes. M. Miller[51], par exemple, essaie d'ajuster les données d'Hérodote à ses propres schémas spéculatifs. Comme résultat, elle suppose qu'Hérodote ait utilisé dans ses calculs simultanément quatre (!) générations de durées différentes. Elle prétend aussi que le principe de la correspondance d'un siècle à trois générations est utilisé par Hérodote pour la première fois dans le deuxième livre et qu'il l'ignorait quand il a écrit le premier.

Comme nous l'avons déjà mentionné, l'une des idées fondamentales d'Hérodote sur l'histoire et la chronologie de l'Asie était la conception du développement parallèle de ses deux parties, la Haute et la Basse Asie[52]. Les dynasties des souverains de ces deux parties de l'Asie étaient, selon Hérodote, également symétriques. Ce schéma symétrique ne doit pas inclure Cyrus qui a réunifié toute l'Asie. Il ne doit pas inclure non plus Ninus, l'aïeul commun des Héraclides lydiens et assyriens. A l'époque de Ninus, la séparation de l'Asie en deux parties dirigées par deux branches de ses descendants, ne pouvait bien sûr pas exister. Le schéma symétrique de la chronologie de l'Asie doit inclure par contre la période de la domination des Scythes et de leur roi Madyès. Ce schéma symétrique, pour autant que nous puissions en juger, était commun à la plupart des logographes du Ve siècle avant J.-C. Les historiens de cette époque connaissaient, en outre, la tradition delphique, selon laquelle les dieux accordèrent aux Mermnades un règne de cinq générations et que, grâce à la protection d'Apollon, Crésus reçut encore trois ans supplémentaires[53]. Si l'on s'appuie sur une génération qui correspond à 25 années, le type de génération le plus répandu avant Hérodote, il est facile de calculer que les Mermnades ont dû régner pendant 5 x 25 + 3 = 128 ans. Les Mermnades, qui sont devenus rois de Basse Asie après les Héraclides lydiens, ont des homologues symétriques qui ont régné en Haute Asie après les Héraclides assyriens. Il s'agit de quatre rois mèdes et d'un roi scythe; ils ont dû régner au total pendant la même période que les

---

49SOEDEL, *op. cit.*, pp. 65 suiv.

50DREWS, "The Fall", pp. 7-8.

51MILLER, *op. cit.*, pp. 109-128.

52Cf.: MILLER, *op. cit.*, pp. 125 suiv. DREWS, "The Fall", pp. 6 suiv.

53Nous possédons au moins deux traditions indépendantes de la transmission de l'oracle delphique à Gygès: celle d'Hérodote et celle qui remonte probablement à Xanthos le Lydien par l'intermédiaire de Nicolas de Damas (FGrHist 90, F 47, 10, cf.: F 68): SOEDEL, *op. cit.*, pp. 65-66. Cf. les données des chronographes chrétiens qui connaissaient l'existence des cinq générations des Mermnades et des trois années supplémentaires de Gygès indépendamment d'Hérodote, cf.: KALETSCH, *op. cit.*, pp. 3-4.

cinq Mermnades, c'est-à-dire 128 ans. De ces 128 années, 100 appartiennent aux rois mèdes et 28 se situent sous la domination scythe, comme l'indique Hérodote (I, 130,1)[54]. Si ce n'est pas le cas, l'origine de ce chiffre qui ne se conforme pas aux systèmes habituels de la chronologie généalogique reste sans explication. De même, Hérodote dit que les Héraclides lydiens à partir d'Agron, fils de Ninus, ont régné pendant 22 générations (I, 7,4). Ce furent les rois assyriens, l'autre branche de la descendance de Ninus, qui régnèrent à cette époque sur la Haute Asie (I, 95,2). Nous pouvons donc reconstituer le système chronologique fondé sur une génération de durée de 25 ans et dont les éléments ont été empruntés par Hérodote à son prédécesseur. Selon cet auteur inconnu, après le roi de toute l'Asie, Ninus, ses descendants (les 22 Héraclides lydiens et les 22 rois assyriens) ont régné en Basse et en Haute Asie. Leurs successeurs furent les cinq Mermnades d'une part, et les 4 rois mèdes et le roi scythe d'autre part. Ces derniers ont régné 128 ans, et ensemble les 27 rois des deux parties de l'Asie 675 ans. Ensuite, Cyrus a réunifié toute l'Asie pour la seconde fois. Donc, le système chronologique de la source d'Hérodote peut être représenté comme suit:

"Basse" Asie		"Haute" Asie
	Ninus	
22 Héraclides lydiens		22 rois assyriens (Héraclides)
5 Mermnades - 128 ans		5 rois (4 rois mèdes: 100 ans + 1 roi scythe: 28 ans) - 128 ans
Au total: 27 rois - 675 ans		Au total: 27 rois - 675 ans
	Cyrus	

L'information d'Hérodote sur la durée totale de la domination des rois mèdes (I, 130,1) est cependant en contradiction avec ses données sur les règnes de chacun d'entre eux (Déjocès - 53 ans I, 102,1; Phraorte - 22 ans: I, 102,2; Cyaxare et les Scythes ensemble - 40 ans: I, 106,3; Astyage - 35 ans: I, 130,1: 150 ans au total). Cette contradiction témoigne de l'emprunt de ces chiffres à une autre source, différente de celle du schéma chronographique précédent. Selon les données de cette source, les cinq souverains de la "Haute" Asie ont régné pendant 150 ans, c'est-à-dire que l'auteur de cette oeuvre s'est basé sur une génération de 30 ans. Les dates des règnes des rois mèdes ne peuvent avoir été calculées par Hérodote lui-même, parce qu'elles contredisent son principe de la correspondance de trois générations à un siècle. La deuxième source d'Hérodote, peut-être du type des *Medika,* ne contenait vraisemblablement pas le schéma symétrique de la chronologie des souverains de toute l'Asie, mais elle devait donner une information plus détaillée sur l'histoire de la Médie. Hérodote, qui a tiré ses données

[54]La phrase d'Hérodote est un peu équivoque à cause de l'emploi du mot πάρεξ ἤ. Il nous semble plus correct de l'interpréter comme le fait le dictionnaire de H.G.Liddell et R.Scott (LSJ, 1334), c'est à dire d'inclure le temps de la domination des Scythes aux 128 ans de la puissance des Mèdes. Plus haut (I, 107,1), Hérodote inclut le temps de la domination des Scythes au règne de Cyaxare. Cf., cependant, l'opinion inverse: DREWS, "The Fall", pp. 7-8.

chronographiques de ces deux schémas incompatibles, n'a même pas tenté de les réconcilier, ce qui est bien caractéristique de toute son oeuvre[55].

Les données d'Hérodote sur la durée du règne des Mermnades lydiens (Gygès - 38 ans: I, 14,4; Ardys - 49 ans: I, 16,1; Sadyatte - 12 ans: I, 16,1; Alyatte - 57 ans: I, 25,1; Crésus - 14 ans: I, 86,1: 170 ans au total) ne correspondent pas non plus aux deux schémas chronologiques mentionnés. Dans ce cas, il s'agit probablement des calculs chronographiques d'Hérodote lui-même. Sans doute connaissait-il bien la tradition delphique, selon laquelle les dieux ont accordé aux Mermnades le temps de 5 générations et 3 années supplémentaires (I, 13; I, 91)[56]. Hérodote a calculé la durée de leur règne en s'appuyant sur le texte de l'oracle qui lui était connu, et sur son principe de correspondance de trois générations à un siècle: 5 x 33,3 + 3 = 170. C'est le seul chiffre qu'il ait obtenu par ses propres calculs; il a emprunté les autres dates de l'histoire mède et lydienne à ses prédécesseurs, en particulier aux deux schémas mentionnés. Le caractère artificiel de ce système chronologique se manifeste aussi dans les tentatives de créer une symétrie entre les rois lydiens et les rois mèdes. Selon les données d'Hérodote empruntées à la deuxièmes source, la durée du règne des rois mèdes est partagée en deux, entre les deux premiers souverains (Déjocès et Phraorte) et les trois derniers (le roi scythe, Cyaxare et Astyage). Chacun des deux groupes a régné durant 2,5 générations, soit 75 ans. Hérodote, dans ses calculs, accorde la même proportion à la chronologie des Mermnades lydiens. En effet, les trois derniers rois ont régné pendant 12 + 57 + 14 = 83 ans, et les deux premiers pendant 38 + 49 - 3 ans supplémentaires = 84 ans, c'est-à-dire 2,5 générations de 33,3 ans.

La première source d'Hérodote, qui était fondée sur une génération de 25 ans et qui contenait le schéma symétrique des souverains des deux parties de l'Asie, parlait du nombre de ces souverains et de la durée totale de leur règne. Mais cette source ne donnait pas d'information sur la durée du règne de chaque souverain. Hérodote a obtenu la durée du règne des Héraclides lydiens sans problème: il lui a suffi pour cela de soustraire la durée du règne des Mermnades (170 ans) de la durée totale du règne des 27 rois lydiens (675 ans). Ce dernier chiffre a été emprunté à la première source. C'est ainsi, qu'Hérodote a obtenu le chiffre de 505 ans qu'il donne dans le texte I, 7,4.

Il est fort probable qu'Hérodote a calculé la durée du règne des rois assyriens, 520 ans (I, 95,2), de la même façon. Il soustrait alors du nombre 675 (la durée du règne de tous les souverains de la "Haute" Asie) le nombre 156 ≈ 155, qui est le résultat de l'addition des 28 ans de la domination scythe aux 128 ans de celle des Mèdes. La source d'Hérodote pouvait dans ce cas contenir une phrase équivoque, peut-être semblable à celle d'Hérodote lui-même (I, 130,1). Cela signifierait qu'Hérodote n'aurait pas bien compris sa source. Cette thèse est le point le plus faible de notre hypothèse parce qu'elle contraint de supposer une faute commise par Hérodote. Cette supposition

---

[55]den BOER, *op. cit.*, pp. 30-60.

[56]Pour le rôle de la source delphique dans l'oeuvre d'Hérodote, voir: OERI A., *De Herodoti fonte Delphico*, Diss., Basileae, 1899, spécialement pour l'histoire de la Lydie: p. 7 suiv.

permet cependant de faire concorder le chiffre en question avec les autres données qui le contredisent de prime abord. Il est également possible qu'Hérodote ait rallongé consciemment la chronologie de la Médie en calculant le temps de la domination des Scythes à deux reprises pour rendre la chronologie mède plus proche de celle de la Lydie.

Hérodote, dans sa chronologie synchronisée des deux parties de l'Asie, se fondait donc au moins sur trois sources. Il s'agit de deux oeuvres d'historiens antérieurs et de ses propres calculs fondés sur la tradition delphique. La chronologie d'Hérodote n'est donc qu'une reconstitution fondée sur des calculs généalogiques, et cette reconstitution ne peut être tout à fait précise.

L'un des motifs de la synchronisation de l'histoire de la Lydie et celle de la Médie était pour Hérodote le besoin de situer dans le temps la prise de Sardes par les Cimmériens. La source d'Hérodote (peut-être folklorique) ne donnait évidemment pas d'informations sur l'appartenance de cet événement au règne d'un roi lydien précis et encore moins de date. Hérodote pensait que les Cimmériens étaient venus en Asie parce qu'ils avaient été chassés de leur pays par les Scythes. En les poursuivant, ces derniers étaient également venus en Asie (I, 15; 103-105; IV, 11-12). Hérodote pensait donc que l'invasion des Cimmériens en "Basse" Asie avait été presque simultanée à celle des Scythes en "Haute" Asie, et il tenta de lier ces deux événements à la chronologie des souverains de la Lydie et de la Médie. Il pensait que les Scythes avaient envahi la "Haute" Asie au commencement du règne de Cyaxare, troisième roi mède. Les Cimmériens avaient donc dû venir en "Basse" Asie un peu plus tôt, c'est-à-dire à la fin du règne du deuxième Mermnade, Ardys. Hérodote a donc reporté la prise de Sardes au temps d'Ardys, se fondant seulement sur des calculs chronogaphiques, et cette information n'est donc guère digne de foi. Sardes a été prise par les Cimmériens, en dépit de ce que dit Hérodote, durant le règne de Gygès.

En ce qui concerne le contenu même du récit d'Hérodote, c'est-à-dire l'information selon laquelle les Cimmériens avaient pris Sardes à l'exception de l'acropole, nous ne pouvons juger de son authenticité. Comme le texte l'indique, Hérodote pensait que le roi lydien avait survécu à la prise de sa capitale (en réalité, Gygès a été tué par les Cimmériens). Il serait alors naturel de conclure que le roi était resté en vie parce qu'il s'était abrité dans l'acropole inaccessible aux ennemis. Le seul fondement du récit du chapitre 15 du premier livre d'Hérodote pouvait donc être l'information selon laquelle les Cimmériens avaient pris Sardes. Il est fort probable que ce récit ne contenait ni détails supplémentaires (même un détail aussi important que le meurtre du roi n'y est pas relaté), ni repères chronologiques. Hérodote a pu obtenir l'information de la prise de Sardes non seulement d'une source écrite mais aussi orale. L'information sur la prise de la capitale d'un voisin puissant a dû être conservée longtemps dans la mémoire des Grecs d'Asie Mineure. Mais le récit d'Hérodote a été également influencé par au moins deux sources écrites qui relataient l'histoire de la Médie et de la Lydie. Ces deux sources parlaient sans doute de l'invasion des Scythes en Médie, mais nous ne pouvons pas être certains qu'elles mentionnaient aussi l'invasion cimmérienne.

En conclusion, nous pouvons constater qu'Hérodote a utilisé dans son récit de l'histoire orientale au moins deux oeuvres historiques plus anciennes. La première oeuvre, où l'auteur se fondait sur une génération de 25 ans, contenait des informations sur les dynasties de la Lydie et de la Médie. Cette source indiquait le nombre des Héraclides lydiens et assyriens, les noms des Mermnades et des rois mèdes, et la durée totale du règne des uns et des autres. Elle parlait aussi de la domination scythe en Asie et de la prophétie de la Pythie à Gygès. En revanche, elle ne donnait pas d'information sur la durée du règne de chaque roi oriental, sauf sur la durée de la domination scythe, ou alors ces données n'ont pas été utilisées par Hérodote. L'autre oeuvre, où l'auteur se fondait sur une génération de 30 ans, donnait une information plus détaillée sur l'histoire de l'Asie orientale. Cette source contenait, par exemple, des informations empruntées par Hérodote sur la durée du règne de chaque roi mède, et elle faisait aussi mention de la domination scythe. Elle ne parlait pas, pour autant que nous puissions en juger, de l'Asie occidentale, ni de la Lydie. Il semble impossible de déterminer ces deux sources d'Hérodote parce que nous ne possédons que des fragments insuffisants des oeuvres des prosateurs ioniens. Ces fragments ne permettent que d'avoir une vague idée du contenu de ces oeuvres, et il reste toujours la possibilité qu'Hérodote ait utilisé l'oeuvre d'un auteur dont nous ne connaissons pas même le nom.

La tradition classique rapporte que l'invasion des Cimmériens en Lydie avait atteint également les villes grecques de l'Ionie. Outre les récits déjà mentionnés de la prise de Magnésie, nous possédons une tradition stable de la destruction du temple d'Artémis à Ephèse. Callimaque, dans son hymne à Artémis (III, 251-258), dit que le roi cimmérien Lygdamis a essayé de détruire ce temple: (251) Τῷ ῥα καὶ ἠλαίνων ἀλαπαξέμεν ἠπείλησε (252) Λύγδαμις ὑβριστής· ἐπὶ δὲ στρατὸν ἱππημολγῶν (253) ἤγαγε Κιμμερίων ψαμάθῳ ἶσον, οἵ ῥα παρ' αὐτὸν (254) κεκλιμένοι ναίουσι βοὸς πόρον Ἰναχιώνης (255) Ἆ δειλὸς βασιλέων, ὅσον ἤλιτεν· οὐ γὰρ ἔμελλεν (256) οὔτ' αὐτὸς Σκυθίηνδε παλιμπετὲς, οὔτε τις ἄλλος (257) ὅσσων ἐν λειμῶνι Καϋστρίῳ ἔσταν ἅμαξαι (258) νοστήσειν· Ἐφέσου γὰρ ἀεὶ τεὰ τόξα πρόκειται: "Lygdamis, violent, menaça dans sa démence de le (temple *scil.*) détruire; il a amené contre lui l'armée des Cimmériens qui trayaient les juments, innombrables comme les sables, habitants des bords du passage de la Vache, fille d'Inachos. Oh roi malheureux, comme il s'égara. En effet, ils n'étaient pas destinés à revenir en arrière en Scythie, ni lui ni aucun autre de ceux dont les chars stationnaient dans la prairie de Caystre, parce que tes flèches sont toujours là pour garder Ephèse". Le récit de Callimaque doit remonter à une légende du temple, composée *ad maiorem deae gloriam.* Cette légende peut être comparée à une autre qui parle du châtiment des Scythes, destructeurs du temple d'Aphrodite en Ascalon (Hdt., I, 105). L'exposé de cette légende par Callimaque ne permet pas de découvrir si Lygdamis a réussi à réaliser son intention impie. Mais la tradition à laquelle appartient Hésychius, qui utilisait des sources hellénistiques (*s.v.* Λύγδαμις· οὗτος ἔκαυσεν τὸν ναὸν τῆς Ἀρτέμιδος), témoigne du fait que le temple d'Ephèse a tout de même été détruit par les Cimmériens.

Le récit de Callimaque selon lequel Lygdamis, après la destruction du temple d'Artémis, a été puni et a péri, trouve sa confirmation dans une tradition indépendante. A cette tradition appartient le récit de Strabon (I, 3,21): Λύγδαμις δὲ τοὺς ἑαυτοῦ ἄγων μέχρι Λυδίας καὶ Ἰωνίας ἤλασσεν καὶ Σάρδεις εἷλεν, ἐν Κιλικίᾳ δὲ διεφθάρη: "Et Lygdamis menant les siens, a atteint la Lydie et l'Ionie, et a pris Sardes, mais a péri en Cilicie". Strabon a utilisé dans ce cas une source très bien informée et digne de foi, parce que son récit est tout à fait confirmé par les sources assyriennes.

Le fait que les Grecs connaissaient bien les événements liés à Lygdamis est attesté par une inscription hellénistique[57]. Cette inscription contient le texte d'une lettre de Lysimaque aux citoyens de Samos (283/2 avant J.-C.). Dans cette lettre, il s'agit d'un litige entre Samos et Priène concernant le droit de possession de Batinetos, une région sur le continent en face de Samos. Selon cette inscription, l'incursion de Lygdamis a été utilisée comme un argument historique dans ce litige. Cet événement devait donc être largement connu au IIIe siècle avant J.-C. La lettre de Lysimaque témoigne du fait qu'un grand nombre d'habitants de l'Ionie ont quitté le continent lors de l'invasion de Lygdamis et qu'ils se sont enfuis dans les îles. Lygdamis a contrôlé ces territoires pendant plusieurs années. Le décompte précis de ces années, indiqué à la fin de la ligne 16 de l'inscription, n'est malheureusement pas conservé. On peut néanmoins distinguer des traces de la dernière lettre de ce nombre sur la pierre. Cette lettre est probablement un *alpha,* ce qui permettrait de restituer dans l'inscription le mot [τρί]α, "trois". Cette restitution correspond bien aux données des sources cunéiformes. En effet, l'invasion de l'Ionie par les Cimmériens de Lygdamis a probablement eu lieu après la destruction de Sardes et la mort de Gygès en 644 avant J.-C. Or, Lygdamis est mort en 641 avant J.-C. (cf. infra). Donc, ce sont précisément trois ans qui séparent ces deux événements l'un de l'autre.

3.5 La mort de Lygdamis / Dugdammi (*ᵐDug-dam-me-i*) est décrite dans les deux dernières rédactions des "annales", IT et H. Le texte de la première est conservé sur trois dalles de calcaire identiques qui se trouvaient dans les fondations du temple d'Ishtar bâti par Assourbanipal à Ninive (Kouyoundjik). Durant les fouilles des années 1931-1932, on y a trouvé 120 fragments de dalles, ce qui a permis de restituer le texte presque complet des "annales"[58]. Les lignes 84-87 contiennent le récit de l'ambassade de Gygès, mais ce texte est très court et ne mentionne même pas la mort du roi lydien.

57WELLES C.B., *Royal Correspondence in the Hellenistic Period,* Roma, 1966, N° 7, pp. 46-51. Cf.: von WILAMOWITZ-MOELLENDORFF U., "Panionion, 1906", in *Kleine Schriften,* vol. V, 1, Berlin, 1937, pp.. 129-132.

58THOMPSON R.C., MALLOWAN M.E.L., "The British Museum Excavations at Nineveh, 1931-1932", *in University of Liverpool. Annals of Archaeology and Anthropology,* 20, 1933, pp. 79-113, pl. LXXX-XCVII, cf. partie II, N° 47.

Peut-être faut-il expliquer ce laconisme par le fait que les événements en Lydie avaient déjà perdu de leur actualité.

Le récit de la confrontation de l'Assyrie avec les Cimmériens et leur roi Dugdammi, qui apparaît dans cette rédaction pour la première fois, est beaucoup plus important. La rédaction IT des "annales" date de 640 avant J.-C.[59], et nous pouvons donc dater ces événements de 642-641 avant J.-C. La rédaction suivante H parle des mêmes événements. Un des fragments de cette rédaction des "annales" (BM. 83-1-18,600) est daté de 639 avant J.-C. (la 30ème année du règne d'Assourbanipal)[60], ce qui permet de dater de la même année toute la rédaction. La partie du texte qui parle des Cimmériens et de Dugdammi est conservée sur deux fragments de "prismes"[61]. Le texte de ces deux fragments est très proche de celui de l'inscription du temple d'Ishtar, mais il diffère dans les détails.

Outre ces textes, Dugdammi est mentionné dans deux autres textes akkadiens. Le premier d'entre eux est un fragment de "cylindre", inscription de construction plus courte qu'un "prisme"[62]. Cette inscription date de 639 avant J.-C.[63] Elle rapporte aux lignes 10-11 la mort de Dugdammi et ne contient aucune information nouvelle. L'autre texte de la même époque, l'hymne d'Assourbanipal à Marduk, est conservé dans deux copies[64]. Il contient une information nouvelle par rapport aux "annales": dans cet hymne le fils (DUMU) et l'héritier (*te-ni-šú*) de Dugdammi ^{m}*Sa-an-dak*-KUR-*ru* est nommé. Ce texte témoigne en outre du fait que le conflit entre l'Assyrie et les Cimmériens a continué après la mort de Dugdammi.

3.6 Le Dugdammi des textes assyriens a été identifié au Lygdamis des textes grecs tout de suite après la publication de l'hymne à Marduk, premier

[59]TADMOR, "Tri poslednikh des'atiletija Assirii", pp. 240-241.

[60]BAUER, *Die Inschriftenwerk Assurbanipals*, pp. 28-31.

[61]BM 121027(TH 1929-10-12,23): THOMPSON, "A Selection", p. 109, fig. 20, N° 35; BM 123410: MILLARD A.R., "Fragments of Historical Texts from Nineveh: Ashurbanipal", in *Iraq*, 30, 1968, pp. 109-110, pl. XXIV, cf. partie II, N° 48.

[62]BM 122616 + 127966: THOMPSON, "A Selection", pp. 106-107, fig. 18, N° 33. MILLARD, *op. cit.*, pp. 111, pl. XXVI, cf. partie II, N° 49.

[63]*Ibid*, p. 111. TADMOR, "Tri poslednikh des'atiletija Assirii", p. 240.

[64]L'inscription originale a été faite sur un panier d'or consacré au dieu: STRONG., *op. cit.*, pp. 361-385. CRAIG., *op. cit.*, vol. I, pl. 10-13, vol. II, pl. IX. MESSERSCHMIDT L., "Die Inschriften der Stele Nabuna'id's, Königs von Babylon", in *MVG*, I, 1896, 63-67. Winckler, "Kimmerier", pp. 492-496. MARTIN, *op. cit.*, pp. 46-53. STRECK, *Assurbanipal*, partie 1, L-LI, partie 2, 276-287. Cf.: Partie II, N° 50. La supposition de H.CAZELLES ("Sophonie, Jérémie et les Scythes en Palestine", in *Revue Biblique*, 74, 1967, 32-33, n. 31) selon laquelle ce texte doit être daté du 655 av. J.-C. est sans fondement. La mention dans ce texte de l'Elam et de Dugdammi ne signifie pas qu'ils étaient alliés. En outre, les lignes 21-22 de l'hymne racontent le même événement que les "annales" IT et H: les invasions avortées de Dugdammi sur le territoire de l'Assyrie. Dugdammi était déjà mort au moment où l'hymne à Marduk a été rédigé, ce que nous apprenons aux ligne 24-25.

texte connu mentionnant ce nom[65]. Cette identification est admise par tous les spécialistes, bien qu'elle présente quelques difficultés. Il est difficile, par exemple, d'expliquer la première lettre de la forme grecque du nom. On a supposé qu'il s'agissait ici d'un lapsus calami (Λ au lieu de Δ), qui pouvait facilement être commis dans l'écriture majuscule[66]. Cette supposition doit être rejetée, sans quoi nous devrions admettre que toutes les mentions du roi cimmérien par les auteurs classiques remontent à une source écrite unique. Il semble impossible de l'admettre pour Callimaque et Strabon qui représentent évidemment des traditions différentes[67]. En outre, nous connaissons encore plusieurs personnages qui portaient le même nom. Par exemple, les dynastes cariens d'Halicarnasse portaient le nom de Λύγδαμις (Hdt., VII, 99; Suid., *s.v.* Ἡρόδοτος; Syll^3, 45; cf.: Inscr. Cret., II, p. 116; IV, p. 283). A l'époque hellénistique, ce nom s'est répandu dans tout le monde grec, mais il avait évidemment son origine en Asie Mineure[68]. On a proposé des étymologies iraniennes de ce nom, mais elles ne sont pas convaincantes. Ainsi, la comparaison avec le mot ossète **Tux-domæg:* "domptant par la force"[69] ne peut être admise car elle ne correspond qu'à la phonétique de la langue iranienne moderne des Ossètes[70]. Elle devient improbable si nous reconstituons la forme iranienne ancienne de ce mot ossète: **tava(h)-dam-ak.* En outre, le mot iranien **tava(h),* "force" qui est sous-entendu dans l'étymologie de V.I. Abaev est toujours rendu dans la langue akkadienne par *tua* (*Araštua* < **Aršatava(h), Ṛšatava(h); Ramatua* < **Ramatava(h)*)[71] et ne peut être admis dans cette langue comme *t/dug.* De plus, les étymologies iraniennes n'expliquent pas la fréquence de l'emploi de ce nom en Asie Mineure ni les singularités de sa transmission dans la langue grecque.

On a conjecturé également que le nom du roi cimmérien commençait par un phonème composé *dl,* censé se trouver aussi dans quelques autres mots anatoliens et qui était rendu tantôt par *d/t,* tantôt par *l*[72]. L'existence de ce phonème semble cependant très douteuse. D'autre part, les langues

---

65MESSERSCHMIDT, *op. cit.,* p. 67. WINCKLER, "Kimmerier", p. 485, n. 3. Le premier éditeur du texte l'a cependant identifié au roi Tektame, mentionné par Diodore (IV, 60).

66WINCKLER, "Kimmerier", p. 485, n. 3. STRECK, *Assurbanipal,* partie II, p. 281, n.10.

67Cf.: D'JAKONOV, *Istorija Midii,* p. 240, n. 4.

68PAPE W., BENSELER G., *Wörterbuch der griechischen Eigennamen,* vol. II, Graz, 1959^3, p. 817. ZGUSTA L., *Kleinasiatische Personennamen,* Prag, 1964, p. 275; *A Lexicon of Greek Personal Names,* ed. P.M. FRAZER, E. MATTHEWS, vol. I, *The Aegean Islands, Cyprus, Cyrenaica,* Oxford, 1987, p. 289.

69ABAJEV V.I., *Skifo-evropejskije izoglossy,* Moscou, 1965, p. 126.

70Cf.: DIAKONOFF, "The Cimmerians", pp. 116-117, n. 30. L'étymologie de V. Livchitz proposée dans cette publication, **θuga-dāmi,* n'est non plus pas tout à fait satisfaisante. L'auteur de l'étymologie lui-même en doute.

71GRANTOVSKIJ, *op. cit.,* pp. 92, 121-122.

72STRUVE, *op. cit.,* p. 239, n. 33. D'JAKONOV, *Istorija Midii,* p. 240, n. 4.

anatoliennes tardives connaissent un certain nombre de cas d'alternance *d/t/l* au commencement des mots, aussi bien que des changements *d* > *l*[73]. Le nom de Dugdammi peut également être comparé avec le nom anatolien *Tuhamme* attesté dans des inscriptions assyriennes de Teglath-Phalasar III[74]. La dissimilitude de la deuxième consonne de ces deux noms (*gd/gt/kd/kt/qd/qt* - *h*) rend plus difficile leur identification. On peut cependant noter que l'altération *q : h* dans les noms anatoliens lors de leur transmission par le biais de la langue akkadienne est bien connue[75]. L'étymologie du nom du roi cimmérien reste donc obscure. Ce nom possède cependant quelques traits phonétiques typiques des langues anatoliennes. De plus, il était précisément répandu en Asie Mineure. Ces faits permettent de conclure que le nom du roi cimmérien est d'origine anatolienne et a été emprunté au milieu louvite.

E. Lipiński a supposé, il y a peu de temps, que les mots bibliques תֹּגַרְמָה, תּוֹגַרְמָה (*Tgrmh, Twgrmh*), Θοργο/αμα, Θεργαμα correspondant au mot arménien *T'orgom* (Gen., 10,3; 1 Ch., 1,6; Ez., 27,14; 38,6) doivent être corrigés et lus *Twgdmh*. Il a également proposé d'expliquer ce dernier mot comme étant une attestation du nom du même roi cimmérien[76]. Cette supposition ne semble pas convaincante. E. Lipiński ne prend pas en considération la forme de l'ethnonyme de la traduction des Septante et toute la tradition liée aux commentaires de ce texte. En outre, "la maison de Tugdamme" (Ez., 27,14; 38,6) devrait désigner, selon cette interprétation, les Cimmériens, mais ils sont nommés par leur propre nom (גמר) aussi bien dans la *Genèse* que dans le livre d'Ezéchiel. Pareil dédoublement est insolite (si l'on ne prend pas en considération le dédoublement ornemental conscient *Gwg* et *Mgwg*, "Gygès et le pays de Gygès") et requiert une explication spéciale. L'identification de la "maison de Togarma" avec l'Arménie occidentale est bien argumentée[77] et elle doit être réfutée pour que la conjecture d'E. Lipiński puisse être considérée comme probable. De toute façon, cette conjecture ne change rien pour nous, car les textes bibliques ne donnent pas, dans ce cas, d'information historique nouvelle. L'attestation biblique, même si l'on accepte la conjecture en question, ne donne pas non

---

[73]FRIEDRICH J., *Hethitisches Wörterbuch. Kurzgefasste kritische Sammlung der deutungen hethitischer Wörter*, Heidelberg, 1954, p. 127. IDEM, *Hethitisches Wörterbuch. Ergänzungshefte 1*, Heidelberg, 1957, p. 12. HEUBECK A., *Lydiaka. Untersuchungen zu Schrift, Sprache und Götternamen der Lyder*, Erlangen, 1959, pp. 19 suiv. KRONASSER H., *Etymologie der hethitischen Sprache*, Wiesbaden, 1961-1963, pp. 61 suiv. GUSMANI R., *Lydisches Wörterbuch*, Heidelberg, 1964, pp. 158-160. D'JAKONOV I.M., IVANOV V.V., *Drevnije jazyki Maloj Azii*, Moscou, 1980, pp. 298, 335, etc.

[74]ROST, *op. cit.*, p. 26: 153.

[75]LANFRANCHI, *Cimmeri*, p. 209.

[76]LIPINSKI E., "Gyges et Lygdamis d'après les sources néo-assyriennes et hébraïque", in *CRRAI* 34 (Abstracts), Istanbul, 1987, p. 34. IDEM, "Les Japhétites selon Gen. 10,2-4 et 1 Chr. 1,5-7", in *Zeitschrift für Althebraistik*, 3, 1990, p. 40. Cf.: LANFRANCI, *Cimmeri*, pp. 119, 260, n. 62.

[77]D'JAKONOV I.M., *Predystorija arm'anskogo naroda*, Erevan, 1968, pp. 178-189, 227-229, avec les références.

plus beaucoup d'informations linguistiques. La forme de l'ethnonyme, dans ce cas, aurait été assez tôt fortement altérée (en tout cas avant le IIIe siècle avant J.-C., lorsque la Bible a été traduite en grec). Cette forme ne peut donc servir de source significative pour la restitution de l'apparence phonétique du nom du roi cimmérien.

3.7 Il est très important d'étudier les épithètes de Dugdammi dans les inscriptions d'Assourbanipal. Il n'est pas nommé une seule fois "le roi des Cimmériens", mais il n'y a aucune raison de douter qu'il l'était. Dugdammi est nommé roi d'ERIM-*man-da* (BM 122616 et l'hymne à Marduk), désignation qui s'applique souvent aux Cimmériens dans d'autres inscriptions. Il est également nommé NUMUN *hal-qá-te-i* (l'inscriptions IT, BM 122616 et BM 121027), ainsi que sont désignés les Cimmériens dans la lettre ABL 1237,15 de l'époque d'Assarhaddon. Ces deux appellations appartiennent à un style élevé archaïsant. Elles étaient utilisées dans la littérature néo-assyrienne et néo-babylonienne pour désigner les barbares non-civilisés. ERIM-*man-da* désigne habituellement dans la littérature néo-babylonienne les Mèdes, mais dans la littérature néo-assyrienne tous les barbares du nord, y compris les Cimmériens, sont dénommés ainsi[78]. La dénomination NUMUN *hal-qá-te-i* est plus rare, mais elle appartient au même genre de lexique solennel. Les éditeurs de l'inscription du temple d'Ishtar ont proposé d'expliquer le mot *halqātî* comme étant la transcription de l'ethnonyme Σκολόται[79]. Cette supposition est bien sûr inacceptable du point de vue phonétique aussi bien que sémantique. Dans la légende babylonienne de Naram-Sin, les mots NUMUN *hal-qá-te-i* désignent les hordes envahissantes des barbares[80]. H. Güterbock, dans son commentaire de ce texte, a noté que *zēr halqātî* est une désignation des hordes d'ennemis au même titre que *ummān manda*[81]. M. Cogan et H. Tadmor font dériver ce terme de la deuxième conjugaison (*D-Stamm*) du verbe *halāqu,* "supprimer, détruire" et le traduisent par *ruinous breed*[82]. Le dictionnaire de Chicago, tout

---

[78]Cf., y compris pour l'emploi de ce terme dans les textes plus anciens, à partir du IIIe millénaire avant J.-C.: LANDSBERGER, BAUER, *op. cit.*, pp. 81-83. Cf.: D'JAKONOV, "Poslednije gody", p. 35. IDEM, *Istorija Midii,* pp. 59-60. LANFRANCHI, *Cimmeri,* p. 134. Cf. aussi: CAZELLES, *op. cit.*, pp. 33-36. CORNELIUS F., "ERIN-manda", in *Iraq,* 25, 1963, pp. 167-170. L'étymologie du mot *manda* (< **mandos,* "cheval"??) qui est proposée dans ce dernier article est impossible. Le nom du cheval dans la langue indo-européenne était **ek'wo*, et la racine **mand-* n'est connu que dans le sens "haie, enclos pour un bétail": WALDE A., POKORNY J., *Vergleichende Wörterbuch der Indogermanischen Sprachen,* Berlin, Leipzig, 1927, vol. II, p. 234. POKORNY J., *Indogermanisches Etymologisches Wörterbuch,* Bern, München, 1959, p. 699. Le mot latin *mammus,* "poney" évoqué par F. Cornelius est emprunté à une langue celtique ou illyrienne et remonte à une racine **mend-*, "téter, nourrisson": WALDE A., HOFMANN J.B. *Lateinisches Etymologisches Wörterbuch,* Heidelberg, 1982^5, vol. II, pp. 29-30.

[79]THOMPSON, MALLOWAN, *op. cit.*, pp. 107-108.

[80]CT, XIII, pl. 44, III, 8.

[81]GÜTERBOCK, *op. cit.*, p. 73, n. 4.

[82]COGAN, TADMOR, *op. cit.*, p. 80, n. 26.

en tenant compte de ce lien étymologique, propose la traduction *accursed, rebellious*[83]. W. von Soden[84] reconnaissant l'existence de ce lien, propose malgré tout la traduction inexacte de *Nomaden.* Comme nous l'avons vu, bien qu'il soit assez difficile de donner la traduction exacte des mots *zēr halqātî,* leur signification est claire et peut être rendue par le mot "barbares" dans son sens moderne.

Les autres désignations de Dugdammi - *[gal-l]u* (BM. 121027, restitution de H. Tadmor), *tab-nit* TI.AMAT *tam-šil* ᵈ[GAL.LÁ] - "la création de Tiamat, une espèce de démon *gallu*" sont aussi traditionnelles dans la littérature mésopotamienne. Les comparaisons des ennemis avec les démons sont tout à fait habituelles dans cette littérature[85]. La légende mentionnée de Naram-Sin contient encore un analogue des dénominations de Dugdammi: les ennemis de Naram-Sin Loulloubi y sont décrits comme une création de Tiamat[86]. Le roi d'Elam, Teumman, est désigné dans les "annales" d'Assourbanipal (rédaction B, IV, 71) comme "une espèce de *gallu*", un démon malfaisant, gardien de l'au-delà. Toutes les dénominations de Dugdammi dans les textes d'Assourbanipal appartiennent donc au lexique mésopotamien traditionnel de style élevé. Elles sont presque désémantisées et ne servent qu'à une ornementation spécifique du texte[87]. Grâce à ces dénominations, le texte s'inscrit dans la tradition millénaire. C'est dans ce contexte précisément que nous devons examiner encore une désignation de Dugdammi qui se trouve dans l'inscription IT et qui a provoqué beaucoup de discussions et d'interprétations différentes.

Les éditeurs de l'inscription IT ont expliqué la séquence des signes KUR-*sak-a-a-ú-gu-tu-um-ki* à la ligne 146 comme l'ethnonyme *Saka* et un mot inconnu *ugutumki*[88]. Ils ont également proposé une interprétation tout à fait fantaisiste de ce dernier mot, en le faisant dériver d'une désignation d'archer dans les langues turques. Mais l'auteur du premier compte rendu de cette publication a déjà noté que la deuxième partie de cette séquence de signes devait être lue comme *Qu-tu-um*^{ki}, "les Gouti"[89]. Cet ethnonyme archaïque, comme les autres, est souvent employé dans les inscriptions néo-assyriennes

---

83 CAD, vol. Z, p. 87.

84 AHw, vol. I, p. 313, s.v. *halqu.*

85 Pour les détails et les exemples, voir: HAAS V., "Die Dämonisierung des Fremden und des Feindes im Alten Orient", in *Rocznik Orjentalistyczny,* 41, 1980, pp. 37-44.

86 GURNEY O.R., "The Sultantepe Tablets. IV. The Guthean Legend of Naram-Sin", in *AnS,* 5, 1955, pp. 93-113.

87 Les rois néo-assyriens, notamment Sargon, Sennachérib et Assarhaddon s'identifiaient consciemment aux souverains légendaires Sargon d'Akkad et Naram-Sin et utilisaient le lexique correspondant. Pour tous détails et exemples, voir: TADMOR, LANDSBERGER, PARPOLA, *op. cit.,* pp. 3-51. Il est fort probable que l'emploi des termes *ummān manda* et surtout *zēr halqātî* comme désignations des Cimmériens soit lié à ces rapprochements et fasse directement allusion à la légende de Naram-Sin.

88 THOMPSON, MALLOWAN, *op. cit.,* pp. 108-109.

89 SMITH S., "Compte rendu: THOMPSON, MALLOWAN, *op. cit.,*" in *JRAS,* 1934, N° 10, p. 576.

et néo-babyloniennes pour désigner des ennemis, surtout des montagnards. Dans les autres cas, il peut désigner, par exemple, des Ourartéens et des Perses[90]. Cette interprétation a été unanimement admise par les spécialistes[91], mais l'explication des signes précédents reste plus difficile. S. Smith a proposé, dans le même compte rendu, de les lire comme *šad-da*$^{!}$*-a-a-ú*, "les montagnards". M. Cogan et H. Tadmor[92] et plus tard G. Lanfranchi[93] ont approuvé cette interprétation. Malheureusement, il n'y a pas d'édition nouvelle de l'inscription IT ni de ses collations, c'est pourquoi la question de la lecture du deuxième signe (*sak* ou *da*) reste ouverte. Il faut noter tout de même que les formes de ces signes sont très similaires, surtout dans la graphie babylonienne (l'autographie de R.C. Thompson et de M. Mallowan montre que les signes assyriens alternent dans cette inscription avec des signes babyloniens). C'est pourquoi il est facile de supposer ici une faute du scribe, même si l'inscription IT contient réellement le signe *sak*. Il y a encore quelques arguments en faveur de l'interprétation de S. Smith. L'ethnonyme *Saka* n'est jamais employé dans les textes akkadiens, ni même dans les textes babyloniens de l'époque des Achéménides. Il n'appartient qu'au vieux-perse, et même dans les versions parallèles des inscriptions perses, écrites en akkadien, le mot *Gimirrā* correspond toujours à l'ethnonyme *Sakā*. De plus, l'influence perse sur les scribes akkadiens est impossible aux alentours de 640 avant J.-C. En outre, comme nous l'avons vu, toutes les mentions de Dugdammi dans les textes assyriens, y compris l'inscription du temple d'Ishtar, ne sont accompagnées que de mots archaïques de style élevé, et Dugdammi n'est même jamais désigné comme "le roi des Cimmériens". Dans ce contexte, cet ethnonyme semble tout à fait déplacé, même si l'on suppose que les Cimmériens se nommaient *Sakā* et que cette dénomination est entrée dans la langue assyrienne.

3.8 Il est encore plus intéressant d'analyser le nom de l'autre roi cimmérien, fils et héritier de Dugdammi, ^{m}*Sa-an-dak*-KUR-*ru*, mentionné dans l'hymne d'Assourbanipal à Marduk. Les premiers éditeurs de ce texte lisaient son nom comme *Sandakšatru*[94]. Dans ce cas, l'interprétation de l'élément *-kšatru* comme étant une reproduction du mot iranien *xšaθra* semble presque indubitable[95]. Cette étymologie est donc utilisée comme l'un des arguments principaux en faveur de l'appartenance iranienne des Cimmériens. Il faut noter à propos de cette interprétation que la reproduction du mot iranien *xšaθra* par akkad. *-kšatru* est inhabituelle. Les transcriptions akkadiennes

---

[90]D'JAKONOV, "Poslednije gody", p. 35.

[91]Cf., par exemple: COGAN, TADMOR, *op. cit.*, p. 81, n. 26. DIAKONOFF, "The Cimmerians", pp. 117-118.

[92]COGAN, TADMOR, *op. cit.*, p. 80, n. 26.

[93]LANFRANCHI, *Cimmeri*, p. 115.

[94]STRONG, *op. cit.*, pp. 361 suiv. MESSERSCHMIDT, *op. cit.*, pp. 63-67. WINCKLER, "Kimmerier", pp. 492 suiv. MARTIN, *op. cit.*, pp. 46-53. STRECK, *Assurbanipal,* partie II, pp. 276-278.

[95]Cf. déjà: JUSTI F., *Iranisches Namenbuch,* Marburg, 1895, p. 500.

séparent toujours l'une, ou même les deux combinaisons de consonnes dans le mot *xšaθra* par l'insertion d'une voyelle (*Kaštariti, Hašatriti < Xšaθrita; Satarešu < *Xšaθraiša/iša; Satiria < Xšaθrya; Satarpanu < Xšaθrapāna,* cf.: *Uksatar, Umakištar < Huvaxšθra*)[96]. Pour autant que nous le sachions, il n'y a pas d'exemples de transmission du mot *xšaθra* en akkadien comme -*kšatru/a*. Cette transmission ne contredit cependant pas les lois formelles de la langue akkadienne et, son existence est donc finalement possible.

I.M. Diakonoff a noté que le quatrième signe de ce nom peut être également lu comme *kur* (*mSa-an-dak-kur-ru*)[97]. Cette supposition est tout à fait conforme à l'usage des scribes assyriens de choisir les signes de façon que les mêmes sons se trouvent aux jonctions entre les signes, surtout dans les mots rares ou inconnus. Si l'on choisissait la deuxième lecture de ce nom, tout aussi probable que la première, son étymologie iranienne deviendrait caduque.

En ce qui concerne le premier élément du nom, les étymologies qui le font dériver des mots iraniens *zantu*[98] et *s(p)ənta*[99] ne sont pas tout à fait satisfaisantes du point de vue phonétique. L'étymologie qui fait dériver le premier élément du nom du mot **sānta*[100], qui doit correspondre au mot sanskrit *çānta,* ne peut être acceptée, car le mot supposé est inconnu des langues iraniennes anciennes. L'étymologie de ce nom, proposée par A. Kammenhuber[101], qui le fait dériver du composé **čandra-xšaθra, "glänzende Herrschaft habend"* est également inacceptable. Comme M. Mayrhofer l'a démontré de façon tout à fait convaincante, ce composé hypothétique ne peut exister, du fait même qu'il inclut un élément purement indo-aryen (*candrá*) et un élément indo-iranien[102]. Cette étymologie n'est pas convaincante également du fait que la transcription de l'élément **čandra* en tant que *sanda* akkadien est peu probable.

La supposition selon laquelle le nom du roi cimmérien soit théophore et que son premier élément soit le nom du dieu Sanda / Santa[103] est, à notre avis, la plus probable. Le culte de ce dieu identifié à Héraclès a existé en Asie Mineure pendant toute l'époque classique[104]. Ce culte d'origine louvite[105] fut

---

[96]GRANTOVSKIJ, *op. cit.*, pp. 73-74.

[97]AVIIU, N° 78, n. 9. DIAKONOFF, "The Cimmerians", p. 117, n. 30.

[98]LEHMANN-HAUPT, "Kimmerier", p. 424.

[99]MARQUART J., "Untersuchungen zur Geschichte von Eran", in *Philologus,* Suppl. 10, 1905, p. 105, n. 5. DIAKONOFF, "The Cimmerians", p. 117, n. 30.

[100]VASMER, *op. cit.*, 1923, p. 5.

[101]KAMMENHUBER A., "Kimmerier", *RLA*, vol. V, 7/8, 1980.

[102]MAYRHOFER M., "Zu einem Kimmerier-Name", in *Die Sprache*, 27, 1981, pp. 186-188.

[103]D'JAKONOV, *Istorija Midii*, p. 241.

[104]ZWICKER, "Sandon", in *RE*, vol. z.R. II, 1920, pp. 2265 suiv. LEVY G.R., "The Oriental Origin of Herakles", in *JHS*, 54, 1934, pp. 47-49. GOLDMAN H., "Sandon and Herakles", in *Hesperia*, Suppl. VIII, 1949, pp. 164-174. SALVATORI S., "Il dio Santa-Sandon. Uno sguardo ai testi", in *La Parola del Passato*, 30, 1975, pp. 401-409.

toujours étroitement lié à la Cilicie et est resté très local. Les sources classiques donnent des indications directes sur la localisation de ce culte. Ainsi, Ammien Marcellin (XIV, 8,3) nous dit qu'un certain Sandan était considéré comme le fondateur de Tarse. Selon Apollodore (Bibl., III, 14,3), le fondateur de la ville cilicienne de Celenderis portait le nom de Σάνδοκος. Nonnos dans son poème *Dionysiaka* (XXXIV, 191-192) indique directement: Κιλίκων ἐνὶ γαίῃ (192) Σάνδης Ἡρακλέης κικλήσκεται εἰσέτι Μορρεύς.

Les données onomastiques sont encore plus expressives que les indications des sources écrites. Nous connaissons 24 cas d'emploi de noms avec un élément *Sanda* durant l'antiquité classique (11 noms différents). 18 d'entre eux se rapportent à la Cilicie, 1 - à la Pisidie, 1 - à la Lycie, 1 - à la Cappadoce, 2 - à la Lydie, 1 - à la Paphlagonie[106]. Cette répartition est très significative, surtout si l'on tient compte du fait qu'à l'époque hellénistique et romaine des noms d'origine diverse ont été employés partout[107].

Les noms comportant l'élément *Sanda-* étaient répandus en Asie Mineure depuis une époque plus ancienne. Ces noms, conservés dans des inscriptions hittites, hiéroglyphiques (louvites) et assyriennes, ont été recueillis par E. Laroche[108]. Son corpus contient 10 noms différents comportant cet élément. Une partie de ces noms comporte des deuxièmes éléments typiques précisément pour des noms louvites (non hittites): *ziti* ("personne, homme"), *wiya* (formant d'origine inconnue, ayant la signification de "femme ?", qui est assez fréquent dans les noms louvites[109]). Les autres comportent des éléments communs à l'onomastique hittite et louvite: *hsu, (a)hsusar* ("roi, reine"[110]), *muwa, piya.* Il n'y a cependant pas de noms avec des formants hittites spécifiques. Tout cela témoigne du fait que le culte de Sanda était répandu en premier lieu en milieu louvite et non hittite. Presque tous ces noms de personne sont mentionnés dans des textes qui appartenaient à de grandes archives dont la localisation n'a rien de commun avec les lieux d'origine de ces personnes. Des indications sur leur origine ne sont données qu'à titre d'exception. Par exemple, un général hittite Santa, mentionné dans les inscriptions KBo I, 11, R.2, 4, 21, V. 10; KBo III, 34, I, 24, était originaire de *Hurma* (Elbistan actuel, dans la région du Tabal assyrien).

---

[105]LAROCHE E., *Dictionnaire de la langue louvite,* Paris, 1959, p. 127. IDEM, *Les noms des Hittites,* Paris, 1966, pp. 291 suiv. Cf.: OTTEN H., *Zur grammatikalischen und lexikalischen Bestimmung des Luvischen,* Berlin, 1953, p. 45.

[106]ZGUSTA, *op. cit.,* 1964, pp. 454-455, le nom omis - Amm. Marc., XIV, 8,3; cf.: HOUWINK TEN CATE P.H.J., *The Luwian Population Groups of Lycia and Cilicia Aspera during the Hellenistic Period,* Leiden, 1961, p. 136.

[107]Pour l'existence des noms anciens en Asie Mineure à l'époque hellénistique et romaine, voir: HOUWINK TEN CATE, *op. cit., passim.*

[108]LAROCHE, *Les noms,* pp. 156-157, 291.

[109]Ibid., pp. 325, 345.

[110]Pour ce formant, voir spécialement: Ibid., pp. 299, 302.

Les mentions de personnes portant de tels noms, mentions qui datent du VIIe siècle avant J.-C., sont plus intéressantes parce qu'elles sont localisées et qu'en plus, elles appartiennent à la même époque que le roi cimmérien. Nous en connaissons deux cas. Ce sont les rois du Hilakku mentionnés dans les inscriptions assyriennes: le contemporain d'Assarhaddon, *Sanduarri*, et le contemporain d'Assourbanipal, *Sandašarme*, certainement l'héritier de *Sanduarri*. Le premier nom n'a pas d'analogue, tandis que le deuxième doit être identifié au nom louvite (hiéroglyphique) *Santa*-^{d}KAL[111]. Le deuxième formant de ce nom *-šarme* qui est le nom du dieu hourrite *Šarumma* était très répandu dans l'onomastique hittito-louvite (*Urašarma, Huhašarma, Wasušarma*, etc.)[112]. Il faut noter que ces deux noms sont les seuls, avec le composant *sanda-*, qui soient connus comme noms de rois, mis à part le nom du chef cimmérien.

Il est donc difficile de dire si le culte de Sanda était déjà, durant le IIe millénaire avant J.-C., un culte cilicien local, ou s'il était répandu parmi tous les Louvites. Mais vers le VIIe siècle, il était déjà devenu un culte local en Cilicie, et il l'est resté jusqu'au commencement du Moyen-Age.

Les deux rois cimmériens portaient donc des noms ayant des traits anatoliens. L'élément *-kur* dans le nom du deuxième roi n'est pas étranger à l'onomastique louvite, cf., par exemple, *Šabakura*[113]. Mais si nous préférons lire ce nom comme *Sandakšatru* et que nous acceptions l'étymologie iranienne de son deuxième élément, ce nom resterait tout de même un témoignage de l'influence culturelle cilicienne sur les Cimmériens. Il est très significatif que les deux rois de Cilicie, ainsi que le roi cimmérien, portent des noms avec l'élément *Sanda-*, justement à l'époque où ces deux peuples entretenaient des contacts politiques intenses. Certes, les noms des rois ne peuvent pas témoigner de l'appartenance ethnique de tout un peuple, et nous connaissons beaucoup de noms dynastiques d'origine étrangère chez des peuples différents. C'est pourquoi l'éventuelle appartenance louvite des noms des deux rois cimmériens ne témoigne que de liens assez étroits, en tout cas au niveau dynastique et politique, entre les Cimmériens et la population louvite, et spécialement cilicienne.

Cette supposition est tout à fait confirmée par les données des sources. Comme le montrent les textes de l'époque d'Assarhaddon, les Cimmériens, encore durant les années 670, entretenaient des liens avec le Hilakku et le Tabal (royaumes sur le territoire de la Cilicie classique) et attaquaient avec eux les provinces assyriennes occidentales[114]. L'expédition de 679 avant J.-C.[115] a été dirigée non seulement contre les Cimmériens, mais aussi contre le

---

111 KUB XXIII, 87:26. SOMMER F., *Die Ahhijawa-Urkunden*, München, 1932, p. 389.

112 LAROCHE, *Les noms*, pp. 293-294.

113 *Ibid.*, p. 157, N° 1107.

114 SAA 4, N° 1, 17 (Ki 1904-10-9,137 (BM 99108); DT 19). Cf. le chapitre précedent.

115 HEIDEL, *op. cit.*, pp. 9-37, II, 1-4. BORGER, *op. cit.*, p. 51 (les "prismes" Nin A^1, A^2, A^{10}, A^{17}, Nin B, Nin C, la stele Mnm B), pp. 32-35 (les "cylindres" KLCH, Trb^1).

Hilakku. C'est pourquoi la supposition selon laquelle le Hilakku et le Tabal se seraient soumis à l'Assyrie sous la menace d'une invasion cimmérienne[116] semble inexacte. Cette soumission a eu lieu peu de temps après la défaite infligée aux Cimmériens par Gygès (la rédaction HT des "annales" en parle déjà). Il aurait été étrange que la pression des Cimmériens se renforçât tout de suite après leur défaite. Par contre, il est tout à fait naturel que cette défaite ait affaibli les alliés des Cimmériens et les ait forcés à se soumettre à l'Assyrie.

Les rédactions des "annales" IT et H témoignent du fait que le nouveau renforcement des Cimmériens a eu pour résultat un regain d'activité du Tabal. Son roi, dont le nom n'est pas conservé, le fils de Mugallu, a conclu un traité avec Dugdammi ((141) *[...]-us-si* DUMU-*šú*... (142)... *i-šiṭ ma-mit* DINGIR-*ú-ti-šú-nu* GAL-*te it-ti* ᵐ*Dug-dam-me-i* LUGAL (143) NUMUN *hal-qá-te-i iš-ta-kan pi-i-šú*). Il menaça l'Assyrie, mais est mort avant d'avoir attaqué ses frontières. Les Cimmériens, par contre, ont essayé d'attaquer l'Assyrie au moins à deux reprises, mais les deux tentatives ont échoué, et Dugdammi a été forcé de se retirer. Il est mort peu après d'une maladie dont les symptômes sont décrits par les "annales" de façon très pittoresque (IT, 159-161 et H, 32-38 = BM. 123410, 28-33): *mah-hu-tíš il-lik-ma* AŠ *me-qit ṭe-e-me ú-na-aš-šak rit-ti-šú mut-ta-as-s[u i]m-ma-šid-ma si-ih-lu iš-šá-kin* AŠ *lìb-bi-šú im-mar-ṭa-ma im-qut* GÌŠ-*šú* AŠ *za-a-bi u ha-a-li 'u-a a-a iq-ta-ti na-piš-tuš:* "il est devenu fou et dans (sa) folie il mordait ses doigts. La moitié de son (corps) a été atteinte de paralysie, une douleur aiguë a per[cé] son [coeur], son pénis a été griffé et est tombé. Sa vie s'est terminée dans les excrétions, déjections et gémissements"[117]. Selon l'hymne d'Assourbanipal à Marduk, le fils de Dugdammi a essayé de poursuivre l'agression contre l'Assyrie, mais également sans succès.

3.9 Cet hymne est le dernier texte akkadien qui mentionne les Cimmériens. Mais la tradition classique livre trois témoignages de leur expulsion ou de leur disparition. I.M. Diakonoff a supposé qu'ils avaient été écrasés par les Scythes[118]. Il a cité à ce propos le texte de Strabon (I, 3,21): τοὺς δὲ Τρῆρας καὶ Κῶβον ὑπὸ Μάδυος τὸ τελευταῖον ἐξελαθῆναί φασι τοῦ τῶν Κιμμερίων βασιλέως: "mais les Trères et

SMITH S., *Babylonian Historical Textes*, pp. 14-15: I, 6-9. GRAYSON, *Assyrian and Babylonian Chronicles*, p. 125, pl. XX, N° 14 (la chronique babylonienne).

116NASTER, *op. cit.*, pp. 88-90. COGAN, TADMOR, *op. cit.*, p. 84.

117Le fragment BM 123410 montre que les mot *sihlu* et *immarṭama* ne sont pas liés l'un à l'autre. C'est pourquoi la traduction de CAD, M,1, 277 qui ne tient pas compte du fragment BM. 123410: *sihlu iš-[...]-ka(?)-šú im-mar-ṭa-ma: "his ...s were scratched"*, est fausse. La traduction "il est tombé sur les genoux" proposée plus bas, est également fausse. Elle est fondée sur la lecture *imqut birkaššu*. Le texte contient cependant l'idéogramme GÌŠ qui signifie pénis, *išaru* et non les genoux, *birka:* LABAT R., *Manuel d'épigraphie akkadienne. Signes, Syllabaire, Idéogrammes*, Paris, 1976, p. 121, N° 211. Pour la traduction, voir également: AHw, Lfg. 7, pp. 610, 623; Lfg. 8, pp. 689-670; Lfg. 15, p. 1398. CAD, vol. 15, S, p. 238.

118D'JAKONOV, *Istorija Midii*, pp. 234-235. DIAKONOFF, "The Cimmerians", p. 106.

Cobus furent définitivement chassés, dit-on, par Madyès, le roi des Cimmériens". Tous les manuscrits donnent ici la lecture Κιμμερίων[119], mais Strabon lui-même, quelques lignes plus haut seulement, nomme Madyès "le Scythe" (Μάδυός τε τοῦ Σκυθικοῦ). Hérodote le connaît aussi comme un roi des Scythes (I, 103). Nous pouvons donc supposer que le texte est ici détérioré[120]. Cette supposition permet de corriger Κιμμερίων βασιλέως en Σκυθῶν βασιλέως et en outre de penser que dans ce texte (ou dans la source de Strabon), il s'agissait à l'origine de l'expulsion non seulement des Trères, mais aussi des Cimmériens. Strabon, de plus, assimile directement ces deux peuples (I, 3,21; XIV, 1,40).

Nous possédons encore deux sources indépendantes qui parlent de l'expulsion des Cimmériens. Hérodote (I, 16) dit que ce fut le roi lydien Alyatte qui les a chassés d'Asie. Polyen (VII, 2,1), qui transmet la tradition indépendante remontant à Xanthos le Lydien par l'intermédiaire de Nicolas de Damas[121], prête également cet exploit à Alyatte. Selon lui, les Lydiens ont vaincu les Cimmériens parce qu'ils avaient recouru à des "chiens très audacieux" (ἀλκιμώτατοι κύνες). L'étude de ce récit[122] a permis de supposer que les mots "chiens très audacieux" désignaient primitivement les guerriers scythes. La dénomination des guerriers, surtout des jeunes membres des détachement mobiles, comme "chiens" ou "loups" remonte à l'idéologie indo-européenne des sociétés masculines. Au Ier millénaire avant J.-C., les Scythes conservaient encore cette idéologie presque sans changement. Il est donc possible que la tradition grecque ait conservé l'information concernant l'écrasement définitif des Cimmériens, après quoi ils ne représentèrent plus une force militaire considérable et furent vite assimilés aux peuples d'Asie Mineure. Il est fort probable que les Cimmériens ont été écrasés par les forces unies des Lydiens et des Scythes sous le règne du petit-fils de Gygès, Alyatte.

Le nom des Cimmériens ne réapparaît plus que dans les textes akkadiens de la deuxième moitié du VIe et du Ve siècle avant J.-C.[123] A cette époque, ce nom désigne cependant les Saces de l'Asie Centrale, dont une partie a été déportée en Mésopotamie sous les Achéménides. Le même ethnonyme a été utilisé dans les versions babyloniennes des inscriptions royales des Achéménides pour traduire le mot perse *Sakā*, qui désignait les Scythes de la Russie de sud et les Saces de l'Asie Centrale.

---

[119]Strabonis *Geographica*, ed. W. ALY, vol. I, Bonn, 1968, p. 73, *app. crit.* Strabon, *Géographie*, texte établi et traduit par G. AUJAC, vol. I,1. Paris, 1969, p. 165, *app. crit.*

[120]ALY W., *De Strabonis codice rescripto, cuius reliquiae in codicibus Vaticanis Vat. Gr. 2306 et 2061A servatae sunt*, Città del Vaticano, 1956, p. 260. Strabonis *Geographica*, ed. W. ALY, vol. I, p. 73, *app. crit.*

[121]MELBER J., "Über die Quellen und den Wert der Strategemensammlung Polyaens", in *Jahrbücher für classische Philologie*, Suppl. 14, Leipzig, 1885, pp. 451 suiv.

[122]IVANTCHIK, "Voiny-psy", pp. 38-48. IDEM, "Les guerriers-chiens".

[123]Pour les textes, voir: DANDAMAJEV M.A., "Novyje dannyje vavilonskikh dokumentov VI - V vv. do n.e. o sakakh", in *Vestnik drevenj istorii*, 1977, N° 1, pp. 30-39. DANDAMAYEV, "Data of the Babylonian Documents", pp. 95-109.

4. L'ETHNONYME DES CIMMÉRIENS ET LE PROBLÈME DE LEUR APPARTENANCE ETHNIQUE

Les sources relatives au problème de l'ethnie des Cimmériens sont peu nombreuses et souvent douteuses. Une des données importantes sur ce sujet est le nom même des Cimmériens dont l'appartenance à la langue cimmérienne est indiscutable. Faute d'autres sources, on a essayé à plusieurs reprises, dès l'antiquité et jusqu'à l'époque moderne, de tirer une information additionnelle sur les Cimmériens à partir de l'analyse de leur nom.

4.1 Les Cimmériens sont mentionnés pour la première fois dans la littérature classique au début du chant XI de l'*Odyssée* (ligne 14). Les traces des interprétations antiques de cet ethnonyme et des différentes spéculations à ce propos, sont conservées dans les scolies à ce passage et dans les lexiques byzantins. Ces interprétations ont été généralement accompagnées de "corrections" de la forme de l'ethnonyme et donc du texte d'Homère, corrections qui ont été déduites de ces interprétations. Ce type de "correction" correspond bien à la pratique habituelle des éditeurs hellénistiques[1].

La conjecture la plus ancienne, pour autant que nous puissions en juger, est Κερβερίων au lieu de Κιμμερίων, conformément au sujet du chant XI. Dans le lexique *Etymologicum Magnum* (513,44 Gaisford, cf. Etym. Genuinum, 186,29 Miller; Zonar., 1208,9 Tittman; Phot., 355 Naber; Hesych., II, 467 Schmidt; Schol. Aristoph. Ran., 187) nous lisons: γράφεται καὶ Κερβερίων· καὶ ἔοικε καὶ Σοφοκλῆς περιπεπτοκέναι τῇ τοιαύτῃ γραφῇ· ὁμοίως καὶ Ἀριστοφάνης ἐν Βατράχοις. Cette conjecture existait donc dès avant l'époque hellénistique. Il est difficile d'expliquer son apparition chez Sophocle (fr. 1060 Jebb - Pearson)[2], mais chez Aristophane il s'agit évidemment d'une altération volontaire d'un texte homérique bien connu de tous, altération visant à atteindre un effet comique. Les commentateurs anciens l'avaient déjà noté: τοὺς Κιμμερίους φασί· παίζει δὲ παρὰ τὸν Κέρβερον – Schol. V Aristoph. Ran., 187; τῷ κωμικῷ τῷ... παίζοντι – Eustath. Ad

[1]Cf.: LA ROCHE J., *Homerische Textkritik im Altertum*, Leipzig, 1866. LUDWICH A., *Aristarchs Homerische Textkritik nach den Fragmenten des Didymos dargestellt und beurteilt*, vol. 1-2, Leipzig, 1884. van der VALK M., *Textual Criticism of the Odyssey*, Leiden, 1949.

[2]On a supposé qu'il s'agit ici d'un drame satyrique, par exemple, Ἡρακλῆς ἐπὶ Ταινάρῳ cf.: Aristophanes, *Ranae*, Emendavit et interpretavit F.V.FRITZSCHIUS, Turici, 1845, p. 122. Aristophanes' *Frösche*, Ed. C.RADEMACHER, Wien, 1922, p. 164. En ce cas, l'explication peut être la même que pour la comédie d'Aristophane.

Od., 1671. Cratès de Mallos, fondateur de l'école philologique de Pergame[3], a pris cependant cette conjecture au sérieux et l'a introduite dans le texte de l'*Odyssée* (Schol. Hom. Od., XI, 14 codd. Pal., U5, V3, W; Eustath., loc. cit.). Il pensait que les "Cerbériens" d'Homère n'avaient rien à voir avec les Cimmériens historiques. Le texte "corrigé" d'Homère a lui servi d'argument en faveur de sa théorie cosmologique, selon laquelle l'entrée des Enfers se trouvait au pôle Sud, où la nuit polaire durait six mois. Selon lui, les nuées denses ne laissaient pas passer la lumière le reste de l'année. C'est dans cette nuit éternelle, qu'il a situé Cerbère et les Cerbériens[4].

Les philologues de l'école d'Alexandrie et leur maître Aristarque, par contre, n'ont accepté aucune conjecture et ont conservé dans le texte d'Homère la lecture authentique: Κιμμερίων. Le texte de la scolie du manuscrit de l'*Odyssée* H3 (*Harleianus 5674*) 'Αρίσταρχος Κερβερέων a été corrigé à juste titre par H. Helk[5]. Il a proposé de le lire 'Αρίσταρχος· <Κράτης δὲ> Κερβερέων. Cette conjecture est confirmée par le fait que les philologues alexandrins pensaient qu'Homère ne connaissait pas le nom de Cerbère (Schol. A Hom. Θ 368; Pausan., III, 25,6). Ils n'ont certainement pas pu introduire dans le texte d'Homère des dérivés de ce nom. De plus, le témoignage de la scolie du manuscrit H3 est isolé, tandis que les variantes d'Aristarque sont presque toujours citées par les scolies des autres manuscrits. Pour autant que nous le sachions, l'interprétation de Cratès n'a pas trouvé d'adeptes dans la science moderne.

L'autre explication de l'ethnonyme est attribuée par l'*Etymologicum Magnum* (513,44, cf. les sources citées) à Prôteas de Zeugma: Πρωτέας δὲ ὁ Ζευγματίτης χειμερίους γράφει· ἀεὶ γὰρ οὗτοι ἐν χειμῶνι εἰσίν (cf. βορειότατοι γὰρ ἐκεῖνοι καὶ διὰ τοῦτο χειμέριοι, Eustath., loc. cit.). Ce Prôteas n'est mentionné par les sources que trois fois: par Etienne de Byzance (s.v. Ζεῦγμα), comme exemple de la formation de l'ethnicon, dans les scolies de l'*Iliade* (Schol. A Hom. Σ 410, cf. Schol. T ad loc.) et dans l'article mentionné de l'*Etymologicum Magnum*. Nous n'en connaissons donc presque rien. La seule certitude, c'est que Prôteas a vécu avant Hermogène (IIe siècle après J.-C.) dont l'ouvrage a fourni la plupart des informations reprises par les scolies[6]. Cette étymologie populaire qui fait dériver l'ethnonyme Κιμμέριοι du mot χειμών, a eu ses adeptes non seulement dans l'antiquité mais aussi durant la période moderne. On peut la

---

[3]Voir: HELK H., *De Cratetis Mallotae studiis criticis quae ad Odysseam spectant*, Progr., Dresden, 1914. METTE H.J., *De Cratete Mallota sive Pergameno*, Lipsiae, 1931. IDEM, *Spairopoiia. Untersuchungen zur Kosmologie des Krates von Pergamon*, München, 1936. IDEM, *Parateresis. Untersuchungen zur Sprachteorie des Krates von Pergamon*, Halle, 1952.

[4]METTE, *Sphairopoiia*, pp. 88, 92 ss.

[5]HELK, *Op. cit.*, p. 37.

[6]DIHLE A., "Proteas von Zeugma. Grammatiker", in *RE*, vol. XXIII, 1957, Sp. 930.

trouver dans les divers commentaires des oeuvres d'Homère, particulièrement dans ceux *ad usum delphini*[7].

Le même *Etymologicum Magnum* mentionne encore une étymologie du même type fondée sur l'interprétation du texte d'Homère: ἔνιοι δὲ Κεμμερίων (γράφουσι)· κέμμερος γὰρ λέγουσι τὴν ὀμίχλην. Cette étymologie antique, dont l'auteur n'est pas connu, a eu un très grand succès dans la science moderne. F.A. Ukert déjà s'est rangé à l'avis du scoliaste inconnu qui avait inventé cette interprétation. Il considérait les Cimmériens comme un *Fabelvolk* et pensait que toutes les données de la tradition antique à son propos remontaient aux interprétations du texte d'Homère[8]. Plus tard, K. Müllenhoff a soutenu aussi cette opinion[9]. Il a ajouté au témoignage de l'*Etymologicum Magnum* les gloses d'Hésychius: κάμμερος (K. Müllenhoff par erreur indique κίμμερος), κέμμερος· ἀχλύς, ὀμίχλη et a supposé que le nom des Cimmériens remontait à ces appellatifs. E. Rohde s'est exprimé à ce sujet plus prudemment, mais pour lui les Cimmériens d'Homère étaient aussi un peuple mythique qui n'avait aucun rapport avec les *Gimirrāia* réels, dévastateurs de l'Asie Mineure[10]. Plus tard, les gloses d'Hésychius ont été comparées avec le mot hittite *kammara*, "fumée, nuage"[11], après quoi cette étymologie antique a acquis de nouveaux adeptes et a été inclue dans des dictionnaires étymologiques réputés[12].

Certains auteurs, surtout les spécialistes de l'étude d'Homère, prétendent que les Cimmériens historiques n'avaient rien à voir avec ceux d'Homère. En suivant l'exemple des scoliastes antiques, ils "corrigent" le texte homérique[13]. Avant d'alléguer d'autres arguments contre ces conjectures, il faut noter qu'ils n'ont aucun fondement dans la tradition manuscrite et qu'ils la contredisent[14].

Les autres étymologies proposées jusqu'à présent sont fondées sur la supposition que les Cimmériens d'Homère et le peuple historique, ou du

---

[7]Cf., par exemple, BUCHHOLZ E., *Homerische Kosmographie und Geographie*, Leipzig, 1871, p. 50, n. 11.

[8]UKERT F.A., *Geographie der Griechen und Römer von den frühesten Zeiten bis auf Ptolemäus*, vol. III,2, *Skythien*, Weimar, 1846, pp. 361-379, surtout 376 ss.

[9]MÜLLENHOFF K., *Deutsche Altertumskunde*, vol. III, Berlin, 1892[2], pp. 20-31.

[10]ROHDE, *op. cit.*, p. 99. Cf. la même opinion: NEUMANN K., *op. cit.*, pp. 114-117.

[11]NEUMANN G., *Untersuchungen zum Weiterleben hethitischen und luwischen Sprachgutes in hellenistischer und römisccher Zeit*, Wiesbaden, 1961, p. 32.

[12]HEUBECK A., "Κιμμέριοι", in *Hermes*, 91, 1963, pp. 490 ss. CHANTRAINE P., *Dictionnaire étymologique de la langue grecque*, vol. II, Paris, 1970, p. 531. GINDIN L.A., "Lingvofilologičeskij analiz X pesni "Odissei" i nekotoryje problemy gomerovskoj poetiki", in *Antitčnaja kul'tura i sovremennaja nauka*, Moscou, 1985, p. 97. Cf. *contra:* NYLANDER C., "Kimmerioi - Gamirraa", in *Hermes*, 93, 1965, pp. 131-132.

[13]Par exemple, CARPENTER R., *Folk Tale, Fiction and Saga in the Homeric Epics*, Berkley, Los Angeles, 1956[2], pp. 148 suiv. HEUBECK A., HOEKSTRA A., *A Commentary on Homer's "Odyssey"*, vol. II, Books IX - XVI, Oxford, 1989, pp. 77-79.

[14]Les seules variantes sont Κιμαρίων du *cod. Laurentianus 32,30* et Κυμμερίων du *cod. Palatinus 45*. Elles ne remontent certainement pas au protographe.

moins leurs noms, sont identiques. Elles doivent expliquer la signification de leur nom non seulement chez Homère, mais aussi dans les autres sources. Nous sommes cependant bien obligés de constater que ces tentatives n'ont pas été couronnées de succès, malgré le nombre des interprétations proposées. Certaines étymologies sont simplement fantaisistes[15]. Nous sommes tenus d'examiner spécialement une des étymologies de ce type. Cette interprétation n'est pas mieux argumentée que les autres du point de vue scientifique, mais son auteur a écrit tout un livre pour l'exposer. En outre, c'est une des dernières publications consacrées spécialement au problème cimmérien. Il s'agit du livre de Mme A. Kristensen[16]. Elle reprend la théorie de certains auteurs du XIXe siècle, selon laquelle les Cimmériens doivent être identifiés aux dix tribus juives qui ont été déportées par les Assyriens en Mésopotamie. Un seul argument en faveur de cette théorie, c'est une certaine similitude entre le nom de ces dernières dans les textes cunéiformes, *Bīt-Humri* (du nom d'un roi d'Israël עָמְרִי), et l'ethnonyme des Cimmériens. Or, il est évident que cette identification est inacceptable même du point de vue phonétique. Les textes cunéiformes ne peuvent pas transcrire le mot hébreu עמרי ('Αμβρι des Septante) simultanément comme *Humri*[17] et *Gimi/errāia, Gami/errāia,* et les textes grecs comme Κιμμέριοι. Cette identification est de plus inacceptable du point de vue historique. La tradition hébraïque distinguait sans doute très bien le roi עמרי du peuple גמר, qui a été mentionné dans le *Catalogue des peuples* (Gn., 10,2-3) et dans le livre d'Ezéchiel (Ez., 38,6). L'éponyme des Cimmériens Gomer dans le *Catalogue des peuples* est le père des Scythes et de Togarma (les Protoarméniens) et le fils de Japhet, comme les éponymes de la Lydie (Magog), de la Médie, de l'Ionie et de la Phrygie. Il n'a donc aucun rapport avec les Hébreux. Ezéchiel met, dans sa prophétie, Gomer au nombre des alliés de Gog, ce qui exclut son identification avec les Hébreux. Notre connaissance de la culture matérielle des Cimmériens (l'utilisation d'un arc spécial nommé dans les textes cunéiformes "arc cimmérien" et dans les textes grecs "arc scythe", de "courroies cimmériennes" pour le harnachement mentionnées dans les textes néo-babyloniens etc.) ne se conforme pas à l'image des Hébreux déportés. Elle n'est pas en accord non plus avec la puissance militaire et la mobilité des Cimmériens. En outre, l'utilisation de l'ethnonyme "les Cimmériens" pour la

---

[15]Cf., par exemple, celle qui fait remonter l'ethnonyme au turc *ćomru* : *"ansässiger Nomade"* (?): SCRADER chez: VASMER, *op. cit.*, p. 5, à l'iranien *maryo*: "adolescent": POPOV A.I., *Nazvanija narodov SSSR,* Léningrad, 1973, p. 103, n. 70, au chinois *kâm-miər*: "barbares de l'Ouest": SCHRAMM G., *Nordpontische Ströme,* Göttingen, 1973, p. 182, ou à la composition hypothétique thrace **kir(s)-mar-jo*: "de la mer Noire": TRUBATCHEV O.N. "*Temarundum matre maris*". K voprosu o jazyke indoevropejskogo naselenija Priazov'ja", in *Slav'anskoje i balkanskoje jazykoznanije,* Moscou, 1977, p. 90; GEORGIEV VI.I., "Kimmerioi", in *Linguistique Balkanique,* 25, 1982, pp. 5-6, où cette étymologie est attribuée à G.B.DJAUKJAN.

[16]KRISTENSEN, *op. cit.*

[17]Pour des nombreuses mentions de *Bīt-Humri* dans les textes akkadiens, voir: NAT, pp. 82-83, s.v.

désignation des Scythes et des Saces dans les textes cunéiformes du VIe siècle avant J.-C. est inexplicable, si l'on admet l'identification des Cimmériens et des Hébreux. En résumé, nous ne pouvons retenir la théorie de Mme A. Kristensen que comme un *curiosum* dans les études orientales.

Une autre étymologie semble à première vue plus convaincante. V.V. Ivanov a supposé que le nom des Cimmériens est un dérivé du mot lydien **kimra* qui devrait correspondre au mot hittite *kim(ma)ra* et louvite *im(ma)ra*, "steppe"[18]. Ces derniers mots remontent à leur tour au mot indo-européen **g'heim-*, "la terre". On ne peut reconstituer dans ce cas que la forme lydienne, car aucune des langues louvites ne convient à cette étymologie. En effet, dans les langues louvites c'est le zéro qui correspond à la première consonne hittite *k/g* remontant au son indo-européen palatal *g'h*. Ce phénomène est bien connu pour différents mots, notamment pour le mot hittite *kim(ma)ra* = louv. *im(ma)ra*. En outre, dans les langues louvites, tardives, il arrive, notamment dans le mot *im(ma)ra*, que le groupe des consonnes *mmr* se développe en *mbr* (par exemple, ^{d}*Immarni* > lyc. *Ιμβρανος, ^{uru}*Imralla* > car. Ἴμβραλος, etc[19]).

Nous restons donc limités à la langue hittite et au lydien qui lui est très proche. L'idée de l'origine hittite de l'ethnonyme doit être abandonnée, parce que les Cimmériens, pour autant que nous puissions en juger, n'avaient aucun contact avec les Hittites et ne sont apparus à l'horizon des peuples d'Asie Mineure qu'à la fin du VIIIe siècle avant J.-C. En outre, il existait une distinction phonématique en hittite entre les consonnes tendues et lâches et non entre les sonores et les sourdes. Par conséquent, la première consonne du mot hittite *kim(ma)ra* doit être transcrite comme *k* hittite, bien qu'elle remonte au son sonore indo-européen.

L'étymologie de V.V. Ivanov sous-entend donc que le nom des Cimmériens appartiendrait primitivement à la langue lydienne (ou à une autre langue très proche) et qu'il aurait été emprunté à cette langue par les autres, notamment par l'akkadien et par le grec. Cette position est intenable du point de vue historique: nous savons bien que les Cimmériens sont mentionnés dans les textes akkadiens à partir de la fin du VIIIe siècle avant J.-C., alors que les premiers contacts directs entre les Lydiens et les Assyriens ne remontent qu'aux années 60 du VIIe siècle[20]. Du point de vue formel, l'étymologie est également inacceptable. En effet, si l'on supposait malgré tout l'emprunt par l'akkadien du nom des Cimmériens au lydien, la première consonne *k* du mot lydien aurait été transmise par *k*. C'est le cas dans la

---

[18]IVANOV V., "On the Reflex of the Indo-European Voiced Palatal Aspirate in Luwian", in *Symbolae linguisticae in honorem G.Kuriłowicz*, Wrocław, 1965, p. 132, n. 8. IDEM, "Urartsk. *mari*, hurritsk. *marianne*, hajassk. *marija*", in *Peredneaziatskij sbornik*, III, Moscou, 1979, p. 111, n. 42. Le mot lydien supposé n'est pas cité dans ce passage, mais il est sous-entendu.

[19]GINDIN L.A., *Drevnejšaja onomastika Vostočnyh Balkan (frako-khetto-luvijskije i frako-maloazijskije izoglossy)*, Sofia, 1981, pp. 108-109.

[20]Pour cet événement et sa description dans les rédactions E des "annales" d'Assourbanipal, cf. plus haut.

forme grecque, mais c'est le *g* qui lui correspond dans les formes akkadienne, hébraïque et arménienne. De plus, l'emprunt indépendant du nom des Cimmériens par la tradition grecque et celle des Assyriens ne peut être expliqué que si l'on considère ce nom comme une "autoappellation" (*Selbstbenennung*), c'est-à-dire comme un mot appartenant à la langue des Cimmériens mêmes. Donc, l'étymologie de V.V. Ivanov est inacceptable, aussi bien du point de vue historique que du point de vue formel.

Toutes les étymologies mentionnées montrent une erreur de méthode commune. Elles ne prennent en considération qu'un nombre très restreint de formes du nom en question, formes qui sont connues grâce aux sources écrites en différentes langues. Le plus souvent, seule la forme grecque a été analysée. Les auteurs de ces étymologies ne se posent même pas la question de savoir si ces attestations transmettent fidèlement la forme authentique du mot. Il est évident cependant que cette question doit être résolue et que la forme authentique du nom doit être restituée le plus exactement possible avant toute tentative d'étymologie. Sans quoi, il est très probable que le chercheur traiterait de mots-fantômes qui n'appartiennent qu'à sa propre imagination. Le seul moyen de résoudre ces problèmes est d'analyser toutes les attestations du mot, attestations qui sont connues dans les différentes langues. Cette analyse doit expliquer les divergences entre ces attestations. Il est ainsi possible d'obtenir une information non seulement linguistique, mais également à caractère purement historique.

4.2 Le problème du nom des Cimmériens a été étudié pour la première fois de façon vraiment scientifique, avec l'utilisation de toutes les sources, dans un article d'I.M. Diakonoff[21]. Il a démontré que le nom des Cimmériens a été emprunté en fin de compte par les différentes langues à celle des Cimmériens eux-mêmes, c'est-à-dire qu'il servait d'"autoappellation"[22]. L'auteur de cet article a prêté une attention particulrière à la différence entre la forme grecque et la forme assyrienne de l'ethnonyme, et il a supposé que les inscriptions assyriennes avaient transmis sa forme d'une façon assez exacte, tandis que les Grecs avaient reçu ce mot par la médiation d'autres langues. Cette médiation est la cause des altérations de la forme initiale de l'ethnonyme, qui ne peuvent être expliquées dans les limites du grec même. Ces idées semblent être tout à fait justes, mais les thèses suivantes soulèvent des objections.

I.M. Diakonoff suppose que la langue intermédiaire a été celle des ancêtres communs des Thraces, des Phrygiens et des Protoarméniens, langue qui s'est subdivisée avant le XIIe siècle avant J.-C. Selon lui, le nom des Cimmériens aurait été emprunté par cette langue avant qu'elle ait connu la mutation consonantique (*Lautverschiebung*) **g, g^w > k*. Le grec l'aurait emprunté après cette mutation[23]. Cette théorie complexe devrait expliquer l'apparition du *k* au lieu du *g* dans la forme grecque de l'ethnonyme. Le nom

---

[21]DIAKONOFF, "The Cimmerians", pp. 103-140, cf. la version russe: D'JAKONOV, "K metodike issledovanij", pp. 90 suiv.

[22]DIAKONOFF, "The Cimmerians", pp. 125-126.

[23]*Ibid.*, pp. 127-130.

lui-même est expliqué comme un composé iranien **gām-īr(a)* traduit par "celui qui possède le mouvement, celui qui est dans le mouvement"[24]. Le composé n'est pas, selon l'hypothèse de I.M. Diakonoff, un ethnonyme proprement dit, mais une désignation des détachements mobiles scythes. La forme akkadienne, avec la première voyelle *i* reproduit, selon lui, une variante radicale du degré zéro du même composé: **gm-īra* > **gimīr* > *gimirr-* (suivant le loi d'E. Reiner). La forme grecque serait un dérivé de la même variante radicale. Pour expliquer l'apparition dans cette forme de la voyelle *i*, I.M. Diakonoff est obligé de supposer *ad hoc* que dans un dialecte thrace intermédiaire, la combinaison *km* aurait été impossible au début des mots, comme c'est le cas en akkadien[25].

L'hypothèse d'I.M. Diakonoff est fondée sur une série de suppositions qui ne sont pas toujours convaincantes. D'abord, il admet que les Scythes (avec lesquels il identifie les Cimmériens) ont été les voisins des ancêtres des Thraces dès avant le XIIe siècle avant J.-C. Cette opinion n'est cependant pas indiscutable, et la plupart des spécialistes pensent que la population scythe n'est pas apparue sur le littoral nord de la mer Noire, et encore moins dans sa partie occidentale, avant le VIIIe siècle avant J.-C. Mais même si l'on admet que la population des steppes pontiques était déjà scythe au IIe millénaire avant J.-C., il serait malgré tout difficile d'accepter l'étymologie proposée. Le composé iranien **gām-īra/*gm-īra* devrait désigner, selon l'hypothèse d'I.M. Diakonoff, les détachements mobiles qui effectuaient les raids lointains sans charrois ni femmes. Cette institution, bien connue de la société scythe, n'existait cependant pas encore à l'époque en question (avant le XIIe siècle). Elle est étroitement liée à la tactique des archers montés et n'est apparue qu'après l'invention du harnais de cheval et des pointes de flèches perfectionnées du type dit "scythe", et de l'arc composé sigmoïde. Ce dernier a été nommé par les Grecs "l'arc scythe" et par les Assyriens "l'arc cimmérien"[26]. Les raids lointains des détachements mobiles ne sont devenus possibles qu'après ces inventions, c'est-à-dire au VIIIe siècle avant J.-C. au plus tôt, et n'ont pas tardé à commencer alors. De plus, les détachements mobiles dont parle I.M. Diakonoff, étaient probablement dénommés par les Scythes *bal* et non **gām-īra/*gm-īra*. Les Ossètes en tout cas les désignaient par ce terme. Il est également connu dans les noms scytho-sarmates mentionnés dans des inscriptions des villes grecques du littoral nord de la mer Noire (Οὐαρζβάλακος, Οὐαστόβαλος: "celui qui aime le *bal*, aimé par le *bal*")[27].

L'histoire de ce mot conjecturée par I.M. Diakonoff n'est pas vraisemblable non plus. D'après cette supposition, les ancêtres des Thraces,

---

[24]I.M.DIAKONOFF indique que l'étymologie appartient à V.A.LIVCHITZ: *Ibid.*, p. 131.
[25]*Ibid.*, p. 132.
[26]SALONEN, *op. cit.*, pp. 42-43. DANDAMAYEV M.A., "Data of the Babylonian Documents", p. 99, cf. la version russe dans *Vestnik drevnej istorii*, 1977, N° 1, p. 33.
[27]ABAJEV V.I., "Skifo-sarmatskije narečija", in *Osnovy iranskogo jazykoznanija. Drevneiranskije jazyki*, Moscou, 1979, p. 284.

dès avant le XIIe siècle, aurait emprunté à la langue de leurs voisins le mot qu'ils auraient utilisé pour désigner ces derniers. Ils l'auraient conservé très longtemps et ne l'auraient transmis aux Grecs que plusieurs siècles plus tard, après la mutation consonantique dans leur langue. Les Grecs, à leur tour, auraient identifié cet ethnonyme avec les barbares venus de l'Est, de l'Asie Mineure et de Transcaucasie, et non du Nord, de la Thrace. De plus, l'existence même de l'assourdissement des sonores indo-européennes dans la langue thrace, et du moins sa régularité, semble être pour le moins douteuse. En effet, même si l'on laisse de côté le matériel dit "dace" dans lequel on ne trouve aucune trace de la mutation consonantique, l'étymologie la plus sûre de toute l'onomastique thrace (Δια– dans les noms des personnes < i.-e. **diw*) ainsi que d'autres faits témoignent du fait que cet assourdissement n'a pas eu lieu[28].

En outre, l'étymologie d'I.M. Diakonoff est elle-même assez douteuse. Le deuxième élément du composé supposé peut être interprété (l'indication directe manque dans l'article en question) comme le mot *īra, Anlauf, Angriff* ou *Energie, Tatkraft*[29]. On ne le trouve que trois fois (Yt., 10,14; 13,26; Y., 49,10) dans l'*Avesta,* et la deuxième acception qui est sous-entendue par l'étymologie d'I.M. Diakonoff n'est utilisée qu'une seule fois (Y., 49,10). En outre, dans ce dernier cas, l'attestation de ce mot est peu sûre, et les commentateurs proposent ici différentes variantes de la division des mots (*avə̄mīrā, avə̄mī rā, avə̄m īrā*). Ce passage était déjà obscur pour l'auteur de la traduction pehlevi qui l'a transmis comme *frōt murt bavēt* à cause de la similitude avec le mot perse *mīrēt,* "il est mort". Tout cela prouve que le mot en question était très rare même dans la langue de l'*Avesta*. Il serait donc très risqué non seulement de l'introduire dans le composé en question, mais aussi de supposer son existence dans la langue scythe. En outre, il faut noter que les deux éléments du composé ne correspondent pas aisément l'un à l'autre. En effet, le mot *īra* ne signifie pas "la propriété, les caractéristiques", mais "l'énergie, l'activité". Le sens du composé serait alors "celui qui possède l'énergie (l'activité) dans l'arrivé (ou dans le mouvement)", ce qui ne semble pas heureux. Le premier élément de ce composé est le thème verbal *gam-* ("aller, arriver"), or les composés de ce type, avec une première partie verbale, sont presque inconnus dans les langues iraniennes anciennes. Les noms de personnes sont un cas particulier, mais même ces noms, peu nombreux, contiennent dans leur deuxième partie le sujet ou l'objet du premier élément verbal et non un circonstanciel. Par conséquen, l'étymologie d'I.M. Diakonoff n'est pas très réussie de ce point de vue non plus.

4.3 Deux traditions principales nous transmettent des informations sur les Cimmériens: celle des textes grecs et celle des textes akkadiens. Dans les

---

[28]GINDIN L.A., *Drevnejchaja onomastika,* pp. 30-31. TOKHTAS'JEV S.R., "O peredviženii soglasnykh vo frakijskom jazyke", in *Antičnaja balkanistika. Karpato-balkanskij region v diakhronii. Predvaritel'nyje materialy k simpoziumu,* Moscou, 1984, p. 43.

[29]BARTHOLOMAE CHR., *Altiranisches Wörterbuch,* Strassburg, 1904, Sp. 372.

textes grecs, les Cimmériens sont désignés à partir de l'époque d'Homère (deuxième moitié du VIIIe siècle avant J.-C.) par le mot Κιμμέριοι Les textes akkadiens utilisent la forme *Gimirrāia,* avec la variante *Gamir-* dans trois textes de l'époque de Sargon II. La gémination de la consonne *m* dans la forme grecque, qui n'existe pas dans les autres traditions, ne semble pas avoir d'explication phonétique. La stabilité de l'orthographe de cet ethnonyme dans la tradition grecque (à l'exception seulement de l'inscription sur le vase François ΚΙΜΕΡΙΟΣ qui n'est qu'un cas particulier de l'orthographe attique) doit être expliquée, pour autant que nous puissions en juger, par l'influence de sa forme homérique. La gémination de la consonne chez Homère peut s'expliquer facilement par l'exigence du mètre. En effet, Homère a utilisé la formule "ethnonyme au génitif + ἀνδρῶν δῆμός τε πόλις τε" (cf.: ζ 3: βῆ ῥ' ἐς Φαιήκων ἀνδρῶν δῆμόν τε πόλιν τε; ξ 43: πλάζετ' ἐπ' ἀλλοθρόων ἀνδρῶν δῆμόν τε πόλιν τε) dans le vers λ 14, et cette formule détermine sa structure rythmique en exigeant la longueur de la première syllabe du mot Κιμμερίων (- ⏑ ⏑ -).

La première divergence évidente entre la forme grecque et la forme akkadienne de l'ethnonyme concerne sa première consonne. La forme grecque commence par *k,* tandis que la forme akkadienne (et les autres, comme le *Gōmär* biblique et le *Gamirk*ʿ arménien) comprend un *g* comme première consonne. Comme nous l'avons déjà noté, I.M. Diakonoff a supposé à juste titre que les textes akkadiens avaient conservé l'ethnonyme sous une forme assez exacte, et il a expliqué sa forme en grec par la médiation d'une langue commune des ancêtres des Thraces, des Phrygiens et des Protoarméniens. Le même problème peut cependant être résolu d'une façon beaucoup plus simple, sans les présupposés peu probables qui sont nécessaires à l'hypothèse d'I.M. Diakonoff. Toujours en s'appuyant sur l'idée de la médiation, on peut supposer que la langue intermédiaire était celle qui ne distinguait pas les gutturales sourdes et sonores. En Asie Mineure, le lydien était une langue de ce type. Contrairement aux autres langues anatoliennes tardives, le lydien ne connaissait pas l'opposition phonématique et systématique entres les occlusives sourdes des sonores (il est probable que c'est l'opposition entre tendues et lâches qui existait en lydien comme en hittite)[30]. Bien que l'alphabet lydien possède le signe spécial *g,* on ne le trouve que quatre fois dans toutes les inscriptions. Dans deux cas, il n'est qu'une variante graphique de *k* (*qig* au lieu de *qik* normal et *atrgoli,* cf. *atrokl*), et dans le troisième cas, il est utilisé comme un signe de chiffre qui n'a sans doute aucune valeur phonétique. La langue grecque transmet habituellement la gutturale lydienne par le *kappa* (par exemple, Κανδαύλης: Hipponax, fr. 2,1 Degani; Hdt. I, 7-8, 10-13 etc; Καστωλός: St. Byz.,

[30]GUSMANI, *op. cit.*, 1964, pp. 31-34; HEUBECK A., "Lidijskij jazyk", in *Drevnije jazyki Maloj Azii*, Moscou, 1980, pp. 296-298.

366,22 Meineke; Κυβήβη: lyd. *Kufad;* κοίης, κόης: lyd. *kaves,* "prêtre"[31], etc.).

On pourrait penser que certains mots lydiens conservés dans des gloses grecques contredisent cette thèse. Mais l'indication de l'origine lydienne d'un mot, qu'on peut retrouver dans l'un ou l'autre des lexiques grecs, n'est pas suffisante en tant que telle pour assurer l'appartenance de ce mot à la langue lydienne. Cette indication doit être confirmée par des données indépendantes provenant des inscriptions lydiennes ou par une étymologie anatolienne sûre et incontestable. Les gloses comprenant le *gamma,* désignées par les lexicographes antiques comme des mot lydiens, sont peu nombreuses. Certains mots de ce groupe peuvent facilement être expliqués dans le cadre du grec même. Le toponyme Ἁγνεών, par exemple, (Athen., XII, 515-516, de Cléarque) est sans doute un dérivé du mot grec ἁγνός, "pur rituellement, sacré"[32]. Le mot τάργανον (ὄξος· Λυδοί Hesych.) et ses dérivés ταργανόομαι et προσταργανόω se rencontrent dans les textes grecs, notamment chez les comiques, comme mots ordinaires et il n'y a aucune raison de leur supposer une origine lydienne[33]. Les autres gloses, bien qu'elles soient étrangères à la langue grecque, n'appartiennent pas non plus au lydien. Le mot βρίγα (Hesych.: 'Ιόβας (FGrHist, 275, F 98) δὲ ὑπὸ Λυδῶν (ἀπο)φαίνεται βρίγα λέγεσθαι τὸν ἐλεύθερον) est sans doute d'origine thrace ou phrygienne[34]. Le nom de l'instrument de musique μάγαδις a probablement la même origine. Son invention est attribuée par les auteurs antiques tantôt aux Lydiens, tantôt aux Thraces, tantôt aux Phrygiens, voire aux Grecs même[35].

Il ne reste qu'une seule glose d'Hésychius: τεγοῦν· Λυδοὶ τὸν ληστήν. M. Schmidt a proposé dans son édition du lexique de cet auteur une ingénieuse conjecture: τε Γλοῦν[36]. Cette conjecture est fondée sur un passage d'Hérodien qui mentionne Γλοῦς ὁ ληστής (Herodian. π.μ.λ., 14,26 = III,2, 921,7 Lentz) et sur une autre glose d'Hésychius qui donne le même nom sous une forme un peu différente (Γλῶς· ὄνομα Αἰγυπτίου τινός, cf.: Athen., VI, 256c). Tout cela pourrait témoigner de l'existence dans la littérature grecque d'une figure bien connue du brigand Glous dont le

---

[31]Il est possible néanmoins qu'il ne s'agissait pas dans le dernier cas d'un emprunt à la langue lydienne, mais d'un développement parallèle de deux mots qui remontent à une racine indo-européenne, cf.: skr. *kavi-*, "sage, poète": Hesychii Alexandrini *Lexicon,* recensuit et emendavit K.LATTE, vol. II, Hauniae, 1966, pp. 817-818. CHANTRAINE, *op. cit.,* vol. II, Paris, 1970, pp. 551,553.

[32]LSJ, pp. 11-12.

[33]LSJ, p. 1758.

[34]TOMASCHEK W., *Die alten Thraker. Eine ethographische Untersuchung,* Wien, 1980^2, T. 1, p. 30. DETSCHEW D., *Die thrakischen Sprachreste,* Wien, 1976^2, pp. 91-92.

[35]Athen., IV, 182c-d sqq, XIV, 634f sqq; Pollux., IV, 61; pour les autres sources, voir: LSJ, p. 1070. Cf.: DETSCHEW, *op. cit.,* p. 278.

[36]Hesychii Alexandrini *Lexicon* post I. ALBERTUM recensuit M. SCHMIDT, Amsterdam, 1965 (1858), vol. I, p. 436, app. crit.

nom a été utilisé dans les oeuvres des philologues antiques. La conjecture de M. Schmidt n'est donc pas improbable.

Une autre interprétation semble cependant plus probable. G. Neumann a comparé la glose d'Hésychius avec le mot hittite *taja*, "voleur" (cf. skr. *tāyú-*, avest. *tāyu-*, slav. *tatĭ* avec la même signification)[37]. Si cette comparaison est juste, le *gamma* transcrit dans ce cas le son *j* et non *g*. Le mot lydien doit donc être restitué comme **teju-*[38]. En effet, les cas d'utilisation du *gamma* pour la désignation de la spirante *j* en position intervocalique, spécialement après les voyelles *e, i,* se rencontrent épisodiquement à partir du IVe siècle avant J.-C., notamment dans les inscriptions attiques. Des cas semblables deviennent assez fréquents dans les papyrus égyptiens à partir du IIe siècle avant J.-C.[39] La supposition de G. Neumann n'est donc pas sans fondement. Il faut noter cependant que ce phénomène phonétique est apparu dans la langue littéraire beaucoup plus tard que dans la langue parlée, dont les particularités sont reproduites par les papyrus et dans une certaine mesure par les inscriptions. En outre, le dialecte pamphylien, qui donne les exemples les plus anciens et les plus nombreux de ce phénomène, est en général un cas particulier très différent des autres dialectes grecs[40]. Les textes littéraires de l'époque hellénistique qui ont fourni la majorité des matériaux pour le lexique d'Hésychius auraient dû transmettre la spirante *j* comme *iota*. Cette thèse n'est cependant pas un argument décisif contre l'interprétation de G. Neumann. En effet, le lapsus calami d'un *gamma* au lieu d'un *iota* est assez courant dans l'écriture majuscule et aurait pu se produire facilement dans une des sources d'Hésychius. Une simple coïncidence est très peu probable dans ce cas: les formes et la sémantique des mots comparés sont trop proches[41]. Quoi qu'il en soit, nous pouvons conclure que le phonème *g* manque dans la glose en question.

En tenant compte de tout cela, le nom royal Γύγης (akkadien *Guggu*) semble être isolé. On l'a fait remonter à plusieurs reprises à un mot hittite *ḫuḫḫa*, "grand-père"[42]. Si cette supposition était juste, on serait obligé d'admettre que le *gamma* correspondrait dans ce mot à la laryngale hittite. Toutes les comparaisons connues entre les mots hittites et lydiens témoignent au contraire de la disparition des laryngales hittites dans la langue lydienne:

---

[37]Pour ce mot hittite, voir: BENVENISTE E., *Hittite et indo-européen,* Paris, 1962, pp. 112-117. Cf.: HEUBECK A., Compte rendu du livre: BENVENISTE, *op. cit,* in *Gnomon,* 35, 1963, p. 674.

[38]NEUMANN G., *op. cit.,* pp. 64-66.

[39]MAYSER E., *Grammatik der griechischen Papyri aus der Ptolemäerzeit,* vol. I, *Laut- und Wortlehre,* Leipzig, 1906, pp. 163-168. SCHWYZER E., *Griechische Grammatik,* vol. I, München, 1939, p. 209. LEJEUNE M., *Traité de phonétique grecque,* Paris, 1955, p. 47.

[40]Pour la description de ce dialecte voir: BRIXHE C., *Le dialecte grec de Pamphylie. Documents et grammaire,* Paris, 1976.

[41]Cf.: HEUBECK A., Compte rendu du livre: NEUMANN G., *op. cit,* in *Gnomon,* 35, 1963, p. 377.

[42]Pour les références voir: NEUMANN G., *op. cit.,* pp. 69-70.

ḫandāi - ãntẽ; ḫapparāi - afari; ḫassa - eśa; ḫuiswant - veśfa; isḫa - iśa; isḫimana - ismẽn; laḫḫijalla - λaíλaς; paḫs - fata; palzaḫḫa - bλaso (?)[43]. La comparaison du mot lydien *kãna*, "la désignation d'un degré de parenté, le plus probable *(Ehe)frau"*, avec le mot hittite *ḫanna*, "grand-mère", doit être rejetée. Il remonte, pour autant que nous puissions en juger, comme le mot louvite *wana*, à la racine indo-européenne **g^{u}enā-*[44].

Il existe cependant une quantité restreinte de toponymes, notamment sur le territoire de la Lydie, dans lesquels le *kappa* grec a probablement transcrit un son qui correspond à la laryngale hittite (lyd. Κιναροα - *Ḫinnaruwas*, Κολόη - *Ḫallawa, Ḫalluwa*, cf. pisid. Καλου[α] - *Ḫalluwa*, Κουνδουρία - *Ḫundara*, cappad. Κυβίστρια - *Ḫubisna*, Κόρνη - *Ḫurna*, car. Κινδύη - *Ḫinduwa*[45], mais à côté de car. 'Αργασ[α] - *Ḫarga, Ḫarkija*, 'Ασσησός - *Ḫessassa*, cappad. 'Αράνη - *Ḫarana* etc[46]). Ce phénomène peut être expliqué par le fait que la gutturale correspond régulièrement à la laryngale hittite dans les autres langues anatoliennes tardives (par exemple, lyc. *kuga/χuga* - hitt. *ḫuḫḫa*, "grand-père"). Le même mot emprunté à l'une des langues anatoliennes est probablement lié aux gloses grecques κοκκύαι· αἱ πρόγονοι (Suid., s.v., Callim., fr. 340 Pfeiffer); κοκύας· ὁ πρόγονος (Etym. Magn., 524,52; cf.: Anth. Pal., IX, 312, l'auteur de cette épigramme, Zonas de Sardes, est originaire d'Asie Mineure); κοκύαι· οἱ πάπποι καὶ οἱ πρόγονοι, κυκοίας· προγόνους, κουκᾶ· πάππων (Hesych., *ss. vv.*, cf. l'apparat critique dans l'édition de K. Latte). Il est probable qu'une autre glose d'Hésychius appartienne également à ce groupe, mais le texte de ce passage est détérioré et ne peut pas être restitué avec certitude (γυγαί· πάμποι: πάπποι *coni.* Perger; γύαι· καμπαί *coni.* Faehsius; ὠγυγίαι· παμπαλαιαί *coni.* Latte). La localisation d'un toponyme sur le territoire de la Lydie ne peut pas assurer son origine lydienne. Comme l'origine des toponymes mentionnés n'est pas connue, ils ne peuvent pas être utilisés, contrairement aux appellatifs, comme une source sur la phonétique de la langue lydienne. En outre, c'est le son guttural sourd et non sonore qui correspond à la laryngale hittite dans ces toponymes. Ils n'ont donc rien à voir avec le nom de Gygès.

Compte tenu de ce qui précède, on est obligé de préférer une autre étymologie du nom du roi lydien, étymologie proposée par G. Neumann[47]. Selon cette étymologie, le nom de Gygès est un dérivé du nom grec d'un oiseau de proie nocturne, qui est mentionné une seule fois dans le traité de Dionysius sur la chasse aux oiseaux: Καὶ γύγης ὄρνις ἐστιν... ὅς τοὺς

---

[43]GUSMANI R., *Lydisches Wörterbuch*, Ergänzungsband, Lfg. 3, Heidelberg, 1986, p. 169.

[44]GUSMANI R., "Lydisch *kãna* und luwisch *wana*", in *Sprachwissenschaftliche Forschungen. Festschrift J. Knobloch*, Innsbruck, 1983, pp. 127-132.

[45]ZGUSTA L., *Kleinasiatische Ortsnamen*, Heidelberg, 1984, NN° 517-2, 554, 414-1, 606, 639-3, 584-2, 518-1.

[46]*Ibid.*, NN° 89-1, 108-3, 85-3.

[47]NEUMANN G., *op. cit.*, pp. 69-70.

ὄρνεις ἐν νυκτὶ κατεσθίει τοὺς ἀμφιβίους ("et il existe un oiseau *gyges*... qui dévore les oiseaux aquatiques pendant la nuit")[48]. Il est très probable que le nom de cet oiseau aquatique soit lié également au nom d'un lac Γυγαίη λίμνη qui se trouvait en Lydie (cf. Hesych., *s.v.*). Ce lac est déjà mentionné dans les poèmes d'Homère (B 865; Υ 390-391), et son nom n'est donc pas directement lié à celui du roi lydien. On peut y ajouter encore une glose d'Hésychius: γυγαίη νύξ· ἡ σκοτεινή. On a proposé une correction du texte d'Hésychius: λυγαίη νύξ· ἡ σκοτεινὴ [γῆ][49]. Une autre solution semble être tout de même plus simple et plus convaincante. Un nom du genre féminin est évidemment omis à la fin de cette glose. La restitution du mot νύξ au lieu du mot γῆ donne plus de sens à cette phrase ("la nuit gygienne: la nuit obscure") et ne demande pas de correction du premier mot de la glose, ce qui aurait obligé de replacer cette glose à une autre endroit du lexique. Comme les oiseaux *gyges* chassaient, selon Dionysius, pendant la nuit, il est facile de supposer l'apparition d'une locution proverbiale semblable. Si cette étymologie est juste, le nom de Gygès serait d'origine grecque. C'est tout à fait possible dans le milieu mixte gréco-lydien qui existait au nord-ouest de l'Asie Mineure dès l'époque la plus ancienne. Si l'on insiste malgré tout sur l'existence des liens entre le nom de Gygès et les mots hittite *ḫuḫḫa* et lycien *kuga/χuga*, on est obligé de supposer que ce nom appartiendrait à une autre langue anatolienne, dans laquelle, contrairement au lydien, la gutturale sonore correspondait à la laryngale hittite. De toute façon, le nom de Gygès est un exemple isolé qui ne peut pas servir à prouver l'existence du phonème *g* dans la langue lydienne[50].

Nous connaissons l'histoire d'un mot proche de celle du nom des Cimmériens. Il s'agit du nom d'un vêtement perse appelé *gunakku* en akkadien[51] et καυνάκης, καυνάκη en grec[52] (avec les variantes γαυνακή, γαυνακής dans certains papyrus et dans *Peripl. mar. Erythr.*, 6[53]). La forme initiale de ce mot peut être restituée sans aucun doute comme

[48]Cf.: *ignota avis hic tantum laudata:* Dionysii *Ixeuticon seu de aucupio libri tres,* ed. A. GARZYA, Leipzig, 1963, p. 34.

[49]Hesychii Alexandrini *Lexicon* post I. ALBERTUM recensuit M. SCHMIDT, Amsterdam, 1965 (1858), vol. I, p. 448, app. crit. Hesychii Alexandrini *Lexicon,* Recensuit et emendavit K. LATTE, Hanniae, 1953, vol. I, p. 393, app. crit.

[50]Un autre exemple qui a été utilisé par A. HEUBECK (*Lydiaka,* p. 62) pour prouver la possibilité de la mutation de laryngale hittite en gutturale lydienne, Ζεῦς Ταρ(ι)γυηνός < hitt. Tarḫu (?), n'est pas convaincant non plus. En effet, l'origine de cette épiclèse, comme son appartenance linguistique, n'est pas connue avec certitude.

[51]CAD, v. 5 G, p. 134. AHw, Lfg. 4, p. 298.

[52]Pour les textes voir: LSJ, p. 932. SCHWYZER E., "Iranisches", in *Zeitschrift für Indologie und Iranistik,* 6, 1928, pp. 234-243.

[53]Ces variantes reproduisent la forme perse du mot d'une façon plus fidèle et elles sont probablement le résultat d'un emprunt direct de la langue perse. La forme latine *gaunacum* s'accorde avec ces variantes.

**gaunaka*, un homologue du mot avestique *gaona* "les cheveux, le poil"[54]. Ce mot est mentionné pour la première fois par Aristophane (*Vesp.*, 1137, 1149), et il indique clairement que les Grecs ont découvert ce vêtement perse par l'intermédiaire des Lydiens (1137). L'assourdissement de la première consonne de ce mot s'explique sans doute par cette médiation.

L'apparition du *kappa* au lieu du *gamma* dans la forme grecque du nom des Cimmériens est donc tout à fait régulière, si le grec l'a emprunté à la langue lydienne. L'hypothèse de la médiation lydienne est conforme également à la situation historique. Les Lydiens étaient les voisins orientaux les plus proches des Grecs, et les deux peuples avaient des contacts très intenses dès la plus haute antiquité. Une sorte d'unité culturelle gréco-lydienne s'est formée très tôt à cause de ces contacts et de l'influence mutuelle. Or, les Grecs recevaient naturellement de ces proches voisins, qui appartenaient aussi bien à leur propre civilisation qu'à la culture de l'Orient, une grande partie de leurs informations sur les événements d'Asie. Il est donc aisé de comprendre comment c'est par l'intermédiaire des Lydiens que les Grecs ont eu connaissance du nom des Cimmériens, qui firent leur apparition à l'extrémité orientale du monde connu. Les Cimmériens n'avaient pas encore, à ce moment-là (vers la fin du VIIIe siècle avant J.-C.), de contacts directs ni avec les Lydiens, ni avec les Grecs, et ce peuple ne représentait pour eux qu'une vague notion exotique. Mais c'est sous une forme lydienne que ce nom est entré dans la langue grecque et qu'il s'est glissé dans l'*Odyssée*.

4.4 Passons à l'étape suivante de l'étude des formes connues du nom des Cimmériens. La variante principale est celle qui comprend l'*i* comme première voyelle. Cette forme est attestée par la grande majorité des textes akkadiens (rédigés aussi bien lors des contacts directs entre les Cimmériens et les Assyriens qu'à l'époque des Achéménides) et par tous les textes classiques. Les sources akkadiennes connaissent cependant des formes ayant un *a* comme première voyelle. Il s'agit des trois attestations les plus anciennes de l'ethnonyme en question dans les inscriptions akkadiennes (ABL 112:4: ^{lú}*Ga-me-ra-a-a;* ABL 146: 6, 9: ^{lú}*Ga-mi/er-ra;* ABL 197: 9: ^{kur}*Ga-mi/er*). I.M. Diakonoff considère la forme en *a*, en accord avec sa propre étymologie, comme la forme originelle.

Si l'on veut bien comprendre ces formes, il est nécessaire de les analyser dans le contexte des documents où elles sont attestées. Les trois documents en question appartiennent à une même série de lettres relatant les rapports du service de renseignement assyrien. Il s'agit dans ces rapports de conflits lointains entre les Cimmériens et les Ourartéens, n'ayant pas encore atteint directement l'Assyrie. De plus, les Assyriens n'avait pas avant cette époque, semble-t-il, de contacts avec les Cimmériens, et le nom de ce peuple était nouveau pour eux. Toutes les lettres en question contiennent les résumés des rapports du service de renseignements, rapports qui ont circulé de main à main et qui ont été plusieurs fois recopiés (par exemple, la lettre ABL 1079:

[54]BARTHOLOMAE, *op. cit.*, Sp. 482. Cf.: SCHWYZER, "Iranisches", pp. 234-243. PRZYLUSKI J., "Une étoffe orientale, le kaunakes", in *JRAS*, 1931, pp. 339-347.

les informateurs anonymes d'Urzana - Urzana - Nabû-lēʾi - Sennachérib - Sargon).

Il faut noter à ce propos que d'autres variantes graphiques du nom des Cimmériens se rencontrent également dans des lettres appartenant à la même série et parlant des mêmes événements, et qui ont été écrites par le même groupe de personnes à la même époque. Le nom des Cimmériens dans les trois lettres précitées est écrit quatre fois à l'aide de signes syllabiques (deux fois dans la lettre ABL 146). Une autre graphie du même mot est cependant utilisée à côté de la première: les scribes ont écrit à trois reprises le nom des Cimmériens avec l'idéogramme ^{kur}PAP-*ir* (ABL 1079,6; ABL 197,10; ND 2608,12). Cet idéogramme dont la signification habituelle est "tout", peut être lu aussi bien *gimir* que *gamir*[55]. En outre, une troisième variante de l'écriture est également attestée dans une lettre de la même série traitant des mêmes événements (^{kur}*Gi-mir-a-a:* ND 1107: 9, Rv. 5; SAA 5, 144). Cette même forme est utilisée dans tous les textes akkadiens plus tardifs. Il semble que la seule explication convaincante de la coexistence de ces trois formes dans des lettres de la même époque, écrites par le même groupe de personnes, est la suivante. Nous avons déjà mentionné que l'idéogramme PAP peut être lu comme *gimir* ou comme *gamir.* Le même idéogramme devait être utilisé dans les rapports non conservés des informateurs assyriens, comme c'est le cas dans les résumés connus de ces rapports. L'apparition du déchiffrement erroné de cet idéogramme comme *gamir* au lieu de *Gimir,* forme correcte de l'ethnonyme inconnu aux scribes, s'explique donc facilement. Les formes akkadiennes ayant un *a* comme première voyelle ne peuvent donc servir de source à la restitution du nom authentique des Cimmériens. Ces formes ne font que refléter certaines particularités de l'écriture cunéiforme.

4.5 Outre les formes grecque et akkadienne, nous possédons encore des attestations de l'ethnonyme dans d'autres traditions. L'attestation la plus importante de ces dernières est celle de la Bible, où les Cimmériens sont mentionnés sous une forme massorétique גֹּמֶר (*Gōmär*) à deux reprises, dans le *Catalogue des peuples* (Gn., 10, 2-3 = I Chr., 1, 5-6) et dans le livre d'Ezéchiel (Ez., 38, 6). I.M. Diakonoff présume que la vocalisation massorétique est fausse et reconstitue à sa place une forme **Gamēr* (avec *e* long) en s'appuyant sur la lecture de la traduction des Septante Γαμέρ[56]. Les formes bibliques de l'ethnonyme et leur interprétation par I.M. Diakonoff méritent une étude à part.

La deuxième voyelle de l'ethnonyme dans son attestation par les auteurs classiques ainsi que dans les deux formes bibliques (de la traduction des Septante et du texte hébreu) est l'*e* bref. I.M. Diakonoff suppose pourtant que dans la forme initiale l'*i* était long. Il cite à ce propos les attestations akkadiennes, où il présume l'action de la loi phonétique de Reiner (*īr* > *irr*).

---

[55]CAD, v. 5 G, p. 34, 37-38, 76-78.

[56]D'JAKONOV, "K metodike issledovanij", p. 49, n. 72. DIAKONOFF, "Cimmerians", p. 109, n. 12, avec une référence erronée au livre d'Ezéchiel. En réalité, ce livre contient la lecture Γομερ, tandis que la forme Γαμερ se trouve dans le texte de la *Genèse*.

Les données des textes akkadiens à ce sujet sont cependant très incertaines. Le signe MIR utilisé le plus souvent dans la transcription du nom des Cimmériens peut désigner aussi bien la syllabe *mir* que la syllabe *mer*. En outre, un seul cas où nous pouvons juger de la qualité de la deuxième voyelle dans la forme akkadienne (*e* ou *i*) témoigne justement de l'existence du *e* dans cette forme: *Ga-me-ra-a-a* (ABL 112: 4). Le signe ME peut pourtant avoir lui aussi la signification, rare, de *mì*. Il faut noter en outre, une autre variante graphique rare ^{lú}*Gi-ma-ra-a-a* (Dar 458)[57]. L'apparition du signe MA peut témoigner de la prononciation réelle avec la voyelle *e*, car l'*e* dans la position avant le *r* en akkadien peut être un allophone de l'*a*[58], bien qu'il soit le plus souvent confondu avec l'*i*. En utilisant seulement les inscriptions akkadiennes, nous ne pouvons donc pas restituer la deuxième voyelle de l'ethnonyme avec une certitude absolue, bien que leurs données témoignent du fait que sa prononciation était *e* plutôt que *i*.

I.M. Diakonoff explique l'apparition d'un *epsilon* dans la forme grecque de l'ethnonyme par la prononciation plus ouverte de l'*i* initial et par sa transformation en *e* par suite de cette manière de prononcer. En effet, le phénomène de la transformation du *iota* bref (mais bref uniquement, ce qui contredit l'étymologie d'I.M. Diakonoff) en *epsilon* plus ouvert dans la position devant le *rhô*, est connu dans la langue grecque, mais il n'existe que dans un nombre restreint de dialectes. Les dialectes d'Élée, de la Thessalie et de Lesbos appartiennent à ce groupe[59], mais ce n'est pas le cas des dialectes ioniens, notamment de celui d'Homère. Le nom des Cimmériens sous une forme comprenant l'*e* est déjà attesté dans le texte d'Homère, et l'on ne peut donc guère supposer que cette forme ait été influencée par un dialecte du premier groupe. La transformation ι > ε ne peut donc pas être expliquée à l'intérieur du grec, si l'on ne suppose pas l'emprunt de l'ethnonyme d'abord par le dialecte lesbien ou par un autre dialecte semblable. Cette dernière supposition est tout à fait improbable et l'explication d'I.M. Diakonoff doit donc être rejetée.

Les formes bibliques de l'ethnonyme s'accordent avec ses attestations dans les sources classiques, ce qui permet de restituer la deuxième voyelle de ce nom comme étant un *e*. Les données akkadiennes ne contredisent pas cette restitution.

En ce qui concerne la quantité de la deuxième voyelle, les données des inscriptions akkadiennes ne sont pas sûres non plus. La réduplication du *r* préconisée par la loi de Reiner est attestée par ces inscriptions de façon très irrégulière. En outre, cette réduplication ne témoigne pas obligatoirement d'une gémination réelle et peut être simplement une conséquence du système syllabique de l'écriture utilisée par les scribes akkadiens. Nous avons, de plus, un exemple d'absence de la deuxième voyelle dans l'ethnonyme:

---

[57]DANDAMAJEV, "Novyje dannyje", p. 35. DANDAMAYEV, "Data of the Babylonian Documents", p. 102.
[58]von SODEN, *Grundriss*, p. 12.
[59]LEJEUNE, *op. cit.*, p. 123, 209.

^{kur}*Gim-ra-a-a* (ABL 1391: 3, 16; la répétition à deux reprises de cette forme exclut la possibilité d'une simple faute du scribe). Toutes les autres traditions révèlent une brièveté de la deuxième voyelle. Nous sommes donc obligés de restituer une forme du nom des Cimmériens qui comprenne une deuxième voyelle brève, vraisemblablement un *e*, ou peut-être un *i*.

En reprenant l'analyse des formes bibliques de l'ethnonyme, il faut noter la différence entre ses formes attestées dans les traductions grecques de la *Genèse* (et des *Chroniques*) et du livre d'Ezéchiel. La première forme comprend comme première voyelle l'*a*, la deuxième la voyelle *o*.

En ce qui concerne les accents des formes de la traduction des Septante, leur position n'est pas claire. Il faut noter à ce propos que l'accentuation des Septante mérite plus d'attention que celle qu'on lui attribue habituellement[60]. Les signes d'accentuation ont été inventés à Alexandrie par Aristophane de Byzance (deuxième moitié du IIIe siècle avant J.-C.) à l'époque même où l'on y traduisait la Bible. Avant le Ier siècle après J.-C., on ne rencontre ces signes dans les papyrus que sporadiquement et dans des passages difficiles pour le lecteur[61]. Leur utilisation dans certains manuscrits de la traduction des Septante à partir d'une haute époque est cependant tout à fait probable, surtout pour les mots dont l'accentuation pouvait susciter des difficultés. En outre, en tenant compte du rôle important de la lecture à haute voix de la Bible dans la religion juive, on peut supposer que l'accentuation exacte ait été longtemps conservée dans la tradition orale. Les signes d'accentuation des Septante peuvent donc témoigner des accents réels d'une époque assez éloignée.

Les manuscrits des Septante sont, semble-t-il, en désaccord entre eux sur la position de l'accent pour le nom des Cimmériens. Les anciennes éditions donnent ce nom avec l'accent sur la dernière syllabe (Γαμέρ, Γομέρ)[62]. Pour cette raison, cette forme est entrée dans la tradition scientifique (lorsque

[60]Dans l'édition standard d'A. Rahlfs (*Septuaginta, id est Vetus Testamentum graece iuxta LXX interpretes*, ed. A. RAHLFS, vol. 1-2, Stuttgart, 1935 etc.), par exemple, les signes d'accentuation des noms de lieux ou de personnes dans la majorité des cas sont simplement omis.

[61]THOMPSON E.M., *An Introduction to Greek and Latin Palaeography*, Oxford, 1912, pp. 61-62. TRONSKIJ I.M., *Drevnegrečeskoje udarenije*, Moscou, Léningrad, 1962, pp. 10-17, avec les références. Pour le système alexandrin d'accentuation voir: LAUM B., *Das Alexandrinische Akzentuationssystem*, Paderborn, 1928. Cf.: BIONDI A., *Gli accenti nei papiri greci biblici*, Roma, Barcelona, 1983.

[62]*Vetus Testamentum graecum, iuxta Septuaginta interpretes*, ed. L. VAN ESS, Lipsiae, 1824, pp. 9, 406, 918. *Vetus Testamentum graece, iuxta LXX interpretes*, ed. V. LOCH, Ratisbonae, 1866, pp. 8, 377, 850. *Vetus Testamentum Graece, iuxta LXX Interpretes*, ed. C. DE TISCHENDORF, Lipsiae, 1875, t. 1, pp. 10, 494; t. 2, p. 464. *Vetus Testamentum Graecum, iuxta Septuaginta interpretes*, ed. J.N. JAGER, Parissiis, 1878, t. I, pp. 13, 589, t. II, pp. 615. *The Triglot Bible*, vol. I, *Old Testament*, London, 1890, Gen., 10, 2-3; I Chr., 1, 5-6; Ez., 38, 6. *La Sainte Bible Polyglotte*, ed. F. VIGOUROUX, Paris, 1900-1906, vol. I, p. 54, vol. III, p. 6, vol. VI, p. 198.

les auteurs indiquaient la position de l'accent)[63]. Une partie des éditions prestigieuses des Septante préférait simplement omettre les accents pour les noms propres d'origine non-grecque, notamment pour le nom de l'éponyme des Cimmériens. Les auteurs de ces éditions ont évidemment considéré la tradition de la transmission de ces accents comme n'étant pas digne de foi[64]. D'autres éditions de même qualité ont introduit dans le texte une forme du nom des Cimmériens avec l'accent sur la première syllabe[65]. Cette forme du mot fut probablement normalisée en accord avec sa vocalisation dans la Massore. Les apparats critiques de ces éditions ne citent cependant pas de variantes de cette accentuation. Ce manque d'attention envers les accents des manuscrits de la traduction des Septante ne permet pas de choisir avec certitude la variante qui doit être restituée dans le texte. Il semble cependant être plus correct du point de vue méthodique de choisir la *lectio difficilior* qui contredit la lecture de la Massore, et non de normaliser les formes des Septante suivant la Bible hébraïque. Nous avons donc deux possibilités de restitution du nom de l'éponyme des Cimmériens dans la traduction des Septante: Γαμέρ / Γομέρ et Γάμερ / Γόμερ. Aucune de ces possibilités ne peut être privilégiée.

Si l'on choisit la première possibilité, on peut constater que les deux formes grecques diffèrent de celle de la Massore par la place de l'accent et aussi, probablement, par la quantité de la première voyelle. Le $\bar{o}$ long de la Massore correspond à l'*omicron* de la traduction grecque du livre d'Ezéchiel (la quantité de l'*alpha* dans la forme de la *Genèse* n'est pas claire).

La forme massorétique de l'ethnonyme en question témoigne manifestement du fait qu'il a été considéré comme un nom ségolé avec un accent caractéristique sur la première syllabe[66]. Il est très probable que ce mot a été également considéré comme tel dans le texte hébreu original des Septante. En ce cas, on est obligé de supposer que ce texte contenait la forme araméenne du mot, parce qu'il est accentué sur la dernière syllabe. La supposition de la médiation araméenne dans l'emprunt de ce nom par la

---

[63]SMITH W., FULLER J., *A Dictionary of the Bible*, London, 1893, vol. I,2, p. 1206. HAGEN M., *Lexicon Biblicum*, Parisiis, 1907, vol. II, p. 421. *Dictionnaire de la Bible*, publié par F. VIGOUROUX, Paris, 1903, t. III, p. 270. LEHMANN-HAUPT, "Kimmerier", col. 398. ESTERLICH P., "Gomer", in *Enciclopedia de la Biblia*, vol. III, Barcelona, 1963, p. 934. DIAKONOFF, "Cimmerians", p. 109, n. 12, etc.

[64]*Septuagint, id est Vetus Testamentum graece iuxta LXX interpretes*, ed. A. RAHLFS, vol 1-2, Stuttgart, 1935 etc.; *Septuaginta. Vetus Testamentum Graecum, Auctoritate Academiae Scientiarum Gottingensis editum*, vol. XVI,1, Ezechiel, ed. J. ZIEGLER, Göttingen, 1952.

[65]*The Old Testament in Greek, according to the Septuagint*, ed. by H.B. SWETE, Cambridge, 1894-1896, vol. I, p. 15, vol. II, p. 1, vol. III, p. 468. *The Old Testament in Greek*, ed. by A.E. BROOKE, M. McLEAN, Cambridge, vol. I,1, Genesis, 1906, p. 23; vol. III,3, I and II Chronicles, 1932, p. 391. *Septuaginta. Vetus Testamentum Graecum, Auctoritate Academiae Scientiarum Gottingensis editum*, vol. I, Genesis, ed. J.W. WEVERS, Göttingen, 1974, pp. 132-133.

[66]BAUER H., LEANDER P., *Historische Grammatik der hebräischen Sprache des alten Testament*, vol. I, Halle S., 1922, p. 181.

langue hébraïque ne surprend pas, car les Hébreux eux-mêmes n'avaient, pour autant que nous puissions en juger, aucun contact direct avec les Cimmériens, et la langue araméenne à l'époque de leurs incursions était une *lingua franca* dans tout le Proche-Orient. Les *segolata* dans la langue araméenne étaient, ainsi que les autres noms, accentués sur la dernière syllabe. La voyelle en position protonique est réduite dans ce type de noms et elle se transforme en un son ultrabref, le *schewâ*[67]. Le nom des Cimmériens n'est sans doute pas un vrai nom ségolé, mais sa structure dans les transcriptions bibliques coïncide avec celle des noms de ce groupe. Ce nom devait suivre les mêmes lois phonétiques que les *segolata* et devait être interprété comme tel par les lecteurs avertis de la grammaire. La forme araméenne du nom des Cimmériens serait donc **Gimĕr* > **Gᵊmĕr*.

Dans ce cas, la variation α/ο dans la forme de l'ethnonyme qui se trouve dans la traduction des Septante est tout à fait compréhensible. Pareilles variations dans les transcriptions du *schewâ* hébraïque par les moyens de la langue grecque sont bien connues (cf., par exemple, Σολομών – Σαλομών etc.). En outre, il est possible que la signification principale du *schewâ* hébraïque était l'*a* bref opposé au *a* long seulement par sa quantité[68]. En effet, le *schewâ* est transcrit dans la traduction des Septante le plus souvent comme *alpha* (par exemple, Σαμουήλ, Σαβαώθ etc.). Dans les fragments de la deuxième colonne de l'*Hexapla* d'Origène, le *schewâ mobile* correspond le plus souvent également à l'*alpha* grec (44 exemples)[69].

Le nom des Cimmériens dans la langue araméenne aurait donc la forme **Gᵊmĕr*. Quelle que soit la première voyelle, elle devrait s'abréger en *schewâ*. Plus tard, ce mot, qui se trouvait dans un texte en hébreu, a dû être vocalisé suivant les règles de cette langue. Comme il avait la même structure que les noms ségolés, l'accent dans l'ethnonyme a dû être transposé sur la première syllabe devenue longue. Un *o* long a dû être reconstitué dans cette syllabe au lieu du *schewâ* araméen, probablement sous de l'influence du nom féminin homonyme *Gōmär* (Hos., 1,3)[70]. La forme araméenne n'est conservée que dans la traduction des Septante. Le *schewâ* de cette forme a été transcrit comme un *alpha* dans la traduction antérieure du Pentateuque et comme un *omicron* dans la traduction plus récente du livre d'Ezéchiel. La

---

67BAUER H., LEANDER P., *Grammatik des Biblische-Aramäischen,* Halle S., 1927, pp. 47, 66. SEGERT S., *Altaramäische Grammatik,* Leipzig, 1986, pp. 148-149, 201-202. Pour les *segolata* hébreux et araméens, voir: MALONE J.L., "Wave Theory, Rule Ordering and Hebrew-Aramaic Segolation", in *JAOS,* 91, 1971, pp. 44-66.

68MORAG S., *The Vocalisation Systems of Arabic, Hebrew and Aramaic,* S.-Gravenhage, 1962, pp. 18, 23-25, 28. Cf. BAUER, LEANDER., *Historische Grammatik,* p. 169, n. 3, avec la référence d'une oeuvre de David Qimḥī, selon laquelle la prononciation du *schewâ* était proche de celle du *pathah,* c'est-à-dire de l'*a.*

69BRØNNO E., *Studien über Hebräischen Morphologie und Vokalismus. Auf Grundlage der Mercatischen Fragmente der zweiten Kolumne der Hexapla des Origenes,* Leipzig, 1943, pp. 320-343.

70Cf.: DIAKONOFF, "Cimmerians", p. 109, n. 12. LIPINSKI, "Les Japhétites", p. 40.

Bible massorétique a conservé, pour autant que nous puissions en juger, une vocalisation normalisée suivant les règles de la langue hébraïque.

Cette supposition peut être confirmée par un exemple qui appartient à une autre tradition. Les historiens arméniens médiévaux recherchèrent les origines de leur peuple dans la Bible et dans les nombreuses oeuvres des commentateurs de l'Ecriture Sainte. C'est pourquoi l'éponyme des Cimmériens de la *Genèse* leur était bien connu et il a été considéré comme un ancêtre des Arméniens, l'arrière-grand-père de Khayk. L'auteur de la première histoire arménienne, Moïse de Khoren, comme il l'indique clairement, s'appuya dans son exposé de la généalogie de l'ancêtre des Arméniens Khayk sur une oeuvre de l'auteur syrien Mar Abas Katina. Il est très important de noter à ce propos que Moïse, en citant cette même oeuvre syrienne, appelle dans un passage de son texte le fils de Japhet Gomer (I, 9, 12) et dans un autre Gamer (I, 5). Notre explication de la variation de la forme de l'ethnonyme dans la traduction des Septante par l'intermédiaire de la langue araméenne est donc confirmée de façon indépendante. La médiation de l'oeuvre syrienne de Mar Abas Katina a produit le même effet dans la langue arménienne de Moïse que la médiation hypothétique de la langue araméenne dans celle des Septante.

L'interprétation proposée des formes bibliques du nom des Cimmériens semble être la plus probable. Elle devient cependant moins convaincante, si l'on restitue dans le texte des Septante les formes avec l'accent sur la première syllabe. Cette possibilité, comme nous l'avons mentionné, est également à envisager. Dans ce cas, les formes utilisées par les Septante deviennent plus proches de celles de la Massore. La forme Γόμερ (Ez., 38, 6) peut être considérée comme une transcription assez fidèle du mot hébreu *Gṓmär,* car les exemples de la correspondance entre l'*omicron* grec et l'*ō* long hébraïque sont bien connus. Si l'on admet cela, on peut supposer que l'*alpha* dans la forme Γάμερ (Gen., 10, 2-3 = I Chr., 1, 5-6) doit transcrire un *ā* long. La transformation du *ā* long en *ō* long est un phénomène connu en hébreu[71]. La forme hébraïque originelle du nom des Cimmériens peut être restituée dans ce cas comme **Gā́mär*. C'est cette forme qui aurait pu être transmise par la traduction grecque de la *Genèse* (Γάμερ). La traduction du livre d'Ezéchiel effectuée plus tard, ainsi que la Bible massorétique, contient une forme secondaire *Gṓmär* / Γόμερ, apparue comme résultat de la transformation du *ā* long accentué en *ō* long accentué.

La forme hébraïque restituée **Gā́mär,* même si on la préfère à la forme **G*^{ə}*mär,* ne permet pas de restituer une voyelle *a* dans le nom des Cimmériens. Cette supposition contrevient deux traditions principales de la transmission de ce nom, à savoir les textes grecs et akkadiens qui s'accordent entre eux. Ces deux traditions sont indépendantes l'une de l'autre et reflètent toutes les deux des contacts directs avec les Cimmériens. La langue hébraïque, par contre, a probablement reçu ce nom par l'intermédiaire d'une autre langue, car les Hébreux eux-mêmes n'ont eu aucun contact direct avec

---

[71] BAUER, LEANDER, *Historische Grammatik*, pp. 192-193.

les Cimmériens (ils n'ont pu connaître que les Scythes). En outre, les attestations écrites du nom des Cimmériens dans la Bible sont relativement tardives: premier quart du VIe siècle avant J.-C. pour les prophéties d'Ezéchiel, et VIe siècle pour le *Catalogue des peuples*[72]. Les Cimmériens, pour autant que nous puissions en juger, n'existaient plus à cette époque comme force politique, ni même comme unité ethnique. Leur nom a donc dû être conservé durant une certaine période dans la tradition orale avant d'être enregistré par l'écriture. Les conditions de la transmission de ce nom (la conservation dans la tradition orale et la médiation d'autres langues) ont pu facilement provoquer l'altération de sa forme initiale **Gimĕr* et sa transformation en **Gā́mär*. Les causes concrètes de cette altération restent cependant obscures.

Il faut mentionner encore une attestation du nom des Cimmériens qui remonte également à la Bible. Flavius Josèphe, au début de ses *Antiquités judaïques*, expose le contenu du *Catalogue des peuples* biblique. Nous trouvons dans cet exposé un personnage nommé Γόμαρος (avec la variante Γαμάρης) et les Γομαρεῖς qui correspondent au גֹּמֶר, respectivement aux בְּנֵי גֹּמֶר de la Bible et au Γαμερ de la traduction des Septante (I, 123, 126). Flavius Josèphe identifie les descendants de Gomaros, les Γομαρεῖς, avec les Galates. La forme de l'ethnonyme témoigne du fait qu'il a été emprunté au texte hébreu et non au texte grec de la Bible (il est transcrit en effet dans ce dernier comme Γαμερ). La variante de Flavius Josèphe correspond assez exactement à celle de la Massore, notamment en ce qui concerne la position de l'accent. On peut donc en conclure que la vocalisation correspondante de ce mot est apparue dans la tradition juive vers le Ier siècle après J.-C. au plus tard, quelle que soit sa forme originelle dans cette tradition (**Gᵊmär* ou **Gā́mär*). Le seul détail qui pourrait éveiller les soupçons est la transcription du *seghôl* hébreu comme un *alpha* grec. On peut mentionner tout de même une quantité considérable d'exemples semblables aussi bien dans le texte de Flavius Josèphe[73] que dans la traduction des Septante. En outre, il existe une série d'exemples où les formes de Flavius Josèphe reproduisent celles de la Bible hébraïque, en se distançant des formes des Septante: Βάκχαρις – בֶּכֶר, Χοβο/ωρ des Septante; Ταβαῖος - טֶבַח, Ταβεκ des Septante; [Ιε]σάρης - יֵצֶר, 'Ισσαρ des Septante; Φάλεγος - פֶּלֶג, Φαλεκ des Septante; Σαβαῖος - שֶׁבַע, Σαβεε des Septante. Les formes de Flavius Josèphe sont pourtant en accord avec celles des Septante dans la majorité des cas de correspondance de l'*alpha* au *seghôl* de la Bible hébraïque. La transcription du *seghôl* par l'*alpha* se retrouve également assez souvent dans les fragments de la deuxième colonne de l'*Hexapla* d'Origène. Bien que la transcription du *seghôl* par l'*epsilon* s'y rencontre plus fréquement (102 exemples), nous connaissons néanmoins 42 exemples de sa transcription par l'*alpha*, ce qui est

[72]D'JAKONOV I.M., "Malaja Azija i Armenija okolo 600 g. do n. e. i severnyje pokhody vavilonskikh carej", in *Vestnik drevnej istorii*, 1981, N° 2, pp. 34-64, avec les références.

[73]Pour les exemples voir: SCHALIT A., *Namenwörterbuch zu Flavius Josephus. A Complete Concordance to Flavius Josephus*, Suppl. I, Leiden, 1968.

non négligeable[74]. La transcription chez Flavius Josèphe du *seghôl* par l'*alpha* dans le nom des Cimmériens peut probablement s'expliquer par l'influence du *resch* voisin sur la prononciation de cette voyelle. En effet, le *resch* provoque parfois l'assimilation des voyelles brèves voisines en *a* bref[75]. La forme de Flavius Josèphe ne donne donc aucune information nouvelle sur la restitution de la forme initiale du nom des Cimmériens. Elle permet cependant de conclure que sa vocalisation attestée dans la Massore est assez ancienne et qu'elle remonte au Ier siècle après J.-C. au plus tard.

Outre les attestations incontestables du nom des Cimmériens que nous venons d'étudier, ce nom est probablement conservé également dans d'autres passages de la Bible.

4.6 La première de ces attestations hypothétiques se trouve dans le livre de Jérémie (Jer., 25,25). Nous trouvons dans ce passage une énumération d'ennemis, parmi lesquels un peuple inconnu, זִמְרִי (son nom est omis dans la traduction des Septante), est mentionné à côté de l'Elam (עֵילָם) et de la Médie (מָדָי). On a proposé à plusieurs reprises, de remplacer dans cet ethnonyme la première consonne *zaïn* par *gimel* et d'interpréter le mot גמרי comme la désignation des Cimmériens[76]. Cette conjecture semble être la plus convaincante, bien que cette possibilité ne soit pas la seule. Ainsi, l'identification des זִמְרִי de Jérémie avec le peuple de זִמְרָן (Gn., 25,2; I Chr., 1,32) est aussi possible. La prophétie de Jérémie suggère avant tout les Babyloniens et leur roi Nabuchodonosor. La mention des Cimmériens dans la liste des forces hostiles est cependant tout à fait probable, bien que la description des "ennemis du Nord" corresponde mieux aux Babyloniens qu'aux Cimmériens (voire aux Scythes)[77]. Les זִמְרִי de Jérémie sont mentionnés à côté des pays d'Elam et de Médie, ce qui peut être un argument important en faveur de cette conjecture. La lecture גִּמְרִי dans le livre de Jérémie est donc la plus probable, bien que, comme chaque conjecture, elle ne puisse pas être tout à fait assurée. Si le nom *Zimri/Gimri* de Jérémie désigne les Cimmériens (ou les Scythes appelés par ce nom), nous avons encore une variante de la vocalisation biblique de cet ethnonyme. Cette variante transcrirait fidèlement sa forme akkadienne. La première voyelle dans les deux formes est *i*. La deuxième voyelle omise dans la forme utilisée par Jérémie était brève dans sa forme originelle, comme nous l'avons constaté, et pouvait facilement être transmise par le *schewâ quiescens* (le zéro) dans la transcription hébraïque[78]. De plus, la même forme est attestée dans la langue

---

[74]BRØNNO E., *op. cit.*, pp. 265-270, 287-289.

[75]BAUER, LEANDER, *Historische Grammatik*, p. 207.

[76]PEISER F.E., "Miscellen", in *ZAW*, 17, 1897, p. 350. DIAKONOFF, "The Cimmerians", p. 122.

[77]Pour les arguments contre leur identification avec les Scythes voir: CONDAMIN P., *Le livre de Jérémie*, Paris, 1936, pp. 61-66.

[78]Cf. les transcriptions hébraïques des voyelles longues et brèves dans les noms assyriens: MILLARD A.R., "Assyrian Royal Names in Biblical Hebrew", in *JSS*, 21, 1976, pp. 4-5. Cf. également les occurrences assez nombreuses (39) de la correspondance du *zéro* au *seghôl* dans la deuxième colonne de l'*Héxapla:* BRØNNO, *op. cit.*, p. 289.

akkadienne (^{kur}*Gim-ra-a-a:* ABL 1391,3, 16). On peut supposer que la forme de Jérémie a été empruntée directement à la langue akkadienne, ce qui peut expliquer sa différence d'avec les formes du *Catalogue des peuples* et du livre d'Ezéchiel. Ces dernières ont, par contre, passé par l'intermédiaire d'une autre langue, probablement l'araméen. La restitution proposée du nom des Cimmériens reçoit donc une autre confirmation.

La deuxième attestation hypothétique du nom des Cimmériens dans la Bible est celle qui se trouve dans les prophéties d'Ezéchiel contre Tyr (גַּמָּדִים: Ez., 27, 11). On a proposé dans ce passage la conjecture *Gmrym* au lieu de *Gmdym*[79], mais elle n'est pas convaincante. En effet, le contexte la contredit: "les gens de Gammad" sont mentionnés à côté des "fils d'Arvad" comme une garnison de Tyr ce qui ne concorde pas avec le rôle des Cimmériens (voire des Scythes) lors des événements historiques. Les autres explications de ce nom permettent de se passer de conjectures et sont plus convaincantes du point de vue historique aussi bien que formel. Il s'agit de comparer ce nom avec celui d'un peuple syrien *Kmd, Kmt* et *Kumidi* cunéiforme (les archives d'El-Amarna)[80], ou avec le nom talmudique d'un peuple araméen *Gamâdu*[81].

4.7 Nous possédons encore une autre attestation du nom des Cimmériens. Il s'agit de la désignation de la Cappadoce du sud dans les oeuvres des historiens arméniens médiévaux: *Gamirk*ʿ (Գամիրք: Pavst Bouzand, Jean Catholicos, Kirakos Gandzaketsi etc.). Cette désignation coexiste dans les sources arméniennes avec le nom habituel de la Cappadoce *Kapadovkiaj, Kapadovkaj, Kaputkaj* (Կապադովկ(ի)այ, Կապուտկայ), mais se rencontre plus rarement (cf., par exemple: Movs. Khor. I, 14; 29; II, 75; 80, le nom *Gamirk*ʿ dans son oeuvre n'est jamais utilisé pour désigner la Cappadoce; Agath., *Arm. Hist.*, 37; 796; 861; Hovh. Draskh., p. 68 ed. K. Maksoudian). Les lectures *Gamir, Gimir* et *Kapadovkiaj* coexistent dans les manuscrits de la traduction arménienne des "Chroniques" d'Eusèbe, et transmettent toutes les trois le mot grec τοὺς Καππαδόκας[82]. Le lien étroit

[79] HALÉVY J., *Recherches bybliques,* vol. I, Paris, 1895, p. 216. DIAKONOFF, "The Cimmerians", p. 122. Cf.: LIVERANI M., "The Trade Network of Tyre according to Ezek. 27", in *Studies in Assyrian History and Ancient Near Eastern historiography presented to Hayim Tadmor,* Jerusalem, 1991, p. 68, n. 9.

[80] HELCK W., *Die Beziehungen Ägyptens zu Vorderasien im 3. und 2. Jahrtausend v. Chr.,* Wiesbaden, 1971, p. 130. GESENIUS W., *Hebräisches und Aramäisches Handwörterbuch über das Alten Testament,* Bearbeitet und herausgegeben von D.R. MEYER und D.H. DONNER, 18. Auflage, Berlin, Heidelberg, New York, London, Paris, Tokyo, 1987, Lfg. 1, p. 221, avec les références.

[81] SAROWSKY A., "Notizen zu einigen biblischen geographischen und ethnographischen Namen", in *ZAW,* 32, 1912, pp. 147-148.

[82] Eusebius, *Chronicorum liber prior,* ed. A. SCHOENE, vol. I, Dublin, Zürich, 1967 (1875), p. 61. Cf.: Eusebius, *Werke,* vol. V, *Die Chronik,* aus dem armenischen übersetzt mit textkritischem Commentar von J. KARST, Leipzig, 1911, pp. 118, 102. MIGNE J.-P., *Patrologiae Cursus Completus,* Series Graeca, Vol. 19,1, Paris, 1857, p. 137. La dernière édition fait remarquer que le toponyme *Gamirk*ʿ est utilisé en premier lieu dans les commentaires de la Bible.

entre ce toponyme et le personnage biblique Gomer, fils de Japhet, était évident pour les auteurs arméniens (cf. "le pays de Torgom" comme désignation de l'Arménie: Pavst. Bouz., III, 13), ce qui a dû sans doute influencer la forme de ce nom. Jean Catholicos emploie le toponyme *Gamirkʿ* une seule fois dans son "Histoire de l'Arménie" et il parle directement dans ce passage du lien avec le Gamer biblique[83].

On sait que l'Écriture sainte a été traduite en arménien du grec (Movs. Khor., III, 60-62) et que cette traduction suit la version des Septante. Avant l'invention de l'alphabet arménien, la Bible était lue par les Arméniens en grec. Il est donc tout à fait naturel que le nom de l'éponyme des Cimmériens ait été connu des Arméniens sous la forme contenue dans la version grecque du *Catalogue des peuples, Gamer,* et que la Bible arménienne reproduise la différence entre les versions grecques de la *Genèse* et du livre d'Ezéchiel dans l'écriture de ce nom. Nous avons déjà noté que les historiens arméniens recherchaient les origines de leur peuple dans la Bible et qu'ils considéraient l'éponyme des Cimmériens comme un ancêtre des Arméniens (cf., par exemple, Movs. Khor., I, 5, 9, 12). Les historiens arméniens qui élaboraient ces constructions généalogiques ont poursuivi la tradition des auteurs chrétiens et judaïques de l'antiquité tardive et de Byzance. Ces derniers ont essayé de concilier les données historiques et ethnographiques des auteurs classiques avec celles de la Bible, surtout celles de la *Genèse.* Les Cappadociens étaient habituellement considérés dans des études similaires, comme les descendants du Gamer biblique (cf.: Georg. Sync., Chron., 91 Dindorf; Excerpta Barbari, 4b[84]), bien que cette identification ne soit pas la seule. Flavius Josèphe, par exemple, pensait que Gomar était l'ancêtre des Galates (A., I, 123) et que les Scythes étaient les descendants de Magog, tandis que d'autres auteurs considéraient habituellement les Galates comme les descendants de Magog et non de Gamer.

Il est fort probable que c'est à cause de ces recherches savantes que le terme de style élevé "pays de Gamir" est entré dans la littérature arménienne. Il était utilisé pour désigner la Cappadoce tout comme l'Arménie elle-même était désignée comme "le pays de Torgom".

Il est possible que l'utilisation de la dénomination solennelle de la Cappadoce du sud *Gamirkʿ* sous une forme en *a* puisse être partiellement expliquée par une influence directe de l'araméen sur l'arménien. Cette influence a été très forte et variée. On peut noter à ce propos, que le *schewâ* araméen avec une coloration de *a* devait être transmis justement par l'*a* arménien (ա) et non par un ə (ը). Ce dernier son apparaît en arménien au lieu du *i* protonique pour éviter une accumulation de consonnes, et il avait probablement une coloration de *i.* Dans ce cas, l'influence araméenne s'est superposée à celle de la Bible grecque, pourtant plus importante. Le nom de l'éponyme des Cimmériens a été sans doute emprunté directement à la Bible des Septante.

---

[83]Hovhannes Draskhanakertetsʻi, *Patmutʻiwn Hayotsʻ*, ed. K. MAKSOUDIAN, New York, 1980 (Tiflis, 1912), p. 11.

[84]Eusebii *Chronicorum liber prior,* ed. A. SCHOENE, vol. I, p. 180.

L'origine livresque du toponyme en question et son lien étroit avec les textes bibliques peuvent encore être prouvées par un autre fait. Les textes historiques arméniens non liés à l'histoire sainte utilisent, pour désigner les Cimmériens, la forme contenant le *i* comme première voyelle. Cette forme est attestée par exemple dans la traduction arménienne du "Canon des chroniques" d'Eusèbe, dans le passage qui mentionne une incursion des Amazones et des Cimmériens en Asie[85]. Il est probable que les informations concernant les incursions réelles des Cimmériens ont été conservées dans la tradition arménienne et qu'elles étaient indépendantes des études savantes tardives dont le but unique était de relier l'histoire du peuple arménien à l'histoire sainte. Cette supposition pourrait expliquer la différence dans l'écriture du nom des Cimmériens dans les différents passages de la traduction arménienne des oeuvres d'Eusèbe (cf. supra). Dans le premier cas, il s'agit de la tradition savante des commentateurs de la Bible, qui s'appuyaient sur le texte des Septante et sur les littératures grecque et araméenne traitant de sujets bibliques. Dans le deuxième cas, nous devons évoquer une tradition historique indépendante, peut-être d'origine folklorique. La dernière tradition pourrait également être attestée dans l'oeuvre de l'historien arménien Samuel d'Ani qui a rédigé sa "Chronologie" allant de la création du monde jusqu'en 1179 avant J.-C.[86] et dont la source principale pour la description des événements anciens était Eusèbe. Contraierement aux autres auteurs, il considère comme descendants du Gamer biblique, le peuple *Gimer-*, et non les Cappadociens (IV, 3). Moïse de Khoren utilise la même forme de l'ethnonyme pour désigner le littoral nord de la mer Noire suivant l'usage des auteurs grecs (I, 30). Il faut noter que cette forme transmet fidèlement l'apparence phonétique du nom des Cimmériens comme elle a été restituée sur la base des autres traditions et surtout des inscriptions akkadiennes. La forme arménienne de l'ethnonyme dans la traduction d'Eusèbe, comme dans les autres sources, diffère aussi bien de celle de l'original grec que des formes bibliques. Ce fait serait difficile à expliquer, si l'on ne supposait pas l'existence d'une tradition arménienne indépendante concernant les Cimmériens. Le nom de ce peuple pourrait être conservé dans cette tradition sous une forme assez proche de la forme originelle.

On compte habituellement parmi les attestations du nom des Cimmériens le mot géorgien *gmiri* ("le héros, le géant") et les mots ossètes qui dépendent de lui: *g^{w}ymīry, gumeri, gæmeri*[87] (les formes *gmiri, gimyry* sont aussi connues): "la force brutale, le géant, le pays et le peuple mythique"[88]. Le lien

---

[85]Eusebius, *Chronicorum Canonum quae supersunt*, ed. A. SCHOENE, vol. II, Dublin, Zürich, 1967 (1866), p. 60. Eusebius, ed. J. KARST, p. 175.

[86]MIGNE, *Patrologia Graeca*, vol. 19, pp. 599-742.

[87]ABAJEV V.I., *Istoriko-etimologičeskij slovar' osetinskogo jazyka*, vol. I, Moscou - Léningrad, 1958, p. 530.

[88]Pour les différentes formes des mots et pour les textes qui mentionnent les *gimyry* voir: ALBOROV A., *"Guymirty" osetinskikh narodnykh skazanij*, Manuscrit, les archives de l'Institut de recherches scientifiques de l'Ossétie du Nord, L. 19, o. 1, d. 11.

sémantique entre ces mots et le nom des Cimmériens n'est pas tout à fait clair et il mérite une étude spéciale. Il est cependant très probable que les mots mentionnés remontent à l'ethnonyme "les Cimmériens", même si le peuple historique n'a rien de commun avec les géants géorgiens et ossètes, mis à part le nom. Les analogies typologiques de ce développement sémantique sont bien connues. Le nom d'un peuple disparu se transforme assez souvent dans le folklore de ses voisins en une désignation de géants ou de monstres mythiques[89]. On peut supposer, dans ce cas, l'emprunt du mot géorgien à la langue arménienne où il devait avoir la forme *Gimir,* très proche de celle des sources arméniennes mentionnées. La disparition du *i* protonique dans cet emprunt est tout à fait normale (cf., par exemple, l'emprunt géorgien *šteri,* "fou" à l'arménien *šithar*). L'apparition de ce mot en géorgien sous cette forme peut servir d'argument supplémentaire en faveur de l'hypothèse de l'existence d'une tradition arménienne ayant conservé le nom orignal des Cimmériens.

Compte tenu de cela, il faut encore signaler une étymologie du mot arménien *ska,* "le géant, le colosse" qui dérive probablement de l'ethnonyme *Saka*[90]. Tous les peuples scythes étaient nommés en perse *Sakā,* et dans la langue babylonienne des chancelleries araméennes des Achéménides (et peut-être à une époque plus tardive), *Gimi/erā.* Si les deux étymologies mentionnées, qui se soutiennent l'une l'autre, sont justes, nous pouvons donc constater que les deux mots désignant le "géant", en géorgien et en arménien, remontent à une notion commune. Selon cette notion, les Scythes (moins probablement les Cimmériens) étaient considérés comme des géants. Cette notion pouvait exister à l'époque de l'Empire perse et plus tard dans le milieu multilingue du plateau arménien, où les langues perse, araméenne (et babylonienne comme langue de chancellerie) et protoarménienne coexistaient.

4.8 En résumé, nous pouvons restituer la forme originale du nom des Cimmériens comme **Gimĕ(ĭ)r-*. La deuxième voyelle est courte et il s'agit plutôt d'un *e,* bien qu'un *i* ne soit pas exclu. Les Grecs ont appris ce nom pour la première fois dans la deuxième moitié du VIIIe siècle avant J.-C. par l'intermédiaire de la langue lydienne, avant les contacts directs avec ce peuple (**Gimĕr-* > **Kimĕr-* > Κιμμέριοι). Ce nom est probablement entré dans la tradition biblique sous une forme araméenne (**Gimĕr-* > **Gəmär-*), transmise par la traduction des Septante comme Γαμέρ / Γομέρ (la forme arménienne *Gamir-* remonte à la première variante) et par la Massore comme *Gṓmär* (avec une vocalisation erronée; le Γόμαρος de Flavius Josèphe appartient à la même tradition). Une autre restitution (**Gā́mär*) de la forme biblique initiale est également probable. Elle pourrait avoir été transmise par la traduction des

[89]Cf.: POTEBN'A A.A., *Etimologičeskije zametki o mifologičeskom značenii nekotorykh obr'adov,* Moscou, 1865, p. 20. D'JAKONOV, *Istorija Midii,* p. 239. GRAKOV B.N., *Skify,* Moscou, 1971, p. 29. Cf. encore le mot dialectal bulgare *ellini* ("les Grecs") avec le sens "les géants": *Bălgarski etimologičeski rečnik,* vol. II, Sofia, 1962, s.v. *ispolin.*

[90]KAPANC'AN G., "Khajasa - kolybel' arm'an", in *Istoriko-lingvističeskije raboty. K načal'noj istorii arm'an,* vol. I, Erevan, 1956, p. 152.

Septantes comme Γάμερ, et plus tard comme Γόμερ / *Gṓmär* (Massore) Γόμαρος (Flavius Josèphe). Les formes les plus proches de l'original sont conservées dans les textes akkadiens rédigés à l'époque des contacts directs entre Cimmériens et Assyriens (*Gimi/er-*) et probablement dans la tradition arménienne (*Gimer-*). Une forme assez proche est également attestée dans le livre de Jérémie: **Gimri / Zimri.* La forme avec la première voyelle *a* attestée dans les documents assyriens les plus anciens peut être facilement expliquée par les particularités de l'écriture cunéiforme akkadienne (utilisation de l'idéogramme *PAP*).

La restitution de la forme originelle du nom des Cimmériens permet de rejeter avec une pleine certitude toutes les étymologies connues de ce nom. Nous préférons refuser de toute nouvelle recherche de l'étymologie de cet ethnonyme. Ces recherches nous paraissent dépourvues de sens étant donné que l'appartenance ethnique des Cimmériens n'est pas clairement établie et que leur attribution aux peuples iraniens se fonde sur des données extra-linguistiques. Les recherches d'une étymologie probante d'un ethnonyme sont souvent vaines, même dans des conditions bien plus favorables. Toute tentative de trouver une étymologie de l'ethnonyme en question reviendrait, dans les conditions actuelles, à faire violence au matériel linguistique disponible en recourant à des suppositions peu probantes et douteuses. Il nous semble donc plus prudent de suivre le principe *malim ignorare, quam decipi.*

4.9 Le matériel linguistique disponible ne permet donc pas de tirer des conclusions précises concernant l'appartenance ethnique (voire linguistique) des Cimmériens[91]. Les trois noms connus des rois cimmériens ne donnent pas d'information plus précise. L'un d'entre eux a les traits caractéristiques des noms louvites et il est peut-être d'origine louvite. L'autre peut être expliqué comme un nom composé aussi bien louvite qu'irano-louvite, et le troisième, bien qu'il soit probablement iranien, n'a pas une étymologie tout à fait sûre (cf. supra). L'apparition de noms royaux d'origine louvite peut être facilement expliquée par les contacts étroits et par les alliances politiques entre les Cimmériens et la population louvite d'Asie Mineure. Il faut donc constater que les noms connus des rois cimmériens ne permettent pas de conclure avec certitude que les Cimmériens étaient un peuple iranien.

Cette supposition semble cependant la plus probable. Comme nous l'avons déjà mentionné, les textes babyloniens de l'époque achéménide désignent les peuples iraniens des Scythes et des Saces par le nom de Cimmériens. L'arc et les flèches désignés par les Grecs comme "l'arc et les flèches scythes", étaient connus en Mésopotamie comme ceux des Cimmériens. En outre, on a utilisé en Mésopotamie certains éléments du harnais de cheval qu'on appelaient "courroies cimmériennes". Tout cela prouve que les Cimmériens et les Scythes possédaient une culture matérielle et une technique militaire de même type, culture et technique inconnues au

---

[91]Pour l'origine grecque de la glose dite "cimmérienne" ἄργιλλαι voir: TOKHTAS'JEV S.R., "Thracica 2: ἄργιλλαι i drugije", in *Meždunarodnyj simposium "Antičnaja balkanistika 6"*, Les résumés des conférences, Moscou, 1988.

Proche-Orient avant leurs incursions. Cela pourrait prouver indirectement que les Cimmériens étaient des Iraniens comme les Scythes. On est obligé cependant de considérer cette conclusion avec réserve, car une affinité de culture matérielle entre deux peuples ne signifie pas pour autant qu'ils possèdent une parenté linguistique, bien que dans ce cas cette supposition soit la plus probable.

CONCLUSION

L'analyse des sources cunéiformes concernant les Cimmériens nous a permis de restituer les événements liés à l'histoire de ce peuple durant sa présence au Proche-Orient, ainsi que la chronologie de ces événements. Les premières actions connues des Cimmériens dans cette région datent probablement du printemps de 714 avant J.-C. A cette époque, les Cimmériens occupaient les territoires de la Transcaucasie centrale, au sud du col de Daryal. Leurs relations avec les Ourartéens voisins étaient probablement hostiles. Cette hostilité a été la cause de la campagne du roi Rousa I contre les Cimmériens. Bien que ce roi ait rassemblé presque toutes ses forces armées, les Cimmériens ont infligé une grave défaite aux Ourartéens, et une partie des grands capitaines de ces derniers a été capturée. Une autre action des Cimmériens, à savoir leur attaque de la province ourartéenne de l'Uasi, date environ de la même époque et se situe probablement un peu avant la campagne de Rousa. La province attaquée se trouvait sur la frontière avec la Manna, au sud-ouest du lac d'Ourmia. Cette attaque des Cimmériens est le premier témoignage de leur présence dans une région tellement éloignée du Caucase. Les défaites infligées par les Cimmériens à l'Ourartou ont probablement été l'une des causes importantes du succès de la campagne de Sargon II en 714 avant J.-C.

Après 714 avant J.-C., les Cimmériens ne sont plus mentionnés dans les textes assyriens de l'époque de Sargon et de Sennachérib. Des mentions les concernant apparaissent de nouveau dans des textes akkadiens au début du règne d'Assarhaddon. Ils se trouvaient à cette époque dans la région orientale de l'Asie Mineure (la Cilicie et la Cappadoce du sud des sources classiques). Les Cimmériens et leurs alliés (le Tabal, le Hilakku et les Mušku) menaçaient les frontières occidentales de l'Assyrie. Cette situation a perduré probablement durant toutes les années 670 avant J.-C. Les tentatives d'Assarhaddon de défaire les Cimmériens ont été avortées, bien que sa campagne de 679 avant J.-C. soit décrite dans les "annales" comme une grande victoire (il s'agit probablement d'une exagération, habituelle dans les textes de ce genre). Il est fort probable que les Cimmériens ont écrasé et soumis au moins partiellement le royaume phrygien vers la même époque.

D'autres textes de la deuxième moitié du règne d'Assarhaddon, à partir de 675 avant J.-C., mentionnent des actions hostiles des Cimmériens sur les frontières orientales de l'Assyrie. Les Cimmériens y sont présentés comme les alliés des Mèdes et des Mannéens. Il s'agit probablement d'un autre groupe de Cimmériens qui se trouvait dans la région de la Manna encore à l'époque de Sargon II. Les données des textes ne permettent pas d'accepter l'hypothèse d'I.M. Diakonoff selon laquelle le groupe oriental des Cimmériens n'existait pas et que ce nom a été utilisé pour désigner les Scythes. Les Cimmériens et les Scythes localisés sur les frontières orientales de l'Assyrie représentaient probablement deux groupes différents, bien que ces groupes aient pu être proches l'un de l'autre sur les plans ethnique et linguistique. Les Cimmériens étaient hostiles envers l'Assyrie, et ils ont soutenu l'insurrection mède de Kaštariti en 671 - 669 avant J.-C. Les Scythes, par contre, n'ont pas participé à cette insurrection. Il est probable que leur neutralité soit due au mariage entre la fille d'Assarhaddon et le roi scythe Bartatua.

Outre leurs attaques des frontières orientales de l'Assyrie, les Cimmériens de l'Asie Mineure ont également effectué des incursions contre la Lydie. Ces incursions ont forcé le roi lydien Gygès à demander l'aide de l'Assyrie au début des années 660 avant J.-C. Les Lydiens ont ainsi bientôt réussi à infliger une défaite aux Cimmériens, mais cette défaite n'a pas été suffisamment importante pour nuire sérieusement à la puissance de ces derniers.Peu après cette défaite, vers 657 avant J.-C., les Cimmériens ont réussi à prendre aux Assyriens des territoires en Asie Mineure orientale, ou en Syrie. Le roi assyrien Assourbanipal les considérait à cette époque comme des adversaires au moins égaux à lui-même. Les Cimmériens ont probablement conservé leur puissance assez longtemps. Ils ont écrasé vers 644 avant J.-C. leur ancien ennemi, la Lydie, et ils ont tué son roi, Gygès. Il est vraisemblable que les Cimmériens ont détruit plusieurs ville grecques d'Ionie à la même époque. Le témoignage d'une partie des sources grecques, selon lesquelles les Cimmériens auraient pris Sardes deux fois, n'est probablement pas digne de foi. Les Cimmériens n'ont pris la capitale lydienne qu'une seule fois, à l'époque de Gygès. Peu après, le roi cimmérien Dugdammi / Lygdamis a essayé à plusieurs reprises d'attaquer des territoires assyriens. Ces tentatives ont cependant échoué, et le roi lui-même est finalement mort de maladie. La puissance des Cimmériens s'est probablement éteinte peu après la mort de Dugdammi vers 640 avant J.-C. Son successeur est mentionné encore une fois comme ennemi de l'Assyrie, mais plus tard, les Cimmériens disparaissent des sources cunéiformes. Ce fait peut partiellement être expliqué par la pauvreté générale des sources concernant les dernières décennies de l'existence de l'Assyrie. Il est clair cependant que les Cimmériens ont disparu de la scène politique avant la fin du VII siècle avant J.-C. Ils se sont probablement assimilés aux populations de l'Asie Mineure. Certains témoignages de la tradition classique permettent de supposer qu'un rôle important dans l'écrasement des Cimmériens a été joué par les Lydiens et les Scythes.

En ce qui concerne le problème de l'appartenance ethnique des Cimmériens, les données disponibles ne permettent pas de le résoudre de manière définitive. Il est fort probable que les Cimmériens étaient Iraniens, mais cette supposition n'est fondée que sur la constatation de leur affinité culturelle avec les Scythes. Les données linguistiques ne donnent pas de fondements suffisants pour cette hypothèse. Ces données, notamment les noms des rois cimmériens, révèlent cependant une importante influence louvite sur ce peuple. Cette influence peut s'expliquer par les liens politiques étroits qui existaient entre les Cimmériens et les peuples d'Asie Mineure, spécialement les Ciliciens. L'origine iranienne des Cimmériens reste donc problématique, bien que cette supposition semble être la plus probable.

Le nom des Cimmériens n'a pas d'étymologie satisfaisante. Les diverses attestations de cet ethnonyme dans d'autres langues permettent cependant de restituer sa forme originelle: **Gimĕ(ĭ)r-*. Les Grecs ont eu connaissance de ce nom pour la première fois sous sa forme lydienne, bien avant leurs contacts directs avec les Cimmériens.

Tels sont les principaux résultats de cette étude. Ces résultats peuvent être utilisés pour l'analyse de la tradition classique concernant les Cimmériens. Ils permettront peut-être de résoudre le problème des relations, dans cette tradition, entre l'histoire et l'imaginaire, problème que nous avons ébauché dans ce travail. Les conclusions de cette étude sont également importantes pour le problème de l'identification des Cimmériens avec une culture archéologique connue. Comme nous avons déterminé les régions où la localisation des Cimmériens historiques est incontestable, c'est dans ces régions qu'on doit chercher les traces matérielles de leur présence. La confrontation de ces trouvailles avec des monuments archéologiques d'autres régions, notamment du littoral nord de la mer Noire, permettrait de vérifier l'hypothèse selon laquelle la culture préscythe de ces régions appartenait aux Cimmériens. L'étude de ces traces matérielles permettrait également de résoudre le problème des relations entre les cultures archéologiques des Scythes et des Cimmériens.

PARTIE II.

CORPUS DES TEXTES AKKADIENS MENTIONNANT LES CIMMÉRIENS

1 - 3. Lettres du prince héritier Sennachérib au roi Sargon II

1.

British Museum, Rm 554

[...]
1 [ma-a ^{lú}GAL?]-É-ka AŠ É-i[a? a]p?-ti-qid
2 [an-ni]-ú ṭè-e-mu ša ^{m}Aš-šur-re-ṣu-u-a
3 [^{m}DI-mu]-EN ^{lú}2-ú ša ^{lú}600-É.GAL
4 [AŠ pa]-⸢ni⸣-ia it-tal-ka ma-a ^{m}Ur-za-an-na
5 [is]-sa-ap-ra ma-a LUGAL ^{kur}URI-a-a
6 [AŠ ^{kur}PA]P-ir bé-et il-lik-ú-ni
7 [ma]-a ^{lú}e-mu-qe-e-šú de-e-ka
e. 8 [ma]-a ^{lú}EN.NAM ša ^{uru}Ú-a-si
9 [0] de-e-ke ma-a qu-di-i-ni
10 [0] ba-ti-iq-tú la-a ni-har-ra-ṣa
Rv. 1 [ma]-⸢a⸣ ki-ma ni-ih-ta-ár-ṣa
2 [mi-i-nu] ša ṭè-e-mu-ni ni-šá-par-ka
3 [ù ma-a L]Ú šá BAD-HAL-a-te
4 [ša ŠU.2 ^{m}LUG]AL-lu-da-a-ri
5 [AŠ ^{kur}UR]I hal-qu il-lu-ku
6 [^{lú}da-a]-a-li ša É ^{lú}600-É.GAL
7 [ma-a ša AŠ t]a-hu-me ša ^{kur}Hu-bu-uš-ki-a
8 [x x x x x x u]ṣ-ṣab-bit-ú-ni
9 [x x x x x x ^{uru}]Bir-a-te
10 [x x x x x x x x] x-nu
11 [x x x x x x x x]-bat
[...]

[...]
1 "J'ai placé ton [majordome] dans [ma] maison".
2 [Cec]i est la communication d'Aššūrrēṣūwa.
3 [Šulmu]-Bēl, l'adjoint du héraut du palais,
4 est arrivé [chez] moi, (et il a dit): "Urzana
5 m'a écrit: "Quand le roi d'Ourartou
6 est arrivé [en Gim]ir,
7 ses troupes ont été défaites.
8 Le gouverneur d'Uasi
9 a été tué. Nous n'avons pas encore d'information.
Rv. 1 Quand nous en obtiendrons,

2 nous t'enverrons des communications".
3 [Ensuite: "]La cavalerie,
4 [dirigée par Šar]ru-lū-dāri,
5 (et) qui s'était enfuie, est arrivée [en Ourar]tou.
6 [Les éclair]eurs de la maison du héraut du palais
7 [qui sont à l'intérieur des f]rontières du Hubuškia,
8 [...i]ls ont attrapé
9 [...]Bīrāte
10 [...]
11 [...]
[...]

ABL 1079 (texte). RCAE, vol. II, pp. 248-251, vol. III, p. 294 (translittération, traduction, commentaire). AVIIU, N° 50, 5 (traduction, commentaire). DELLER, *op. cit.*, p. 100 (translittération, traduction). SAA 1, N° 30, pp. 29-31 (translittération, traduction). LANFRANCHI, *Cimmeri*, p. 17 (traduction partielle).

L'attribution de cette lettre à Sennachérib est prouvée par sa similitude avec les lettres suivantes. Nous suivons les collations et les restitutions de S. Parpola (SAA 1).

1. Une autre restitution du texte est également possible: É.GA[L-*šú i]p-ti-qid*, "ton majordome est placé dans son palais". K. Deller propose la lecture: ⌜x x x⌝ AŠ É *[up-t]aq-qid, "... im ... Hause hat er eingesetz"*. Pour la charge de majordome (*râb bîti*), voir: KLAUBER, *Assyrisches Beamtentum*, pp. 33 suiv.

2. Aššūrrēṣūwa a probablement été le gouverneur de la province de Kumme, adjacente à l'Ourartou. Pour ce personnage, voir: JOHNS C.H.W., "Sennacherib's Letters to his Father Sargon", in *PSBA*, 17, 1895, pp. 226-227. IDEM, *Babylonian and Assyrian Laws*, pp. 259-260, 341 suiv. OLMSTEAD, *History of Assyria*, p. 259 (les auteurs cités datent ses lettres des années 709 - 707 avant J.-C.). SCHAWE, "Aššuriṣûa", *RLA*, vol. I, 3, 1929, p. 224.

3. La restitution du nom Šulmu-Bēl est proposée dans l'édition RCAE, vol. III, p. 294. Ce personnage est l'auteur des lettres ABL 890, 891, 931, 134 (SAA 5, 133, 136, 140, 141). Il est également mentionné dans les lettres ABL 1048: 8 (SAA 5, 148: 10); ABL 1416 (SAA 5, 221): Rv. 12; SAA 5, 193: 3; 150: Rv. 8.

5. R. Harper suivi par L. Waterman donne le signe LÚ au lieu du signe LUGAL. Il s'agit de Rousa I.

6. PAP-ir. Les collations et la restitution de K. Deller et de S. Parpola. La lecture de l'édition de R. Harper est [...]-*u-ni*. Pour les désignations analogues du pays des Cimmériens par l'idéogramme kurPAP-*ir*, voir dans les lettres suivantes. L'idéogramme PAP désigne dans les lettres de Kouyoundjik *gimru*, "tout" (SAA 1, p. 214; SAA 5, p. 216, cf.: LABAT, *Manuel d'épigraphie akkadienne*, N° 60, p. 63: *napharu, gimirtu*). L'interprétation des signes KUR.PAP.IR comme *kurGamir* est proposée par C. JOHNS ("Sennacherib's Letters", p. 228). Elle a été reprise par T.G. PINCHES ("Sargon's eighth Campaign", in *JRAS*, 1913, N° 3, p. 611). F. THUREAU-DANGIN (*Une relation de la hutième campagne de Sargon II*, p. XIV, n. 3) a proposé de restituer le signe GAM avant le signe IR.

9. *Qudini*. L. Waterman a proposé de comprendre ce mot comme un emploi collectif du mot *kiddinu*, "protection, patronage, privilège" (RCAE, vol. III, p. 294). Il l'a traduit comme *the servants*. I.M. Diakonoff a supposé qu'il s'agissait du mot *qadinnī*, "un groupe

de population dépendante" (AVIIU, N° 50, 5, n. 6). Les deux interprétations ne conviennent pas au contexte (la première est en outre inacceptable du point de vue grammatical). K. Deller et S. Parpola supposent qu'il s'agit d'une variante de l'orthographe du mot *udīna(i),* en remarquant spécialement que la lecture *qu-di-i-ni* est confirmée par les collations: PARPOLA S., Compte rendu du livre: AHw, vol. II, III,1, in *OLZ,* 74, 1979, col. 32. DELLER, *op. cit.,* p. 100. SAA 1, pp. 31, 231. Cf.: CAD, vol. 13 (Q), p. 295. Cette interprétation semble être la plus heureuse.

10. La lecture des deux premiers signes, dans l'édition de R. Harper, est erronée. L. Waterman a translittéré ce mot comme *aš(!)-bal(?)-ik-tú.* I.M. Diakonoff a noté que cette interprétation était inacceptable (AVIIU, N° 50, 5, n. 6). Le mot *batiqtu* signifie non seulement "accusation", comme le traduit CAD, vol. II (B), p. 165, mais avant tout "information, communication, dénonciation" (AHw, vol. I, 2, p. 115), c'est-à-dire "ce qu'on a rapporté, communiqué" (du verbe *batāqu,* voir: CAD, vol. II (B), p. 163. AHw, vol. I, 2, p. 114): cf. un passage analogue dans ABL 314: 12: *ba-te-eq-tú... a-sap-par* (la traduction de L. Waterman est erronée).

Rv. 3-4. La restitution du texte appartient à S. Parpola. Le nom *Šarru-lū-dāri* est restitué par L. Waterman: RCAE, vol. III, p. 294. Le nom est assyrien, le personnage n'est pas mentionné ailleurs.

7. Hubuškia était un petit royaume dépendant de l'Ourartou qui se trouvait dans la vallée du Grand Zab, au sud du plateau arménien: STRECK M., "Das Gebiet der heutigen Landschaften Armenien, Kurdistân und Westpersien nach den babylonisch-assyrischen Keilinschriften. III. Gebiete zwischen Van- und Urmiasee, sowie nördlich von beiden", in *ZA,* 14, 1899, pp. 153-158. AVIIU, N° 50, 5, n. 8. KINNIER-WILSON J.V., *op. cit.,* pp. 108-111. LEVINE L., "Hubuškia", in *RLA,* vol. IV, 1972-1975, p. 479.

9. Il est difficile de déterminer s'il s'agit de la ville de Bīrāte dans la province assyrienne de Habhu sur la frontière avec l'Ourartou, ou de forteresses (*bīrāte*).

2.

British Museum, K 181

1 a-na LUGAL be-lí-ia
2 ARAD-ka ^{md}30-PAP.MEŠ-SU
3 lu šul-mu a-na LUGAL be-lí-ia
4 šul-mu a-na ^{kur}Aš-šur^{ki}
5 šul-mu a-na É.KUR.MEŠ-te
6 šul-mu a-na ^{uru}bi-rat ša LUGAL gab-bu
7 ŠÀ-bu ša LUGAL EN-ia a-dan-niš lu DÙG.GA
8 ^{kur}Uk-ka-a-a AŠ UGU-hi-ia is-sa-par
9 ma-a LUGAL ^{kur}URI-a-a a-na ^{kur}Ga-mir
10 bé-et il-lik-ú-ni ma-a ^{lú}e-mu-qi-šú
11 a-na ma-la de-e-ka ma-a 11 ^{lú}EN.NAM.MEŠ-šú
12 [TA] ^{lú}e-mu-qi-šú-nu še-e-lu-u

13 [^{lú}tur-t]a-nu-šú 2 ^{lú}EN.NAM.MEŠ-te
14 [ṣa-ab-tu ma]-⸢a⸣ it-tal-ka
15 [KASKAL ša x x x x]-a iṣ-ṣa-ba-at
16 [ma-a x x x x x]-a-a il-lik-an-ni
17 [x x x x ^{lú}GAR]-nu-te ša KUR-šú
18 [x x x x x x] x iš-šak-nu-u-ni
19 [x x x an-ni]-ú ṭè-e-mu
20 ša [^{kur}U]k-ka-a-a
21 ^{m}Aš-šur-re-ṣu-u-a i-sa-ap-ra
22 ma-a ṭè-e-mu ša ^{kur}URI-a-a
23 ma pa-ni-ú ša áš-pur-an-ni
24 ma-a šu-tú-u-ma šu-ú
25 ma-a de-ek-tú AŠ ŠÀ-bi-šú-nu
e. 26 ma-'a-da de-e-ka-at
27 ma-a ú-ma-a KUR-su né-ha-at
28 ma-a ^{lú}GAL.MEŠ-šú ia-mu-tú
29 AŠ ŠÀ-bi KUR-šú it-ta-lak
Rv. 1 ma-a ^{m}SAG.DU-a-nu ^{lú}tur-ta-nu-šú
2 ṣa-bi-it ma-a LUGAL ^{kur}URI-a-a
3 AŠ ŠÀ ^{kur}Ú-a-ṣa-un šu-ú
4 an-ni-ú ṭè-e-mu ša ^{m}Aš-šur-re-ṣu-u-a
5 ^{md}PA-ZU ^{lú}EN.NAM ša ^{uru}HAL.ṢU
6 AŠ UGU-hi-ia is-sa-ap-ra
7 ma-a AŠ UGU ^{lú}EN.NUN ^{uru}bi-ra-a-te
8 ša AŠ UGU ta-hu-u-me AŠ UGU ṭè-e-mu
9 ša LUGAL ^{kur}URI-a-a a-sa-ap-ra
10 ma-a ^{kur}PAP-ir bé-et il-lik-u-ni
11 ma-a ^{lú}e-mu-qe-e-šú a-na ma-la de-e-ka
12 ma-a 3 ^{lú}GAL.MEŠ-šú a-du ^{lú}e-mu-qi-šú-nu
13 de-e-ku ma-a šu-u-tú ih-tal-qa
14 a-na KUR-šú e-tar-ba ma-a ma-dak-tú-šú
15 ú-di-i-ni la ta-qa-ri-ba
16 an-ni-ú ṭè-e-mu ša ^{md}PA-ZU
17 ^{uru}Mu-ṣa-ṣir-a-a ŠEŠ-šú
18 DUMU-šú a-na šul-me
19 AŠ UGU LUGAL ^{kur}URI-a-a it-tal-ku
20 ^{lú}A šip-ri ša ^{kur}Hu-bu-uš-ka-a-a
21 a-na šul-me AŠ UGU-hi-šú-ma
22 it-ta-la-ak
23 ^{lú}EN.NUN ^{uru}bi-rat gab-bu
24 ša AŠ UGU ta-hu-me ṭè-e-mu

25 a-ki an-ni-im-ma i-sa-par-u-ni
e. 26 e-gir-tú ša ^{md}PA-ZU
27 ^{lú}GAL-É ša ^{mí}NIN-AD-šá
28 TA ^{kur}Ta-bal na-ṣu-u-ni
29 AŠ UGU LUGAL EN-iá us-se-bi-la

1 Au roi, mon seigneur,
2 ton esclave Sennachérib.
3 La paix soit avec le roi, mon seigneur,
4 la paix avec l'Assyrie,
5 la paix avec les temples,
6 la paix avec toutes les forteresses du roi.
7 Que le coeur du roi, mon seigneur, soit très content.
8 L'Ukkéen m'a écrit:
9-10 "Quand le roi ourartéen est allé contre Gamir, ses troupes
11 ont été complètement défaites. Onze de ses gouverneurs
12 [avec] leurs troupes ont été emmenés.
13 Son [*turt*]*ānu* et deux gouverneurs
14 [ont été capturés.] Il est arrivé (là).
15 Il s'est mis [en route pour …]
16 […] est arrivé.
17 [… les dignit]aires de son pays
18 […] …
19 […" Cec]i est la communication
20 de [l'U]kkéen.
21 Aššūrrēṣūwa m'a écrit:
22-23 La communication précédente que je t'ai envoyée au sujet des Ourartéens
24 était qu'une
25-26 grande défaite leur a été infligée.
27 Son pays est maintenant calme,
28 chaque dignitaire
29 est arrivé dans sa province.
Rv. 1 Kaqqadānu, son *turtānu*,
2 est capturé. Le roi ourartéen
3 (se trouve) à Uaṣaun."
4 Ceci est la communication d'Aššūrrēṣūwa.
5 Nabû-lē'i, gouverneur de Bīrāte
6 m'a écrit:
7-9 "J'ai écrit aux chefs des garnisons des forteresses sur la frontière au sujet de la communication concernant le roi ourartéen.
10 Quand il est allé à Gamir,
11 ses troupes ont été complètement défaites.

12 Trois de ses dignitaires avec leurs troupes
13 ont été défaits. Lui-même s'est enfui
14 et il est arrivé dans son pays. Son armée
15 n'arrive pas encore."
16 Ceci est la communication de Nabû-lē'i.
17 Le Muṣaṣiréen, son frère
18-19 et son fils sont arrivés chez le roi ourartéen pour la salutation.
20 Le messager du Hubuškéen
21-22 est également arrivé chez lui pour la salutation.
23 Les chefs des garnisons de toutes les forteresses
24-25 sur la frontière envoient de semblables communications.
26 La lettre de Nabû-lē'i,
27 majordome d'Ahāt-abīša,
28 qui a été apportée de Tabal
29 j'ai envoyé au roi, mon seigneur.

RAWLINSON H.G., *The Cuneiforn Inscriptions of Western Asia*, London, 1891, vol. IV, pl. 54, N° 3 (texte). PINCHES T.G., "Notes upon the Assyrian Report Tablets, with Translation", in *TSBA*, 6 1878, pp. 213-227 (texte, translittération, traduction, commentaire). ABL 197 (texte). JOHNS, "Sennacherib's Letters", pp. 220-230 (translittération, traduction, commentaire). IDEM, *Babylonian and Assyrian Laws*, p. 339 (texte). PFEIFFER R.H., *State Letters of Assyria. A Transliteration and Tranlation of 335 Official Assyrian Letters dating from the Sargonid Period (722 - 625 B.C.)*, New Haven, 1935, N° 11, pp. 10-11 (translittération, traduction). RCAE, vol. I, pp. 130-133, vol. III, pp. 81-82 (translittération, traduction, commentaire). AVIIU, N° 50, 10 (traduction, commentaire). DELLER, *op. cit.*, pp. 98-99 (translittération, traduction). SAA 1, N° 31, pp. 31-32 (translittération, traduction). LANFRANCHI, *Cimmeri*, p. 18 (traduction partielle).

4. S.C. YLVISAKER (*Zur babylonischen und assyrischen Grammatik. Eine Untersuchung auf Grund der Briefe aus der Sargonidenzeit*, Leipzig, 1912, p. 63) et tous les traducteurs après lui ont divisé les formules de salutation semblables en deux parties: *lû šulmu ana...*, et *šulmu ana...* La première partie a été traduite comme "La paix soit avec..., Salut à..." (*Heil sei dem..., Good health to...*), la deuxième comme "quelque chose est bien" (*das und das befindet sich wohl, something is well*). Bien qu'elle soit possible, cette distinction ne semble pas indispensable. La particule *lû* peut être liée non seulement au premier *šulmu*, mais également aux suivants. Toutes ces phrases seraient en ce cas des voeux. Des voeux semblent mieux convenir à une formule de salutation que des constatations.

8. Il s'agit du souverain des Ukkéens, un peuple localisé à la frontière de l'Assyrie et de l'Ourartou qui ne faisait à l'époque partie d'aucune de ces puissances.

9. T. Pinches ne donne pas de déterminatif avant les signes *ga-mir*. Il propose la lecture *ma-a šar mat Akkad-ai* (l'Akkad et l'Ourartou sont désignés par le même idéogramme URI) *a-na ga-mir kas-id*, et la traduction *that the king of the Akkadians for the completing of the capturing*. C. Johns a publié une translittération et une traduction correctes.

11. Cette ligne contient le numéral 11 écrit d'une façon semblable au signe *šú*, selon l'interprétation convaincante de K. Deller et de S. Parpola. Les éditeurs précédents pensaient

qu'il s'agissait du pronom *šū*, "lui-même". Ce pronom devrait alors être écrit *šu-u* ou *šu-tu*, comme c'est le cas dans les autres lettres néo-assyriennes.

12. Restitution de S. Parpola. T. Pinches a restitué les signes *ma-a* au lieu du signe TA, R. Harper et les autres auteurs après lui *a-na* et K. Deller *[a-d]u*. Le mot *šêlû* est probablement la forme de la IIIe (Š) conjugaison du verbe *elû*. La traduction de K. Deller *konnten sich absetzen (sind emporgeführt)* semble être plus heureuse que celle de S. Parpola (*have been eliminated*) et d'I.M. Diakonoff (*vošli kak garnizon*). T. Pinches et C. Johns proposent presque la même interprétation de ce mot: *they caused to go up* et *were driven off*. R. Pfeiffer a proposé la lecture *nu-še-e-lu-u* et la traduction *we brought them to his forces*. Les deux interprétations proposées par L. Waterman (du verbe *šâlu*, "aiguiser, frotter", et du verbe *šalâlu*, "piller": RCAE, vol. IV, p. 176) sont inacceptables aussi bien du point de vue de la grammaire que de celui du contexte.

13. *Turtānu* est la restitution proposée par C. Johns et approuvée par K. Deller et S. Parpola. C'était une charge élevée en Assyrie et en Ourartou, désignant le plus souvent le commandant en chef (KLAUBER E., *Assyrisches Beamtentum*, pp. 60-64. OLMSTEAD A.T., *History*, p. 605).

14-15. La restitution de S. Parpola. La ligne Rv. 2 rend la restitution d'I.M. Diakonoff "tués (?)" impossible (AVIIU, N° 50, 10). S. Parpola a supposé la restitution du nom de la Manna dans les lacunes des lignes 15 et 16, mais il n'a pas inclus ce nom dans la traduction. Cette restitution ne semble pas convaincante, car elle ne correspond pas à la localisation géographique des événements décrits dans cette lettre.

17. Restitution de T. Pinches.

18. Restitution possible: *[ma-dak-tú] iš-šak-nu-u-ni*, "qui ont établi le camp".

24. K. Deller a proposé la traduction: *hat sich vollinhaltlich bestätigt (wörtlich: "ist sie selbst")*.

29. K. Deller a proposé la lecture KUR-*šu*.

Rv. 1. Kaqqadānu est un nom ou un surnom d'origine assyrienne ("à grande tête"). T. Pinches a proposé la lecture ^{m}*Ris-a-nu;* C. Johns a donné une translittération correcte.

5. Nabû-lē'i est l'auteur de la lettre SAA 5, 128. Il est également mentionné dans les lettres ABL 123 (SAA 5, 113): 10; 1307: Rv. 8, 12. La lettre dont nous traitons témoigne du fait qu'il était gouverneur de la ville de Bīrāte, centre de la province de Habhu. Cette province était voisine de la province de Kumme gouvernée par Aššūrrēṣūwa. L. Waterman (RCAE, vol. II, p. 132, vol. III, p. 81) et I.M. Diakonoff (AVIIU, N° 50, 10) ont lu le nom de cette ville comme *Halṣu*. S. Parpola a proposé d'interpréter les signes HAL.ṢU comme un sumérogramme avec la signification assyrienne *bīrtu*, "forteresse" et de lire le nom de la ville de Bīrāte.

12. Il s'agit probablement du *turtānu* et des deux gouverneurs mentionnés à la ligne 13.

14. C. Johns et L. Waterman donnent la traduction *his camp has not yet been attacked*, la traduction d'I.M. Diakonoff (*k lager'u jego oni ješčo ne podošli*) est proche de cette interprétation. Le mot *ta-qa-ri-ba* est donc compris comme la forme du prétérit de la IVe (N) conjugaison du verbe *qarābu*. *Madaktu* désigne non seulement "le camp", mais également "l'armée" (T. Pinches l'a traduit comme *stronghold*, mais la traduction de toute la phrase est erronée). Or, les contextes analogues des lettres néo-assyriennes prouvent que le mot *ta-qa-ri-ba* doit être interprété comme la forme du présent de la Ire conjugaison, cf., par exemple: SAA 1, 64: Rv. 12-14: *ú-di-ni* (13) *un-qi* LUGAL AŠ UGU-*hi-ia* (14) ⌈*la*⌉ *ta-qa-ri-ba-ni*, "la lettre royale avec un sceau ne m'est pas encore parvenue (en ce moment)"; SAA 1, 226: Rv. 10-13: *pa-na-su-nu* (11) *taq-ṭar-ba*...(12) EGIR-*su-nu ú-di-ni* (13) *la ta-qa-ri-ba*, "leur avant-garde est arrivée, leur arrière-garde n'arrive pas encore"; SAA 5, 217: s.2: *ú-di-ni* AŠ IGI-*ia la i-qa-rib-u-ni*, "il n'est pas encore apparu sous mes yeux". R. Pfeiffer a proposé une traduction correcte: *his camp, however, has not yet arrived.*

17. Il s'agit évidemment d'Urzana. L. Waterman a supposé qu'il s'agissait du frère et du fils de Nabû-lē'i et que le premier est nommé "Muṣaṣiréen". Il a conclu, en s'appuyant sur cette supposition, que Nabû-lē'i n'était pas Assyrien (RCAE, vol. III, p. 82). Cette hypothèse est absolument inacceptable. Elle n'est fondée que sur une traduction erronée de ce texte, empruntée par L. Waterman à T. Pinches. Une traduction correcte a été proposée déjà par C. Johns, et plus tard par R. Pfeiffer et I.M. Diakonoff. Il s'agit dans ce passage des expressions de soumission habituelles du souverain vassal envers son suzerain.

26-28. Ce Nabû-lē'i, l'homonyme du gouverneur mentionné, était le majordome de la fille de Sargon II Ahāt-abīša. Elle était mariée avec le roi du Tabal Ambaridu (OLMSTEAD, *Western Asia in the Days of Sargon*, p. 89). Le Tabal était un royaume vassal de l'Assyrie contigu à la province assyrienne de Que. Ce royaume, ainsi que le royaume vassal de Hilakku, se trouvait dans les montagnes du Taurus sur le territoire de la Cilicie des auteurs classiques. Le texte ne permet pas d'approuver l'interprétation de L. Waterman et d'I.M. Diakonoff, selon laquelle cette lettre a été apportée par Nabû-lē'i lui-même. La forme *naṣûni* (statif dans le subjonctif du verbe *naṣû*) signifie "est apporté". C. Johns et R. Pfeiffer en donnent une traduction correcte.

29. S. Parpola a proposé la lecture EN-*ia*.

3.

Musée National d'Iraq à Bagdad, ND 2608 (IM 64073)

1 [a-na LUGAL EN-ia ARAD-k]a ^{md}[30-PAP.MEŠ-SU]
2 [lu šul-mu a-na LUGAL] be-lí-i[a]
3 [šul-mu a-na ^{kur}]Aš-šur^{ki}
4 [šul-mu a-na] ⸢É⸣.KUR.MEŠ-te
5 [šul-mu a-na ^{uru}bi-rat š]a LUGAL gab-bu
6 [ŠÀ-bu ša LUGAL EN-ia a-dan]-niš lu-u DÙG.GA
7 [x x x x x x] x ^{lú}I-tú-u-a-a
8 [x x x x x š]a TA ŠÀ-bi ^{uru}Iš-ta-hup
9 [x x x x x] x-ú-ni ú-ma-a TA ŠÀ-bi
10 [^{uru}x x x x] x-rat-ta AŠ UGU-hi-ia na-ṣu-niš-šú
11 [AŠ UGU ^{kur}UR]I-a-a a-sa-al-šú ma-a ^{kur}URI-a-a
12 [^{lú}GAL.MEŠ-šú a-na] ^{kur}PAP-ir bé-et il-li-k[u]-ni
13 [ma-a x x T]A pa-an LUGAL EN-ia pal-hu a-dan-niš
14 [ma-a a-k]i MÍ.MEŠ ⸢i⸣-ru-ú-⸢bu⸣ i-qúl-lu
15 [ma-a AŠ] ^{uru}bi-rat ša LUGAL EN-ia me-me-e-ni
16 [la x x x] x ma-a šul-mu a-⸢dan⸣-ni-iš
17 [ṭè-e-m]u ša ^{kur}URI-a-a
18 [x x x ma]r$^{?}$-ṣe-e ša ^{lú}[x x x x]
19 [x x ^{lú}M]AH ša ^{kur}Man-na-a-a x [x x x]

20 [x x x GU]D.⸢HI⸣.A.MEŠ-ni UDU.HI.A.MEŠ [x x]
21 [x x x x] x-an-ni ^{l}[^{ú}á]r$^{?}$-ma-a-⸢a⸣ [x x x]
22 [x x x x x m]a-a AŠ ŠÀ-⸢bi⸣ x [x x x x]
23 [x x x x x x x] x [x x x x x x]
[...]
Rv. [...]
1 [x x x x x x x x x] x [x x x]
2 [x x x x x x x x x] ⸢x⸣ [x x x]
3 [x x x x x x x x m]a-a x [x x x]
4 [x x x x x x x x] ⸢ma?⸣ [x x x x]
5 [x x x x x x x x x x x x x] x
6 [x x x x x x x x x] ⸢x x⸣ [x x x] x
7 [x x x x x] ⸢ma-a?⸣ x [x x x x x] x
8 [x x x x x x]-⸢ú⸣-te ⸢a?⸣ [x x x x] ⸢x⸣
9 [x x x x x x ^{kur}Γ]a-ú-da-a-a
10 [x x x x x] x x [x] 4 ša ^{lú}GAL-MU
11 [x x ^{giš}Ù]R.MEŠ dan-nu-te
12 [x x x x x^{l}]^{ú}EN.NAM ^{kur}Ra-ṣap-pa
13 [x x x x ^{lú}E]N.NAM ⸢^{uru}Til⸣-Bar-si-ba
14 [x x x x M]EŠ 2-u-te
15 [x x x x x] ŠÀ-bi ^{uru}A-di-a
e. 16 [x x x x x]

1 [Au roi, mon seigneur, t]on [esclave Sennachérib.]
2 [La paix soit avec le roi, m]on seigneur,
3 [la paix avec l'A]ssyrie,
4 [la paix avec les t]emples,
5 [la paix avec] toutes [les forteresses d]u roi.
6 [Que le coeur du roi, mon seigneur,] soit [tr]ès content.
7 [...] Itu'
8 [...] de (la ville d')Ištahup
9 [...] maintenant de
10 [(la ville) ...]ratta ont amené (apporté) à moi.
11-12 Je l'ai interrogé [sur l'Ourar]téen. (Il a dit): "Quand l'Ourartéen [(et) ses dignitaires] sont allés [contre] Gamir,
13 [ils ont été défaits (?).] Ils ont grand-peur du roi, mon seigneur;
14 ils tremblent et se taisent [com]me des femmes.
15 Personne [dans] les forteresses du roi, mon seigneur
16 [ne ...] très bien."
17 (Ceci) est la [commu]nication concernant l'Ourartéen.
18 [... ma]ladie (?) [...]
19 [... le di]gnitaire du Mannéen [...]

20 [... les bo]vins (et) les ovins [...]
21 [...] ... Araméen(s) (?) [...]
22 [...] en [...]
[...]
Rv. [...]
9 [...] Juif(s)
10 [...] du cuisinier en chef
11 [...] grandes [pou]tres
12 [...] gouverneur de Raṣappa
13 [...] gouverneur de Til-Barsib
14 [...]
15 [...] (la ville d')Adia
[...]

SAGGS, *op. cit.*, pp. 198-199, pl. XL, N° 46 (texte, translittération, commentaire). DELLER, *op. cit.*, p. 101 (translittération). SAA 1, N° 32, pp. 32-33 (translittération, traduction) LANFRANCHI, *Cimmeri*, p. 18 (traduction partielle).

1. Le nom de l'auteur de cette lettre a été restitué par K. Deller et par S. Parpola par analogie avec la lettre ABL 197.

5. G. Saggs a restitué les mots *ana matati*. La restitution de K. Deller et de S. Parpola fondée sur les formules de salutation standard est préférable.

7. Itu', Tu', Utu' est un peuple araméen qui habitait sur la rive droite du Tigre au sud de l'Assyrie. Ce peuple fournissait des contingents militaires à l'armée assyrienne: FORRER, *op. cit.*, p. 104. SAGGS, *op. cit.*, p. 199. POSTGATE J.N., "Itu'", in *RLA*, vol. V, 1976-1980, pp. 219-220.

8. Ištahup est probablement la même ville que *Iš-ta-ip-pa* (lettre de Sargon II au dieu Assour: 87) et *Iš-te-up-pa* ("prisme" A de Sargon II). La ville est localisée au sud-ouest de la région Zikirtu, à l'est ou au sud-ouest du lac d'Ourmia: SAGGS, *op. cit.*, p. 199. LEVINE L., "Išta'ippa", in *RLA*, vol. V, 1976-1980, pp. 208. Pour les textes, voir: NAT, pp. 178-179.

9. G. Saggs donne la lecture: *[ú$^{?}$-ṣi$^{?}$]-ú-ni* [...] ME *ma-a*. La lecture de S. Parpola est fondée sur de nouvelles collations faites par R. Biggs. Cette lecture est approuvée par K. Deller.

11. K. Deller propose la restitution suivante de cette lacune: *[ṭè-e-mu ša* ^{kur}UR]I-*a-a*, "la communication concernant l'Ourartéen".

12. G. Saggs propose la translittération suivante: KUR KÚR-*sa bi-id il-[li]k$^{?}$-[u$^{?}$]-ni*. Les collations faites pour l'édition SAA 1 donnent une autre lecture du dernier mot. L'interprétation de l'idéogramme PAP / KÚR est confirmée par la lettre ABL 197. Le nom du pays des Cimmériens dans cette lettre est écrit ^{kur}*Ga-mir* dans le rapport de l'Ukkéen et ^{kur}PAP-*ir* dans le rapport de Nabû-lē'i.

14. La lecture de cette ligne suit l'interprétation de S. Parpola. Cette lecture est également conforme à l'autographie du texte dans l'édition de G. Saggs. La translittération de G. Saggs est [...] SAL MEŠ [...] *ú* [...] ZAG (??) *al-ku*, et celle de K. Deller [...] x MÍ.MEŠ ⌜x⌝ É$^{?}$ *ú* ⌜x⌝ ZAG$^{?}$ *al ku*. Le mot *i-qúl-lu* peut également être traduit par "ne font rien": CAD, vol. Q, 1982, pp. 72-73.

16. Le signe DAN au lieu du signe DA dans l'édition de S. Parpola s'appuie sur l'autographie du texte dans l'édition de G. Saggs. La même lecture est approuvée par K. Deller.

19. La lecture de K. Deller est [... ^{lú}A.K]IN *ša* ^{kur}*Man-na-a-a*, "le messager du Mannéen". G. Saggs propose la lecture [...^{lú}]MAH.

Rv. 12. La Raṣappa est une région de la Mésopotamie, à l'ouest de l'Assyrie, l'actuelle Riṣāfa: FORRER, *op. cit.*, p. 105.

13. Til-Barsib est la capitale de la province d'Adini, située sur l'Euphrate au sud de Gargamis, sur l'emplacement de l'actuelle Tell Aḫmar: FORRER, *op. cit.*, p. 25. THUREAU-DANGIN, DUNAND, *op. cit.*, 1936. KESSLER, *Untersuchungen*, pp. 187 suiv, 235-236.

15. Adia est l'actuelle Sheh 'Adi, au nord de Ninive: FORRER, *op. cit.*, p. 9. ARAB, vol. I, p. 715.

4. Lettre d'Aššūrrēṣūwa, gouverneur de Kumme, au roi Sargon II

British Museum, K 1080 + K 12992

1 a-na LUGAL be-lí-iá ARAD-ka ^{m}Aš-šur-re-ṣu-u-a
2 lu DI-mu a-na LUGAL be-lí-iá DI-mu
3 ⸢a⸣-[n]a KUR ša LUGAL DI-mu a-na ^{uru}HAL.ṢU
4 lu DI-mu a-na LUGAL be-lí-iá
5 ^{kur}Gu-ri-a-ni-a ^{kur}na-gi-ú
6 bir-te ^{kur}URI bir-te ^{kur}Ga-mir-ra
7 šu-ú ma-da-at-tú a-na ^{kur}URI-a-a
8 i-da-an a-ki-i ^{kur}URI-a-a
9 AŠ UGU ^{kur}Ga-mir-ra il-lik-u-ni
10 a-ki-i a-bi-ik-tú AŠ ŠÀ ^{kur}URI-a-a
11 ta-áš-šá-ki-nu-ni ^{lú}ERIM.MEŠ a-mar TA ma-ka
12 [i]n-na-⸢su$^{?}$-x-ni⸣ [AŠ$^{?}$ ^{kur}G]u-ri-⸢a⸣-ni-⸢a⸣ 0
13 an-ni-ú am-mu-t[e x x x x]
14 am-mu-te i-ṣa-bat x [x x x x x x]
15 i-šak-kan ki-i [LUGAL ^{kur}URI-a-a]
16 TA ŠÀ ^{lú}KÚR-š[u x x x x x]
17 AŠ pa-an KASKAL-šu [x x x x x]
18 an-nu-te ú-[x x x x x x x]
[...]
Rv. [...]
1 k[i x x x x x x x x x x x]

2 ša i[l x x x x x x x x x]
3 8-lim $^{l[ú}$ERIM.MEŠ x x x x x]
4 ku-pu n[i] ki [x x x ^{lú}NAM.MEŠ$^{?}$]
5 ^{kur}URI-a-a ša AŠ Š[À x x x x x]
6 AŠ UGU LUGAL ^{kur}URI-[a-a x x x]
7 ^{lú}NAM.MEŠ an-nu-te [x x x x x x]
8 AŠ ŠÀ IGI.2.MEŠ [ša] LUG[AL x x x x]
9 ^{uru}HAL.ṢU.MEŠ [x x x x x x x]
10 LUGAL be-lí i-q[ab$^{?}$-bi x x x x x]
11 i-tal-lak an-⌜nu⌝-x [x x x x x x x]
12 ^{lú}A-KIN.MEŠ ⌜il$^{?}$-lu$^{?}$-ku⌝ [x x x]
13 AŠ UGU-hi-šú-nu r[a$^{?}$ x] x x [x x]
14 a-du zi-bu-[tú$^{?}$ x x x]-u-ni
15 AŠ UGU-hi-šú-nu ṭè-[e-mu ša] ⌜LUGAL⌝
16 [AŠ] ^{uru}Ṭu-ur-uš-pa-a ⌜šu⌝-ú

1 Au roi, mon seigneur, ton esclave Aššūrrēṣūwa.
2 La paix soit avec le roi, mon seigneur, la paix
3 avec le pays du roi, la paix avec les forteresses.
4 La paix soit avec le roi, mon seigneur.
5 Guriania est un district
6 entre l'Ourartou et la Gamirra.
7-8 Elle donne le tribut à l'Ourartou. Quand l'Ourartéen
9 est allé contre la Gamirra,
10-12 alors la défaite a été infligée à l'Ourartéen. Tous les guerriers qui se sont [enfuis (?) en] Guriania,
13 celui-ci […] les uns,
14 a pris (?) les autres […]
15 a posé. Quand [le roi ourartéen]
16 [s'est enfui (?) …] de son ennemi
17 avant la route […]
18 ces […]
[…]
Rv. […]
3 huit mille [guerriers …]
4 la neige (?) [… les gouverneurs]
5 ourartéens qui dans […]
6 contre / concernant le roi ourart[éen …]
7 ces gouverneurs […]
8 aux yeux [du] ro[i …]
9 les forteresses […]
10 le roi, mon seigneur a [dit (?) …]

11 est arrivé [...]
12 les messagers v[ont ...]
13 contre eux [...]
14 à l'arri[ère (?) ...]
15 contre eux. L'inf[ormation (?) sur le] roi:
16 il est [à] Turušpâ.

WINCKLER H., *Sammlung,* vol. II, p. 11 (texte). ABL 146 (texte). RCAE, vol. I, pp. 100-101, vol. III, p. 65 (texte du fragment K 12992, translittération, commentaire). AVIIU, N° 50, 11 (traduction, commentaire). DELLER, *op. cit.*, p. 98 (translittération, traduction). SAA 5, N° 92, p. 75 (translittération, traduction). LANFRANCHI, *Cimmeri,* pp. 21-22 (translittération, traduction).

1-2. SAA 5 donne la lecture *be-lí-ia* dans les deux lignes.

3. I.M. Diakonoff traduit uruHAL.ṢU comme "la ville de Halṣu". Il suppose qu'Aššūrrēṣūwa a été gouverneur ou adjoint du gouverneur de la province correspondante. La lettre ABL 197 témoigne cependant du fait que le gouverneur de la province de Bīrāte (Habhu) à cette époque était Nabû-lē'i. Il n'y a aucune preuve pour supposer qu'Aššūrrēṣūwa était l'adjoint de Nabû-lē'. Il avait probablement un statut plus élevé que celui-ci (cf. ABL 123), ce qui peut être prouvé par l'existence d'un grand nombre de lettres d'Aššūrrēṣūwa adressées directement au roi. Le nom d'Aššūrrēṣūwa est toujours mentionné dans les lettres de Sennachérib avant le nom de Nabû-lē'. Il est fort probable qu'Aššūrrēṣūwa était le gouverneur de la province de Kumme, voisine de Bīrāte (Habhu). Tout cela permet de traduire le mot uruHAL.ṢU comme "les forteresses" et non comme "la ville de Bīrāte (ou de Halṣu)". Cette traduction correspond bien aux formules standard de salutation.

5. Le mot suivant le nom du pays "Guriania" doit être traduit par les mots "région, district", comme I.M. Diakonoff l'a noté (AVIIU, N° 50, 11, n. 2). Les éditeurs précédents ont interprété ce mot comme un nom de pays.

7. Il s'agit probablement de Guriania et non de Gamirra (la dernière opinion a été approuvée par T. Pinches et L. Waterman). Cette interprétation est confirmée par l'identification de la Guriania avec le pays de *kurGu-ri-a-i-ni.* La soumission de ce dernier par les Ourartéens est mentionnée dans l'inscription de Rousa I de Tsovinar.

8. Les traductions "les Ourartéens sont allés", "la défaite a été infligée aux Ourartéens" sont également possibles, car le mot kurURI-*a-a* ne se décline pas. Le mot *il-lik-u-ni* peut être compris également comme la forme de la 3e personne du singulier ou du pluriel du subjonctif.

11. L'idéogramme ERIM désigne les "guerriers", et non les "gens", comme L. Waterman et I.M. Diakonoff le traduisent.

12. Notre lecture suit les collations de S. Parpola. La translittération de K. Deller est *⸢x⸣ na ⸢x x x Gu⸣-ri-⸢a-ni-a⸣ x [...].* Les éditeurs précédents ont lu ce passage comme *⸢i⸣-na [kurG]u-ri-⸢a⸣-ni-[a ...].* Le premier signe sur la tablette est cependant trop grand pour la restitution d'un *i.* Selon la collation de S. Parpola, il n'y pas d'inscription sur la tablette après le nom de Guriania. K. Deller ajoute encore une ligne entre les lignes 12 et 13. Il lit le texte de cette ligne comme *⸢a-ni-ú⸣ ⸢x (x) x⸣* [...]. La collation de S. Parpola n'admet pas l'existence de cette ligne.

R.C. Thompson a ajouté après la ligne 12 un fragment de cette même tablette avec un texte très abîmé qui comprend les lignes 13 - Rv. 8: *AJSL,* 17, p. 166, n. 7. Cf.: LEICHTY E., *Bibliography of the Cuneiform Tablets of the Kuyunjik Collection in the*

British Museum, London, 1964, p. 26. Pour le texte de ce fragment, voir: RCAE, vol. III, p. 65.

13-15. K. Deller propose la restitution suivante du texte: *an-ni-ú am-mu-t[e i-du-ak ...] am-mu-te i-ṣa-bat x [...] i-šak-kan ki-i [...], "dieser... tötet den einen Teil (und) nimmt den anderen Teil gefangen, legt (sie in Fesseln ?)"*. On peut cependant restituer un autre verbe au lieu du mot *i-du-ak*, d'autant plus que nous ne savons pas qui est désigné par le pronom *anniu*. Les verbes *ṣabātu* et *šakānu* sont de plus trop polysémiques pour que nous puissions deviner le sens général de ce passage abîmé. Nous suivons l'édition SAA 5 dont les auteurs s'abstiennent prudemment de restituer les mots des lacunes et traduisent ce passage: *"this [...] some of then and took others as captives, putting [...]"*. Cependant, le verbe *ṣabātu* a également d'autres significations. Ainsi, G. Lanfranchi a supposé qu'il s'agissait dans ce texte de la réorganisation de l'armée, retirée avant la nouvelle attaque: LANFRANCHI, "Some new Texts", p. 131.

16. K. Deller propose la lecture: TA ŠÀ ^{lú}BAD$^{?}$.HAL$^{?}$-*l[a-te ...], "von der Kavalerie"*. S. Parpola a proposé en 1970 (NAT, p. 133) la lecture: TA ŠÀ ^{lú}PAP-[*ir* ...], mais c'est la lecture TA ŠÀ ^{lú}KÚR-*š[u ...]* qui est donnée dans l'édition SAA 5. Comme KÚR et PAP sont deux significations possibles du même signe, on pourrait reconnaître les deux dernières interprétations comme également probables. Cependant, si la tablette contient vraiment le signe *šu* (il n'y a pas de collations dans l'édition SAA 5), nous devons préférer la deuxième possibilité.

Rv. 4. K. Deller donne la lecture: *ku-pu ⸢qar-hi⸣ d[a ...]*, "la neige, la glace [...]". La collation de S. Parpola n'approuve pas cette lecture.

6. L'édition SAA 5 propose la restitution [*it-tal-ku*$^{?}$] et la traduction *"[marched] against the [king of] Urartu"*.

12. K. Deller donne la lecture: ^{lú}A-KIN.MEŠ *ina* ⸢ŠÀ⸣ [...].

15-16. Les mots AŠ UGU-*hi-šú-nu* peuvent également être liés au mot "communication": "communication concernant eux". Les dernières lignes sont obscures. K. Deller propose la lecture: *ina muh-hi-šú-nu il-[...] x [ina]* ^{uru}*Ṭu-ur-uš-pa-a ⸢šu⸣-ú*. Turušpâ, Tušpâ était la capitale de l'Ourartou, située sur la rive orientale du lac de Van.

5. Lettre d'Urda-Sîn au héraut du palais

British Museum, K 485

1 a-na ^{lú}NIGÍR-É.GAL
2 EN-ia
3 ⸢ARAD⸣-ka ^{m}ARAD-^{d}30
4 [^{lú}G]a-me-ra-a-a
5 ⸢x an$^{?}$⸣-ni-ú
6 ⸢it-tu⸣-ṣi TA ŠÀ-bi
7 ⸢^{kur}Ma-na⸣-a-a
8 ⸢AŠ ŠÀ-bi⸣ ^{kur}URI

9 ⸢e⸣-tar-ba
10 [AŠ ^{ur}]^{u}⸢Hu$^{?}$⸣-u'-di-a-da-e
11 [x x] x ⸢x x⸣ ^{md}15-BÀD
12 [AŠ ^{ur}]^{u}⸢Ṭu-ru-uš-pa⸣-a
13 [x] ⸢ŠÀ$^{?}$⸣ [x] ša-ki-ni
14 ⸢^{lú}DUMU⸣ šip-ri
15 šá ^{lú}EN.NAM
e. 16 ^{uru}Ú-e-⸢si⸣
17 UGU ^{m}Ur-[za]-ni
18 it-ta[l-ka]
Rv. 1 AŠ UGU [kit$^{?}$-ri$^{?}$]
2 ma-a ⸢e-mu⸣-qi-k[a]
3 lil-li-ku-ni
4 AŠ UGU ^{uru}Pu-li-a-a
5 AŠ UGU ^{uru}Su-ri-a-na-a-a
6 ^{kur}URI gab-bi-šú
7 ip-ta-làh
8 a-da-niš
9 e-mu-qi ú-pa-hu-ru
10 ma-a i-su-ri
11 ki-ma ku-pu-u
12 i-di-i-ni
13 ma-a ni-za-qu-pu
14 AŠ UGU-hi-šu
15 AŠ UGU hu-ub-ti
16 an-ni-e
e. 17 ša iq-bu-ni
18 ma-a hu-ub-tú
19 [i]h-ta-bat
s. 1 i-ba-ši i-qab-bi-u ma-a šá na-gi-e
2 šá ^{uru}⸢Ar⸣-hi ⸢x x⸣-ši ma-a a-[d]i$^{?}$ ZI kar n[i$^{?}$]

1 Au héraut du palais,
2 mon seigneur,
3 ton esclave Urda-Sīn.
4-5 [C]e (?) Cimmérien
6 est [so]rti de la
7 Manna,
8-9 il est entré en Ourartou.
10 [En] Hu'didae (?)
11 [...] Sardūri

12 [en] Tu[ru]špâ
13 [...]
14 Le messager
15 du gouverneur
16 d'Uesi
17-18 est arri[vé] chez Ur[za]na
Rv. 1 pour [(demander) de l'aide (?).]
2 (Il a dit): "Tes troupes,
3 qu'elles arrivent là".
4 Pour les gens de Pulia,
5 Pour les gens de Suriana,
6 tout l'Ourartou
7-8 craint beaucoup.
9 Ils rassemblent (leurs) troupes
10 (en disant): "Peut-être,
11-12 quand il y aura plus de neige / quand le froid se renforcera
13-14 nous l'attaquerons".
15-16 En ce qui concerne ce butin,
17 dont on a dit:
18-19 "Il a pris le butin",
s. 1 c'est (vrai). Ils disent: "Du district
2 d'Arhi [...]

ABL 112 (texte); KLAUBER E., *Assyrisches Beamtentum*, p. 67 (translittération et traduction du recto de la tablette). PINCHES, "Sargon's eighth Campaign", pp. 608-612 (texte, translittération, traduction, commentaire). RCAE, vol. I, pp. 74-77, vol. III, pp. 53-54 (translittération, traduction, commentaire). AVIIU, N° 50, 8 (traduction, commentaire). DELLER, *op. cit.*, p. 102 (texte, translittération, traduction, commentaire). SAA 5, N° 145, pp. 109-110 (translittération, traduction). LANFRANCHI, *Cimmeri*, pp. 23-24 (translittération, traduction, commentaire).

Le texte de cette lettre a d'abord été publié en 1892 (ABL) par R. Harper et en 1913 par T. Pinches. Les deux éditions sont fondées sur des collations indépendantes. Les textes de ces deux éditions divergent sérieusement entre eux. Ainsi, la copie de T. Pinches comprend beaucoup plus de signes. Ni l'une ni l'autre édition ne sont accompagnées de photographies, ni de dessins. Il était donc très difficile de préférer l'une ou l'autre variante du texte. Le texte fiable de cette lettre est maintenant connu grâce à la publication de son autographie faite par M. Salvini en 1980 (DELLER, *op. cit.*, p. 102). La translittération de ce document, fondée sur les nouvelles collations effectuées en 1988 par S. Parpola, a été publiée dernièrement (SAA 5, p. 109-110).

3. L'auteur de cette lettre n'est mentionné nulle part ailleurs.

4. Le signe LÚ visible sur la tablette d'après la publication de R. Harper est restitué dans toutes les éditions postérieures. Ce fait peut être expliqué par la détérioration de la tablette après 1892.

5. K. Deller, ainsi que les éditeurs précédents, propose la traduction *dieser Kimmerier*. La collation de M. Salvini prouve cependant qu'il y avait au moins encore un signe au début de la ligne 5. Il est possible que ce passage ait contenu l'indication de la date de

l'incursion cimmérienne. Ainsi, SAA 5 traduit ce passage: *"The Cimmerian (king) has departed from Mannea this [...]"*. G. Lanfranchi donne la traduction *"è partito questo [...]"*, mais il propose la restitution [UD] *an-ni-ú*, "aujourd'hui".

7. Le nom de la Manna est conservé sur la tablette selon T. Pinches, M. Salvini et S. Parpola. Ce nom manque dans l'édition de R. Harper.

10. Les auteurs de l'édition SAA 5 supposent qu'il s'agit ici du nom d'une ville ourartéenne. Cette ville ne semble cependant mentionnée nulle part ailleurs. K. Deller donne la lecture: ⌜*x (x)*⌝ *hu 'a di a da e.* Il suppose qu'il s'agit d'une liste de noms propres dont fait partie également le nom de Sardūri mentionné dans la ligne suivante. T. Pinches propose la lecture *[x x] hu-'u-di-a-li-e,* R. Harper (et L. Waterman) *[x x]-hu-ta-'a-di a-da-e.*

11. K. Deller donne la lecture [...] ⌜É *id di*⌝ md15-BÀD.

13. K. Deller donne la lecture [...] ⌜*x (x)*⌝ *ki-ni.* Il suppose la présence dans ce passage du nom du messager du gouverneur d'Uesi.

Rv. 1. La restitution *[kit-ri]* est proposée dans l'édition SAA 5, cf. LANFRANCHI, *Cimmeri,* p. 226, n. 41.

2-5. L'édition SAA 5 donne la traduction *"Let yo[ur] troops come to (aid) the people of Pulia and Suriania".* La traduction traditionnelle (cf., par exemple, la même variante de traduction chez I.M. Diakonoff) approuvée par K. Deller (*"Vor den Buliäern und SUrianäern ist ganz Urarṭu in gewaltige Furcht geraten"*) semble préférable. La province d'Uasi se trouve loin des villes de Pulia et de Suriania qui ne faisaient en aucun cas partie de cette province. Il est donc difficile de supposer que le gouverneur de cette province a demandé d'envoyer des troupes dans une région éloignée qui se trouvait hors de sa juridiction. De plus, l'emploi du verbe *alāku* sous une forme avec ventif désigne probablement un mouvement dans la direction de l'auteur du discours, c'est-à-dire vers le gouverneur d'Uesi.

11 - 12. Pour la traduction, voir AHw, vol. I, p. 509, avec les textes analogues. Cf.: CAD, vol. D, p. 83b, vol. K, p. 551b, vol. Z 55a. La traduction de ces lignes comme *"immediately when the cold will become greater"* a été proposée par A.L. OPPENHEIM ("Notes to the Harper-Letters", in *JAOS,* 64, 1944, p. 191).

13. Le verbe *zaqāpu* signifie au sens propre "ranger en bataille": AHw, vol. I, p. 1512b. K. Deller donne la traduction *"wir gegen ihn Stellung beziehen können",* SAA 5 *"we can attack him".* La traduction d'I.M. Diakonoff "nous lui résisterons" n'est pas heureuse.

15. Le mot *hubtu* désigne le pillage et son résultat, c'est-à-dire le butin, notamment les prisonniers (AHw, vol. I, p. 351). K. Deller a choisi la dernière variante de la traduction.

17 - s.1. K. Deller propose la traduction: *"Bezüglich dieser Kriegsgefangenen, von denen er gesagt hat: "Ich habe Kriegsgefangene gemacht" - es gibt (Leute, die) sagen: aus dem Distrikt von ...",* l'édition SAA 5 *"As to this booty which they said he has taken, they do say that of the district of Arhi [...]".* Le mot *iq-bu-ni* peut être interprété comme une forme de la 3e personne du singulier (variante de K. Deller) ou du pluriel (variante de l'édition SAA 5). En ce qui concerne le mot *ih-ta-bat,* c'est sans doute la forme de la 3e personne du singulier. La traduction de K. Deller *"Ich habe Kriegsgefangene gemacht"* ne peut donc pas être retenue. Pour ce qu'est de la traduction de la ligne 20, aucune des variantes mentionnées ne semble satisfaisante. La traduction d'I.M. Diakonoff (*"Po povodu etoj dobyči... - eto (dejstvitel'no) bylo. Govor'at otnositel'no oblasti goroda [...]"*) semble plus heureuse. Le mot *i-ba-ši* est la forme de la 3e personne du singulier, mais cette forme est également utilisée pour le pluriel (von SODEN, *Grundriss,* pp. 186-187. AHw, vol. I, p. 113). La forme du présent *ibašši* est souvent utilisée dans le sens du statif (von SODEN, *Grundriss,* p. 102).

s. 2. S. Parpola a proposé la traduction *have lost life,* qui ne figure cependant pas dans l'édition SAA 5: LANFRANCHI, *Cimmeri,* p. 227, n. 45.

6. Lettre d'un inconnu au roi Sargon II

Musée National d'Iraq à Bagdad, ND 1107 (IM 56877)

1 [a-na LUGAL be-lí-ia]
2 [ARAD-ka ^{m}x x x x x]
3 ⸢lu⸣ [šul-mu a-na LUGAL EN-ia]
4 šul-mu a-n[a KUR ša LUGAL]
5 šul-mu a-na ^{u}[^{ru}HAL.ṢU.MEŠ]
6 AŠ UGU ṭè-e-me š[a ^{kur}URI-a-a]
7 ša LUGAL be-lí i[š-pur-an-ni]
8 ma-a ṭè-mu har-ṣ[u šup-ra]
9 ^{kur}G[i-m]ir-[a-a x x x]
10 ⸢ma$^{?}$⸣-[a x x x x x x x]
[...]
Rv. [...]
1 [x x x x] x-ú L[Ú x x x]
2 [x x x x] ša ^{m}A-r[a-x x x]
3 [x x m]ah-ru x [x x x x]
4 [n]i$^{?}$-ma-ag$^{?}$-gu-ru né-er-r[ab$^{?}$ x x]
5 ^{kur}Gi-mir-a-a AŠ UGU-hi ⸢i⸣-[x x]
6 AŠ ŠÀ ^{kur}Ú-ṣu-na-li [ma-dak-tú]
7 ⸢i⸣-sa-kan ṭè-e-mu [la ah-ru-uṣ]
8 TA ^{kur}Hu-ub-buš-a-[a x x]
9 UGU ^{m}Ur-za-na a-[sap-ra]
10 nu-uk ṭè-⸢e⸣-[mu ša x x]
11 hur-ṣa [x x x x x x x]
[...]
s. 1 [x x x x x x d]i la-a a-šá-me [x x x]
2 [ša LUGAL be-lí i-qa-bu-ni l]i-iš-pa-ru-u-ni [0]

1 [Au roi, mon seigneur,]
2 [ton esclave ...]
3 [La paix s]oit [avec le roi, mon seigneur,]
4 la paix ave[c le pays du roi,]
5 la paix avec les [forteresses,]
6 Pour ce qui est de la communication con[cernant l'Ourartéen,]

7 de laquelle le roi, mon seigneur, [m'a écrit:]
8 "[Ecris-moi] la communication précise":
9 Les Ci[mm]éri[ens ...]
[...]
Rv. [...]
1 [...]
2 [...] Ara[...]
3 [... sont r]eçus (?) [...]
4 [nous] sommes d'accord (?) [...]
5 Le Cimmérien contre [...,]
6-7 il a établi [le camp (?)] en Uṣunali. [Je n'ai pas trouvé d'information.]
8 de Hubuš(k)ia [...]
9 j'[écris (?)] à Urzana
10 communica[tion concernant ...]
11 écris-moi [...]
[...]
s. 1 [...] je n'ai pas entendu [...]
2 [Ce que le roi, mon seigneur, ordonnera], écris-moi.

WISEMAN, "The Nimrud Tablets, 1951", p. 64, pl. XXII (texte, translittération). POSTGATE, *The Governor's Palace Archive,* N° 243, pp. 227-228, pl. 84 (texte, translittération, traduction). SAA 5, N° 144, p. 109 (translittération, traduction). LANFRANCHI, *Cimmeri,* pp. 24-25 (translittération, traduction, commentaire).

Cette lettre a été retrouvée en 1951 lors des fouilles du palais du sud-est (*Burnt Palace*) de Kalhu (Nimrud). Ce palais a probablement été détruit vers 705 avant J.-C.: MALLOWAN M.E.L., "The Excavations at Nimrud (Kalhu)", in *Iraq,* 14, 1952, pp. 18-19. S. Parpola n'a pas pu faire une nouvelle collation de la tablette pour l'édition SAA 5. L'édition de J. Postgate reste donc la dernière édition indépendante de ce texte.

6. J. Postgate donne la lecture hur-ṣ[a$^{?}$], K. Deller (DELLER K., *op. cit.*, p. 104) corrige le texte par analogie avec la lettre ABL 148: 5. S. Parpola dans l'édition SAA 5 approuve cette correction.

Rv. 4. D. Wiseman donne la lecture *ma-'a-gu-ru ni-ir-[...],* J. Postgate ⌜*x*⌝ *ma 'a-a-gu-ru ni-ir-t[u-bu (?)].* Le sens de cette ligne reste obscur. Le texte est reproduit suivant l'édition SAA 5.

5. Cette lettre donne un exemple unique pour l'époque de Sargon II de l'écriture du nom des Cimmériens sous forme *Gimirāia.*

6. ^{kur}*Ú-ṣu-na-li:* l'autographie du texte de D. Wiseman comprend le signe NA, mais il donne dans la translittération le signe BA. Les éditeurs postérieurs donnent la lecture NA. Il s'agit probablement du pays qui est nommé ailleurs ^{kur}*Ú-a-ṣu-an.* La forme en question de ce toponyme ne se rencontre nulle part ailleurs, cf.: NAT, p. 377.

8. ^{kur}*Hu-ub-buš-a-a:* Hubuškia, cf. la même forme de ce toponyme dans la lettre SAA 5, 133 (ABL 890): 10.

7. "Prismes" d'Assarhaddon

1 ù ^{m}Te-uš-pa-a ^{kur}Gi-mir-ra-a-a
2 ERIM-man-da šá a-šar-šú ru-ú-qu
3 AŠ KI-tì ^{kur}Hu-bu-uš-na
4 a-di gi-mir ERIM-HÁ-šú ú-ra-si-ba AŠ GIŠ.TUKUL

1 Et Teušpâ, le Cimmérien,
2 l'*ummān-manda* dont l'habitation est lointaine,
3-4 je l'ai battu par les armes avec toute son armée dans Hubušna.

Ce passage est conservé dans toutes les rédactions des "prismes" ("annales") d'Assarhaddon. Les variantes sont de caractère purement graphique.

1. Musée National d'Iraq à Bagdad, IM 59046.

HEIDEL, "A New Hexagonal prism", pp. 14-15 (texte, translittération, traduction), ll. II, 1-4.

Ce prisme a été retrouvé en janvier 1955 par l'expédition de l'inspecteur général des antiquités d'Iraq sur la colline Nabi-Yunus (Ninive) *in situ* (dans le fondement du palais d'Assarhaddon). Ce texte est le plus ancien "prisme" connu d'Assarhaddon. Il est daté de 676 avant J.-C. (VI, 44-45: ITI.GUD UD-22-KÁM *li-mu* ^{m}*Ban-ba-a* ^{lú}SUKKAL-GIR$_5$, "le 22 *aiāru* (avril - mai), l'éponymie de Banbâ, l'adjoint du vizir").

2. British Museum, TH 1929-10-12,1.

THOMPSON R.C., *The Prisms of Esarhaddon and Ashurbanipal Found at Nineveh, 1927-8*, London, 1931, p. 18, pl. 6 (texte, translittération, commentaire). BORGER, *op. cit.*, p. 51, Nin A^1 (translittération, traduction), ll. III, 43-46.

Ce "prisme" a été retrouvé en 1928 par l'expédition du British Museum dirigée par R.C. Thompson lors des fouilles sur la colline Kouyoundjik (Ninive). Le "prisme" est daté de l'année d'éponymie d'Atār-ilī, gouverneur de Lahīru, c'est-à-dire de 673/2 avant J.-C. (VI, 75: ITI.ŠE.KIN.KU$_5$ lim-mu ^{m}A-tar-DINGIR ^{lú}EN.NAM šá ^{kur}La-hi-ra - "*addāru* (dernier mois de l'année), l'éponymie d'Atār-ilī, gouverneur de Lahīru"). Le contenu des parties "historiques" des deux "prismes" est presque identique, bien que l'ordre de la relation soit un peu différent.

Les variantes: 1: ^{lú}Gi-mir-ra-a-a | 2: ERIM.HÁ-man-da | 3: er-ṣe-et | 4: ú-ra-as-si-ib.

3. British Museum, 48-11-4,315.

LAYARD, *op. cit.*, pl. 54-58 (texte). SMITH G., Textes in: RAWLINSON H.G., *The Cuneiforn Inscriptions of Western Asia*, vol. III, London, 1870, pl. 15-16 (texte). HARPER R.F., "Some Corrections to the Texts of Cylinders A and B of the Esarhaddon Inscriptions as published in I R, 45-47 and III R, 15-16" in *Hebraica*, 3, 1887, pp. 182-185 (collations). ABEL L., WINCKLER H., *Keilschrifttexte zum Gebrauch bei Vorlesungen*, Berlin, 1890, pp. 25-26 (texte). BORGER, *op. cit.*, p. 51, Nin A^2 (collations).

Ce "prisme" hexagonal abîmé provient des fouilles effectuées par A.H. Layard en 1849 à Kouyoundjik (Ninive). La meilleure édition de ce texte reste celle de L. Abel et H.

Winckler. Les deux premières lignes du passage en question ne sont pas conservées sur ce "prisme", les deux dernières correspondent aux lignes III, 1-2.

Les variantes: 3: er-ṣe-et | 4: ú-ra-as-si-ba.

4. British Museum, TM 1931-1932, 18, SH.

THOMPSON, "A Selection", N° 28, p. 105, fig. 14 (texte, translittération, traduction). BORGER, *op. cit.*, p. 51, Nin A^{10} (collations).

Ce fragment de "prisme" avec un texte reproduisant les lignes III, 31-44 du "prisme" Nin A^{1}, a été retrouvé en 1931-32 lors des fouilles de l'expédition du British Museum sous la direction de R.C. Thompson à Kouyoundjik (Ninive).

Variante: 2: ERÍM.HÁ-ma-'a-[du-ti].

5. Musée de Berlin, VA 3827.

Ce texte n'est pas publié. BORGER, *op. cit.*, p. 51, Nin A^{17} (collations).

Fragment d'un "prisme" trouvé à Ninive. Le texte reproduit les lignes II, 40-57 et III, 42-57 du "prisme" Nin A^{1}.

6. British Museum, 48-10-31,2.

LAYARD, *op. cit.*, pl. 20-29 (texte). NORRIS E., Textes in: RAWLINSON H.C., *The Cuneiform Inscriptions of Western Asia*, vol. I., London, 1861, pl. 45-47 (texte). BUDGE E., *History of Esarhaddon*, London, 1880, pp. 42-43 (texte, translittération, traduction). HARPER R.F., "Transliteration and Translation of Cylinder A of the Esarhaddon Inscriptions (I R, 45-47)", *Hebraica*, 4, 1888, pp. 102-103 (translittération, traduction). ABEL, WINCKLER, *op. cit.*, pp. 22-24 (texte). BORGER, *op. cit.*, p. 51, Nin B (collations), ll. II, 6-9.

Ce "prisme" a été retrouvé en 1849 par A.H. Layard lors des fouilles sur la colline Nabi-Yunus (Ninive). La meilleure édition est celle de L. Abel et H. Winckler.

7. British Museum, K 8542.

HARPER, "Some Corrections", pp. 18-25 (texte). BORGER, *op. cit.*, p. 51, Nin C (collations), ll. II, 12-14.

Variante: 4: [ú-ra]-as-si-ba.

8. "Cylindres" d'Assarhaddon

18 ù ^{m}Te-uš-pa-a ^{kur}Gi-mir-a-a AŠ KI-tì ^{kur}Hu-bu-uš-nu
19 a-di gi-mir um-ma-ni-šú ú-ra-as-si-bu i-na GIŠ.TUKUL
20 ka-bi-is UN-MEŠ ^{kur}Hi-lak-ki la kan-šu-ti

18-19 Et Teušpâ, le Cimmérien, je l'ai battu par les armes avec toute son armée en Hubušnu;
20 j'ai écrasé les gens indociles du Hilakku.

Le passage en question est conservé dans tous les "cylindres" connus d'Assarhaddon (les "cylindres" sont des inscriptions de construction plus courtes que les "prismes"), presque sans variantes. La numérotation des lignes suit le "cylindre" ND 1126 qui a été trouvé en premier.

1. Musée National d'Iraq, ND 7097, 7098, 7099, 7100.

MILLARD A.R., "Esarhaddon Cylinder Fragments from Shalmanaser Fort, Nimrud", in *Iraq*, 23, 1961, pp. 176-178 (translittération, traduction, commentaire).

Ces quatre "cylindres" fragmentés ont été trouvés en 1958 par l'expédition de l'Ecole archéologique britannique en Iraq lors des fouilles du "fort de Salmanasar" à Kalhu (Nimrud). Ces inscriptions relatent la reconstruction du palais royal (*ekal māšarti*). Le "cylindre" ND 7100 est daté du 21 *ābu* (cinquième mois, juillet - août) de 676 avant J.-C., les "cylindres" ND 7097 et 7098 sont datés du 10 *elūlu* (sixième mois, août - septembre) de la même année. La date du quatrième "cylindre" ND 7099 n'est pas conservée. Ces "cylindres" sont donc presque contemporains du "prisme" de 676 avant J.-C.

Variante: 19: ú-ra-si-ba ND. 7100.

2. Musée National d'Iraq, ND 11308.

HULIN P., "Another Esarhaddon Cylinder from Nimrud", in *Iraq*, 24, 1962, pp. 116-118 (texte, translittération, traduction, commentaire).

Ce "cylindre" a été trouvé par l'expédition de l'Ecole archéologique britannique en Iraq en 1962 près du coin sud-est du mur du "fort de Salmanasar" (Kalhu / Nimrud). Il est daté du 18 *aiāru* (deuxième mois, avril - mai) de 672 avant J.-C.

Variante: 20: kan-šu-te-šú.

3. British Museum, ND 1126 (BM 131129).

WISEMAN, "The Nimrud Tablets", pp. 54-60 (texte, translittération, commentaire). BORGER, *op. cit.*, pp. 32-35 (translittération, traduction).

Ce "cylindre" a été trouvé fortuitement dans la région de Kalhu (Nimrud). Il a été transmis à l'expédition de l'Ecole archéologique britannique en Iraq en 1951. Il est daté du 5 *ābu* (cinquième mois, juillet - août) de 672 avant J.-C.

9. La stèle d'Assarhaddon de Til-Barsib

Musée d'Alep

23 ... ⌈ù Te-uš⌉-pa-a [^{lú}]Gi-mir-ra-a-a

24 AŠ KI-tì ^{kur}Hu-bu-uš-na na-ge-e ^{kur}[...] a-[di gi-mir um-ma-ni-šú] ú-ra-si-ib AŠ GIŠ.TUKUL

23 Et Teušpâ, le Cimmérien,

24 je l'ai battu par les armes av[ec toute son armée] en Hubušna, district du pays [...]

THUREAU-DANGIN, "Tell Ahmar", pp. 189-196, pl. XXXVI (photo, texte, translittération, traduction). THUREAU-DANGIN, DUNAND, *op. cit.*, pp. 151-155, pl.

XII (photo, texte, translittération, traduction). BORGER, *op. cit.*, pp. 32-35 (translittération, traduction).

Cette stèle de basalte noir a été trouvée par F. Thureau-Dangin en 1927 lors de fouilles à Tell Ahmar (Til-Barsib). Elle porte une inscription et un relief représentant Assarhaddon et deux figures agenouillées: le roi de Sidon Abdi-milkutti et le fils de Taharka, Ušnahurri. L'ordre des événements relatés dans cette inscription est différente de celui conservé dans les "prismes" et les "cylindres". La stèle date probablement de l'année de la prise de Sidon.

10. La chronique babylonienne dite "chronique d'Assarhaddon"

British Museum, 98-2-16,145 (BM 25091)

6 MU-2-KÁM ^{lú}GAL-É AŠ ^{kur}URI^{ki} b[i-hir-tú ib-te-hir]
7 [M]U BI ^{uru}Ar-za-[a]-a ṣa-bi[t šal]-lat-su š[al-lat]
8 [UN].MEŠ hab-tu LUGAL u DUM[U-šú AŠ] qa-ti ṣab-t[u]
9 ⸢de⸣-ek-tú AŠ ^{kur}BU-⸢x⸣-ú-a u ^{kur}Gi-[mi]r-a-a AŠ ^{kur}⸢Háb$^{!}$-us$^{!}$⸣-nu de-k[át]

6 Deuxième année (d'Assarhaddon). Le majordome [a rassemblé les troupes] en Akkad.
7 Durant la même année, Arza[i]a a été pris[e, son bu]tin a été pi[llé,]
8 [les gen]s ont été capturés, le roi et [son] fils ont été pris par les mains (des Assyriens).
9 La bataille en Bu[...]ua et Gi[mi]rrâ en Habusnu (?) a eu li[eu].

SMITH S., *Babylonian Historical Texts*, pp. 1-21, pl. I-III (texte, translittération, traduction). AVIIU, N° 64 (traduction, commentaire). BORGER, *op. cit.*, pp. 121-125 (translittération, traduction). GRAYSON A.K., *Assyrian and Babylonian Chronicles*, N° 14, p. 125, pl. XX (photo de la tablette, translittération, traduction, commentaire).

Le lieu de la découverte n'est pas connu, probablement Babylone. La date de la rédaction n'est pas connue non plus. La tablette comprend la description des événements de la première année du règne d'Assarhaddon (680/79 avant J.-C.) à la première année du règne de Šamaš-šumu-ukīn (667/6 avant J.-C.). La "chronique d'Assarhaddon" s'accorde habituellement avec la "grande chronique babylonienne" (GRAYSON A.K., *Assyrian and Babylonian Chronicles*, N° 1, le règne d'Assarhaddon est décrit dans les lignes III, 39 - IV, 33). Les lignes III, 48-50 de la "grande chronique" qui relatent les événements de la deuxième année de son règne sont malheureusement très abîmées. La mention des Cimmériens n'est pas conservée dans ce passage.

7. *^{uru}Ar-za-[a]-a* est sans aucune doute le même toponyme que *^{kur}Ar-za-a* mentionné dans les "annales" assyriennes. Cette ville se trouvait dans le sud-ouest de la Palestine: ZADOK R., *Geographical Names according to New- and Late- Babylonian Texts.*

Répertoire géographique des textes cunéiformes, vol. 8, Wiesbaden, 1984, p. 31; NAT, p. 37). Sa prise est mentionnée dans les "annales" immédiatement avant le récit concernant les Cimmériens.

9. L'édition de S. Smith donne la lecture *Bu-da$^{?}$-u-a*, le deuxième signe étant cependant complètement détruit selon l'autographie. S. Smith note à juste titre qu'un toponyme semblable n'est mentionné nulle part ailleurs. Il suppose que ce nom a été écrit dans la chronique par erreur, au lieu du nom *Du-ú-a* mentionné dans les "annales" assyriennes. S. Smith propose l'identification, inacceptable, de ce toponyme avec les noms grecs Δάαι, Δάοι, qui correspondent au nom perse *Dahā* (*^{kur}Da-a-an:* dans les versions babyloniennes des inscriptions des Achéménides: HERZFELD E., *Altpersische Inschriften*, Berlin, 1938, p. 30: 14, 21). En effet, les inscriptions assyriennes témoignent du fait que cette région se trouvait dans les montagnes du Hilakku et du Tabal et non à l'est de la mer Caspienne (cf. encore la mention de ce pays dans les "annales" de Teglath-Phalasar III, l. 154, où il est désigné comme une partie du Tabal: FORRER, *op. cit.*, p. 73). A. Grayson restitue ce toponyme comme *^{kur}Bu-⌜uš$^{?}$-šu$^{?}$⌝-ú-a* et l'identifie au nom du pays Buššе mentionné dans les inscriptions de Tukulti-Ninurta I, cf.: DIAKONOFF, "The Cimmerians", p. 112, n. 18). M. Salvini propose de restituer dans ce passage le nom de la ville *Bu-[lu]-ú-a* (SALVINI, *op. cit.*, p. 41, n. 175) localisée dans les montagnes Kashyari (l'actuelle Mardin). Ces deux suppositions semblent cependant improbables d'autant plus que les toponymes restitués ne sont pas mentionnés dans les "annales" assyriennes. Nous préférons donc ne pas restituer ce toponyme à l'instar de R. Borger, d'autant plus qu'il n'a pas beaucoup d'importance pour notre recherche.

^{kur}Háb$^{!}$-us$^{!}$-nu: S. Smith propose la lecture *^{kur}Ku-še-ih-nu*. R. Borger et A. Grayson, suivant B. Landsberger et Th. Bauer (LANDSBERGER, BAUER, "Zu neuveröffentlichen Geschichtsquellen", p. 79), lisent ce toponyme comme *^{kur}⌜Šu-bu$^{?}$-uh⌝-nu*. Les deux toponymes restitués ne sont mentionnés nulle part ailleurs. Il semble que les signes en question peuvent être interprétés de façon différente: *^{kur}Háb-us-nu*. Cette interprétation s'accorde avec les données des "annales" assyriennes. On est obligé de supposer dans ce passage une faute du scribe qui aurait mal écrit le signe US et aurait confondu les signes semblables HÁB et KU (ou ŠU).

11. L'oracle d'Assour à Assarhaddon

British Museum, K 2401

II, 1 [^{lú}]Gi-mir-a-a AŠ ŠU-2-a-[šú am-nu]
2 i-šá-tu AŠ ^{kur}El-li-pi um-ma-ad
3 kip-pat LÍMMU-tì ^{d}Aš-šur it-ta-na-šú
4 ṬA É i-nap-pa-ha-an-ni
5 É i-ràb-bu-u-ni
6 LUGAL mi-hir-šú la-aš-šú
7 a-ki ṣi-it ^{d}Šá-maš na-mir

8 an-ni-u šul-mu ša AŠ IGI ^{d}EN-TÙR
9 AŠ IGI DINGIR.MEŠ-ni šá-ki-nu-u-ni

II, 1 [Je livrerai] les Cimmériens entre [ses] mains;
2 je mettrai le feu à l'Ellipi.
3 Assour lui a confié les quatre parties (du monde);
4 il resplendira de la maison;
5 il agrandira la maison,
6 roi dont il n'y a pas d'égal,
7 luisant comme le lever du soleil.
8-9 C'est un oracle favorable qui a été établi en présence de Bēl-tarbaṣi, en présence des dieux.

STRONG, *op. cit.*, pp. 627-632, 637-643 (texte, translittération, traduction, commentaire). CRAIG, *op. cit.*, pl. 22-25 (texte). SCHEIL, *op. cit.*, p. 206 (traduction). MARTIN, *op. cit.*, pp. 88-97 (translittération, traduction). JASTROW, *op. cit.*, pp. 165-166 (traduction, commentaire).

La tablette K 2401 de la collection de Kouyoundjik du British Museum présente un recueil de prédictions reçues par Assarhaddon (il est mentionné aux lignes II, 34 et III, 14) de la part des oracles d'Assour et d'Ishtar d'Arbela. Cette tablette comprenait quatre colonnes de texte dont seules les deux du milieu sont conservées. L'oracle dont le texte est reproduit se trouve au début de la deuxième colonne.

2. L'Ellipi est une des régions de la Médie qui se trouvait près de l'actuelle Kermanshah: GRANTOVSKIJ, *op. cit.*, pp. 109-110. Ellipi a pris part, semble-t-il, à l'insurrection de Kaštariti. L'oracle date probablement de l'époque de cette insurrection (cf. la mention des Ellipéens, des Mèdes et, peut-être, des Cimmériens dans la demande à l'oracle de Shamash SAA 4, 79).

4. Selon M. Jastrow, *bītu* est ici la désignation du temple *É-šarra*.

5. *Bēl-tarbaṣi* est l'une des désignations d'Assour.

12. Lettre du prince héritier Assourbanipal au roi Assarhaddon

British Museum, K 5425a + K 4279

1 [a-na LUGAL] be-lí-ia ARAD-ka ^{m}Aš-šur-DÙ-A
2 [lu SILIM-mu] a-na MAN be-lí-ia Aš-šur ^{d}EN ^{d}PA
3 [a-na] LUGAL be-lí-ia lik-ru-bu AŠ.UGU ^{m}Ra-hi-iṣ-U.U
4 [ša] LUGAL be-lí-ia iq-bu-ni ma-a le-ru-ub
5 [AŠ pa]-⸢ni⸣-ka šá-al-šu qí-bi-a a-sa-al-šú
6 [ki-i] an-ni-i iq-ṭí-bi-a ma-a ša MAN iš-pur-ni-ni

7 [m]a-a a-mur pa-ni šá ^{m}Ia-ze-e a-mur ma-a AŠ UGU
8 [^{l}]^{ú}Gi-mir-ra-a-a an-nu-te qí-ba-áš-šú a-ki
9 [r]a-me-ni-ka a-ta-lak ma-a pa-ni-šú a-ta-mar
10 [m]a-a pa-lìh a-dan-niš ma-a aq-ṭí-ba-šú AŠ UGU ^{lú}Gi-⌜mir⌝-[a-a]
11 ⌜ma⌝ a-ta-a ^{lú}Gi-mir-ra-a-a ta-ši ma-a k[i]-⌜i⌝ a[n-ni-i]
12 iq-ṭí-bi ma-a ^{lú}KÚR i-ba-ti [x x x x x]
13 AŠ UGU-hi šu-u ma-a šu-tú x [x x x x x x x x x]
14 x x x x ma-a a-⌜x⌝ [x x x x x x x x x x]
15 ma-a ^{m}A-a-a-ze-e iq-[ṭí-bi$^{?}$ x x x x x x x x]
16 ⌜e⌝-ta-⌜kal⌝ m[a-a x x x x x x x x x x]
[...]
17 ma-a [x x x x x x x x x x x]
18 DI-m[u x x] x [x x x x x x x x x]
19 ma-a ha-di-u a-dan-⌜niš⌝ [x x x x x x x]
20 DUMU ^{m}Ú-ak-sa-t[a-ar x x x x x x]
21 ma-a AŠ UGU GÌR.2 it-[ta-lak x x x x x]
22 ŠÀ-bi ú-sa-ag-ri-r[i x x x x x]
23 ša MU.AN.NA šá MU.A[N.NA x x x x x]
24 ma-a a-na ^{m}Pa-ra-m[u x x x x x x x]
25 ma-a AŠ UGU GÌR.2 i[t-ta-lak x x x x x]
26 šú-nu ma-a ^{lú}EN.[URU.MEŠ x x x x x x]
27 TA a-he-iš qa-r[a-bu x x x x x x x]
28 ša ip-hur-[u-ni x x x x x x x]
Rv. 1 2 URU.MEŠ ú-⌜tú⌝-[x x x x x x x x]
2 MU-šú šá 2-tú ^{uru}Ku-⌜ša⌝-na MU šá x [x x x x x x]
3 ša ^{m}A-a-ze-e TA ú-x [x x x x x]
4 il-la-[x]
[...]

1 [Au roi,] mon seigneur, ton esclave Assourbanipal.
2 [La paix soit avec] le roi, mon seigneur. Assour, Bēl, Nabû,
3 qu'ils bénissent le roi, mon seigneur. En ce qui concerne Rahiṣ-dadda,
4 à propos duquel le roi, mon seigneur, m'a dit: "Qu'il vienne
5 [chez] toi; questionne-le et raconte-moi. Je l'ai questionné.
6 Il a dit [comme] suit: "Ce que le roi nous a écrit, (c'est):
7 "Vois personnellement Iazê, vois-le et
8-9 dis-lui [t]oi-même à propos de ces Cimmériens." Je suis venu, je l'ai vu personnellement.
10 Il a très peur. Je lui ai dit à propos des Cim[mériens]:

11-2 "Pourquoi as-tu emmené? des Cimmériens?" Il a dit co[mme suit]:

"L'ennemi a passé la nuit? [...]

13 en ce qui le concerne, il [...]

14 ... [...]

15 Aiazê a d[it? ...]

16 a ma[ngé ...]

[...]

17 [...]

18 bie[n ...]

19 sont très contents [...]

20 le fils d'Uaksat[ar ...]

21 il est v[enu] à pied? [...]

22 ont effrayé [...]

23 d'année en ann[ée ...]

24 chez Param[u ...]

25 il est v[enu] à pied? [...]

26 eux, les gouverneurs [de villes? ...]

27 la bat[aille] entre eux [...]

28 qui ont réuni[fié ...]

Rv. 1 deux villes ... [...]

2 le nom de la deuxième est Kušana, le nom de [...]

3 Aiazê ... [...]

4 est ven[u ...]

[...]

ABL 1026 (texte du premier fragment). RCAE, vol. II, pp. 216-217, vol. III, pp. 283-284 (translittération, traduction, commentaire au premier fragment). AVIIU, N° 69, 3 (traduction, commentaire au premier fragment). CT 53, 226 (texte du deuxième fragment) LAS, vol. II, p. 193, n. 331 (réunification des deux fragments). LANFRANCHI, *Cimmeri*, pp. 84-87 (translittération, traduction, commentaire suivant les collations de S. PARPOLA).

Les deux fragments de cette tablette sont jointifs, mais la lettre en question comprend cependant une lacune entre les textes de ces fragments (2 - 3 lignes).

1. Assourbanipal est devenu le prince héritier en 672 avant J.-C. (WISEMAN D.J., "The Vassal-Treaties of Esarhaddon", in *Iraq*, 20, 1958, pp. 3-5. SAA 2, 6: 664-665, p. 58), ce qui permet de dater cette lettre des années 672 - 669 avant J.-C. Il s'agit probablement de l'activité du service de renseignement assyrien qui était dirigé par le prince héritier: STRECK, *Assurbanipal*, partie I, p. CXLIV. OLMSTEAD, *History of Assyria*, p. 393.

3. L'idéogramme U.U a la signification phonétique *Dadda:* PEDERSÉN O., "The Reading of the Neo-Assyrian Logogram U.U", in *Orientalia Suecana*, 33-35, 1984-1986, pp. 313-315. Cet idéogramme a été lu comme MAN dans toutes les éditions antérieures à la publication du livre de G. Lanfranchi. Le nom de ce personnage a été transcrit comme Rahiṣ-šarru. Il n'est mentionné nulle part ailleurs.

7. Aiazê / Iazê n'est mentionné nulle part ailleurs.

10. L'autographie de R. Harper comprend le signe TUK qui pourrait avoir la signification *râšu*, "créditeur". Ce mot ne convient cependant pas au contexte. L. Waterman interprète ce signe comme étant T/DIN et le transcrit comme *muttaggišu*, "surveillant, inspecteur", bien qu'il ait également la signification *daiālu*, "espion": LABAT, *Manuel d'épigraphie akkadienne*, N° 465, p. 209. Les collations de S. Parpola ont cependant démontré qu'il pourrait s'agir ici d'une partie du signe GI.

11. L'autographie de R. Harper comprend le mot *ta-pi*, "amis, proches". L. Waterman propose la traduction *"why are the Cimmerians neighbours"* qui est sans doute erronée. I.M. Diakonoff propose la conjecture *ta-šal* et donne la traduction *"počemu kimmerijcev ty rassprašival?"*. Les collations de S. Parpola donnent la lecture *ta-ši*. G. Lanfranchi propose la traduction *"Perché hai portato via i Cimmeri?"*. Cette traduction est évidemment fondée sur l'interprétation de ce mot comme étant la forme de la deuxième personne du prétérit du verbe *hašû*, *"heben, tragen"* (AHw, vol. II, pp. 762-763). L'interprétation du mot *ta-ši-ma* comme étant la forme de la deuxième personne du verbe *šemû*, "tu as écouté" est également possible.

12. Les signes conservés permettent de comprendre ce mot comme le verbe *bâtu* (AHw, vol. I, p. 124). I.M. Diakonoff traduit *"vrag otr[ezan (?)]"* en supposant évidemment la restitution *i-ba-ti-[iq ...]*. G. Lanfranchi propose la traduction *"nei pressi di (?)"*.

14. S. Parpola a donné dans l'édition LAS 2 la lecture ^{lú}*Gi-mir-a-a*. G. Lanfranchi mentionne cependant qu'il a proposé plus tard la traduction *"è stato ucciso (?)"*: LANFRANCHI, *Cimmeri*, p. 249, n. 2. G. Lanfranchi lui-même désigne ces signes dans sa translittération comme illisibles.

15. C'est sans doute la même personne que le Iazê mentionné à la ligne 7.

21 et 25. La signification "aller à pied" est habituellement désignée par les mots *ina šēpa* (AHw, vol. III, p. 1214). La traduction "aux pieds" est également possible.

13. Lettre de Bēl-ušēzib au roi Assarhaddon

British Museum, 83-1-18,1

1 a-na LUGAL KUR.KUR be-lí-ia ARAD-ka ^{md}EN-[ú-še-zib]
2 ^{d}EN ^{d}NÀ ^{d}UTU a-na LUGAL be-lí-ia lik-ru-[bu]

---

3 DIŠ MUL ki ^{giš}ṭi-pa-ri TA ^{d}UTU.È ŠUR-ma
4 AŠ ^{d}UTU-ŠÚ.A ŠÚ ERIM KÚR AŠ DUGUD-šá ŠUB-ut

---

5 DIŠ mi-iš-hu im-šu-uh$^{!}$ im-šu-uh-ma$^{!}$ iš-kun iš-kun-ma
6 im-ṣur im-ṣur-ma GUB-iz GUB-iz-ma
7 ip-ru-uṭ ip-ru-uṭ-ma u$_4$-sa-pi-ih
8 NUN AŠ KASKAL DU-ku NÌ.NAM NÌ.GÁL.LA ŠU.2-šu KUR-ad

---

9 ki-i LUGAL a-na e-mu-qi-šú il-tap-ru um-ma
10 a-na ŠA-bi ^{kur}Man-na-a-a ir-ba-a' e-mu-qa
11 gab-bi la ir-ru-ub ^{lú}ERIM.MÉŠ šá pit-hal-la-ti
12 ù ^{lú}zuk-ku-ú li-ru-bu ^{lú}Gi-mir-a-a
13 šá iq-bu-ú um-ma ^{kur}Man-na-a-a AŠ pa-ni-ku-nu
14 GÌR.2-a-ni ni-ip-ta-ra-su mìn-de-e-ma
15 pi-ir-ṣa-tu ši-i NUMUN ^{lú}hal-qá-ti-i šu-nu
16 [m]a-mì-ti šá DINGIR ù a-de-e ul i-du-ú
17 [GIŠ].GIGIR.MEŠ ù ^{giš}šu-ub-ba-nu a-hi-a a-hi-a
18 [šá n]é-e-ri-bi lu-ú ú-šu-uz-zu
19 [LÚ š]a ANŠE.KUR.RA.MEŠ u ^{lú}zuk-ku-ú
20 [l]i-ru-bu-ú-ma hu-bu-ut EDIN šá ^{kur}Man-na-a-a
21 [lí]h[?]-bu-tu-nu ù lil-li-ku-nim-ma
e. 22 [AŠ ŠA-b]i[?] né-e-ri-bi lu-ú ú-šu-uz-zu
23 [an-na-a'] 1-en-šú 2-šú i-ter-e-bu-ú-ma
Rv. 1 [hu-bu-ut EDIN] ih-tab-tu-nim-ma ^{lú}Gi-mir-a-a
2 [a-di en-na-a]' la it-tal-ku-ni e-mu-qa
3 [gab-bi li]-ru-ub-ma AŠ UGU URU.MEŠ šá ^{kur}Man-na-a-a
4 [lid-du-ú ^dN]À ^dEN ha-pu-ú šá ^{kur}Man-na-a-a
5 [iq-bu-ú[?]] ú-šá-an-nu a-na ŠU.2 LUGAL be-lí-ia
6 [im-man-ni[?]]-i UD 15-KÁM a-ga-a ^d30 KI ^dUTU
7 [in-nam-ma]-ru AŠ muh-hi-šú-nu šu-ú GÌR.2.MÉŠ
8 [^{lú}Gi-mi]r-a-a la-pa-ni-šú-nu ta-at-tap-ra-su
9 [^{lú}KÚR[?] KUR[?]-šú[?]] ik-kaš-šá-du a-na-ku mu-ṣu-ú u e-ri-bi
10 šá [KU]R [u]l-li-ti ul i-de a-na LUGAL be-lí-ia
11 al-tap-ra EN LUGAL.MEŠ LÚ mu-de-e KUR liš-al
12 ù LUGAL a-ki-i šá i-le-'u-ú a-na e-mu-qí-šú
13 liš-pur mu-uš-ta-hal-qu-ti AŠ UGU mun-dah-ṣu-ti
14 AŠ ^{lú}KÚR dan-na-tu AŠ ŠA-bi tu-kul[?]-lu-ka
15 e-mu-qa gab-bi li-ru-bu ^{lú}gu-du-da-nu
16 lu-ṣu-ú-ma ^{lú}ERIM.MÉŠ-šú-nu šá EDIN lu-ṣab-bit-ú-ma
17 liš-a-lu ki-i ^{lú}In-da-ru-a-a la-pa-ni-šú-nu i-ri-qu
18 e-mu-qu li-ru-ub AŠ UGU URU.MÉŠ lid-du-ú
19 LUGAL DINGIR.MÉŠ ^dAMAR.UTU it-ti LUGAL be-lí-ia sa-lim
20 mim-ma ma-la LUGAL be-lí-a i-qab-bu-ú ip-pu-uš
21 AŠ ^{giš}GU.ZA-ka áš-ba-a-ta ^{lú}KÚR.MEŠ-ka
22 ta-kám-mu a-a-bi-ka ta-kaš-šad ù KUR KÚR-i-ka
23 ta-šal-lal ^dEN iq-ta-bi um-ma a-ki-i
24 ^{md}AMAR.UTU-DUB-NUMUN ^mAN.ŠAR-ŠEŠ-SÌ-na LUGAL
^{kur}Aš-[šur^{ki}]

25 AŠ ^{giš}GU.ZA ù AŠ ŠÀ a-ši-ib ù KUR[.KUR.MEŠ]
e. 26 gab-bi a-na ŠU.2-šú ⸢a⸣-man-ni LUGAL EN-lì [i-de]
27 ha-di-iš LUGAL a-ki-i šá i-le-['u-ú]
28 li-pu-uš [0]

1 Au roi des pays, mon seigneur, ton esclave Bēl-[ušēzib].
2 Bēl, Nabû, Shamash, qu'ils bénissent le roi, mon seigneur.

---

3 "Si une étoile luit du levant comme une torche et
4 se couche / s'éteint au couchant, l'armée de l'ennemi lancera une attaque."

---

5 "Si un météore s'enflamme, s'enflamme et s'établit, s'établit
6 et se forme, se forme et se tient, se tient et
7 se détache, se détache et disparaît,
8 le souverain se mettra en campagne, ses mains s'empareront de richesses de toute sorte".

---

9 "Etant donné que le roi a écrit à ses troupes comme suit:
10 "Attaquez la Manna;
11 que pas toutes les troupes n'attaquent. Que la cavalerie
12 et l'infanterie attaquent. (En ce qui concerne) les Cimmériens
13 qui disaient: "La Manna est à vous (devant vous),
14 nous nous sommes séparés (d'eux)," c'est probablement
15 un mensonge. Ils sont des barbares
16 ne sachant pas les serments des dieux, ni les traités.
17-18 Que les [ch]ars et les chariots soient installés des deux côtés du col
19 Que la cavalerie et l'infanterie
20-21 attaquent, qu'ils pillent le butin de la plaine de la Manna, qu'ils reviennent ensuite et
22 qu'ils soient disposés [dans] le col."
23 [Maintenant] ils ont attaqué une et deux fois et
Rv. 1 ils ont pillé [le butin de la plaine]. Les Cimmériens
2-4 ne sont pas arrivés [jusqu'à présent]. Est-ce que [toute] l'armée doit [at]taquer et tomber sur les villes de la Manna?"
4-8 [Na]bû et Bēl ont [dit (?)] et ont répété que la Manna serait anéantie. (Elle) [est livr]ée dans les mains du roi, mon seigneur. Le 15e jour courant, la lune et le soleil [sont appa]rus ensemble. C'est contre eux. Tu as séparé les [Cimm]ériens d'eux.
9-11 [L'ennemi et son pays (?)] seront subjugués. Je ne connais (cependant) pas les sorties et les entrées de ce pa[ys], (comme) je l'ai écrit au roi, mon seigneur. Que le seigneur des rois questionne un homme qui connaisse le pays.

12-14 Que le roi écrive ensuite à son armée ce qu'il désire. L'ennemi a des fuyards contre (nos) combattants. Ta force est vigoureuse là-bas.
15 Que toute l'armée attaque. Que les détachements mobiles
16 fassent des raids, qu'ils capturent leurs (des Mannéens) soldats de campagne et
17 qu'ils (les) questionnent, si les Indaru se sont cachés (loin) d'eux.
18 Que l'armée attaque et qu'elle tombe sur les villes.
19 Le roi des dieux Marduk est amical envers le roi, mon seigneur.
20 Il fera tout ce que le roi, mon seigneur, dira.
21-23 Tu es assis sur ton trône, tu captureras tes ennemis, tu subjugueras tes adversaires et tu t'empareras du pays de ton ennemi. Bēl a dit:
23-26 "Assarhaddon, le roi d'Assyrie, est sur le trône comme Marduk-šapik-zēri, et il y restera. Je livrerai tous les pays entre ses mains". Le roi, mon seigneur (le) [sait].
27-28 Que le roi fasse ce qu'il désire avec joie.

ABL 1237 (texte). WATERMAN, "Some Kouyounjik Letters", pp. 3-4, 20-24 (texte, translittération, traduction, commentaire). OLMSTEAD, *History of Assyria*, p. 425 (traduction, commentaire). PFEIFFER, *op. cit.*, N° 329, p. 223 (tranlittération, traduction). RCAE, vol. II, pp. 358-361, vol. III, pp. 325-326, vol. IV, p. 269 (translittération, traduction, commentaire). AVIIU, N° 69, 2 (traduction partielle, commentaire, avec une référence erronée sur ABL 1257). FALES, LANFRANCHI, *op. cit.*, pp. 9-33 (translittération, traduction, commentaire).

1. Bēl-ušēzib est également l'auteur d'autres lettres connues (pour leur liste voir: DIETRICH, "Neue Quellen", pp. 233-236, cf.: IDEM, *Die Aramäer*, pp. 62-68). La mention d'Assarhaddon dans la ligne Rv. 24 ne laisse aucun doute sur la personnalité du destinataire de cette lettre.

2. La formule de salutation est standardisée dans les lettre de Bēl-ušēzib: DIETRICH, "Neue Quellen", p. 233. IDEM, *Die Aramäer*, p. 63.

3. Les lettres de Bēl-ušēzib commencent habituellement par une ou plusieurs prédictions citant le recueil *Enūma Anu Enlil:* DIETRICH, *Die Aramäer*, p. 63. L. Waterman a interprété les signes MUL KI dans sa première publication comme le nom de Vénus (*širʾū*), mais plus tard il a donné une translittération correcte.

4. L'idéogramme ŠÚ désigne aussi bien le verbe *erêpu* ("se ternir") que le verbe *rabû* qui a été utilisé par les astrologues babyloniens comme un terme technique voulant dire "se coucher": LABAT, *Manuel d'épigraphie akkadienne*, N° 545, p. 227.

5. La lecture *mi-iš-hu* au lieu de *mi-ša-hu* est confirmée par la collation d'E. WEIDNER ("Studien zur babylonischen Himmelskunde", in *RSO*, 9, 1922, p. 300). Le texte comprend ensuite les signes $TU_{15}.U_{17}.LU$ (*šûtu*), "le vent du sud". E. Weidner a remarqué que cette même prédiction se retrouve dans deux autres textes: 1) RMA 246E, 3-6: *šumma kakkabu im-šu-uh im-šu-[uh-ma ...] iš-kun iš-kun-[ma ...] ûmu sa-pi-[ih] rubû ina harr[âni ...];* 2) ACh, 2 Spl. LXV, 3-4: *šumma mi-iš-hu i-šú-a-šú-ma iš-kun iš-[kun-ma] ûmu sa-pi-ih rubû ina harrani illaku*^{ku} *mi[mma ...].* Ces trois textes comprennent des divergences importantes entre eux, mais leur confrontation permet de restituer la prédiction originelle. Le texte RMA 246E contient le mot *kakkabu,* tandis que les deux autres donnent la lecture *mišhu.* Cette dernière lecture peut donc être restituée comme étant originelle. Par contre, les signes qui suivent le mot *mišhu* ne sont conservés sans altération que dans le

texte RMA 246E - *im-šu-uh im-šu-[uh-ma].* Les lectures *im-šú-a-šú-ma* (ACh, 2 Spl. LXV) et TU15.U17.LU (ABL 1237), qui ne donnent pas un sens satisfaisant à ces textes, peuvent être considérées comme des altérations, probablement des fautes de scribe. Cette restitution proposée par E. Weidner semble convaincante, car les observations de Bēl-ušēzib, comme celles des autres astrologues, concernent toujours des phénomènes célestes et non des vents. La mention du vent n'est sans doute pas à sa place dans le recueil astrologique *Enūma Anu Enlil.* Enfin, les deux prédictions citées par Bēl-ušēzib doivent désigner le même phénomène céleste, à savoir l'apparition d'un météore. Or, ce n'est pas le cas, au moins qu'on n'admette ici la correction du texte. De fait, les signes TU15.U17.LU ne peuvent être interprétés que comme une désignation du vent du sud. La restitution de ce texte proposée par E. Weidner n'a malheureusement pas attiré une attention suffisante et elle n'est pas citée dans les analyses plus récentes de cette lettre.

6. L. Waterman suppose que le mot *imṣur* est une forme du verbe *naṣāru* et le traduit par *stands watch, continues.* I.M. Diakonoff indique cependant à juste titre que ce verbe ne peut être que transitif. Il suppose qu'il s'agit ici du verbe *maṣāru,* mais ce verbe ne signifie que "couper, être coupé" (la signification secondaire "borne, lisière"). Pour la signification du mot *ipruṭ,* voir: von SODEN W., "Zum akkadischen Wörterbuch, 1-5", in *Orientalia,* 15, 1946, p. 429.

7. I.M. Diakonoff traduit le mot *ussapih* comme *"pogoda stikhnet"* en s'appuyant probablement sur la lecture UD *sa-pi-ih.* Il n'y a cependant pas de contexte analogue qui aurait pu prouver cette interprétation, d'autant plus que le mot *ûmu* ne signifie pas "le temps". La traduction de L. Waterman *"and from a gale increases to a tempest - a day of destruction"* est inintelligible. A. Olmstead donne la traduction *"a tempest does sweeping damage"* qui n'est pas suffisamment fondée. A notre sens, ce mot doit être compris comme le prétérit de la deuxième (D) conjugaison du verbe *sapāhu,* "se dissiper, se terminer".

12. Pour la lecture *zuk-ku-ú* au lieu de lecture *dak-ku-ú* voir: DIETRICH, "Neue Quellen", p. 234, n. 100, cf.: CAD, vol. Z, pp. 153-154. A. Olmstead, R. Pfeiffer et L. Waterman donnent une traduction erronée en considérant les Cimmériens comme un objet du verbe *lirubu.* La traduction correcte a été proposée déjà par S. SCHIFFER ("Compte rendu du livre ABL, vol. VIII-IX", p. 401).

14. Pour la signification des mots *šepa parāsu,* voir: OPPENHEIM A.L., "Idiomatic Accadian (Lexicographical Researches)", in *JAOS,* 61, 1941, p. 271.

15. Le mot *mindēma* signifie "peut-être, possible" (< *mīn īde, "was weiss ich?"*): CAD, vol. 10, 2, pp. 83-85. AHw, Lfg. 7, p. 655. A. Olmstead et L. Waterman, suivant S.C. YLVISAKER (*op. cit.,* pp. 64-65: *sicherlich*), donnent la traduction erronée *obvious lie.*

20. *Hubut ṣēri:* l'armée assyrienne après avoir quitté le col dans les montagnes doit piller les champs et les villages non fortifiés qui se trouvent dans la plaine. Elle ne doit cependant pas assiéger de villes fortifiées. Ce siège doit commencer plus tard, comme on le lit dans la ligne Rv. 3.

21. La restitution du premier signe (contrairement à la restitution des éditeurs précédents *[li]-hi*) est confirmée par la collation de F. Fales et G. Lanfranchi.

Rv. 2. La collation de F. Fales et G. Lanfranchi prouve que cette ligne comprend un fragment du signe *a'* et non du signe *sal.*

4. F. Fales et G. Lanfranchi ont démontré de façon convaincante que les lignes 9 - Rv. 4 *init.* comprenaient une citation d'une lettre du roi à Bēl-ušēzib (FALES, LANFRANCHI, *op. cit.,* pp. 13-20) et non les conseils de ce dernier. Cette citation comprend à son tour une citation de la lettre du roi envoyée auparavant au front mannéen (ll. 9-22) et la description de la situation sur ce front (ll. 23 - Rv. 4). La césure entre ces deux parties est marquée par la transition du prétérit au parfait.

Cette phrase peut être traduite littéralement comme: "ont [dit (?)] et ont répété l'anéantissement de la Manna" (*hapû* est un infinitif). La division des mots est proposée par F. Fales et G. Lanfranchi. Les éditeurs et les traducteurs précédents ont interprété les signes dEN *ha-bu-ú* comme un nom de personne, bien que les autographies de L. Waterman et de R. Harper prouvent que le déterminatif DINGIR n'est pas précédé par le déterminatif des noms de personne.

6. Le même phénomène est décrit et interprété dans la lettre CT 54, 22: 3-12.

9. La restitution des parties initiales des lignes 23 - Rv. 9 est argumentée en détail dans l'article cité de F. FALES et G. LANFRANCHI (*op. cit.*, pp. 18-21).

13. La publication de F. Fales et G. Lanfranchi comprend probablement une coquille: *mu-un-dah-ṣu-ti* (sans indication de la correction du texte). Les éditeurs précédents donnent la lecture *mun-dah-ṣu-ti*. Cette phrase est assez obscure. Le sens du premier mot *muštahalquti* n'est pas tout à fait clair, car il ne se rencontre nulle part ailleurs (CAD, vol. M, 2, p. 283). F. Fales et G. Lanfranchi supposent qu'il s'agit d'un néologisme de Bēl-ušēzib, inventé pour rendre le mot *halquti* plus expressif. Or, la forme de ce mot est transparente: c'est le participe de la conjugaison III-2 (Št) du verbe *halāqu*. Il signifie donc "ceux qui ont été obligés de fuir". La traduction de ce mot par *raiders* (R. Pfeiffer, L. Waterman, CAD, vol. M, 2, p. 201) semble donc ne pas être heureuse. La traduction d'I.M. Diakonoff *dezertiry* est beaucoup plus fidèle. Toute la phrase en question est une proposition nominale, comme le traduisent R. Pfeiffer, I.M. Diakonoff, F. Fales et G. Lanfranchi. L. Waterman suppose cependant que le mot *muštahalquti* est un objet de *šarru akī ša ilē'ū lišpur* et donne la traduction *"and may the king, at his pleasure, send to his troops raiders in addition to the fighting men"* (les mot *ina nakri* sont reportés à la phrase suivante). La même interprétation est approuvée par A. Olmstead, cf.: CAD, vol. M, 2, p. 201: *"may the king send raiders in addition to the combatants"*, cf. également CAD, vol. M, 2, p. 283. R. Pfeiffer propose la traduction *"raiders (are needed) to back up the fighting men"*, I.M. Diakonoff: *"u vraga dezertiry vmesto bojcov (?)"*. Cette dernière traduction semble être la plus fidèle, mais il est difficile de comprendre la préposition *ina muhhi* comme "au lieu de". La traduction "contre" est ici plus heureuse (AHw, Lfg. 8, p. 668). F. Fales est G. Lanfranchi proposent la traduction *"those caused to flee will be in addition to (our) fighting men (once the latter are) among the enemy"*. Ils supposent que le mot *muštahalquti* fait allusion aux Cimmériens, aux Indaru ou aux autres alliés des Mannéens. Cette interprétation du texte qui demande ces compléments superflus ne semble pas être convaincante. A notre sens, il ne s'agit ici que d une opposition entre les mauvais soldats (*muštahalquti*) de l'ennemi et les bons soldats (*mundahṣuti*) des Assyriens.

14. F. Fales et G. Lanfranchi proposent de remplacer le signe MU dans le dernier mot par le signe KUL. En effet, la graphie de ces deux signes est souvent très semblable. Si l'on n'admet pas cette correction, le mot *tumuluka* peut être compris comme la forme de la deuxième personne du singulier de la troisième (Š) conjugaison du verbe *malāku* avec allatif. La traduction serait donc "tu dois organiser là-bas une forteresse".

15. Le mot *lúgu-du-da-nu* est encore un hapax. Il est probablement emprunté au mot araméen *g^e^dūdā*, "brigands, participants à la razzia, détachement mobile": von SODEN W., "Aramäische Wörter in neuassyrischen und neu- und spätbabylonischen Texten. Ein Vorbericht, III", in *Orientalia*, 46, 1977, p. 186. FALES, LANFRANCHI, *op. cit.*, p. 24. Cf.: RCAE, vol. III, p. 326, vol. IV, p. 204.

16. Les mots lúERIM.MÉŠ-šú-nu šá EDIN désignent probablement des soldats qui se trouvent "sur le champ" et non dans les fortifications. La traduction de F. Fales et G. Lanfranchi *"nomadic (auxiliary) troops"* n'est pas suffisamment fondée. La traduction de L.

Waterman, selon laquelle le mot *gududanu* serait l'objet de la phrase précédente, est inacceptable. La traduction correcte a déjà été donnée par R. Pfeiffer.

17. Le peuple Indaru, qui était probablement allié des Mannéens, est encore mentionné dans la lettre ABL 1007 (*In-da-ra-a-a*). Le contexte de cette lettre permet de localiser ce peuple dans la région de la frontière avec l'Elam: STRECK, *Assurbanipal,* partie I, p. CCCXXXI, n. 5. NAT, p. 174. LANFRANCHI, *Cimmeri,* pp. 75-77.

18. Cette ligne reprend sous une forme affirmative les questions posées par Assarhaddon aux lignes Rv. 3-4.

20. F. Fales et G. Lanfranchi donnent la lecture *be-lí-ia,* les éditeurs précédents *be-lí-a.*

24. F. Fales et G. Lanfranchi donnent le signe MU dans la translittération du nom d'Assarhaddon. Les éditeurs précédents reproduisent le signe SÌ. La différence n'est cependant pas notée comme c'est habituellement le cas dans leur article. On peut donc supposer qu'il s'agit d'une faute. Le verbe *nadānu* peut être désigné par les deux idéogrammes. Marduk-šapik-zēri est un roi babylonien (1094 - 1083 avant J.-C.) dont le règne était un symbole de prospérité et de paix: RCAE, vol. III, p. 326.

27. Cf. dans la lettre de Bēl-ušēzib ABL 1373: *bēl šarrāni ki ša ilē'û lîpušu* (Rv. 7), *bēl šarrāni ki lē'ûtišu lîpušu* (Rv. 9).

14. Lettre de la correspondance royale

British Museum, Bu 89-4-26,158

[...]

1 [...] x x x [...]

2 [...]-tu MU[N ...]

3 [a-na LUGAL EN]-i lu-u ta-d[in]

4 [ki-i LUGAL be-lí] e-rab URU ša ^{uru}Arba-ìl

5 [e-pu-šu-u-n]i ù ṣa-bat URU

6 [ša ^{uru}x x x] iš-mu-ú-ni

7 [ki-i pi-i / ú-ma-a e-ra]b x URU ša ^{uru}NINA

8 [le-pu-uš / e-pu-uš x x] x-li ù ^{kur}Gi-mir-ra-a-a

9 [(x) ta-a-ri a-n]a KUR-su-un

10 [x ^{lú}e-mu-qe / DINGIR.MEŠ] ša ^{kur}Aš-šur^{ki}

11 [x x x x AŠ UG]U-šu-nu šá-ka-a-ni

12 [LUGAL be-l]í liš-me

13 [...] BAD e-ni

14 [...] x GÌR-2-ia

15 [...]-ú-ni

16 [^{d}NIN-URTA ù] ^{d}Gu-la

17 [ṭu-ub ŠÀ-bi ṭ]u-ub UZU.MEŠ

Rv. 1 [a-na LUGAL EN-ia u] NUMUN-šú lip-qí-du

2 [ù AŠ UGU dul-l]i HUL GARZA.MEŠ
3 [ša LUGAL be]-lí iq-bu-u-ni
4 [an-nu-rig n]u-šá-aṣ-bat
5 [UD-2-KÁM UD-6-KÁ]M UD-7-KÁM
6 [UD-9-KÁM UD-11-K]ÁM UD-13-KÁM
7 [UD-15-KÁM UD-18]-KÁM UD-19-KÁM
8 [UD-20-KÁM UD-20+ x]-KÁM UD-24-KÁM
9 [UD-26-KÁM UD-2]8-KÁM UD-30-KÁM ṭa-a-ba
10 [PAP 16 an-na-te] UD.MEŠ-te DÙG.GA.MEŠ
11 [... A]Š nu-bat-ti
12 [mu-šu ša U]D-11-KÁM né-pu-uš
13 [...] x ša né-ep-pa-šú-u-ni
14 [...] x-laq-qí-ú-šú
15 [...] x-ú-ut
16 [...] x

[...]
1 ...
2 ...
3 qu'elle donne au [roi,] mon [seigneur].
4-6 [Comme le roi, mon seigneur, a entrepris] l'entrée (solennelle) dans Arbela, et a entendu (parler) de la prise de la ville [...],
7-12 [de la même façon / ainsi maintenant le roi, mo]n [seigneur, qu'il entreprenne / il a entrepris l'entr]ée (solennelle) dans la ville de Ninive et qu'il entende (dire) que les Cimmériens [sont revenus dans] leur pays [et que les forces armées / les dieux] de l'Assyrie sont posés [con]tre eux.
13 [...] ...
14 [...] mes pieds
15 [...] ...
16 [Que Ninurta et] Gula
17-Rv. 1 attribuent [le bonheur et] la santé [au roi, mon seigneur et] à sa descendance.
2 [En ce qui concerne le rit]e (contre) le mal dans les cérémonies
3 [dont le roi], mon [seigneur] parlait,
4 nous nous sommes préparés [il y a peu de temps.]
5 [2e jour, 6e jour], 7e jour,
6 [9e jour, 11e jour], 13e jour,
7 [15e jour, 18]e [jour], 19e jour,
8 [20e jour, 20 + x]e [jour], 24e jour,
9 [26e jour, 2]8e [jour], 30e jour sont fastes.
10 [En total, ce sont 16] jours fastes.
11 [...] le soir
12 [et la nuit du] 11e jour nous avons procédé

13 [...] que nous procédons
[...]

ABL 1168 (texte). RCAE, vol. II, pp. 308-311, vol. III, p. 313 (translittération, traduction, commentaire). AVIIU, N° 50, 41, d (traduction). LAS 196, vol. I, pp. 146-147, vol. II, pp. 192-194 (translittération, traduction, commentaire).

L'auteur de cette lettre est probablement Marduk-šākin-šumi: LAS 2, p. 192.

7-10. Les restitutions sont proposées dans le livre: LANFRANCHI, *Cimmeri*, pp. 95, 252, n. 58.

15. Lettre de la correspondance royale

British Museum, 83-1-18,283.

[...]
1 [...]
2 [...]
3 [x x]-ra iq-ṭí-bi [ma-a]
4 [it-t]a-lak MAN liš-⌜al⌝-[(šú)]
5 AŠ ŠÀ DINGIR.MEŠ an-nu-te x [x x]
6 AŠ di bu te ša MAN bal-ṭu
7 ú-ma-a an-nu-ri
8 ^{lú}Gi-mir-ra-a-a
e. 9 gab-bi-šu-nu it-ta-ṣa
Rv. 1 [i-n]a ^{uru}Me-in-da-a-a
2 iz-za-zu ket-tú ud-di-ni
3 ú-x-x-ú-ni
4 [...]
[...]

[...]
3 [...] il a dit:
4 "[Il est a]rrivé, le roi [l']a questionné.
5 En ce qui concerne ces dieux, [...]
6 dans ... du roi ils sont vivants.
7 A ce moment,
8-9 ils ont amené tous les Cimmériens
Rv. 1 à Meindā.

2 Ils sont (là). La vérité est encore
3 ...
[...]

ABL 1161 (texte). RCAE, vol. II, pp. 306-307, vol. III, p. 311 (translittération, traduction, commentaire). AVIIU, N° 50, 41, g (traduction). LANFRANCHI, *Cimmeri*, p. 86 (translittération, traduction).

S. Parpola (NAT, p. 248) date cette lettre de l'époque d'Assarhaddon.

3. G. Lanfranchi donne la lecture: *[x (x)$^{?}$]-ra iq-ṭ[í-bi x x]*.

6. Le sens de cette ligne est obscur. L. Waterman donne la lecture AŠ SILIM *pu-te ša* MAN *bal-ṭu*. G. Lanfranchi donne la lecture AŠ *ṭi-bu-te* et la traduction *"vivano ora per l'intercessione del re"*.

e. 9. C'est probablement une forme du verbe défectif **haṣṣ*, *"bringen, tragen"*: AHw, vol. II, p. 757. von SODEN, *Grundriss*, § 107s, p. 156.

Rv. 1. Cette ville n'est mentionnée nulle part ailleurs (NAT, *s.v.*) et sa localisation est obscure.

16. Lettre de l'astrologue Nabû-iqbi au roi Assarhaddon ou Assourbanipal

British Museum, 81-1-18,202 + 305

1 [DIŠ] 30 UD-1-KÁM IGI-[ir KA GI].NA ŠÀ-bi KUR DÙG-ab
2 DIŠ UD-mu ana ŠID.MEŠ-[šú GÍD.DA] BALA UD.MEŠ GÍD.DA.[MEŠ]
3 DIŠ 30 AŠ IGI.LAL-šú AG[A a-pir LUGA]L SAG.RIB-tú DU-ak

---

4 ^{d}Aš-šur ^{d}UTU ^{d}[NÀ u ^{d}]AMAR.UTU ^{kur}Ku-ú-ši u ^{kur}Mi-ṣir
5 a-na ŠU.2 LUGAL [be-lí-ia ki]-i im-nu-ú AŠ e-mu-qu
6 šá LUGAL be-lí-i[a x x x] hu-bu-us-su-nu
7 ih-tab-tu-nu [x x x] x É nak-kan-da-šú-nu
8 ma-la ba-š[u-ú ana ^{uru}Ni]-na-a^{ki} šu-bat LUGAL-ú-ti-ka
9 ul-te-ri-b[u x x x] hu-bu-us-su-nu
10 a-na ARAD.MEŠ-š[ú$^{?}$ x x x] ki-i pi-i an-nim-ma
11 ^{d}UTU u ^{d}AMAR.[UTU ^{lú}Gi]-mir-ra-a-a
12 ^{lú}Man-[na-a-a ^{lú}KÚR.]MEŠ ma-la la-pa-an
Rv. 1 LUGAL [la pal-hu a-na] ŠÚ.2 LUGAL be-lí-ia
2 lim-nu-ú [hu-bu-us-su-nu LUGAL be]-lí-ia li-ih-bu-ti
3 KUG.BABBAR KUG.GI[x x x É nak]-kan-da-šú-nu
4 ma-la b[a-šu-ú x x]-šú-nu ⌜lu$^{?}$⌝ tal-la-ka

5 [i]m$^?$-ma$^?$-x [x x x x x] tal-[la]-ka-ti
6 a-na ni-r[i x x x LUGAL] be-lí-[ia x x] x-bi
7 DÙG-u[b UZU.MEŠ DÙG-ub] ŠÀ-bi [GIŠ.GU.ZA]
8 šá ki-na-a-ti [ana d]a-riš [ana UD].MEŠ
9 ù MU.AN.NA.MEŠ [0] GÍD.DA.MEŠ
10 [a]-na LUGAL be-lí-ia ⌜ù$^?$⌝ [NUMUN$^?$]-šú lid-di-[nu]

---

11 šá ^{md}NÀ-[iq]-bi

1 [Si] la lune apparaît au premier jour, [la parole sera st]able, le coeur du pays sera content.
2 Si le jour [continue] durant sa durée, le règne et les jours (du roi) continueront.
3 Si la lune (Sîn) [a la couronne] lors de son apparition, [le ro]i atteindra le suprême pouvoir.

4-7 [Qua]nd Assour, Shamash, [Nabû et] Marduk ont livré l'Égypte et le Kush entre les mains du roi, [mon seigneur], ils ont pillé par l'armée du roi, mon seigneur, [...] leur butin, [...] leur trésorerie,
8-9 tout ce qu'il y av[ait,] et ils (l')ont fait entrer [à Ni]nive, la résidence de ta royauté [...] leur butin
10 en esclaves [...]. De la même façon,
11-Rv.2 que Shamash et Mar[duk] livrent les [Ci]mmériens et les Mann[éens,] tous les [enne]mis qui [n'ont pas peur] du roi, entre les mains du roi, mon seigneur. Que le [roi], mon seigneur pille [leur butin].
3 L'argent, l'or, [... de] leur [tré]sorier,
4 tout ce qu'[il y a ...] leur que (?) tu viennes
5 subj[ugueront ...] ...
6 au jo[ug ... du roi] mon seigneur [...]
7-10 Qu'ils donn[ent à] perpétuité, [pour les jo]urs et les années longues, la san[té et le bon]heur, [le trône] stable au roi, mon seigneur, et à sa [descendance (?)].

---

11 Nabû-iqbi

RMA, N° 22, vol. 1, pl. 5, vol. 2, p. 5, XXXVI (texte, translittération, traduction, commentaire). LANFRANCHI, *Cimmeri*, pp. 120-121 (translittération partielle, traduction). SAA 8, 418, pp. 238-239 (translittération, commentaire).

4. G. Lanfranchi propose la restitution ^{d}E[N].

10. R.C. Thompson propose la restitution *a-na* ARAD.MEŠ-[*ka e-pu-šu*], "[ils les (les prisonniers) ont transformés] en tes esclaves". Notre texte suit la translittération de H. Hunger qui propose la traduction *[and distributed$^?$] booty from them to his servants.*

Rv. 1. Une autre possibilité de restitution a été proposée par R.C. Thompson: *la-pa-an* LUGAL [*it-tik-ru*], "sont hostiles envers le roi". Les deux restitutions sont également probables. Pour des textes semblables à chacune de ces variantes, voir: AHw, vol. I, p. 534b, s.v. lapān(i), 1g, 3.

17 - 40. Demandes à l'oracle du dieu Shamash de l'époque d'Assarhaddon et d'Assourbanipal

17.

British Museum, Ki 1904-10-9,137 (BM 99108)

1 [^{d}UTU EN GAL-ú šá a-šal-lu-ka an]-nam GI.NA a-pal-a[n-ni]

2 [TA UD NE-i UD-x-KÁM šá ITI NE-i ITI.SI]G$_{4}$ EN UD-23-KÁM šá ITI TU-ba ITI.ŠU šá M[U NE-ti]

3 [a-na x UD.MEŠ x MI.MEŠ an-na-t]i ši-kin RI DÙ-eš-ti LÚ.HAL-ti i-na ši-kin R[I UR$_{5}$-tú]

4 [lu-ú ^{m}x x x x LUGAL ^{k}]^{ur}Muš-ku lu-ú ERIM.MEŠ ^{lú}Gi-mir-ra-a-a ša it-[ti-šú]

5 [lu-ú ^{m}Mu-gal-lu a-di ERIM.MEŠ šá i]t-ti-šú lu-ú ^{lú}KÚR mál GÁL.MEŠ-[ú]

6 [x x x x x x x x ^{u}]^{ru}Mi-li-di lu-⸢ú⸣ [x x]

7 [x x x x x x x x] x x [x] ⸢šá?⸣ URU UR$_{5}$-tú ^{uru}[x x x]

[...]

Rv. [...]

1 [x x x x x x x x x x x x] ^{uru}Mi-[li-di]

2 [x x x x x x x x x x x x] DU-ma a-na [x x x]

3 [i-na ŠÀ UDU.NITÁ NE-i GUB-za-am-ma an-na GI.NA] GIŠ.HUR.MEŠ SILIM.MEŠ UZU.M[EŠ ta-mit]

4 [SIG$_{5}$.MEŠ SILIM.MEŠ šá SILIM-tim šá KA DINGIR-ti-ka GAL-ti šuk]-nam-ma lu-[mur]

5 [UGU DINGIR-ti-ka GAL-ti ^{d}UTU EN GAL-ú lil-li]k-ma KIN li-tap-[pal]

1 [Shamash, grand seigneur,] donne-moi une ferme réponse positive [à ce que je te demande.]

2 [A partir de ce jour, ... jour de ce mois de *si*]*mānu*, jusqu'au 23e jour du mois qui arrive de *tamūzu* de [cette année],

3 [pour ces … jours et … nuits], (cela) est le délai établi pour l'exécution de la divination. Durant [ce] délai établi,
4 [soit …, le roi des] Mušku, soit les troupes cimmériennes qui sont av[ec lui],
5 [soit Mugallu avec les troupes qui sont av]ec lui, soit l'ennemi quel qu'il soit,
6 […] Milidu, ou […]
7 […] de cette ville […]
[…]
Rv. […]
1 […] Mi[lidu]
2 […] viendra et […]
3-4 [Place à l'intérieur de ce mouton une ferme réponse positive]; po[se] des configurations favorables, de [bons] présa[ges favorables de la bonté de parole de ta grande divinité], pour que je (les) voie.
5 [Que (cela) ail]le [jusqu'à ta grande divinité, Shamash, grand seigneur,] et que la prédiction soit donn[ée en réponse.]

ARO, *op. cit.*, Paris, 1966, p. 116 (translittération partielle, commentaire). SAA 4, N° 1, p. 4 (translittération, traduction, commentaire).

Ecriture néo-babylonienne.

4. Mušku est le nom akkadien pour les Phrygiens et Protoarméniens.

5. Milidu, Melid est un pays à l'est du Tabal, dans la région de l'actuelle Malatya.

18.

British Museum, DT 19.

[…]
Rv. 1 [lu-ú ZI.MEŠ-ha lu]-⸢ú⸣ BAR.MEŠ-ra [a-šal-ka ^{d}UTU EN GAL-ú]
2 [ki-i ^{lú}ERIM.MEŠ ^{kur}G]i-mir-ra-a-[a lu-ú ^{lú}ERIM.MEŠ ^{kur}x x x x]
3 [lu-ú ^{lú}ERIM.MEŠ ^{ku}]^{r}Hi-lak-ka-a-a b[i$^{?}$-x x x x x x x x]
4 [x x x x x x]x-al a-na na-ge-e [x x x x x x x]
5 [x x x x x x] a-ši-bu-ut KUR-ú x [x x x x x x x]
6 [x x x x x x-m]a$^{?}$ ip-pu-šú i-na ŠÀ [UDU.NITÁ NE-i GUB-za-am-ma]
7 [an-na GI.NA GIŠ.H]UR.MEŠ SILIM.MEŠ ši-[ri$^{?}$ ta-mit SIG$_{5}$.MEŠ šá SILIM-tim]
8 [šá KA DING]IR-ti-ka GAL-ti [šuk-nam-ma lu-mur]

[...]
Rv. 1 [Que (cela) soit écarté, que (cela) soit] mis de côté. [Je te demande, Shamash, grand seigneur,]
2 [si les troupes] cimmériennes, ou les troupes ...]
3 [ou les troupes] hilakkéennes [...]
4 [...] dans le district [...]
5 [...] qui habitent les montagnes [...]
6 [...] feront. [Place] à l'intérieur [de ce mouton]
7-8 [une ferme réponse positive; pose des config]urations favorables, [de bons présages de la bonté de parole] de ta grande div[inité, pour que je (les) voie.]

PRT, N° 43, pl. 33, p. 43 (texte, translittération, traduction, commentaire). SAA 4, N° 17, p. 19 (translittération, traduction).

Ecriture néo-assyrienne.

Le texte du recto de la tablette n'est pas conservé. La partie conservée du verso comprend la dernière ligne des formules *ezib*, la répétition raccourcie de la demande et la formule finale.

3. Le Hilakku (la Cilicie des auteurs classiques) est encore mentionné dans les demandes SAA 4, 14: 5, 10, Rv. 12 (AGS 60); 15: Rv. 4 (AGS 61); 16: 9 (AGS 62 + 63). Les deux premiers textes comprennent également la mention du Tabal.

5. I. Starr comprend la fin de cette ligne comme ^{kur}*Ú-x*, c'est à dire "qui habitent le pays U..."

6. E. Klauber propose la restitution [GIŠ.TUKUL MÚR *u* MÈ], "s'ils feront [le combat et la bataille par les armes]".

19.

British Museum, K 4268.

1 [^{d}UTU EN GAL-ú šá a-šal-lu-ka an]-na G[I.NA] a-pal-an-ni
2 [TA UD-mu an-ni-i UD-x-KÁM šá ITI an-ni-e ITI].BARAG a-di UD-1-KÁ[M] š[á IT]I.ŠU šá MU.AN.NA an-ni-ti
3 [a-na x UD.MEŠ x MI.MEŠ ši-kin a-dan-n]i a-na DÙ-eš-ti ba-ru-ti i-na ši-kin a-dan-ni UR$_5$-tú
4 [^{m}Ur-sa-a LUGAL šá ^{kur}Ur]-⌜ár⌝-ṭ[u š]á ^{m}Ia-a-a i-qa-bu-niš-šú-un-ni
5 [x x x x x] LUGAL šá ^{kur}Pa-[x x x] i-qa-bu-niš-šú-un-ni i-ṣar-ri-imì i-kap-pi-id-di
6 [x x x x] lu-ú i-na GALG[A ^{lú}GALGA].MEŠ-šú lu-ú šú-ú a-di ^{lú}Á.KAL.MEŠ-šú

7 [lu-ú ^{lú}G]i-mir-ra-a-a lu-ú ki-i[t]-ru mál KI-šú TA a-šar áš-bu ur-ha har-ra-nu

8 [i-ṣab-ba-tu-n]é-e a-na DÙ-eš GIŠ.TUKUL MÚR ù ⌜MÈ⌝ a-na GAZ SAR IR a-na ^{kur}Šu-ub-ri-a

9 [lu-ú a-na] ^{uru}Pu-ú-mu lu-ú a-na ^{uru}Kul-⌜im⌝-me-ri lu-ú a-na ^{uru}bi-ra-na-a-tu šá ^{kur}Šu-ub-ri-a

10 [DU-ku-né]-e šá GAZ GAZ.MEŠ-ú šá SAR SAR.MEŠ-ú šá [IR] IR.MEŠ-ú TA ŠÀ ^{uru}bi-ra-na-a-tú šá ^{kur}Šu-ub-ri-a

11 [lu]-ú e-ṣa-a-ti lu-ú ma-a'-da-a-ti ik-⌜ki-mu⌝-ú a-na šá ra-ma-ni-šú-un ú-ta-ru-ú

12 DINGIR-ut-ka GAL-ti ZU-e i-na SILIM-tim i-na KA DINGIR-ti-ka GAL-ti ^{d}UTU EN GAL-ú

13 qa-bi-i ku-un-i a-mi-ru e-ma-a-⌜ra⌝ še-mu-ú i-šem-[m]e-e

14 e-zib šá a-na EGIR a-dan-ni-ia e-zib šá it-ti-šú ŠÀ-bi-šú-un id-da-ba-bu-ú-ma ú-⌜ta-ru⌝-ma [BAR.MEŠ]

15 e-zib šá de-e-ni UD-me an-ni-e GIM DÙG.GA GIM ha-ṭu-ú UD-mu ŠÚ-[pu A.AN ŠUR-nun]

16 e-zib šá KUG lu-'u-ú SISKUR.SISKUR TAG.MEŠ ú-[lu a]-na IGI SISKUR.SISKUR GIL.MEŠ-[ku]

17 e-zib šá lu-'u-ú [lu-'u]-tú KI [MÁŠ DIB.MEŠ-ma] ú-le-'u-[ú]

18 e-zib šá i-na KI an-[ni-e lu-'u-ú MÁŠ MÁŠ-ú]

Rv. 1 e-zib šá UDU.NITÁ DINGIR-t[i-ka šá a-na MÁŠ MÁŠ-ú LAL-ú ha-ṭu-ú]

2 e-zib šá TAG-it SAG.K[I UDU.NITÁ TÚG gi-né-e-šú ár-šat lab-šú mim-ma lu-'u-ú KÚ NAG-ú ŠÉŠ-šú]

3 e-zib šá a-na-ku DUMU.LÚ.HAL [ARAD-ka TÚG gi-né-e-a ár-šá-a-ti lab-šá-ku mim-ma lu-'u-ú KÚ NAG-ú ŠÉŠ-šú]

4 ú-lu ta-mit i-na KA-[ia up-tar-ri-du lu-ú ZI-MEŠ lu-ú BAR-MEŠ]

5 a-šal-ka ^{d}UTU EN GAL-[ú ki-i TA] UD-me an-n[i-e UD-x-KÁM šá ITI an-ni-e ITI.BARAG a-di UD-1-KÁM šá ITI.ŠU]

6 šá MU.AN.NA an-ni-ti ^{m}[Ur]-sa-a LUGAL šá ^{k}[^{ur}Ur-ár-ṭu a-di ^{lú}Á.KAL.MEŠ-šú]

7 TA a-šar áš-bu ur-<ha> KASKAL iṣ-ṣa-ba-tu-nim-ma a-n[a ^{kur}Šu-ub-ri-a DU.MEŠ-ku]

8 i-na ŠÀ URU.MEŠ-ni šá ^{uru}Šu-ub-ri-'a šá GAZ G[AZ.MEŠ šá SAR SAR.MEŠ šá IR IR.MEŠ]

9 [URU].MEŠ šá ^{uru}Šu-ub-ri-a lu-ú e-ṣu-ú-[ti lu-ú ma-a'-du-ti ik-ki-mu]

10 [a-na šá ra]-ma-ni-šú-un ú-ta-ru i-[na ŠÀ UDU.NITÁ NE-i GUB-za-am-ma an-na GI.NA GIŠ.HUR.MEŠ SILIM.MEŠ]

11 [UZU.MEŠ ta-mit SI]G$_5$.MEŠ SILIM.MEŠ šá SILIM-tim [šá KA DINGIR-ti-ka GAL-ti šuk-nam-ma lu-mur]
s. 1 ^{md}AMAR.UTU-MU-PAB ^{m}Na-ṣi-ru ^{m}Tab-ni-[i x x x x x x x x x]
2 ^{md}PA-šal-lim ^{m}Ba-la-su ^{m}Su-ki-nu ^{m}[x x x x x x x x x x]
3 ^{m}Ku-du-ru ^{m}Ka-ṣi-ru ^{md}[x x x x x x x x x x x]

1 [Shamash, grand seigneur,] donne-moi une fer[me réponse pos]itive [à ce que je te demande.]
2 [A partir de ce jour, ... jour de ce mois de] *nisannu,* jusqu'au 1er jour du mois de *tamūzu* de cette année,
3 [pour ces ... jours et ... nuits, (cela) est le délai établi] pour l'exécution de la divination. Durant ce délai établi,
4 [Rousa, le roi d'Our]art[ou, qu']on appelle Iaia,
5 [...] qu'on appelle le roi de Pa[...], feront-ils des préparatifs, auront-ils des plans?
6 [...] soit suivant le conseil de ses [conseille]rs, soit lui-même avec ses troupes,
7-8 [soit les] Cimmériens, soit un allié, quel qu'il soit, qui est avec lui, [feront-ils] le chemin (et) la route de l'endroit où ils sont en Šubria pour faire le combat et la bataille par les armes, pour le meurtre, le pillage, l'enlèvement?
9-11 [Viendront-ils soit à] Pumu, soit à Kulimmeri, soit dans les forteresses de Šubria? Tueront-ils ce qu'on peut tuer, pilleront-ils ce qu'on peut piller, enlèveront-ils ce qu'on peut [enlever]? S'empareront-ils soit de peu, soit de beaucoup de forteresses de Šubria, (les) feront-ils leur propriété?
12-13 Ta grande divinité (le) sait. Est-ce que (cela) est dit, est-ce que (cela) est établi par la bonté, par la bouche de ta grande divinité, Shamash, grand seigneur? Est-ce que celui qui voit (le) verra, celui qui entend (l')entendra?
14 Tolère ce qui est après mon délai; tolère ce dont leurs coeurs parlent, et tourne (?) [...].
15 Tolère en ce qui concerne la décision de ce jour aussi bien ce qui est bon que ce qui est erroné, le jour sombre [(et qu')il pleuve].
16 Tolère que le pur (ou) le souillé ait touché le mouton du sacrifice, ou ait entravé le mouton du sacrifice.
17 Tolère que le souillé ou la [sou]illée [soit passé] sur la place [de la divination et (l')] ait souillée.
18 Tolère que [j'aie pratiqué la divination] sur [cette] place [souillée].
Rv. 1 Tolère que le mouton de [ta] divinité [utilisé pour la divination soit imparfait (et) vicieux].
2 Tolère que celui qui a touché le front [du mouton soit vêtu de son sale vêtement ordinaire, qu'il ait mangé, bu ou qu'il se soit muni de quelque chose de souillé].

3 Tolère que moi, le devin, [ton esclave, je sois vêtu de mon sale vêtement ordinaire, que j'aie mangé, bu ou que je me sois muni de quelque chose de souillé,]
4 ou que la langue dans [ma] bouche [ait fourché. Que (cela) soit écarté, que (cela) soit mis de côté.]
5 Je te demande, Shamash, grand seigneur, [si à partir de] ce jour, [... jour de ce mois de *nisannu,* jusqu'au 1er jour du mois de *tamūzu*]
6 de cette année, [Rou]sa, le roi d'[Our]art[ou, avec ses troupes,]
7 s'ils feront le chemin (et) la route de l'endroit où ils sont, s'ils viendront en Šubria;]
8 [s'ils tueront] ce qu'on peut tuer, [s'ils pilleront ce qu'on peut piller, s'ils enlèveront ce qu'on peut enlever] dans les villes de Šubria;
9 [s'ils s'empareront] soit de pe[u, soit de beaucoup] de villes de Šubria,
10 s'ils (les) feront leur propriété. [Place à l'intérieur de ce mouton la ferme réponse positive; pose des configurations favorables,]
11 [de bons présages] favorables de la bonté [de parole de ta grande divinité, pour que je (les) voie.]
s. 1 Marduk-šumu-uṣur, Nāṣiru, Tabnî, [...]
2 Nabû-šallim, Balāssu, Sūkinu, [...]
3 Kudurru, Kaṣiru, [...]

AGS, N° 48, vol. II, pp. 149-153 (texte, translittération, traduction, commentaire). AVIIU, N° 68a (traduction partielle, commentaire). SAA 4, N° 18, pp. 22-24 (translittération, traduction).

Ecriture néo-assyrienne.

4. J.A. Knudtzon donne la lecture *la-a-a* au lieu de la lecture *Ia-a-a.*

8. Pour les textes mentionnant Šubria, voir: NAT, pp. 337-338. Ce pays est localisé dans les montagnes au sud-ouest du lac de Van. Pumu, ou Upumu était la capitale de Šubria, l'actuelle Fum. Kulimmeri, la K'lmar arménienne, l'actuelle Khlomaron, est une ville de la région de Batman. Les deux villes étaient les centres de provinces organisées par Assarhaddon après la conquête de Šubria.

14. Phrase *ezib* non standard dont le sens reste obscur. Pour cette phrase, voir: AGS, p. 26. PRT, p. XV. SAA 4, p. XXII. Une formule semblable est également utilisée dans la demande SAA 4, 43: 17 (AGS 1).

Rv. 2. Le mot *ginû* signifie "ordinaire, régulier" et "le sacrifice régulier". Cf.: AHw, vol. I, p. 290, où *ṣubāt ginê* est traduit comme "le vêtement pour des sacrifices réguliers".

s. 1-3. Marduk-šumu-uṣur, Nāṣiru, Tabnî et Nabû-šallim sont des devins souvent mentionnés dans les demandes à l'oracle de Shamash, cf.: SAA 4, pp. 362-363.

20.

British Museum, K 11489 + 83-1-18,534 (AGS 29) + 80-7-19,71 + 80-7-19,75

1 ^{d}UTU EN GAL-ú šá a-šal-lu-ka an-na GI.NA a-p[al]-an-ni
2 ^{m}Bar-ta-tu-a LUGAL šá ^{kur}[I]š-ku-za šá i-na-an-n[a] DUMU.MEŠ-šip-ri-šú
3 a-na pa-an ^{md}Aš-šur-ŠEŠ-SUM-na LUGAL ^{kur}Aš-šur^{k}[^{i} i-n]a UGU DUMU.MÍ.LUGAL
4 iš-pu-ra GIM ^{md}Aš-šur-ŠEŠ-SUM-na LUGAL ^{kur}[Aš-šur^{k}]^{i} DUMU.MÍ.LUGAL
5 a-na áš-šu-ú-tu it-tan-na-[áš]-šú
6 ^{m}Bar-ta-tu-a LUGAL šá ^{kur}Iš-ku-za it-ti ^{m}[^{d}]Aš-šur-ŠEŠ-SUM-na LUGAL ^{kur}Aš-šur^{ki}
7 dib-bi ki-nu-ú-tu šá-[a]l-mu-tu šá šu-[lu]m-mé-e i-na kit-ti-šú
8 i-dab-bu-ú-bu a-[de]-e šá ^{md}[Aš-šur-ŠEŠ]-SUM-na LUGAL ^{kur}Aš-šur^{ki}
9 i-na-aṣ-ṣa-a-ra [mim-ma š]á a-na UGU ^{md}Aš-šur-ŠEŠ-SUM-na LUGAL ^{kur}Aš-šur ṭa-a-bu
10 ip-pu-ú-šú i-na SILIM-[tim i-na KA DINGIR-ti-ka GAL-t]i ^{d}UTU EN GAL-ú qa-bi-i ku-ni-i
11 a-mi-ri im-m[ar-ra še-mu-ú] ⌜i⌝-šem-mé-e
12 e-zib šá di-i[n UD-mu an-ni-i GIM DÙG].GA GIM ha-ṭu-ú
13 e-zib šá KI [MÁŠ lu-'u-ú lu-'u-tu D]IB.DIB-ma ú-le-'u-ú
14 e-zib šá [UDU.NITÁ DINGIR-ti-ka šá a-na MÁŠ MÁŠ-ú L]AL-ú ha-ṭu-ú
Rv. 1 e-zib šá TAG-it S[AG.KI UDU.NITÁ TÚG gi-né-e-šú ár-šá-a-ti l]ab-šú
2 mim-ma lu-'u-ú K[Ú NAG-ú ŠÉŠ-šú ú-lu ku-un qa-ti BAL]-ú uš-pe-lu
3 e-zib šá i-na KA DU[MU LÚ.HAL ARAD-ka ta-mit up-tar-ri]-du
4 lu-ú ZI.MEŠ lu-ú [BAR.MEŠ a-šal-ka ^{d}UTU EN GA]L-ú
5 ki-i ^{md}Aš-šur-ŠEŠ-SUM-[na LUGAL ^{kur}Aš-šur^{ki} DUMU.MÍ.LUGAL a-na ^{m}B]ar-ta-tu-a
6 LUGAL šá ^{kur}Iš-ku-za a-na á[š-šú]-ú-t[u it-ta]-an-nu
7 ^{m}Bar-ta-tu-a a-de-e šá ^{md}Aš-šur-ŠE[Š-SUM-na LUGAL ^{kur}Aš-šur]^{ki} i-na-aṣ-ṣa-ru
8 ú-šal-la-mu i-na ki[t]-ti-šú dib-bi š[á-al-mu-tu šá šu-lum-mé]-⌜e⌝ it-ti ^{md}Aš-šur-ŠEŠ-MU

9 LUGAL ^{kur}Aš-šur^{ki} i-dab-bu-bu ù mim-ma šá a-na [UGU ^{md}Aš-š]ur-ŠEŠ-SUM-na
10 LUGAL ^{kur}Aš-šur^{ki} ṭa-a-ba ip-pu-šú i-na ŠÀ-bi UDU.NITÁ [an-ni]-i GUB-za-am-ma
11 an-na GI.NA GIŠ.HUR.MEŠ SILIM.MEŠ UZU.MEŠ ta-mit SIG$_{5}$.MEŠ SILIM.MEŠ šá SILIM-tim
12 šá KA DINGIR-ti-ka GAL-ti šuk-nam-ma lu-mur
13 UGU DINGIR-ti-ka GAL-ti ^{d}UTU EN GAL-ú lil-lik-m[a U]R$_{5}$.ÚŠ li-tap-pal
14 BE.MURUB$_{4}$ NA pa-áš-ṭa BE GÍR 15 u 150 PA TUKU-ši BE KALAG GAR-in BE SILIM 15 u 150 [GAR]-in BE AŠ 150 ZÉ DU$_{8}$ ana GÌR KÉŠ-is EDIN IGI
15 BE GÍR 150 ZÉ GAR-in BE ŠUB-AŠ.TE GAR-in BE SAG EDIN 15 ŠU.SI KI.TA-ma DU$_{8}$ BE AŠ EDIN U MURUB$_{4}$ UZU zi-ru
16 BE GIŠ.TUKUL MÁŠ ana 150 ZI-bi BE AN.TA-tum DU-ik BE MURUB$_{4}$-tum SUHUŠ-sà BAR BE GAG.ZAG.GA e-bi ŠÀ.NIGIN 16
17 IGI-ti

---

18 BE NA TUKU-ši BE GÍR GAR-in BE KALAG GAR BE SILIM GAR-in BE ŠUB-AŠ.TE GAR-in BE AŠ SUHUŠ EDIN [U MU]RUB$_{4}$ GÌR GAR-át
19 BE AN.TA-tum DU-ik BE ha-si-si GAR-in BE MURUB$_{4}$-tum SUHUŠ-sà BAR BE GAG.Z[AG.GA e]-bi
20 BE ŠÀ.NIGIN 14 ŠÀ-BI UDU.NITÁ šá-lim EGIR-ti

1 Shamash, grand seigneur, donne-moi une ferme réponse positive à ce que je te demande.
2-5 Bartatua (est) le roi des Scythes qui vient d'envoyer son messager au roi d'Assyrie Assarhaddon à propos de la fille du roi. Si Assarhaddon, roi d'[Assyrie], lui donne la fille du roi en mariage,
6-10 est-ce que Bartatua, roi des Scythes, dira conformément à la vérité les fermes mots sincères d'un traité d'alliance avec Assarhaddon, roi d'Assyrie? Est-ce qu'il sera fidèle au serment à [Assarh]addon, roi d'Assyrie? Est-ce qu'il fera [tout] ce qui est bon pour Assarhaddon, roi d'Assyrie? Est-ce que (cela) est dit, est-ce que (cela) est établi par la bon[té, par la bouche de ta grande divinité], Shamash, grand seigneur?
11 Est-ce que celui qui vo[it (le) verra, celui qui entend] (l')entendra?
12 Tolère en ce qui concerne la déc[ision de ce jour aussi bien ce qui est] bon que ce qui est erroné,
13 Tolère que [le souillé ou la souillée soit] passé sur la place [de la divination] et (l') ait souillée.

14 Tolère que [le mouton de ta divinité utilisé pour la divination soit im]parfait (et) vicieux.

Rv. 1 Tolère que celui qui a touché le fr[ont du mouton soit vêtu de son sale vêtement ordinaire],

2 qu'il ait ma[ngé, bu ou qu'il se soit muni] de quelque chose de souillé, ou qu'il ait changé] (ou) modifié [le rite].

3 Tolère que [la langue ait fourché] dans la bouche du [devin, ton esclave].

4 Que (cela) soit écarté, que [(cela) soit mis de côté. Je te demande, Shamash, grand seigneur,]

5-10 si Bartatua, roi des Scythes, sera fidèle au serment à Assarha[ddon, roi d'Assyrie] (et le) respectera à condition qu'Assarhaddon, roi d'Assyrie], donne la fille du roi en mari[age à B]artatua, roi des Scythes; s'il dira conformément à la vérité les fer[mes mots d'un traité d'alliance] avec Assarhaddon, roi d'Assyrie; s'il fera tout ce qui est bon po[ur As]sarhaddon, roi d'Assyrie. Place à l'intérieur de [ce] mouton

11-12 une ferme réponse positive; pose des configurations favorables, de bons présages favorables de la bonté de parole de ta grande divinité, pour que je (les) voie.

13 Que (cela) aille jusqu'à ta grande divinité, Shamash, grand seigneur, et que la prédiction soit donnée en réponse.

14 Le milieu de la *station* est effacé. Le *sentier* a une bifurcation à droite et à gauche. La *puissance* est présente. Le *bien-être* à droite et à gauche est [présent]. A gauche de la vésicule biliaire, une scissure est *attachée* au *pied* et tournée vers la surface.

15 Le *sentier* est présent à gauche de la vésicule biliaire. La *base du trône* est présente. Le sommet de la surface droite du *doigt* est fendu en bas. La chair est enroulée (?) sur la surface moyenne du *doigt*.

16 L'*arme* d'*augmentation* s'élève à gauche. Le dessus est élevé. Pour le milieu, son fondement est *libre*. Le sternum est gros. 16 tours d'intestin.

17 Première (divination).

---

18 La *station* est présente. Le *sentier* est présent. La *puissance* est présente.Le *bien-être* est présent. La *base du trône* est présente. Le *pied* est présent sur le fondement de la surface moyenne [du *doigt*].

19 Le dessus est élevé. L'*oreille* est présente. Pour le milieu, son fondement est *libre*. Le ster[num est gr]os.

20 14 tours d'intestin. Le coeur du mouton est normal. Deuxième (divination).

PRT 16 (texte, translittération, traduction). AVIIU, N° 68 g, 19 (traduction partielle, commentaire). SAA 4, N° 20, pp. 24-26 (texte, translittération).

Ecriture néo-babylonienne.

Une des plus grandes tablettes dans tout le corpus des demandes à l'oracle de Shamash. Cette tablette est conservée presque complètement. Pour l'identification des parties du foie et des autres entrailles mentionnées dans les descriptions de la divination, voir: SAA 4, pp. XXXIX - LV. Leurs désignations conventionnelles sont marquées en italique.

Rv. 14. Le premier présage est défavorable. Pour l'apodose d15 *lib-bat* LÚ DIRI-*at ana* GIG GIG-*us-su* GÍD.DA-*ik*, "Ishtar se fâchera contre l'homme. Pour le malade: sa maladie continuera", cf.: SAA 4, 296 (PRT 138): 1-2. KAR 423, I: 48-49. Le deuxième présage est également défavorable (CT 20, 11 (K 6393): 11). Le troisième présage est favorable, son apodose est *išdān kēnāti šubtu nēhtu*, "le fondement de stabilité, l'habitat calme" (KAR 423, II: 27). Le même présage favorable est répété dans la description de la deuxième divination (ligne 18). Le quatrième présage est également favorable, son apodose est SILIM-*um* ZI-*ti*, "bonne santé": KAR 423, II, 58. Pour le dernier présage, cf.: KAR 150, 6.

15. Le premier présage se rencontre dans une description de divination dont le résultat est favorable (SAA 4, 287: 5). Il se rencontre également dans le texte SAA 4, 317: 9, où il n'est pas mentionné parmi les présages défavorables énumérés dans ce document. On peut donc supposer que ce présage est favorable ou du moins neutre. Cf.: STARR, *Rituals*, p. 112. Le deuxième présage est probablement favorable , cf.: KAR 423, II, 78-79: BE Š[UB]-AŠ.TE GAR-*in* [...] SUHUŠ-*a-an* GI.N[A.MEŠ], "si la *base du trône* est présente, [...] le fondement de sta[bilité]". Le troisième présage est probablement défavorable, cf. un présage semblable dans le N° 29.

16. Le premier présage est favorable, pour son apodose voir: VAB 4, 286, XI: 9; KAR 423, III: 1 (ERIM-*ni hi-im-ṣa-ta* ERIM KÚR KÚ, "notre armée mangera le butin de l'armée ennemie"). Pour une variante un peu différente du même présage, voir: SAA 4, 282 (PRT 109): 5-6; 288 (PRT 126): 1-2. Le deuxième présage qui est également répété dans la ligne Rv. 19 est probablement neutre. Il se rencontre également dans les descriptions de divination SAA 4, 280: 10, SAA 4, 287: 7 et SAA 4, 292: 3, mais il n'est pas inclus dans les listes des présages favorables et défavorables remarqués lors de la divination. Le premier de ces textes indique de plus qu'il n'y avait pas de présages favorables lors de la divination. Il est donc difficile d'approuver l'opinion d'I. Starr selon laquelle ce présage serait favorable: STARR, *Rituals*, p. 112.

18. Le premier présage est neutre: SAA 4, 280: 1-20, cf.: SAA 4, 287: 4. Le troisième présage est favorable: VAB IV, 266 suiv. (STARR, *Rituals*, pp. 127-128): 12: BE SILIM GAR SILIM ZI-*tim*, "si le *bien-être* est présent, (cela signifie) le bien-être de la vie."

19. Le deuxième présage est probablement favorable, bien qu'on ne puisse en être sûr. Il se rencontre dans le texte SAA 4, 288: 4. Le même texte comprenait également une apodose non conservée. Il commence par les mots ERIM-*ni*, "notre armée". Les lignes 1-2 du même texte comprennent un présage favorable dont l'apodose reprend les mêmes mots. Le résultat de cette divination est que les devins ont trouvé plus des présages favorables que défavorables. Cf. le texte SAA 4, 316: 1, où le même présage est mentionné, mais n'est pas inclus dans la liste des présages défavorables.

20. Le premier présage est probablement favorable, cf.: VAB IV, 266 ff (STARR, *Rituals*, pp. 127-128): 18-19: BE ŠÀ.NIGIN 14 AŠ SILIM-*tim ki-šit-ti* ŠU.2-*ia₅* ŠÀ.SÈ.SÈ.KI ERIM-*ia₅* KUR.MEŠ ERIM-*ni* AŠ KASKAL GIN-*ku* HA.LA KÚ, "s'il y a 14 tours d'intestin, c'est favorable. La conquête par mes pieds (aura lieu), les buts de mon armée seront atteints, notre armée mangera le butin lors de la campagne", cf.: STARR, *Rituals*, pp. 95-96. Cf. également le texte SAA 4, 280: 12, où ce présage est mentionné. Il est cependant noté qu'il n'y a pas de présages favorables dans cette divination. Le dernier présage est neutre. Cf. le texte SAA 4, 298: 8 où il est mentionné, mais pas inclus dans la

liste des présages défavorables. Le texte SAA 4, 280: 13 qui le mentionne également indique que la divination n'a donné aucun présage favorable.

On peut donc conclure que le résultat de la première divination est équivoque: les présages défavorables y sont contrebalancés par les présages favorables. Le résultat de la deuxième divination est probablement favorable.

21.

British Museum, K 11439

1 [^{d}UTU EN GAL-ú šá a-šal-lu-ka an-na GI.NA a-pal-an-ni]
2 [TA UD an-ni-e UD-22-KÁM šá ITI an-ni-e ITI.SIG$_4$ a-di UD-21-KÁM]
3 [šá ITI TU-ba ITI.ŠU šá MU.AN.NA an-ni-ti 30 UD.MEŠ 30 MI.MEŠ]
4 ši-[kin a-dan-ni DÙ-ti ba-ru-ti i-na ši-kin a-dan-ni šu-a-tú]
5 ^{lú}ERIM.MEŠ i[š]-ku-[za-a-a šá i-na na-gi-i šá ^{kur}Man-na-a-a áš-bu-ma TA UGU ta-hu-me]
6 [šá] ^{kur}Man-na-a-a DU.MEŠ-ku i-ṣar-⸢ri-mu-u i-ka⸣-pi-du-ú T[A] né-⸢ri-bi⸣ [šá ^{uru}Hu-bu-uš-ki-a]
7 [0] a-na ^{uru}Har-ra-a-ni-a a-na ^{uru}A-ni-i-su-us [x x x]
8 [u]ṣ-ṣu-né-e DU.MEŠ-ku-né-e TA UGU ta-hu-me šá [^{kur}Aš-šur^{ki}]
9 hu-ub-tu ma-a'-du NAM.RA ka-bit-tu i-hab-ba-[tu-ú]
10 i-šal-lá-lu-ú DINGIR-ut-ka GAL-ti [ZU-e]
11 i-na [SILIM]-tim i-na KA DINGIR-ti-ka GAL-ti ^{d}UTU E[N GAL-ú]
12 qa-bi-i ku-un-i IGI-ru IGI-ra ŠE.GA-u [ŠE.GA-e]
13 e-zib šá di-in UD-mu NE-i GIM DÙG-ab GIM h[a-ṭu-ú]
14 e-zib šá KUG lu-'u-ú UDU SISKUR.SISKUR [TAG.MEŠ] lu-ú a-na pa-an SI[SKUR.SISKUR GIL.MEŠ-ku]
15 e-zib šá lu-'u-ú [lu]-'u-ti [a-šar] MÁŠ DIB.MEŠ-qu-[ma ú-le-'u-ú]
Rv. 1 e-zib šá i-na a-šar ⸢an-ni⸣-e lu-'e-e MÁŠ [MÁŠ-ú]
2 e-zib šá UDU.NITÁ DINGIR-ti-ka šá a-na MÁŠ MÁŠ-ú LAL-[ú ha-ṭu-ú]
3 e-zib šá TAG-it SAG.[KI] UDU.NITÁ ṣu-bat gi-né-e-šú ar-š[at lab-šú mim-ma lu-'u-ú]
4 KÚ NAG-ú [Š]ÉŠ-šú ku-un qa-ti BAL-[ú uš-pe-lu]
5 e-zib šá i-na KA [DUMU] LÚ.HAL ARAD-ka ta-mit u[p-tar-ri-du]
6 lu-ú ZI.MEŠ-[ha l]u-ú BAR.MEŠ-ra a-šal-ka ^{d}[UTU EN GAL-ú]
7 ki-i TA UD [an-n]i-e UD-22-KÁM šá ITI an-ni-e [ITI.SIG$_4$ šá MU.AN.NA an-ni-ti]

8 a-di UD-21-KÁ[M šá ITI] TU-ba ITI.ŠU šá MU.AN.NA [an-ni-ti 30 UD.MEŠ 30 MI.MEŠ]

9 ^{lú}ERIM.MEŠ i[š-ku]-za-a-a šá i-na na-gi-i ša ^{kur}Ma[n-na-a-a áš-bu]

10 TA né-ri-[bi šá ^{ur}]^{u}Hu-bu-uš-ki-a a-na ^{uru}Ha[r-ra-a-ni-a]

11 a-na ^{uru}A-[ni-i-s]u-us [uṣ-ṣu-né-e DU.MEŠ-ku-né-e TA UGU ta-hu-me]

12 šá ^{kur}Aš-šur [x x x x x x x x x x x x]

[...]

s. 1 ITI.SIG$_4$ UD-22-KÁM [lim-mu ^{m}x x x]

2 ^{m}Sa-ia ^{md}AMAR.UTU-MU-PAB e-[tap-šu]

1 [Shamash, grand seigneur,] donne-moi une fer[me réponse positive à ce que je te demande.]

2 [A partir de ce jour, le 22e jour de ce mois de *simānu,* jusqu'au 21e jour]

3 [du mois qui arrive de *tamūzu* de cette année, 30 jours et 30 nuits]

4 [est le délai] éta[bli pour l'exécution de la divination. Durant ce délai établi,]

5-10 est-ce que les troupes scy[thes qui se trouvaient dans une région de la Manna et qui] sont sorties [des frontières de] la Manna feront des préparatifs, est-ce qu'elles auront des plans? Est-ce qu'elles partiront des cols [du Hubuškia] (et) arriveront vers Harrānia et vers Anīsus [...]? Est-ce qu'elles pilleront et captureront de nombreux prisonniers et un lourd butin dans les frontières de [l'Assyrie]? Ta grande divinité (le) [sait].

11-2 Est-ce que (cela) est dit, est-ce que (cela) est établi par la [bonté], par la bouche de ta grande divinité, Shamash, [grand] seigneur? Est-ce que celui qui voit (le) verra, celui qui entend [(l')entendra]?

13 Tolère en ce qui concerne la décision de ce jour aussi bien ce qui est bon que ce qui est [erroné.]

14 Tolère que le pur (ou) le souillé [ait touché] le mouton du sacrifice, ou [ait entravé le mouton du] sacrifice.

15 Tolère que le souillé ou la [sou]illée soit passé [sur la place] de la divination [et (l') ait souillée].

Rv. 1 Tolère que [j'aie pratiqué] la divination sur cette place souillée.

2 Tolère que le mouton de ta divinité utilisé pour la divination soit imparfait [(et) vicieux].

3-4 Tolère que celui qui a touché le front du mouton [soit vê]tu de son sa[le vêtement ordinaire, qu'il ait mangé, bu ou qu'il se soit muni [de quelque chose de souillé], ou qu'il ait changé [(ou) modifié] le rite.

5 Tolère que la langue ait [fourché] dans la bouche du [de]vin, ton esclave.

6 Que (cela) soit écarté, que (cela) soit mis de côté. Je te demande, [Shamash, grand seigneur,]

7 si à partir de [ce] jour, le 22e jour de ce mois de [*simānu* de cette année]

8 jusqu'au 21e jour [du mois] qui arrive de *tamūzu* de [cette] année, [(durant) 30 jours et 30 nuits,]

9 les troupes s[cy]thes qui [se trouvaient] dans un district de la Ma[nna]

10-1 [partiront] des col[s [du] Hubuškia [(et) arriveront] à Ha[rrānia et] à A[nīs]us, des frontières

12 de l'Assyrie [...]

[...]

s. 1 Le mois de *simānu,* le 22e jour, [l'éponymie de ...]

2 Saia (et) Marduk-šumu-uṣur ont f[ait.]

AGS 35 (texte, translittération, commentaire). AVIIU, N° 68, v (traduction partielle, commentaire). SAA 4, 23 (translittération, traduction)

Ecriture néo-assyrienne.

7. La ville d'Anīsus est encore mentionnée dans la lettre ABL 173: 6, 8 sous forme ^{uru}*A-ni-su.*

Rv. 4. L'édition SAA 4 comprend la lecture erronée ŠEŠ.

22.

British Museum, K 11493 + K 11504

1 [^{d}UTU EN GAL-ú šá a-šal-lu-ka an-na GI.NA a-p]al-an-[ni]

2 [^{m}AN.ŠÁR-ŠEŠ-SUM-na LUGAL ^{kur}AN.ŠÁR šá i-na-an-n]a ^{lú}A.KIN-⸢šú⸣

3 [šá ŠÀ-šú ub-lam a-na ^{m}x x x LUGAL ^{kur}Hu-bu-uš-ki]-a ana KIN-šú-ma

4 [ti-iṣ-mu-ru-ma DINGIR-ut-ka GAL-ti] ZU-u

5 [GIM KA DINGIR-ti-ka GAL-ti ^{d}UTU EN GAL-ú ù EŠ.BAR-k]a [ša]l-mu

6 [EN-MU.MU NE-i ^{m}AN.ŠÁR-ŠEŠ-SUM-na LUGAL ^{kur}AN.ŠÁR li-iṣ-rim li]k-pi[d-ma]

7 [^{lú}A-KIN-šú a-na ^{kur}Hu-bu-uš-ki-a liš-pur GIM ik-tap-du-ma il-tap-r]a

8 [^{lú}A-KIN-šú šá KASKAL ^{kur}Hu-bu-uš-ki-a i-šap-p]a-ru

9 [lu-ú ^{kur}URI-a-a lu-ú ^{kur}Gi-mir-ra-a-a lu-ú ^{kur}Man-na]-a-a

10 [lu-ú ^{kur}Iš-ku-za-a-a lu-ú ^{kur}x x x-a-a lu]-⸢ú?⸣ ^{lú}KÚR BAR-ú
11 [i-ṣar-ri-mu]-u i-kap-⸢pi-du-ú⸣ [^{lú}A-KIN šá-a-šú] i-te-eb-bu-šu-[ú]
12 [i-ṣab-ba-tu]-ú i-duk-ku-šu-ú [ŠÀ-bi šá] EN-⸢MU.MU⸣ N[E-i]
13 [^{m}AN.ŠÁR-ŠEŠ-SUM-na LUGAL ^{kur}]⸢AN⸣.ŠÁR ana UGU-[hi i-ma]r-ra-ṣu i-l[am-mì-ni]
14 [DINGIR-ut-ka GAL-ti Z]U-[e]
15 [e-zib šá EN-MU.MU NE-i ^{m}AN.ŠÁR-ŠEŠ-SUM-na] LUGAL ^{kur}AN.ŠÁR ni-di [x x]
16 [e-zib šá x x x x x x x x x x x]-ma i-kuš-šú EGIR-š[u x x]
[...]
Rv. [...]
1 [e-zib šá UDU.NITÁ DINGIR-t]i-ka šá ana MÁŠ [MÁŠ-ú] LAL-[ú ha-ṭu-ú]
2 [e-zib šá TAG-it p]u-ut UDU.NITÁ TÚG gi-né-[e-šú ár-šá-ti] lab-š[u]
3 [e-zib šá a-na-ku DU]MU LÚ.HAL ARAD-ka TÚG gi-né-⸢e⸣-[a ár-šá-ti] lab-šá-[ku]
4 [mim-ma lu-'u-ú] a-ku-lu NAG-ú ú-lap-pi-tu [ku-un ŠU] BAL-ú uš-pe-[lu]
5 [ú-lu ta-mit i-na KA]-iá ip-tar-ri-du LAL.MEŠ-u
6 [lu-ú ZI.MEŠ-h]a lu-ú BAR.MEŠ e-⸢tu⸣-ú [x] x-ri-du
7 [a-šal-ka ^{d}UTU E]N GAL-ú GIM EN-MU.MU NE-i ^{m}[AN.ŠÁR-Š]EŠ-SUM-na LUGAL ^{kur}AN.ŠÁR
8 [x x x x x ^{l}]^{ú}A-KIN-šú KASKAL ^{kur}Hu-bu-uš-ki-[a il-tap-ru l]u Gi-mir-ra-a-a
9 [lu-ú ^{kur}URI-a-a] ⸢lu⸣-ú ^{kur}Man-na-a-a lu-⸢ú⸣ [^{k}]^{ur}Iš-ku-za-a-a
10 [lu-ú ^{kur}x x x]-a-a lu-ú ^{lú}KÚR mam-ma ^{l}[^{ú}A-KIN šá]-⸢a⸣-šú i-te-eb-bu-š[u]
11 [^{lú}A-KIN UR$_5$-t]ú ⸢DIB⸣-tu ⸢GAZ?-ku?⸣ [i-na ŠÀ UDU.NITÁ an]-ni-[i]
12 [GUB-za-am-ma an-na GI.NA GIŠ.HUR.MEŠ SILIM.ME]Š
13 [UZU.MEŠ ta-mit SIG$_5$.MEŠ SILIM.MEŠ šá SILIM-tim šá KA DINGIR-ti-ka GAL-ti šuk-nam-ma lu-mur]
14 [x x x x x x x x x x x x x x x x D]U-ik NÍG.⸢TAB⸣ [x x x] ŠUB
15 [x x x x x x x x x x x x x x x x x] x UGU-nu SA[G x]
16 [UGU DINGIR-ti-ka GAL-ti ^{d}UTU EN GAL-ú lil-lik-ma U]R$_5$.ÚŠ li-[tap-pal]

1 [Shamash, grand seigneur,] don[ne-moi une ferme réponse positive à ce que je te demande.]

2-4 [Assarhaddon, roi d'Assyrie a maintenant l'intention] d'envoyer un messager [désigné par son coeur à ..., le roi du Hubuškia - ta grande divinité (le)] sait.
5 [Conformément à (la parole) de la bouche de ta grande divinité, Shamash, grand seigneur, et à ta bonne dé]cision,
6 [est-ce que le sujet de cette demande, Assarhaddon, roi d'Assyrie, doit faire des préparatifs (et)] avoir des pl[ans]?
7 [Est-ce qu'il doit envoyer sont messager au Hubuškia? S'il fait des plans et envo]ie
8 [le messager qu'il env]oie [au Hubuškia],
9 [soit les Ourartéens, soit les Cimmériens, soit les Manné]ens,
10 [soit les Scythes, soit ..., soit] un autre ennemi,
11 [est-ce qu'ils feront des préparatifs] et auront des plans, est-ce qu'ils attaqueront [ce messager],
12 [est-ce qu'ils le captureront], est-ce qu'ils le tueront? [Est-ce que le coeur] du sujet de cette demande,
13 [Assarhaddon, roi d']Assyrie, sera [af]fligé, sera cha[griné] à cause de cela?
14 [Ta grande divinité (le) s]ait.
15 [Tolère que le sujet de cette demande, Assarhaddon,] roi d'Assyrie [...]
16 [Tolère que ...] et s'attarde, après lui [...]
[...]
Rv. 1 [Tolère que le mouton de] ta [divinité utilisé] pour la divination soit imparfait [(et) vicieux].
2 [Tolère que celui qui a touché] le front du mouton soit vêtu de [son sale] vêtement ord[inaire,]
3 [Tolère que moi, le de]vin, ton esclave, je sois vêtu de [mon sale] vêtement ordinaire,
4 que j'aie mangé, bu ou touché [quelque chose de souillé], ou que j'aie changé (ou) modi[fié le rite,]
5 [ou que la langue] ait fourché (ou) se soit altérée dans ma [bouche]
6 [Que (cela) soit écarté,] que (cela) soit mis de côté. [...]
7 [Je te demande, Shamash,] grand seigneur, si le sujet de cette demande, [Assarh]addon, roi d'Assyrie,
8 [... envoie] son messager au Hubuškia; soit les Cimmériens
9 [soit les Ourartéens,] soit les Mannéens, soit les Scythes,
10 [soit ...,] soit n'importe quel ennemi, s'ils attaqueront c[e messager],
11-3 s'ils captureront, s'ils tueront [ce messager]. Place [à l'intérieur de c]e [mouton une ferme réponse positive; pose des configurations favorabl]es, [de bons présages favorables de la bonté de parole de ta grande divinité, pour que je (les) voie.]
14 [... est] élevé. La *cuve* [...]
15 [...] plus haut que le som[met ...]

16 [Que (cela) aille jusqu'à ta grande divinité, Shamash, grand seigneur, et] que la prédi[ction soit donnée en réponse.]

AGS 38 + AGS 25 (texte, translittération, traduction). AVIIU, N° 68, g, 18 (traduction partielle, commentaire). SAA 4, 24 (translittération, traduction).

Ecriture néo-babylonienne.

6. Pour l'interprétation des signes EN-MU.MU *an-ni-i* et les analogues de cette expression, voir: PRT, pp. XV-XVI. La signification possible est "le propriétaire de ce nom".

15. La signification du mot *ni-di* est obscure.

Rv. 6. La signification des mots *e-tu-u [x] x-ri-du* est obscure.

14-15. Ces lignes comprennent une partie de la description de la divination.

23.

British Museum, K 10149

1 [^{d}UTU EN GAL-ú šá a-šal-lu-ka an-na G]I.NA a-pal-[an-ni]
2 [TA UD an-ni-i UD-25-KAM šá ITI an-ni-i] ITI.SIG$_4$ a-di UD-24-[KAM]
3 [šá ITI TU-ba ITI.ŠU šá MU.AN.NA NE-ti 30 UD.MEŠ] 30 MI.MEŠ ši-kin a-[dan-ni]
4 [i-na ši-kin a-dan-ni šu-a-tu ^{lú}ERIM.MEŠ] ^{lú}Iš-ku-za-a-a ^{lú}[ERIM.MEŠ]
5 [^{lú}Gi-mir-ra-a-a TA né-ri-bi šá ^{uru}x x x a-na É-$^{ur]u}$Ha-am-ba[n x x x x x]
[...]
Rv. [...]
1 [...]
2 [x x x x x x x x x x BE U e]b-bet AN.TA DU-i[k x x x x x x x x x]
3 [x x x x x x x x x x BE NA G]AR GÍR GAR KALAG SILIM GAR AŠ 150 ZÉ GÌR BA[L x x]
4 [x x x x x x x x x x ŠÀ] UDU.[NITÁ] šá-lim pi-qit-tú ITI.SIG$_4$ UD-2[5-KÁM]
5 [lim-mu ^{m}x x x x x x ^{md}AMAR.UTU-MU]-PAB ^{m}⸢Su?⸣-ki-nu

1 [Shamash, grand seigneur,] donne [moi une] ferme [réponse positive à ce que je te demande.]
2 [A partir de ce jour, le 25e jour de ce mois] de *simānu*, jusqu'au 24e jour

3 [du mois qui arrive de *tamūzu* de cette année, 30 jours et] 30 nuits est le dé[lai] établi.
4 [Durant ce délai établi, les troupes] scythes, les [troupes]
5 [cimmériennes ... des cols de ... en Bīt]-Hamban [...]
[...]
Rv. [...]
1 [...]
2 [... Le *doigt* est] gros. Le dessus est élevé [...]
3 [... La *station* est] présente. Le *sentier* est présent. La *puissance* et le *bien-être* sont présents. A gauche de la vésicule biliaire, le *pied* est tourné [...]
4 [... Le coeur] du mo[uton] est normal. Vérifié. Le mois de *simānu*, le 2[5e] jour,
5 [l'éponymie ... Marduk-šumu]-uṣur, Sūkinu.

AGS, 36 (texte, translittération, traduction). AVIIU, N° 68, g, 15 (traduction partielle). SAA 4, 35, p. 40 (translittération, traduction).

Ecriture néo-babylonienne.

5. Le Bīt-Hamban est un pays près de la Diyala, dans la région de l'actuelle frontière irano-iraquienne. Il est devenu province assyrienne à l'époque de Teglath-Phalasar III, cf.: GRANTOVSKIJ, *op. cit.*, pp. 107-110, pour les textes voir: NAT, p. 147.

Rv. 2. Le deuxième présage est neutre, cf. le commentaire du N° 20: Rv. 16.

3. Le premier et probablement le deuxième présage sont neutres, cf. le commentaire du N° 20. Le troisième et le quatrième présage sont favorables, cf. le commentaire du N° 20: Rv. 14.

4. Ce présage est neutre, cf. le commentaire du N° 20: Rv. 20.

24.

British Museum, 83-1-18,539

[...]
1 [DINGIR]-ut-ka ⌜GAL⌝-ti ZU-e [AŠ SILIM-tim AŠ KA DINGIR-ti-ka GAL-ti]
2 dUTU EN GAL-ú q[a-bi-i ku-un-i x x x x x]
3 IGI-ri IGI-ra [ŠE.GA-ú ŠE.GA-e]
4 e-zib šá lúA-šip-ri [x x x x x x x x x x]
5 e-zib šá de-ni UD-mu N[E-i GIM DÙG.GA GIM ha-ṭu-ú]
6 e-zib šá AŠ KI NE-[i lu-'u-ú MÁŠ MÁŠ-ú]
7 e-zib šá KI MÁŠ M[ÁŠ?-ú lu-'u-ú lu-'u-tú DIB.MEŠ-ma ú-le-'u-ú]

8 e-zib šá UDU.NITÁ DINGIR-[ti-ka šá ana MÁŠ MÁŠ-ú LAL-ú ha-ṭu-ú]
9 e-zib šá TAG-it [pu-ut UDU.NITÁ TÚG gi-né-e-šú ar-šá-ti lab-šú]
[...]
Rv. [...]
1 [ú-lu ta-mit AŠ] KA-[ia ip-tar-ri-du lu-ú ZI.MEŠ lu-ú BAR.MEŠ]
2 [a-šal]-ka ^{d}[UTU EN GAL-ú ki-i ^{lú}ERIM.MEŠ ^{lú}iš-ku-za-a-a ^{lú}ERIM.MEŠ]
3 [^{l}]^{ú}Gi-mir-[ra-a-a TA né-ri-bi šá ^{uru}x x x a-na É-^{uru}Ha-am-ban]
4 È.MEŠ-⸢nim?⸣-[ma il-la-ku-ni a-na na-gi-i šá ^{uru}x x ù na-gi-i]
5 šá ^{uru} ^{d}UTU-P[AB-ir ZI ši-ih-ṭu šá HUL-tim ip-pu-šú GAZ]
6 GAZ-ku i-ha[b-ba-tu i-šal-lá-lu AŠ ŠÀ UDU-NITÁ NE-i GUB-za-am-ma]
7 [a]n-na GI.[NA GIŠ.HUR.MEŠ SILIM.MEŠ UZU.MEŠ ta-mit SIG$_{5}$.MEŠ]
8 [SILIM.M]EŠ šá SILIM-[tim x x x x x x x x x x x x]
[...]

[...]
1-2 Ta grande [divi]nité (le) sait. Est-ce que (cela) est [dit, est-ce que (cela) est établi par la bonté, par la bouche de ta grande divinité,] Shamash, grand seigneur? [...]
3 Est-ce que celui qui voit (le) verra, [celui qui entend (l')entendra?]
4 Tolère que le messager [...]
5 Tolère en ce qui concerne la décision de c[e jour aussi bien ce qui est bon que ce qui est erroné].
6 Tolère que [j'aie pratiqué la divination] sur cette place [souillée].
7 Tolère que [le souillé ou la souillée soit passé] sur la place de la divination [et (l') ait souillée.]
8 Tolère que le mouton de [ta] divinité [utilisé pour la divination soit imparfait (et) vicieux].
9 Tolère que celui qui a touché [le front du mouton soit vêtu de son sale vêtement ordinaire,]
[...]
Rv. [...]
1 [ou que la langue dans] ma [bouche ait fourché]. Que (cela) soit écarté, que (cela) soit mis de côté.]
2 [Je] te [demande, Shamash, grand seigneur, si les troupes scythes, les troupes]
3-6 cimmér[iennes] partiront [des cols de ... et arriveront en Bīt-Hamban; si elles attaqueront le district de ... et le district] de Šamašna[ṣir; si elles feront une razzia scélérate;] si elles tueront [ce qu'on

peut tuer,] si elles pill[eront, si elles enlèveront. Place à l'intérieur de ce mouton]
7 une ferme réponse [positive; pose des configurations favorables, de bons présages favorables] de la bonté [...]
[...]

AGS, 10 (texte, translittération, traduction). SAA 4, 36, pp. 40-41 (translittération, traduction).

Ecriture néo-babylonienne.

La demande SAA 4, 37 = PRT 24 (Sm 660 + 82-5-22,495) est très proche de ce texte. Il est probable que les deux demandes aient été écrites par le même scribe. Les noms des Scythes et des Cimmériens ne sont pas conservés dans le texte SAA 4, 37, mais leur restitution est possible à la première ligne. Aucun autre toponyme n'est d'ailleurs conservé dans ce fragment, mais un texte semblable au texte SAA 36 peut y être restitué.

25.

British Museum, 83-1-18,822

[...]
1 [x x x x x x šá MU.AN.NA] NE-t[i x UD.MEŠ x MI.MEŠ ši-kin a-dan-ni-ia]
2 [i-na ši-kin a-dan-ni šu-a-tú ^{lú}ERIM].MEŠ ^{lú}Gi-[mir-ra-a-a ^{lú}ERIM.MEŠ ^{lú}Iš-ku-za-a-a]
3 [TA né-ri-bi šá ^{uru}x x] x a-na ⌈É⌉-[^{uru}Ha-am-ban a-na ^{kur}Par-su-maš]
4 [ú-ṣu-nim-ma x x x x x] hu har r[a x x i-ṣar-ri-mu-ú i-kap-pu-du-ú]
5 [x x x x x x x] x a-na [na-gi-i šá É-^{uru}Ha-am-ban]
6 [x x x x il-la-k]u-nim-ma [šá GAZ GAZ.MEŠ-ú šá SAR SAR.MEŠ-ú]
[...]
Rv. [...]

[...]
1 [... de] cette [année, ... jours, ... nuits est mon délai établi.]
2 [Durant ce délai établi, est-ce que les troup]es ci[mmériennes, les troupes scythes]
3-4 [partiront des cols de ...] en Bīt-[Hamban et en Parsumaš ...] ...
[... est-ce qu'elles feront des préparatifs, est-ce qu'elles auront des plans?]

5-6 [… est-ce qu'elles arr]iveront dans [la région de Bīt-Hamban … et tueront ce qu'on peut tuer, pilleront ce qu'on peut piller?]
[…]

PRT, 95 (texte, translittération, traduction). SAA 4, 39, pp. 42-43 (translittération, traduction).

Ecriture néo-babylonienne.

3. Parsumaš ou Parsua est une région au nord de la rivière Sirvan, au Kurdistan contemporain, cf.: GRANTOVSKIJ, *op. cit.*, pp. 133-178. Pour les textes, voir NAT, pp. 274-275.

26.

British Museum, 83-1-18,589

[…]
1 [^{d}UTU EN GAL]-ú qa-bi-i ku-[ni-i IGI-ru IGI-ra ŠE-ú ŠE-e]
2 [e-zib šá i-n]a ŠÀ-bi-šú-nu lu-ú ^{lú}Ma-[da-a-a x x x x x x x x x]
3 [e-zib šá qí$^{?}$]-rib É-^{uru}Ha-am-ban x [x x x x x x x x]
[…]
Rv. […]
1 [mim-ma lu-'u-ú K]Ú NAG-ú ŠÉŠ-šú ú-l[u ku-un ŠU.2 BAL-ú uš-pe-lu]
2 [e-zib šá i-na KA] DUMU LÚ.HAL ARAD-ka ta-mit u[p-tar-ri-du]
3 [lu-ú ZI.MEŠ] lu-ú BAR.MEŠ a-šal-ka ^{d}[UTU EN GAL-ú]
4 [ki-i ^{lú}ERIM.ME]Š ^{lú}Gi-mir-ra-a-a ^{lú}ERIM.ME[Š ^{lú}Iš-ku-za-a-a]
5 [a-na É-^{uru}Ha-am-ban] a-na ^{kur}Par-su-maš ú-ṣu-nim-m[a x x x x]
6 [x x x x-t]i i-ṣar-ri-mu i-kap-p[u-du x x x x]
7 [x x x x x] a-na É-^{uru}Ha-am-ban [x x x x x x]
8 [x x x x il]-la-ku-nim-ma šá GAZ G[AZ.MEŠ šá SAR SAR.MEŠ šá IR-li IR-lu]
9 [i-na ŠÀ-b]i UDU.NITÁ NE-i [GUB-za-am-ma an-na GI.NA GIŠ.HUR.MEŠ SILIM.MEŠ]
[…]

1 Est-ce que (cela) est dit, est-ce que (cela) est éta[bli, Shamash, grand seigneur? Est-ce que celui qui voit (le) verra, celui qui entend (l')entendra?]
2 [Tolère que] parmi eux soient les Mè[des …]

3 [Tolère qu'à] l'intérieur de Bīt-Hamban [...]
[...]
Rv. [...]
1 qu'il ait mangé, bu ou qu'il se soit muni [de quelque chose de souillé, ou qu'il ait changé (ou) modifié le rite].
2 [Tolère que] la langue [ait fourché dans la bouche] du devin, ton esclave].
3 [Que (cela) soit écarté,] que (cela) soit mis de côté. Je te demande, [Shamash, grand seigneur,]
4 [si les troupes] cimmériennes, les troupes [scythes]
5 [contre Bīt-Hamban], contre Parsumaš partiront [...]
6 [...] si elles feront des préparatifs, si elles aurons des pl[ans ...]
7 [...] en Bīt-Hamban [...]
8 [...] si elles viendront et [tueront] ce qu'on peut tuer, [pilleront ce qu'on peut piller, enlèveront ce qu'on peut enlever.]
9 [Place à l'inté]rieur de ce mouton [une ferme réponse positive; des configurations favorables,]
[...]

PRT, 38 (texte, translittération, traduction). SAA 4, 40, p. 43 (translittération, traduction).

Ecriture néo-babylonienne.

Il est probable que ce fragment faisait partie de la même tablette que le fragment précédent, mais ils ne se joignent pas.

Rv. 4. La restitution du nom des Scythes n'est pas incontestable.

27.

British Museum, K 4668

1 ^{d}UTU EN GAL-ú šá a-[š]al-lu-ka an-nam GI.NA a-pal-an-ni
2 TA UD NE-⌜i⌝ UD-3-KÁM šá ITI an-ni-i ITI.GUD.SI.SÁ EN UD-11-KÁM šá ITI.NE šá MU NE-t[im]
3 a-na 1-me UD.[MEŠ] 1-me MI.MEŠ NE.MEŠ ši-kin RI DÙ-eš-ti LÚ.HAL-ti i-na ši-kin RI UR$_5$-tú
4 lu-ú ^{m}Ka-á[š]-ta-ri-ti a-di ERIM.MEŠ-šú lu-ú ERIM.MEŠ ^{lú}Gi-mir-ra-a-a
5 lu-ú ERIM.MEŠ ^{lú}Ma-da-a-a lu-ú ERIM.MEŠ ^{lú}Man-na-a-a lu-ú ^{lú}KÚR mál GÁL.MEŠ-ú
6 i-ṣar-ri-mu-ú i-kap-pu-du-[ú l]u-ú i-na si-'u-ú-tu lu-ú i-na da-na-na

7 lu-ú i-na DÙ-eš GIŠ.TUKUL MURUB$_4$ u MÈ lu-⌜ú⌝ [i-na ni-i]k-si
lu-ú i-na GAM-ši GIŠ.I.BAL u KI.BAL
8 lu-ú i-na ^{giš}a-ra-am-ma lu-ú i-[na ^{giš}šu-b]i-i lu-ú i-na bu-bu-ti
9 lu-ú i-na a-de-e MU-MU DINGIR u i[š-ta-ri lu]-ú i-na KA
DÙG.GA u sa-lim ṭu-ub-ba-a-ti
10 lu-ú i-na mim-ma ši-pir-ti ni-kil-[ti šá D]IB URU mál GÁL.MEŠ-ú
11 ^{uru}Ki-šá-as-su DIB.MEŠ-⌜ú⌝ [a-n]a ŠÀ-bi URU UR$_5$-tú
^{uru}Ki-šá-as-su TU.MEŠ-ú
12 URU UR$_5$-tú ^{uru}Ki-šá-as-[s]u ŠU.2-s[u]-un i-kaš-šá-a-da
13 a-na qa-ti-šú-un im-[man]-ni-i DINGIR-ut-ka GAL-ti ZU-e
14 ṣa-ba-a-ta URU UR$_5$-tú ^{uru}Ki-šá-as-si i-na ŠU.2 ^{lú}KÚR mál
GÁL.MEŠ-ú
15 [T]A UD NE-i EN UD ši-kin RI-ia i-na SILIM-tim i-na KA
DINGIR-ti-ka GAL-ti
16 ^{d}UTU EN GAL-ú qa-bi-i ku-un IGI-ru IGI-mar ŠE-mu-ú ŠE-e
17 e-zib šá a-n[a EG]I[R R]I-ia e-zib šá KI ŠÀ-bi-šú-un
i-dab-bu-bu-ma GUR-ma BAR.MEŠ
e. 18 e-zib šá GA[Z GAZ-ku-ma hu-bu-ut E]DIN-šú-un i-hab-ba-tu
Rv.1 [e-zib šá di-in UD-mi NE-i GI]M DÙG-ab GIM ha-ṭu-ú UD ŠÚ-pu
A.AN ŠUR-nun
2 [e-zib šá lu-'u-u lu-'u-u-tu KI MÁ]Š DIB.DIB-ma ú-le-'u-ú
3 e-[zib šá UDU.NITÁ DINGIR-ti-ka šá a-na MÁ]Š MÁŠ-ú LAL-ú
ha-ṭu-ú
4 e-zib šá [TAG-it SAG.KI UDU.NITÁ TÚG gi-né]-e-šá ár-šat
lab-šú mim-ma lu-'u-ú
5 KÚ NAG ŠÉŠ-šú-ma [ku-un ŠU.2 BA]L$^{?}$-ú BAL-ú uš-pe-lum
6 e-zib šá i-na KA DUMU LÚ.HAL ARAD-[ka] ta-mit up-tar-ri-du
7 lu-ú ZI.MEŠ lu-ú BAR.MEŠ a-š[al-k]a ^{d}UTU EN GAL-ú
8 ki-i TA UD NE-i UD-3-KÁM šá ITI a[n-ni-i IT]I.GUD EN
UD-11-KÁM šá ITI.NE šá MU NE-ti
9 lu-ú ^{m}Ka-áš-ta-ri-ti EN ERIM.MEŠ-[šú lu]-ú ERIM.MEŠ
^{lú}Gi-mir-ra-a-a lu-ú ERIM.MEŠ ^{lú}Man-na-a-a
10 lu-ú ERIM.MEŠ ^{lú}Ma-da-a-a lu-ú [^{lú}KÚR] mál GÁL.MEŠ-ú
11 URU UR$_5$-tú ^{uru}Ki-šá-as-sa DIB.[MEŠ-ma a-n]a ŠÀ URU UR$_5$-tú
^{uru}Ki-šá-as-su TU.MEŠ
12 URU UR$_5$-tú ^{uru}Ki-šá-as-sa ŠU-s[u-un i-k]aš-šá-du a-na
qa-ti-šú-un im-man-nu-ú
13 BE UGU-nu SAG NA BÙR ŠUB GÍR KALAG SILIM GÍR 150
Z[É GAR.MEŠ] GIŠ.TUKUL MÁŠ ana 150 te-bi AN.TA-tum
DU-ik

14 BE U-MUR MURUB$_4$-tum SUHUŠ-sà uš-šur GAG.ZAG.GA e-bi ŠÀ.[NIGIN x K]IŠIB 150 LAL-is IGI-tum BE NA GAR MURUB$_4$ GÍR pa-áš-ṭa-ma
15 [P]A$^?$ AŠ MURUB$_4$-šú ZÉ IGI SILIM GÍR 150 ZÉ GAR.MEŠ GIŠ.TUKUL MÁŠ a-na 150 te-bi AN.TA-tum DU BE U-MUR MURUB$_4$ SUHUŠ-sà KÉŠ-is
16 BE GAG.ZAG.GA e-bi BE$^?$ ŠÀ.NIGIN 16 Š[À UDU.NITÁ šá-lim] SI.LAL
17 [i-n]a ŠÀ UDU-NITÁ NE-i GUB-za-am-ma an-na GI.NA GIŠ.HUR.MEŠ SILIM.MEŠ
18 [UZU.ME]Š ta-mit SIG$_5$.MEŠ SILIM.MEŠ šá SILIM-tim šá KA DINGIR-ti-ka GAL-ti
19 [šuk]-nam-ma lu-mur
20 [UGU DINGIR]-ti-ka GAL-ti [^{d}UTU E]N GAL-ú lil-lik-ma KIN li-tap-pal
21 [BE NA] GAR-in GÍR 2-ma KI.TA-⸢ú$^?$⸣ ⸢x x x⸣ SILIM ne-su GÍR 150 ZÉ GAR BE AŠ SAG EDIN 15 U GÍR
22 [BE AŠ SUH]UŠ EDIN U MURUB$_4$ GIŠ.TUKUL GAR-m[a] ⸢x x x⸣ GIŠ.TUKUL MÁŠ ana 150 te-bi BE AN.TA-tum DU MURUB$_4$-tum SUHUŠ-sà uš-šur
23 [BE] ŠU.SI-MUR ki-di-ti šá 15 u [150] x [x] ⸢x⸣.MEŠ GAG.ZAG.GA e-bi ŠÀ.NIGIN 150 ZI u GUR.MEŠ 16 ŠID-šú-nu
24 BE Š[À UDU].NITÁ SILIM-im 3-KÁM

1 Shamash, grand seigneur, donne-moi une ferme réponse positive à ce que je te demande.
2 A partir de ce jour, 3e jour de ce mois d'*aiāru,* jusqu'au 11e jour du mois d'*ābu* de cette année,
3 pour ces 100 jour[s] et 100 nuits, (cela) est le délai établi pour l'exécution de la divination. Durant ce délai établi,
4 soit Kaštariti avec ses troupes, soit les troupes cimmériennes,
5 soit les troupes mèdes, soit les troupes mannéennes, soit l'ennemi quel qu'il soit,
6-11 est-ce qu'ils feront des préparatifs, est-ce qu'ils auront des plans? Est-ce qu'ils prendront Kišassi soit par pression (?), soit par force, soit par la livraison d'une bataille et d'un combat armés, soit [par] sape, soit par brèche, échelle et échelle d'assaut, soit par remblai, soit p[ar bé]lier, soit par famine, soit par serment sur le nom d'un dieu et [d'une déesse, soi]t par parole amicale et paix bienveillante, soit par n'importe quel habile moyen de prise de villes, quel qu'il soit? Est-ce qu'ils entreront en cette ville de Kišassi?
12 Est-ce que leurs mains s'empareront de cette ville de Kišassi?

13 Est-ce qu'elle to[mb]era entre leurs mains? Ta grande divinité (le) sait.

14 Est-ce que la prise de cette ville de Kišassi par les mains de l'ennemi, quel qu'il soit

15-6 est dite, est-ce qu'(elle) est établie par la bonté, par la bouche de ta grande divinité, Shamash, grand seigneur, à partir de ce jour jusqu'au jour de mon délai établi? Est-ce que celui qui voit (le) verra, celui qui entend (l')entendra?

17 Tolère ce qui est apr[ès] mon [dél]ai; tolère ce dont leurs coeurs parlent, et tourne (?) et que (cela) soit mis de côté.

18 Tolère qu'ils [fassent un meu]rtre et qu'ils pillent [le butin] de leur champ.

Rv. 1 [Tolère en ce qui concerne la décision de ce jour aussi] bien ce qui est bon que ce qui est erroné, le jour sombre (et qu')il pleuve.

2 [Tolère que le souillé ou la souillée] soit passé [sur la place de la divina]tion et (l')ait souillée.

3 Tol[ère que le mouton de ta divinité] utilisé [pour la div]ination soit imparfait (et) vicieux.

4-5 Tolère que [celui qui a touché le front du mouton] soit vêtu de son sale vêtement [ordi]naire, qu'il ait mangé, bu ou qu'il se soit muni de quelque chose de souillé, qu'il [... ait cha]ngé (ou) modifié [le rite.]

6 Tolère que la langue dans la bouche du devin, [ton] esclave ait fourché.

7 Que (cela) soit écarté, que (cela) soit mis de côté. Je te de[mande], Shamash, grand seigneur,

8 si à partir de ce jour, 3e jour de [ce] mois d'*aiāru,* jusqu'au 11e jour du mois d'*ābu* de cette année,

9 soit Kaštariti avec [ses] troupes, soit les troupes cimmériennes, soit les troupes mèdes,

10 soit les troupes mannéennes, soit [l'ennemi] quel qu'il soit,

11 prend[ront] cette ville de Kišassi, s'ils entreront en cette ville de Kišassi,

12 si [leurs] mains s'empareront de cette ville de Kišassi, si elle tombera entre leurs mains.

13 Un trou se trouve au-dessus du sommet de la *station.* Le *sentier,* la *puissance,* le *bien-être,* le *sentier* à gauche de la vésicule [biliaire sont présents]. L'*arme* d'*augmentation* s'élève à gauche. Le dessus est élevé.

14 Pour le *doigt* moyen du poumon, son fondement est *libre.* Le sternum est gros. [...] tours d'intestin. [La colonne] vertébrale est courbée à gauche. Première (divination). La *station* est présente; le milieu du *sentier* est effacé et

15 [la bifur]cation (?) sur son milieu est tournée vers la vésicule biliaire. Le *bien-être* et le *sentier* à gauche de la vésicule biliaire sont pré-

sents; l'*arme* d'*augmentation* s'élève à gauche; le dessus est élevé. Pour le *doigt* moyen du poumon, son fondement est *attaché*.

16 Le sternum est gros. 16 tours d'intestin. Le coe[ur du mouton est normal]. Vérifié.

17-19 Place [à] l'intérieur de ce mouton une ferme réponse positive; [po]se des configurations favorables, de bons [présa]ges favorables de la bonté de parole de ta grande divinité, pour que je (les) voie.

20 Que (cela) aille [jusqu'à] ta grande [divinité, Shamash, gr]and seigneur, et que la prédiction soit donnée en réponse.

21 [La *station*] est présente. (Il y a) deux *sentiers* et l'inférieur ... Le *bien-être* se trouve éloigné. Le *sentier* à gauche de la vésicule biliaire est présent. Le *pied* (se trouve) sur le sommet de la surface droite du *doigt*.

22 L'*arme* est présente [sur le fon]dement de la surface moyenne du *doigt* et [...] L'*arme* d'*augmentation* s'élève à gauche. Le dessus est élevé. Pour le milieu, son fondement est *libre*.

23 Les *doigts* extérieurs du poumon à droite et [à gauche] ... Le sternum est gros. Les tours d'intestin sont levés et enroulés à gauche, leur nombre est de 16.

24 Le co[eur du mou]ton est normal. Troisième (divination).

AGS, 1, (texte, translittération, traduction). AVIIU, N° 68, g, 7 (traduction partielle, commentaire). SAA 4, 43, pp. 48-50 (translittération, traduction).

Ecriture néo-babylonienne.

4. Kaštariti est encore mentionné dans les demandes SAA 4, 41, 43 - 45, 48 - 53, 56, 57, 59 - 62. Il est souvent nommé "gouverneur de Kār-kaššî". Cette ville (et son district) est mentionnée uniquement dans les demandes à l'oracle de Shamash: NAT, p. 197. Son identification avec la ville de Bīt-kāri, centre d'une province assyrienne dans la région de Hamadan, qui a été proposée par I.M. Diakonoff (D'JAKONOV, *Istorija Midii*, p. 267. DIAKONOFF I.M., "ערי מדי: The Cities of the Medes", in *Ah, Assyria... Studies in Assyrian History and Ancient Near Eastern Historiography Presented to Hayim Tadmor (Scripta Hierosolymitana*, vol. XXXIII), Jérusalem, 1991, p. 17) n'est pas suffisamment argumentée, cf.: GRANTOVSKIJ, *op. cit.*, p. 114.

5. Kišassi, ou Kišessu, centre d'une province assyrienne qui a été organisée après les campagnes de Sargon II en 716-715 avant J.-C. Pour les mentions dans les textes, voir: NAT, pp. 210-211. Cette province se trouvait probablement à l'ouest de la Médie, dans la région de l'Ellipi, non loin de la Diyala, cf.: GRANTOVSKIJ, *op. cit.*, pp. 109-118.

Rv. 13. La présence du *bien-être* et de la *puissance* sont des présages favorables, cf. le commentaire du N° 20. Le premier présage est répété dans la deuxième divination (Rv. 15). L'avant-dernier présage est favorable; pour son apodose, voir le commentaire du N° 20. Le même présage est répété dans la deuxième et la troisième divinations (Rv. 15, 22). Le dernier présage répété aux lignes Rv. 15 et Rv. 22 est probablement neutre, cf. le commentaire du N° 20, Rv. 16.

14. Le premier présage est probablement favorable ou neutre, cf.: STARR, *Rituals*, p. 111. Pour le présage neutre BE NA GAR répété à la ligne Rv. 21, voir le commentaire du N° 20.

15. Le premier présage est favorable ou neutre, cf. le commentaire du N° 20. Le dernier présage est favorable. Il est mentionné dans la description de la divination SAA 4, 306: 9 et dans d'autres textes, mais pas inclus dans la liste des présages défavorables, cf.: STARR, *Rituals*, p. 111. Pour son apodose, voir: VAB IV, 266 FF (STARR, *Rituals*, p. 127): 17: BE ŠU.SI-MUR MURUB$_4$ SUHUŠ-*su uš-šur* ERIM-*ni* HA.LA KÚ, "si pour le *doigt* moyen, son fondement est *attaché*, notre armée mangera le butin".

16. Le dernier présage répété à la ligne Rv. 20 est neutre, cf. le commentaire du N° 20.

21. Le présage BE GÍR 150 ZÉ GAR, qui est répété aux lignes Rv. 13 et 15 est probablement favorable ou neutre, cf. commentaire du N° 20, Rv. 15.

23. Le dernier présage est favorable, cf.: ŠÀ.NIGIN 150 ZI.[MEŠ *x u* GUR.MEŠ] 16 ŠID.MEŠ-*šu-nu* ERIM-*ni* DIN[GIR.MEŠ-*šá* AŠ IZI.GA]R.MEŠ UŠ.MEŠ-*ši*, "(si) les tours d'intestin sont lev[és ... et enroulés] à gauche, leur nombre est de 16, notre armée sera menée par [ses dieux dans les com]bats" (SAA 4, 346: 3-5); BE ŠÀ.NIGIN 150 GUR.MEŠ 16 [ŠID-*šú-nu*] ERIM-*ni* DINGIR.MEŠ-*šá* AŠ IZI.GAR.[MEŠ UŠ.MEŠ-*ši*], "si les tours d'intestin sont enroulés à gauche, [leur nombre] est de 16, notre armée [sera menée par] ses dieux dans les comb[ats]" (SAA 4, 284: 7-8). Cf. également le présage BE ŠÀ.NIGIN 16 150 ZI.MEŠ *u* GUR.MEŠ (SAA 4, 287 (PRT 118): 9) sans apodose. La divination comprenant ce présage est favorable.

Le résultat de ces divinations est donc favorable.

28.

British Museum, K 11495 + Bu 91-5-9,181

1 ^{d}UTU EN GAL-⸢ú⸣ [šá a]-šal-[lu-ka an-na GI.NA a-pal-an-ni]

2 ^{md}Aš-šur-ŠEŠ-SUM-na L[UGAL ^{kur}Aš-šur]^{ki} li-iṣ-[rim li-ik-pid-ma]

3 a-na UGU ERIM.MEŠ šá i-na ^{u}[^{ru}Ka]-rib-ti šá i-na [ta-hu-mi šá ^{kur}x x x šak-nu lu-ra-ad-di-ma]

4 EN.NUN i-na IGI ^{lú}KÚR li-[iṣ]-ṣur-ru TA UD NE-[i UD-x-KÁM šá ITI NE-i ITI.GUD EN UD-x-KÁM šá]

5 ITI.SIG$_4$ šá MU.AN.NA NE-ti a-na 40 UD.MEŠ 40 MI.MEŠ [ši-kin a-dan-ni DÙ-eš-ti ba-ru-ti i-na ši-kin a-dan-ni NE-ti]

6 lu-ú ^{m}Ka-áš-ta-ri-ti a-di ERIM.MEŠ-šú lu-ú ERIM.M[EŠ ^{lú}Gi-mir-ra-a-a lu-ú ERIM.MEŠ ^{lú}Man-na-a-a]

7 lu-ú ERIM.MEŠ ^{lú}Ma-da-a-a lu-ú ^{lú}KÚR mál GÁL.MEŠ-ú [i-ṣar-ri-mu-ú i-kap-pi-du-ú]

8 lu-ú i-na DÙ-eš GIŠ.TUKUL MU[RU]B$_4$ u MÈ lu-ú i-na si-'u-[ú-tu lu-ú i-na da-na-na]

9 [lu-ú] i-na bu-bu-t[i lu]-ú i-na pil-ši GIŠ.I.DIB [lu-ú i-na ^{giš}a-ra-am-ma]

10 lu-ú i-na [^{giš}]šu-bi-i lu-ú i-na KA DÙG.GA ù sa-li[m ṭu-ub-ba-a-ti]

11 lu-ú i-na mim-ma ši-pir ni-kil-ti šá DIB URU mál GÁL-⸢ú⸣ [^{uru}Ka-rib-ti DIB.MEŠ-ú]
12 [a-n]a ŠÀ-bi URU UR$_5$-tú ^{uru}K[a]-rib-ti TU.[MEŠ-ú URU UR$_5$-tú ^{uru}Ka-rib-ti]
13 [ŠU]-su-un i-kaš-šá-a-d[u] a-na qa-t[i-šú-un im-man-ni-i]
14 [DINGIR-u]t-ka GAL-ti ZU-e ṣa-[ba-a-ta URU UR$_5$-tú ^{uru}Ka-rib-ti i-na ŠU.2 ^{lú}KÚR mál]
15 [GÁL].MEŠ-ú TA UD NE-[i EN UD ši-kin RI-ia i-na SILIM-tim]
16 [i-na KA DIN]GIR-ti-ka GAL-t[i ^{d}UTU EN GAL-ú qa-bi-i ku-un IGI-ru IGI-ra ŠE.GA-u ŠE.GA-e]
17 [e-zib šá a]-na [EGIR a-dan-ni-ia]
18 [e-zib šá hu]-bu-ut EDIN [i-hab-ba-tu de-ek-tu i-duk-ku]
19 [e-zib šá KI] ŠÀ-bi-š[ú-un i-dab-bu-bu-ma GUR-ma BAR.MEŠ]
20 [e-zib šá di]-in [UD NE-i GIM DÙG.GA GIM ha-ṭu-ú]
[...]
Rv. [...]
1 [a-n]a UGU [ERIM.MEŠ šá i-na ^{uru}Ka-rib-ti x x x x x x]
2 ⸢ú⸣-ra-ad-du-[ú-ma EN.NUN i-na IGI ^{lú}KÚR i-na-aṣ-ṣu-ru TA UD NE-i UD-x-KÁM]
3 šá ITI an-ni-i ITI.GUD EN U[D-x-KÁM šá ITI.SIG$_4$ šá MU NE-ti]
4 lu-ú ^{m}Ka-áš-ta-ri-ti EN [ERIM.MEŠ-šú lu-ú ERIM.MEŠ ^{lú}Gi-mir-ra-a-a]
5 lu-ú ERIM.MEŠ ^{lú}Ma-da-a-a lu-[ú ERIM.MEŠ ^{lú}Man-na-a-a lu-ú ^{lú}KÚR mál GÁL.MEŠ-ú]
6 a-na ŠÀ-bi URU UR$_5$-tú ^{uru}Ka-[ri-ib-ti TU.MEŠ-ú URU UR$_5$-tú ^{uru}Ka-ri-ib-ti]
7 ŠU.2-su-un i-kaš-šá-du a-n[a qa-ti-šú-un im-man-ni-i AŠ ŠÀ UDU.NITÁ an-ni-i]
8 GUB-za-am-ma an-na GI.N[A GIŠ.HUR.MEŠ SILIM.MEŠ UZU.MEŠ ta-mit SIG$_5$.MEŠ SILIM.MEŠ šá SILIM-tim]
9 šá KA DINGIR-ti-ka GA[L-ti šuk-nam-ma lu-mur]
10 UGU DINGIR-ti-ka GAL-t[i ^{d}UTU EN GAL-ú lil-lik-ma KIN li-tap-pal]
11 BE SAG NA DU$_8$ GÍR 2-ma AN.T[A-ú x x x x x x x x x x x]
12 BE KI.TA-tum (DU) BE ha-s[i-si GAR x x x x x x x x x]
13 BE NA GÍR SILIM GAR.MEŠ DU$_8$ [x x x x x x x x x x x]
14 BE MURUB$_4$ EDIN U MURUB$_4$ [x x x x x x x x x x x]
s. 1 BE GAG.ZAG.GA 15 u 150 n[a-pár]-qud u AŠ MUR[UB$_4$ x x x x x x x x]
2 BE KIŠIB.MEŠ LAL.MEŠ [ŠÀ.NIGIN 1]50? TAB.MEŠ u [x x x x x x x x]

3 ^{md}Na-ṣi-ru u [^{md}AMAR.UTU-MU-ú-ṣur x x x x]

1 Shamash, grand seigneur, [donne-moi une ferme réponse positive [à ce que je te de]mande.
2 Est-ce que Assarhaddon, [roi d'Assyrie] doit faire des pré[paratifs et avoir des plans;]
3 [est-ce qu'il doit envoyer du renfort] aux troupes qui [sont cantonnées] à [Ka]ribti sur [la frontière de ...]?
4 Est-ce qu'elles doivent faire le service de garde contre l'ennemi? A partir de ce jour, [... jour de ce mois d'*aiāru,* jusqu'au ... jour du]
5 mois de *simānu* de cette année, pour 40 jours et 40 nuits, [(cela) est le délai établi pour l'exécution de la divination. Durant ce délai établi,
6 soit Kaštariti avec ses troupes, soit les troup[es cimmériennes, soit les troupes mannéennes,]
7 soit les troupes mèdes, soit l'ennemi quel qu'il soit, [est-ce qu'ils feront des préparatifs, est-ce qu'ils auront des plans?]
8-11 [Est-ce qu'ils prendront Karibti] soit par la livraison d'une ba[ta]ille et d'un combat armés, soit par pre[ssion (?), soit par force, soit] par fami[ne, so]it par brèche (et) échelle, [soit par remblai,] soit par bélier, soit par parole amicale et paix [bienveillante,] soit par n'importe quel habile moyen de prise de villes, quel qu'il soit?
12-13 Est-ce qu'ils entrer[ont] en cette ville de Karibti? Est-ce que leurs [mains] s'empareront [de cette ville de Karibti? Est-ce qu'elle tombera] entre [leurs] mains?
14-16 Ta grande [divinité] (le) sait. Est-ce que la pri[se de cette ville de Karibti par les mains de l'ennemi quel qu'il soit est dite, est-ce qu'(elle) est établie par la bonté, par la bouche de] ta grande divinité, [Shamash, grand seigneur,] à partir de ce jour [jusqu'au jour de mon délai établi? Est-ce que celui qui voit (le) verra, celui qui entend (l')entendra?]
17 [Tolère ce qui est] apr[ès mon délai.]
18 [Tolère qu'ils pillent] le butin du champ, [qu'ils fassent un meurtre.]
19 [Tolère ce dont leu]rs coeurs [parlent; tourne (?) et que (cela) soit mis de côté.]
20 [Tolère en ce qui concerne la] décision [de ce jour aussi bien ce qui est bon que ce qui est erroné.]
[...]
Rv. [...]
1 aux [troupes qui [sont ...à Karibti]
2 enverra du ren[fort et si elles feront le service de garde contre l'ennemi; à partir de ce jour, ... jour]
3 de ce mois d'*aiāru,* jusqu'au [... jour du mois de *simānu* de cette année,]

4 soit Kaštariti avec [ses troupes, soit les troupes cimmériennes,]
5 soit les troupes mèdes, so[it les troupes mannéennes, soit l'ennemi quel qu'il soit,]
6-9 [s'ils entreront] en cette ville de Ka[ribti;] si leurs mains s'empareront [de cette ville de Karibti; si elle tombera entre leurs mains.] Place [à l'intérieur de ce mouton] une ferme réponse positive; [pose des configurations favorables, de bons présages favorables de la bonté] de parole de ta grande divinité, [pour que je (les) voie.]
10 [Que (cela) aille] jusqu'à ta grande divinité, [Shamash, grand seigneur, et que la prédiction soit donnée en réponse.]
11 Le sommet de la *station* est fendu. (Il y a) deux *sentiers* et le supér[ieur ...]
12 Le dessous (est élevé). L'*ore*[*ille* est présente ...]
13 La *station*, le *sentier*, le *bien-être* sont présents; la scissure [...]
14 Le milieu de la surface moyenne du *doigt* [...]
s. 1 Le sternum est p[la]t à droite et à gauche; au mil[ieu ...]
2 La colonne vertébrale est courbée. [Les tours d'intestin] sont doublés [à gau]che (?) et [...]
3 Nāṣiru et [Marduk-šumu-uṣur ...]

PRT, 1, (texte, translittération, traduction). SAA 4, 44, pp. 50-52 (translittération, traduction).

Ecriture néo-babylonienne.

6. La restitution du nom des Cimmériens est incontestable grâce aux textes analogues.

Rv. 11. BE SAG NA DU_8 est un présage défavorable, cf.: CT 20, 44: 62: BE SAG NA DU_8 UR_5.ÚŠ BI NU SILIM-*at*, "Si le sommet de la *station* est fendu, ce présage est défavorable". Le deuxième présage peut être restitué comme BE GÍR 2-*ma* AN.T[A-*ú ku-ri*]. En ce cas, il est également défavorable, cf. le commentaire du N° 30.

12. Le premier présage est défavorable, cf.: SAA 4, 305: 5. Le dernier présage est probablement neutre, cf. commentaire du N° 20.

13. La présence de la *station* est un présage neutre; la présence du *bien-être* est un présage favorable, cf. les commentaires du N° 20.

s. 1. Ce présage est défavorable, cf.: CT 20, 45: 17 avec l'apodose UR_5.ÚŠ BI NU SILIM-*at*, "ce présage est défavorable".

2. Le premier présage est probablement défavorable. Il est mentionné dans les textes SAA 4, 293: Rv. 4 et SAA 4, 352: 7 parmi les présages défavorables.

Le résultat de la divination est donc défavorable.

29.

British Museum, Sm 2002 + 80-7-19,162

1 [^{d}UTU EN GAL-ú šá a-šal-lu-ka] an-na GI.NA [a]-⸢pal-an⸣-[ni]

2 [TA UD an-ni-i UD-3-KAM šá ITI a]n-ni-i ITI.GUD.SI.S[Á šá MU.AN.N]A an-ni-ti

3 [EN UD-2-KAM šá ITI SIG$_4$ šá MU.AN].NA an-ni-ti 30 UD.MEŠ [30 MI.MEŠ ši-ki]n a-dan-ni-ia

4 [i-na ši-kin a-dan-ni UR$_5$-tu lu-u ^{m}]Du-sa-an-ni ^{lú}Sa-[par-da-a-a lu]-u ^{m}Kaš-ta-ri-ti

5 [EN URU šá ^{uru}Kar-kaš-ši-i a-di Á].KAL ⌜lu⌝-ú šá ^{lú}G[i-mir-ra]-a-a lu-u šá ^{lú}Man-na-a-a

6 [lu-u šá ^{lú}Ma-da-a-a x x x] x ⌜i⌝ [x] x [x x x x-n]i-i

7 [x x x x x x x x x i-na pa]-an [URU UR$_5$-tú] in-nam-mar-ú

8 [x x x x x x x x x x x x DINGIR-ut-ka GAL-ti] ZU-e

9 [IGI-ru IGI-ra ŠE-ú ŠE-e e-zib šá a-na EGIR a]-dan-ni-ia

10 [e-zib šá AŠ pa-a-ti i-dab-bu-bu ú-lu i]-dab-bu-bu

11 [e-zib šá di-in UD-mu NE-i GIM DÙG.GA GIM ha-ṭu-ú KUG lu-'u]-u UDU.NITÁ SISKUR.SISKUR TAG.MEŠ

12 [e-zib šá UDU.NITÁ DINGIR-ti-ka šá a-na MÁŠ MÁŠ-ú LAL]-ú LAL-ú

13 [e-zib šá TAG-it pu-ut UDU.NITÁ TÚG gi-né-e-šú ar-šá-tú lab-šú m]i-ih-[ha] ZÍD.M[AD.G]Á me-⌜e⌝ [ha]ṣ-bu u IZI TAG.MEŠ

14 [e-zib šá ana-ku DUMU LÚ.HAL ARAD-ka TÚG gi-né-e-a ar-šá-tú lab]-šá-ku mim-ma lu-'u-u a-ku-lu NAG-u TAG.MEŠ

15 [ku-un ŠU BAL-ú uš-pe-lu ta-mit AŠ KA-ia ip-tar-ri-du LAL].MEŠ-u lu-u ZI.MEŠ-ha lu-u bé-e-r[a]

Rv. 1 [a-šal-ka ^{d}UTU EN GAL-ú ki-i TA UD an-ni-i UD-3-KAM šá ITI an-ni]-i ITI.GUD.SI.SÁ

2 [EN UD-2-KAM šá ITI an-ni-i ITI.SIG$_4$ šá MU] an-ni-ti

3 [30 UD.MEŠ 30 MI.MEŠ ši-kin RI lu-u ^{m}Du-sa-an-ni] ^{lú}Sa-bar-da-a-a

4 [lu-u ^{m}Kaš-ta-ri-ti EN URU a-di Á].⌜KAL⌝.M[E]Š KALAG.GA.MEŠ

5 [lu-u šá ^{lú}Gi-mir-ra-a-a lu]-u [šá ^{lú}]Ma-da-a-a

6 [lu-u šá ^{lú}Man-na-a-a i-na IGI] URU UR$_5$-tú in-nam-ma-ru

7 [i-na ŠÀ UDU.NITÁ GUB-za-am-ma an-na GI-NA] šuk-nam-ma lu-mur

8 [BE x x x GAR$^?$]-in$^?$ ŠÀ UDU.NITÁ SILIM-im IG[I]-ti

9 [x x x x Z]É$^?$ BAL-ma AN.[TA] IGI$^?$ SAG EDIN 15 U DU$_8$

10 [x x x x x] ⌜x x⌝ ŠÀ.NIGIN GIL.MEŠ MURUB$_4$-tim

11 [x x x] x BAR ⌜x x⌝ ni ši-ši-t[ú x] ul-lu-lat SUHUŠ EDIN U MURUB$_4$ DU$_8$

12 [x x x x] ⌜x x⌝ šá-lut-ti

13 [^{m}Šu-ma-a$^{?}$] u [^{m}]^{d}EN-SILIM-im ITI.GUD UD-3-KÁM
14 [UGU DINGIR-ti-ka GAL-ti ^{d}]UTU EN GAL-ú DU-ik-ma UR$_{5}$.ÚŠ li-tap-pal

1 [Shamash, grand seigneur,] don[ne-moi] une ferme réponse positive [à ce que je te demande.]
2 [A partir de ce jour, 3e jour de] ce [mois] d'*aiāru,* [de] cette [année,]
3 [jusqu'au 2e jour du mois de *simānu* de] cette [an]née, 30 jours [et 30 nuits] est mon délai [établi].
4 [Durant ce délai établi, ou] Dusanni le Sa[pardéen, o]u Kaštariti,
5 [gouverneur de Kār-kaššî avec des for]ces (armées), soit des C[immér]iens, soit des Mannéens,
6 [soit des Mèdes ...] ... [...]
7 [...] est-ce qu'ils apparaîtront [près de cette ville]?
8 [... Ta grande divinité (le)] sait.
9 [Est-ce que celui qui voit (le) verra, celui qui entend (l')entendra? Tolère ce qui est après] mon délai.
10 [Tolère ce qu'ils disent par (leur) bouche ou] ce dont ils parlent.
11 [Tolère en ce qui concerne la décision de ce jour aussi bien ce qui est bon que ce qui est erroné; que le pur (ou) le sou]illé ait touché le mouton du sacrifice.
12 [Tolère que le mouton de ta divinité utilisé pour la divination soit impar]fait (et) vicieux.
13 [Tolère que celui qui a touché le front du mouton soit vêtu de son sale vêtement ordinaire,] ait touché la biè[re] (de la libation), la far[ine] du sacrifice, l'eau, [le ré]cipient et le feu.
14 [Tolère que moi, le devin, ton esclave, je] sois vêtu [de mon sale vêtement ordinaire,] que j'aie mangé, bu, touché quelque chose de souillé,
15 [j'aie changé (ou) modifié le rite, que la langue dans ma bouche ait fourché (ou) soit alté]rée. Que (cela) soit écarté, que (cela) soit mis de côté.
Rv. 1 [Je te demande, Shamash, grand seigneur, si à partir de ce jour, 3e jour de ce mois] d'*aiāru,*
2 [jusqu'au 2e jour du mois de *simānu* de] cette [année,]
3 [durant les 30 jours et 30 nuits (de) mon délai établi, ou Dusanni] le Sapardéen,
4 [ou le gouverneur Kaštariti avec des for]ces puissantes,
5 [soit des Cimmériens, so]it des Mèdes,
6 [soit des Mannéens], apparaîtront [près de] cette ville.

7 [Place à l'intérieur de ce mouton une ferme réponse positive,] pose, pour que je (le) voie.

8 [... est prés]ent (?). Le coeur du mouton est normal. La première (divination).
9 [... la vésicule] biliaire (?) est renversée et tournée (?) en ha[ut]. Le sommet de la surface droite du *doigt* est fendu.
10 [...] ... Les tours d'intestin se croisent. Le milieu
11 [...] *libre* [...] membra[ne ...] est pure. Le fondement de la surface moyenne du *doigt* est fendu.
12 [...] Troisième (divination).
13 [Šumāia (?)] et Bēl-ušallim. Le mois d'*aiāru,* 3e jour.
14 Que (cela) aille [jusqu'à ta grande divinité,] Shamash, grand seigneur, et que la prédiction soit donnée en réponse.

AGS, 8, (texte, translittération, traduction de premier fragment). PRT 4 (texte, translittération, traduction). AVIIU, N° 68, b, 9 (traduction partielle du premier fragment). SAA 4, 45, pp. 52-53 (translittération, traduction).

4. Saparda est une région de Médie occidentale et l'une des provinces assyriennes sur son territoire. Pour les textes, voir: NAT, p. 304. Son gouverneur Dusanni était l'un des trois principaux chefs de l'insurrection de Kaštariti.

Rv. 8. Le coeur normal du mouton est un indice neutre, cf. le commentaire du N° 20.

9. Le dernier présage est défavorable: BE SAG EDIN 15 ŠU.SI D[U_8 SÌG-*iṣ* SAG.DU ERIM-*i*]*a*$_5$ GABA.RAH ERIM-*ia*$_5$ *ṣú-mi-rat* ERIM-*ia*$_5$ NU KUR.MEŠ, "Si le sommet de la surface droite du *doigt* est fen[du, (cela signifie) la défaite de mon armée], la révolte de mon armée. Les buts de mon armée ne seront pas atteints" (SAA 4, 310: 2-3. BOISSIER A., *Documents assyriens relatifs aux présages,* vol. I - III. Paris, 1894-1899, 226:16), cf. le texte SAA 4, 345, où cet indice n'est pas inclus dans la liste des présages défavorables.

13. J.A. Knudtzon et I. Starr restituent le nom de Šumāia dans la lacune, E. Klauber celui de Nabû-ušallim. La première restitution est plus convaincante (cf. les textes AGS 54 et 57), car les noms de Nabû-ušallim et de Bēl-ušallim ne se rencontrent pas côte à côte dans les demandes signées par deux devins.

Les rares présages conservés permettent de supposer que le résultat des divinations décrites dans cette tablette était défavorable.

30.

British Museum, 82-5-22,73 + 83-1-18,383 + 83-1-18,570 + Sm 656

1 ^{d}UTU EN GAL-ú šá a-š[al-lu-ka an-na GI.NA a-pal-an-ni]
2 [TA UD] ⌜an-ni⌝-i UD-4-KÁM [šá ITI an-ni-i ITI.x a-di UD-11-KÁM šá ITI.SIG$_4$?]
[...]
Rv. [...]
1 [x x x x x x x x] x [x x x x x x x x x]

2 [e]-zib šá i-[na KA DU]MU LÚ.[HAL ARAD-ka ta-mit up-tar-ri-du]
3 [l]u-ú ZI.MEŠ ⸢lu-ú⸣ BAR.MEŠ [a-šal-ka ^{d}UTU EN GAL-ú]
4 [k]i-i TA UD-mi an-ni-i UD-4-K[ÁM šá ITI an-ni-i ITI.x a-di UD]-⸢11⸣-KÁM šá ⸢ITI.SIG$_4^{?}$⸣
5 šá MU.AN.NA an-ni-ti ^{m}K[a-áš-ta-ri-ti EN URU šá ^{uru}Kar-k]aš-ši-i
6 ⸢a⸣-di e-mu-qí-šú lu-ú ERIM.[MEŠ ^{lú}Ma-da-a-a lu-ú ERIM.MEŠ ^{lú}]Man-na-a-a
7 lu-ú ERIM.MEŠ ^{lú}Gi-mir-r[a-a-a lu-ú ^{lú}KÚR ma-a]l it-ti-šú
8 a-na DIB-bat ^{uru}Ṣu-ba-r[a šá i-na ta-hu-mu šá ^{ku}]⸢Sa-pa-ar-da
9 il-la-ku-nim-ma URU [šú-a-tu ^{uru}Ṣu-ba-ra] i-ṣab-ba-tu
10 ŠU.2-su-un i-kaš-šá-d[u a-na qa-ti-šú-u]n im-man-nu-ú
11 i-na ŠÀ UDU-NITÁ an-ni-⸢i⸣ [GUB-za-am-ma an-na G]I.NA GIŠ.HUR.MEŠ SILIM.MEŠ
12 UZU.MEŠ ta-mit DÙG-a[b SILIM.MEŠ šá SILIM-tim šá KA DIN]GIR-ti-ka GAL-ti š[uk-nam]-ma lu-mu[r]
13 UGU DINGIR-ti-ka GA[L-ti ^{d}UTU EN GAL]-ú lil-lik-m[a KIN li-tap-pal]

---

14 ⸢BE NA⸣ TUKU-ši BE GÍR 2-ma AN.TA-ú k[u-ri x x x x x x] BE AŠ MURUB$_4$ NÍG.[TAB x x x x x]
15 BE ŠU.SI eb-bet BE KI.TA-tum [DU-ik x x x] x [x x x x x x x x x]
16 BE ŠÀ UDU.NITÁ šá-lim [x x x x x x x x x x x x]

---

17 BE SAG NA zu-qúr BE GÍR 2-ma BE A[N.TA-ú ku-ri x x x x x x x x]
18 BE AŠ ni-ri IZI.GAR GAR-in BE KI.T[A-tum DU-ik x x x x x x]

1 Shamash, grand seigneur, [donne-moi une ferme réponse positive] à ce que je [te demande.]
2 [A partir de] ce [jour,] 4e jour [de ce mois de … jusqu'au 11e jour du mois de *simānu* (?)
[…]
Rv. […]
1 […]
2 Tolère que [la langue dans la bouche du d]evi[n, ton esclave, ait fourché.]
3 Que (cela) soit écarté, que (cela) soit mis de côté. [Je te demande, Shamash, grand seigneur,]
4 si à partir de ce jour, 4e jour [de ce mois de … jusqu'au] 11e [jour] du mois de *simānu* (?)

5 de cette année, K[aštariti, le gouverneur de Kār]-kaššî,
6 avec ses forces, ou les troup[es mèdes, ou les troupes] mannéennes,
7 ou les troupes cimméri[ennes, ou n'importe quel ennemi] (qui est) avec lui,
8-9 viendront pour la prise de Ṣubara [qui (se trouve) sur la frontière de] la Saparda, s'ils prendront [cette] ville de [Ṣubara],
10 si leurs mains s'(en) empareront, si elle tombera [entre leurs mains.]
11-12 [Place] à l'intérieur de ce mouton [une ferme réponse] positive; [po]se des configurations favorables, de bons présages [favorables de la bonté de parole de] ta grande [div]inité, pour que je (les) voie.
13 Que (cela) aille jusqu'à ta grande divinité, [Shamash, grand seigneur, et que la prédiction soit donnée en réponse.]

---

14 La *station* existe. (Il y a) deux *sentiers* et le supérieur est co[urt ...] Sur le milieu de la *cu*[*ve* ...]
15 Le *doigt* est gros. Le dessous [est élevé ...]
16 Le coeur du mouton est normal [...]

---

17 Le sommet de la *station* est haut. (Il y a) deux *sentiers* et le su[périeur est court ...]
18 (L'indice) ambigu est présent sur le *joug*. Le des[sous est élevé ...]

AGS, 15, (texte, traduction, translittération, traduction du troisième fragment). PRT 8 (texte, translittération, traduction). AVIIU, N° 68, g, 10 (traduction partielle du troisième fragment). SAA 4, 48, pp. 54-55 (translittération, traduction).

Ecriture néo-babylonienne.

Rv. 8. La restitution du nom de la ville est proposée par J. ARO: *op. cit.*, p. 114, cf.: D'JAKONOV, *Istorija Midii*, p. 268. La ville de Ṣubara se trouvait près des frontières occidentales de la Médie, pour sa localisation, voir: GRANTOVSKIJ, *op. cit.*, 108-109, 226.

14. Le premier indice est neutre, cf. le commentaire du N° 20. Le deuxième présage répété dans la ligne 17 est défavorable, cf.: CT 20, 10: 7-8 (cf.: CT 20, 12: 8-9): BE GÍR 2-*ma* AN.TA *ku-ri* GALGA ERIM-*ni-ia*$_5$ MÌN-*ni* KUR UGU *e-muq* ERIM-*i*[*a*$_5$ *i-dan-nin-ma*] AŠ GIŠ.TUKUL KUR *i-sà-kip-an-ni-ma* AŠ KI.GUB-*ia*$_5$ [GUB-*az*], "s'(il y a) deux *sentiers* et le supérieur est court, la décision de mon armée changera, l'ennemi [prévaudra contre] les forces de mon armée, l'ennemi me défera par les armes et [se mettra] à ma place".

15. Le dernier présage répété à la ligne Rv. 18 est défavorable, cf.: SAA 4, 305: 5.

16. L'indice neutre, cf. commentaire du N° 20.

17. Le premier présage est favorable, cf.: CT 20, 39, III, 6; KAR 423, I: 40: BE SAG NA *zu-qur* MU.SAG NUN ERIM-*ia*$_5$ MÍ.SIG$_5$ TI-*qí*, "si le sommet de la *station* est haut, la grâce sera au dignitaire, mon armée acquerra la gloire", cf.: STARR, *Rituals*, pp. 10, 117.

Le résultat de ces deux divinations est donc défavorable, bien qu'un des présages dans la deuxième soit favorable.

31.

British Museum, K 11509

1 [^{d}UTU E]N GAL-ú šá a-šal-lu-k[a an-na GI.NA a-pal-an-ni]
2 [TA UD-m]u NE-i UD-8-KÁM šá ITI a[n-ni-i ITI.GUD.SI.SÁ ša MU.AN.NA NE-ti]
3 [a-di UD]-7-KÁM šá ITI SIG$_{4}$.GA šá MU.AN.[NA NE-ti ši-kin a-dan-ni]
4 AŠ ši-kin a-dan-ni šu-a-tú lu-[ú ^{m}Ka-áš-ta-ri-ti a-di ERIM.MEŠ-šú]
5 lu-ú ^{lú}Gi-mir-[ra-a-a x x x x x x x x x x]
6 ⌜lu-ú⌝ [^{m}]⌜Du-sa⌝-[an-ni ^{lú}Sa-bar-da-a-a x x x x]
[...]
Rv. [...]
1 i-na ŠÀ UDU-NITÁ an-ni-i GUB-za-a[m-ma an-na GI.NA GIŠ.HUR.MEŠ SILIM.MEŠ]
2 UZU.MEŠ ta-mit SIG$_{5}$.MEŠ SILIM.[MEŠ šá KA DINGIR-ti-ka GAL-ti šuk-nam-ma lu-mur]
3 [UGU] DINGIR-ti-ka GAL-ti ^{d}UTU E[N GAL-ú lil-lik-ma KIN li-tap-pal

1 [Shamash,] grand [seig]neur, [donne-moi une ferme réponse positive] à ce que je te demande.
2 [A partir de] ce [jo]ur, 8e jour de [ce] mois [d'*aiāru* de cette année,]
3 [jusqu'au] 7e [jour] du mois de *simānu* de [cette] ann[ée est le délai établi.]
4 Durant ce délai établi, so[it Kaštariti avec ses troupes,]
5 soit les Cimmér[iens ...]
6 soit Dusa[nni le Sapardéen ...]
[...]
Rv. [...]
1-2 Place à l'intérieur de ce mouton [une ferme réponse positive; [pose des configurations favorables,] de bons présages favorabl[es de la parole de ta grande divinité, pour que je (les) voie.]
3 [Que (cela) aille jusqu'à] ta grande divinité, Shamash, [grand seigneur, et que la prédiction soit donnée en réponse.]

AGS, 11a, (texte, translittération, traduction). AVIIU, N° 68, g, 14 (traduction partielle). SAA 4, 50, p. 57 (translittération, traduction).
Ecriture néo-babylonienne.

Ecriture néo-babylonienne.

Outre les cinq demandes citées (N° 27 - 31) qui relatent l'insurrection de Kaštariti et qui mentionnent les Cimmériens, leur nom peut être restitué dans deux autres demandes: SAA 4, 49 = AGS 6 (K 11499) et SAA 4, 51 = PRT 7 (K 11505 + 83-1-18,551 + Sm 1158). La première demande parle d'un danger qui menace la ville de ^{uru}*Ú-ši-ši*. Elle peut être attaquée par Kaštariti, les Mèdes et les Mannéens. La restitution du nom des Cimmériens à la ligne 4 est possible, mais pas certaine. Cette demande concerne la période entre le 6 et le 12 *aiāru*. La deuxième demande parle du danger menaçant la ville de ^{uru}*Ki-il-man*. Kaštariti, gouverneur de Kār-Kaššî, Dusanni le Sapardéen et les Mannéens sont mentionnés parmi les ennemis éventuels. La restitution des noms des Cimmériens et des Mèdes dans cette liste est probable. Cette demande concerne la période comprise entre le 10 *aiāru* et le 9 *simānu*.

32.

British Museum, K 11498 + 81-2-4,190 + 81-2-4,290

[...]

1 [x x x a-na e-se]-er man-d[a-at-ti šá ANŠE.KUR.RA.MEŠ liš-pur-ma]

2 [ur-ha KASKAL li-i]ṣ-ba-tu-ma a-na [^{kur}Si-ik-ri]-⌜iš⌝ x [x x x x x x x x]

3 [a-na ^{kur}x x x x] a-na ^{kur}Ku-uk-ku-ba-a a-na ^{kur}Tu-[a-ia-di$^{?}$]

4 [a-na ^{kur}x x a-na $^{ur]u}$UD-pa-ni a-na ^{uru}Ra-ma-da-ni ⌜ù⌝ a-di ^{kur}Ár-⌜ri-i⌝ [0]

5 [lil-li-ku man-da-at-ti šá A]NŠE.KUR.RA.MEŠ li-si-ru a-di ma-al UD-me

6 [ŠÀ-ba-šú-nu ub-lu DU.DU.ME]Š-ku lu-ú i-na DU-ak lu-ú i-na ta-a-ri

7 [i-na ŠU.2 ERIM.MEŠ ^{lú}Ma-da-a-a i-na] ŠU.2 ERIM.MEŠ ^{lú}Man-na-⌜a⌝-[a i-na ŠU.2 ER]IM.MEŠ ^{lú}Gi-mir-ra-a-a

8 [i-na ŠU.2 ^{lú}KÚR ma-al GÁL-ú i]-šet-tu-u KA[R.MEŠ]-⌜ú⌝ lu-ú uš-te-zi-bu-ú

9 [TI-ú i-šal-li-mu-ú] TIN-us-su-un it-ti man-d[at-t]i ANŠE.KUR.RA.MEŠ

10 [GUR.MEŠ-né-e mi-ṣir ^{kur}Aš-šur i-k]ab-ba-su-ú bu-us-rat [SIG$_5$ šá] HÚL-e

11 [0 ^{md}Aš-šur-ŠEŠ-SUM-na LUGAL ^{kur}Aš-šur] i-šem-mé-e ŠÀ-ba-šú [i-nam-mi-ri H]ÚL-e

12 [DINGIR-ut-ka GAL-ti ZU-e a-m]i-ri im-ma-a-ra [še-mu-ú i-šem-mé-e]

13 [e-zib šá EN-MU.MU NE-i] ⸢^{md}⸣Aš-šur-ŠEŠ-SUM-na LUGAL ^{kur}Aš-šur[^{ki} x x x x x x x x x]
14 [e-zib šá x x x x] mu-uq-qu EGI[R x x x x x x x x]
15 [e-zib šá di-in UD-mu an-ni]-i GIM DÙG-ab [GIM ha-ṭu-ú x x x x]
e. 16 [x x x x x x x x]x ITI.ŠE UD-8-KÁM [x x x x x x x x]
Rv. 1 [e-zib šá KI MÁŠ lu-'u-ú lu]-'i-i-ti DIB.DIB-ma ⸢ú⸣-[le-'u-ú x x x x x x x x]
2 [e-zib šá i-na KI an-ni-i lu]-'u-ú MÁŠ MÁŠ-[ú x x x x x x x x]
3 [e-zib šá UDU.NITÁ DINGIR-ti-ka šá a-na M]ÁŠ MÁŠ-ú LAL-ú h[a-ṭu-ú x x x x x x x]
4 [e-zib šá TAG-it SAG.KI UDU.NITÁ TÚG gi]-né-šú ár-šá-a-ti lab-šú mim-ma lu-'u-ú KÚ-lu
5 [NAG-ú ŠÉŠ-šú ku-un qa-t]i BAL-ú uš-pe-lu
6 [e-zib šá a-na-ku DUMU LÚ.HAL ARAD-ka TÚG] gi-né-e-a ár-šá-a-ti lab-⸢ša-ku ta-mit⸣ i-na KA-ia up-tar-ri-du
7 [lu-ú ZI.MEŠ-ha lu-ú BAR-MEŠ-r]a a-šal-k[a ^{d}]⸢UTU⸣ [EN GA]L-ú
8 [ki-i ERIM.MEŠ ANŠE.K]UR.RA.MEŠ e-mu-qu [šá ^{lú}GAL.MEŠ šá É-Ka]-⸢a⸣-ri
9 [šá ^{kur}Sa-par-da$^{?}$ a-na] e-se-ri [man-da-at-ti šá ANŠE.KUR.]RA.MEŠ
10 [a-na na-ge-e šá ^{kur}S]i-ik-ri-iš [il-lu-ku-ma TA ^{uru}S]i-ik-ri-iš
11 [x x x x x x x x] a-na É-^{m}Qu-[x x x x x x]x-ni
12 [x x x x x x x i]l-la-ku a-di [ITI U]D.[M]EŠ-ti DU.MÉŠ-ku
13 [lu-ú i-na DU-ak lu-ú i-na ta]-⸢a⸣-ri i-na ŠU.2 [ERIM.MEŠ ^{lú}Ma-da-a-a i-na ŠU.2 ERIM.MEŠ ^{lú}Man-na-a-a]
14 [i-na ŠU.2 ERIM.MEŠ ^{lú}Gi-mir-ra-a-a i-na ŠU].2 ^{lú}KÚR ma-al b[a-šú-ú x x x x x x x x x]
[...]

[...]
1 [...est-ce qu'il doit envoyer pour la lev]ée du tri[but de chevaux;]
2 [est-ce qu'ils doivent] faire [le chemin (et) la route] vers le [Sikriš ...]
3 [vers ...], vers le Kukkubâ, vers le Tu[aiadi (?)]
4 [vers ..., vers] Udpani (?), vers Ramadani et en Arrî
5 [est-ce qu'ils doivent y aller? Est-ce qu'ils doivent lever [le tribut de] chevaux? Durant tous les jours
6 [où ils voudront (aller) et ir]ont, soit à l'aller, soit au retour,
7-8 est-ce qu'ils éviteront [les mains des troupes mèdes], les mains des troupes mannéennes, [les mains des] troupes cimmériennes, [les mains de l'ennemi quel qu'il soit], est-ce qu'ils se sauveront, est-ce qu'ils échapperont?

9-11 [Est-ce qu'ils seront vivants, est-ce qu'ils seront sains et saufs?] Est-ce qu'ils reviendront ici vivants, avec le tri[but] de chevaux, est-ce qu'ils pas[seront les frontières de l'Assyrie? Est-ce qu'Assarhaddon, roi d'Assyrie] entendra une [bonne] nouvelle joyeuse, est-ce que son coeur [sera heureux, sera] joyeux?

12 [Ta grande divinité (le) sait. Est-ce que celui qui voit] (le) verra, [celui qui entend (l')entendra?]

13 [Tolère que le sujet de cette demande,] Assarhaddon, roi d'Assyrie [...]

14 [Tolère que ...] ... [...]

15 [Tolère en ce qui concerne la décision de ce jour] aussi bien ce qui est bon [que ce qui est erroné ...]

e. 16 [...] le mois d'*addāru*, le 8e jour [...]

Rv. 1 [Tolère que le souillé ou la so]uillée soit passé [sur la place de la divination] et [(l') ait souillée].

2 [Tolère] que j'aie pratiqué la divination [sur cette place so]uillée [...].

3 [Tolère que le mouton de ta divinité] utilisé [pour la] divination soit imparfait (et) v[icieux ...].

4-5 [Tolère que celui qui a touché le front du mouton] soit vêtu de son sale [vêtement or]dinaire, qu'il ait mangé, [bu ou qu'il se soit muni] de quelque chose de souillé, ou qu'il ait changé (ou) modifié [le rite.]

6 [Tolère que moi, devin, ton esclave,] je sois vêtu de mon sale [vêtement] ordinaire, que la langue ait fourché dans ma bouche.

7 [Que (cela) soit écarté, que (cela) soit mis de cô]té. Je te demande, Shamash, [grand seigneur,]

8 [si les hommes, les chev]aux, les forces [des dignitaires de Bīt]-kāri

9-12 [(et) de Saparda iront pour] la levée [du tribut de che]vaux [dans le district de S]ikriš et s'ils iront [de S]ikriš [...] à Bīt-Qu[...]; si durant les jours [du mois] (où) ils iront,

13-14 [soit à l'aller, soit au re]tour, [ils éviteront] les mains des troupes mèdes, les mains des troupes mannéennes, les mains des troupes cimmériennes, les mai]ns de l'ennemi quel qu'il s[oit ...] [...]

AGS, 34, 81, (texte, translittération, traduction du premier et du deuxième fragment). PRT 22 (texte, translittération, commentaire). AVIIU, N° 68, g, 4 (traduction partielle du premier fragment). SAA 4, 65, pp. 75-76 (translittération, traduction).

Ecriture néo-babylonienne.

Le début de la tablette contenant la formule d'introduction et les premières lignes de la demande n'est pas conservé.

2. Le pays de Sikriš est mentionné dans les "annales" de Sargon à côté de Saparda parmi les provinces conquises en Médie: LIE, *op. cit.*, p. 16:19. Le gouverneur de Sikriš est mentionné dans un traité d'Assarhaddon à titre de vassal assyrien: SAA 2, 6:3-4 (T).

4-5. Ces toponymes ne sont mentionnés nulle part ailleurs.

17. Une partie des demandes comprend la date sur la face latérale de la tablette et non pas à sa fin.

33.

British Museum, K 11517 + Bu 91-5-9,170

1 ^{d}UTU EN GAL-ú šá a-šal-lu-k[a a]n-na GI.NA a-p[al-an-ni]
2 ^{lú}EN.NAM.MEŠ ^{lú}GAL.MEŠ ERIM.MEŠ ANŠE.KUR.RA.MEŠ e-mu-qu [šá ^{md}Aš-šur-ŠEŠ-SUM-na]
3 LUGAL ^{kur}Aš-šur^{ki} šá i-na É-K[a-a]-ri šá a-na e-se-ri m[an-da-at-ti]
4 šá ANŠE.KUR.RA.MEŠ a-na ^{kur}Ma-[da-a-a] ⌜ir$^{?}$⌝-ru-bu i-na [ŠU.2 ERIM.MEŠ ^{lú}Ma-da-a-a lu-ú]
5 [i-n]a ŠU.2 ERIM.MEŠ ^{lú}Iš-ku-z[a-a-a lu-ú i-na ŠU.2 ^{lú}KÚR mál ba-šu-ú]
[...]
Rv. [...]
1 i-na ŠÀ-bi UDU.NITÁ an-ni-i GUB-za-[am-ma an-na GI.NA GIŠ.HUR.MEŠ SILIM.MEŠ UZU.MEŠ ta-mit]
2 SIG$_5$.MEŠ SILIM.MEŠ šá SILIM-tim šá KA DI[NGIR-ti-ka GAL-ti šuk-nam-ma lu-mur]
3 UGU DINGIR-ti-ka GAL-ti ^{d}[UTU EN GAL-ú lil-lik-ma KIN li-tap-pal]
4 [B]E NA TUKU-ši BE GÍR 2-ma GÍR 15 ana GÍR 150 PA TUKU-š[i B]E KAL[AG$^{?}$ x x x x]
5 BE KI.TA-tum DU-ik BE ki-di-ti UGU U.S[AG] U$_5$-ma [IGI-ti x x x]

---

6 BE GÍR 2 BE GÍR 15 2-ma ana GÍR 150 BE SILIM GAR BE [GÍR] 15 ZÉ GAR BE x [x x x]
7 BE AŠ KUR ŠU.SI GIŠ.[HUR] i-šá-riš eṣ-[re]t BE KI.TA-tum DU-i[k]
8 BE MURUB$_4$-tum SUHUŠ-[sà x x BE ŠÀ.NIG]IN 16 BE GA[G.ZA]G.GA e-bi ŠÀ UDU.[NITÁ šá-lim x x x]

1 Shamash, grand seigneur, do[nne-moi une ferme réponse positive à ce que je te demande.
2 Est-ce que les gouverneurs, les dignitaires, les hommes, les chevaux, les forces [d'Assarhaddon,]

3-4 roi d'Assyrie, qui (étaient) en Bīt-kāri (et) qui sont entrés en Mé[die] pour la levée du t[ribut] de chevaux, entre les [mains des troupes mèdes, ou]

5 [entre] les mains des troupes scyth[es, ou entre les mains de l'ennemi quel qu'il soit]

[...]

Rv. [...]

1-2 Place à l'intérieur de ce mouton [une ferme réponse positive; pose des configurations favorables,] de bons [présages] favorables de la bonté de parole de [ta grande divinité, pour que je (les) voie.]

3 [Que (cela) aille] jusqu'à ta grande divinité, [Shamash, grand seigneur, et que la prédiction soit donnée en réponse.]

4 La *station* est présente. (Il y a) deux *sentiers;* le *sentier* droit a la bifurcation vers le *sentier* gauche. La *puissa[nce* (?) ...]

5 Le dessous est élevé. La partie extérieure chevauche la *ci[me.* Première divination. ...].

----

6 (Il y a) deux *sentiers.* Le *sentier* droit bifurque (?) vers le *sentier* gauche. Le *bien-être* est présent. [Le *sentier*] à droite de la vésicule biliaire est présent [...]

7 Le des[sin] dans la région du *doigt* est tracé droit. Le dessous est éle[vé.]

8 Le milieu: son fondement [...] 16 tours [d'intestin.] Le sternum est gros. Le coeur du mou[ton est normal ...]

AGS, 32 (texte, translittération, traduction du premier fragment). PRT, 20 (texte, translittération, traduction). SAA 4, 66, pp. 76-77 (translittération, traduction).

Rv. 4. Le premier indice est neutre, voir le commentaire du N° 20.

5. Le premier présage répété dans la ligne Rv. 7 est défavorable: SAA 4, 305: 5. Le deuxième présage est également défavorable, cf. son apodose dans le texte CT 31, 50: 5: INIM.MEŠ-*ka ana* KÚR [*uz-zab-ba-la-ma*], "(la communication) de tes affaires atteindra l'ennemi".

6. Le premier présage est probablement altéré et ne se rencontre nulle part ailleurs. Il s'agit probablement du même présage que dans la ligne Rv. 4. L'avant-dernier présage est favorable, cf. le commentaire du N° 20. Le dernier présage est également favorable, pour son apodose, voir: KAR 423, II: 69: KASKAL *i-šar-[tu],* "le chemin droit", cf.: STARR, *Rituals,* p. 112.

7. Selon I. Starr, après les signes GIŠ.[HUR...] il y a de la place pour quelques signes. Il s'agit probablement du même présage que dans le texte BRM 4, 12: 67: BE AŠ KUR ŠU.SI GIŠ.HUR *ku-ri-ti i-šá-riš eṣ-ret* SILIM-*um* ERIM-*ia*$_5$, "si le court des[sin] dans la région du *doigt* est tracé droit, (cela signifie) le bien-être de mon armée".

8. Le dernier indice est neutre, cf. le commentaire du N° 20.

34.

British Museum, K 11431 + K 11453 + 83-1-18,569

1 ^{d}UTU EN GAL-ú [š]á ⸢a⸣-[šal-lu-ka an-na GI.NA a-pal-an-ni]
2 i-na ŠÀ-bi ITI [an]-ni-[e x x x x x x x x]
3 ITI.ŠE.KIN.KUD šá MU.AN.N[A an-ni-ti ^{lú}GAL.MEŠ ^{lú}EN.NAM.MEŠ]
4 šá ^{kur}É-Ka-a-ri ^{kur}S[a-bar-da$^{?}$ a-na e-ser man-da-at-ti]
5 šá ANŠE.KUR.RA.MEŠ a-na na-g[i]-i šá ^{kur}[Ma-da-a-a]
6 [DU.MEŠ-ku x x x x x a-n]a UGU DINGIR-ti-ka GAL-ti DÙG-a[b]
7 [ki-i ^{lú}GAL.MEŠ ^{lú}EN.NAM.MEŠ šá a-n]a n[a-g]i-i šá [^{kur}]Ma-da-[a-a DU.MEŠ-ku]
[...]
Rv. [...]
1 [x x x x x x x x x x x x] ⸢x ma$^{?}$ a ki$^{?}$⸣ [x x x x x a-di ma-al UD-me]
2 [ŠÀ-ba]-šú-un u[b-l]am DU.DU.MEŠ-ku ^{m}Ú-ši$^{?}$-[x x x x x x x x x]
3 lu-ú šu-ú lu-ú DUMU-šú lu-ú ^{lú}ERIM.MEŠ Iš-ku-za-a-a [lu-ú ^{lú}ERIM.MEŠ]
4 šá it-ti-šú a-na [U]GU-hi ^{lú}GAL.MEŠ ^{lú}EN.NAM.MEŠ šá ^{kur}É-ka-a-[ri ^{kur}Sa-bar-da]
5 šá a-na na-gi-i [š]á ^{kur}Ma-da-a-a DU.MEŠ-ku ù GUR.MEŠ-ni a-[na ^{kur}Aš-šur$^{ki?}$]
6 ZI-bu GUD.UD šá MÍ.HUL a-na UGU-hi-šú-un GAR.MEŠ-un i-na ŠÀ-bi-šú-u[n šá GAZ GAZ-ku šá SAR SAR-ú]
7 šá IR-al IR-lu i-na ŠÀ UDU.NITÁ an-ni-e GUB-za-am-ma an-n[a GI.NA šuk-nam-ma lu-mur]
8 BE NA GÍR GAR.MEŠ SILIM 3 150 ZÉ ṣa-mid ŠU.SI eb-bet AN.T[A$^{?}$ x x x x x x x]
9 BE U.SAG UGU SA-ti U$_5$ SA-[ti] 150 KAR-it RA-at
10 BE NA GÍR GAR.MEŠ GIŠ.TUKUL SILIM [x x 1]50 ZÉ ṣa-mid B[E x x x x x x x x x]
11 BE U MUR MURUB$_4$ BAL-at-ma KI [x x] x MUR šá 1[5$^{?}$ x x x x x x x x x x]
12 [x x x x x x B]E$^{?}$ ŠÀ [UDU.NITÁ šá]-lim [x x x x x x x x x x x]

1 Shamash, grand seigneur, [donne-moi une ferme réponse positive à ce que] je [te demande.]
2 Durant ce mois [...]

3 du mois d'*addāru* de [cette] année, [est-ce que les dignitaires, les gouverneurs]
4-6 de Bīt-kāri (et) S[aparda (?) doivent aller dans la région de la [Médie pour la levée du tribut] de chevaux [...]? Est-ce que (cela) est agréable pour ta grande divinité?
7 [Les dignitaires, les gouverneurs qui iront dans la r[ég]ion de la Méd[ie]
[...]
Rv. [...]
1 [...] ... [... si durant tous les jours]
2 [où] ils [voudront (aller)] et iront, Uši[...],
3 soit lui-même, soit son fils, soit les troupes scythes, [soit les troupes]
4-7 qui (sont) avec lui, s'ils feront une attaque et une mauvaise agression contre les dignitaires (et) les gouverneurs de Bīt-kā[ri (et) Saparda] qui iront dans la région de la Médie et reviendront en [Assyrie (?); s'ils tueront ce qu'on peut tuer, s'ils pilleront ce qu'on peut piller,] s'ils enlèveront ce qu'on peut enlever d'entre eux. Place à l'intérieur de ce mouton [une ferme réponse] positive, [pose-(la), pour que je (la) voie.]
8 La *station,* le *sentier* sont présents. (Il y a) trois *bien-êtres.* La partie gauche de la vésicule biliaire est *attachée.* Le *doigt* est gros. Le dess[us (?) ...]
9 La *cime* chevauche la partie extérieure; la partie extérieure est atrophiée (et) détruite (?) à gauche.
10 La *station,* le *sentier* sont présents. L'*arme* de *bien-être* [...] La partie gauche de la vésicule biliaire est *attachée.* [...]
11 Le *doigt* moyen du poumon est renversé et [...] Le poumon dr[oit (?) ...]
12 [...] Le coeur [du mouton est nor]mal. [...]

AGS, 30, (texte, translittération, traduction). AVIIU, N° 68, g, 3 (traduction partielle). SAA 4, 71, pp. 79-80 (texte, translittération, traduction).

Ecriture néo-assyrienne.

Rv. 6. E.J. Knudtzon et I.M. Diakonoff donnent une traduction erronée de cette ligne. Ils interprètent les signes *zi-bu* comme une désignation du chien ou du loup, cf. la traduction d'I.M. Diakonoff: *"postav'at li oni protiv nikh voinstvennogo zlogo volka".*

Rv. 8. Les deux premiers indices sont probablement neutres, cf. le commentaire du N° 20. La présence des trois *bien-êtres* est un présage équivoque, cf.: TCL 6, 3: Rv. 25: BE SILIM 3 IZI.GAR BIR-*ah* É LÚ, "s'(il y a) trois *bien-être,* (c'est) un présage équivoque". Le présage suivant est favorable, cf.: SAA 4, 280: 6: BE 150 ZÉ *ṣa-mid* GÌR-*ka sad* KÚR, "si la partie gauche de la vésicule biliaire est *attachée,* ton pied (sera) le meurtrier de l'ennemi", cf.: CT 20, 39, III: 12; 44, I: 46, VAB IV, 266 ff (STARR, *Rituals,* p. 127): 28. L'idéogramme GÌR-*ka* peut encore être compris comme *ša-šēpi,* "garde personnelle". Le même présage est répété à la ligne Rv. 10.

9. Le premier présage est favorable. Son apodose est conservée dans le texte VAB IV, 266 ff (STARR, *Rituals*, p. 127): 33: BE U.SAG UGU *ki-di-tum ir-kab* GIŠ.MI DINGIR UGU LÚ GÁL DINGIR *zi-nu-ú* KI LÚ SILIM-*im*, "si la *cime* chevauche la partie extérieure, la protection du dieu sera sur l'homme, le dieu fâché se réconciliera avec l'homme", cf.: CT 31, 10: 4-6: (BE) ... U.SAG UGU *ki-[di-ti* U_5] GIŠ.MI DINGIR *da-ru-ú* UGU [LÚ GÁL-*šú*] ... DINGIR *zi-nu-ú* KI LÚ [SILIM-*im*]. Le même présage est de plus mentionné dans le texte SAA 4, 287: 8 dans la description d'une divination dont le résultat est estimé comme étant favorable.

12. Indice neutre, cf. le commentaire du N° 20.

Le résultat de ces divinations peut donc être considéré comme étant favorable.

Le fragment SAA 4, 67 = AGS 31 (82-5-22,492) est très proche de cette demande, bien qu'il appartienne à une autre tablette. Il s'agit dans ce fragment de la levée du tribut de chevaux, mais les noms des régions où ces événements se passent ne sont pas conservés. Le début du nom des Mèdes est conservé à la ligne Rv. 7, où l'on pourrait également restituer le nom des Scythes.

35.

British Museum, K 11430 + K 11527

[...]
1 [^{m}Šá-^{d}PA-šú-ú ^{lú}GAL-SAG.MEŠ a-di Á.KAL.MEŠ mál it-ti-šú i-na ŠU.2 ^{lú}ERIM.MEŠ ^{kur}x x x x]
2 [i-n]a Š[U.2 ERIM.MEŠ ^{lú}x x-a-a i-na ŠU.2 ERIM.MEŠ ^{lú}Ma-ta-a-a i-na ŠU.2 ^{lú}ERIM.MEŠ]
3 [^{l}]^{ú}Gi-m[ir-ra-a-a i-na ŠU.2 ^{lú}KÚR mál GÁL-ú i-šet-tu-ú KAR-ú TI-ú]
4 i-šal-li-m[u-ú lu-ú TA ŠU.2-šu-un uš-te-zi-bu-ú uš-te-ṣu-ú]
5 lu-ú li-i-[tu da-na-nu i-šak-ka-nu ^{lú}GAL-SAG.MEŠ a-di Á.KAL.MEŠ mál it-ti-šú]
6 [i]-na SILIM-tim G[UR.MEŠ-ú-ma mi-ṣir ^{kur}Aš-šur^{ki} i-ka-ba-su-ú]
7 [DINGIR-u]t-ka GAL-t[i ZU-e i-na SILIM-tim i-na KA DINGIR-ti-ka GAL-ti]
8 [^{d}]UTU EN GAL-ú [qa-bi-i ku-un-i IGI-ru IGI-ra ŠE-ú ŠE-e]
9 [e-zi]b šá ŠÀ-bi ^{lú}ERIM.M[EŠ x x x x x x x x]
10 [e-zib] šá di-in UD-me [an-ni-e GIM DÙG.GA GIM ha-ṭu-ú]
11 [e-zib šá] KUG lu-['u-ú UDU.NITÁ SISKUR.SISKUR TAG-tú lu-ú a-na IGI SISKUR.SISKUR GIL.MEŠ-ku]
Rv. 1 [e-zib] šá i-na KI an-ni-e [lu-'u-ú MÁŠ MÁŠ-ú]
2 [e-zib] šá UDU.NITÁ DINGIR-ti-ka šá a-[na MÁŠ MÁŠ-ú LAL-ú ha-ṭu-ú]

3 [e-zib] šá TAG-it SAG.KI UDU.NITÁ TÚG gi-[né-e-šú ár-šat lab-šú mim-ma lu-'u-ú KÚ NAG-ú ŠÉŠ-šú]

4 [e-zib] šá a-na-ku DUMU LÚ.HAL AR[AD-ka ku-un ŠU.2 BAL-ú uš-pe-lu ú-lu ta-mit i-na KA-ia up-tar-ri-du]

5 [lu]-ú ZI.MEŠ lu-ú BAR.MEŠ a-ša[l-ka ^{d}UTU EN GAL-ú ki-i ^{m}Aš-šur-DÙ-DUMU.UŠ DUMU ^{m}Aš-šur-ŠEŠ-SUM-na LUGAL ^{kur}Aš-šur^{ki}]

6 [^{m}Šá]-^{d}PA-šú-ú ^{lú}GA[L-SAG.MEŠ a-di ^{lú}ERIM.MEŠ ANŠE.KUR.RA.MEŠ Á.KAL.MEŠ mál ŠÀ-ba-šú ub-lu]

7 [a-na UR]U UR$_5$-tú [^{uru}x x x šá i-na na-ge-e šá ^{kur}x x x i-šap-pa-ru-ma]

[...]

[...]

1-3 [Est-ce que Ša-Nabû-šû, eunuque en chef, avec toute l'armée qui est avec lui, évitera les mains des troupes..., l]es mai[ns des troupes ..., les mains des troupes mèdes, les mains des troupes] cimmé[riennes, les mains de l'ennemi quel qu'il soit, est-ce qu'il se sauvera, est-ce qu'il sera vivant,]

4 est-ce qu'il sera sain [et sauf? Est-ce qu'il échappera à leurs mains, est-ce qu'il sera emmené?]

5 Est-ce qu'[il remportera] la vict[oire (et aura) la puissance? L'eunuque en chef avec toute l'armée qui est avec lui,]

6 est-ce qu'il re[viendra] en paix, [et passera les frontières de l'Assyrie?]

7-8 Ta grande [divinité (le) sait. Est-ce que (cela) est dit, est-ce que (cela) est établi par la bonté, par la bouche de ta grande divinité,] Shamash, grand seigneur? [Est-ce que celui qui voit (le) verra, celui qui entend (l')entendra?]

9 [Tol]ère que le coeur des troupes [...]

10 [Tolère] en ce qui concerne la décision de [ce] jour [aussi bien ce qui est bon que ce qui est erroné.]

11 [Tolère que] le pur (ou) le sou[illé ait touché le mouton du sacrifice, ou ait entravé le mouton de sacrifice.]

Rv.1 [Tolère] que [j'aie pratiqué la divination] sur cette place [souillée].

2 [Tolère] que le mouton de ta divinité [utilisé pour la divination soit imparfait (et) vicieux].

3 [Tolère] que celui qui a touché le front du mouton [soit vêtu de son sale] vêtement ord[inaire, qu'il ait mangé, bu ou qu'il se soit muni de quelque chose de souillé].

4 [Tolère] que moi, le devin, [ton] esc[lave, j'aie changé (ou) modifié le rite ou que la langue dans ma bouche ait fourché.]

5 Que (cela) soit écarté, que (cela) soit mis de côté. Je [te] de[mande, Shamash, grand seigneur, si quand Assourbanipal, fils d'Assarhaddon, roi d'Assyrie]

6-7 [enverra Ša]-Nabû-šû, [eunuque en] chef [avec les hommes, les chevaux, toute l'armée qu'il voudra en] cette vil[le de... qui est dans le district de ...]

[...]

AGS, 23, 162, (texte, translittération, traduction). AVIIU, N° 75, 1 (traduction partielle, commentaire) SAA 4, 80, pp. 90-91 (translittération, traduction).

Ecriture néo-assyrienne.

E. Knudtzon et d'autres savants après lui ont supposé que cette tablette est jointive au fragment K 11438 (AGS 75, SAA 4, 79). Les collations de S. Parpola ont cependant prouvé que ces deux fragments ont une épaisseur différente et qu'ils ne pouvaient donc appartenir à une seule tablette. Il est tout de même fort probable que les demandes SAA 4, 79 et SAA 4, 80 ont été écrites à la même époque et qu'elles relatent les mêmes événements. La première demande parle de l'envoi par Assourbanipal, fils du roi Assarhaddon, de l'eunuque en chef Ša-Nabû-šû avec l'armée en Ellipi (lignes 2-4, Rv. 5-7). Les mentions des Ellipéens et des Mèdes sont conservées dans l'énumération des ennemis éventuels (lignes 7-8). En s'appuyant sur le texte SAA 4, 80: 3 on pourrait également restituer ici le nom des Cimmériens.

36.

British Museum, Ki 1904-10-9,3 (BM 98974)

[...]

Rv. [...]

1 [e-zib šá EN-MU.MU NE-i ^{m}Šá-^{d}AG]-šú-ú [^{lú}GAL-SAG x x x]

2 [e-zi]b šá 20 30 ^{lú}Gi-mir-ra-a-a [x x x x x]

3 [e]-zib šá AŠ pa-a-ti [i-dab-bu-bu x x x x x]

4 [e]-zib šá DU[G$_4$].MEŠ-ma [x x x x x x x x]

5 [e-zi]b šá ik-rib di-nim UD-mu NE-i [GIM DÙG.GA GIM ha-ṭu-ú]

6 [e-zib š]á TAG-it p[u-u]t UDU.NITÁ TÚG g[i-né-e-šú ár-šá-ti lab-šú]

[...]

[...]

Rv. [...]

1 [Tolère que le sujet de cette demande, Ša-Nabû]-šû, [eunuque en chef ...]

2 [Tolère] que 20 (ou) 30 Cimmériens [...]
3 [To]lère ce qu'ils [disent] par leurs bouches [...]
4 [To]lère ce qu'ils disent et [...]
5 [To]lère en ce qui concerne la prière de décision de ce jour [aussi bien ce qui est bon que ce qui est erroné].
6 [Tolère] que celui qui a touché le f[ron]t du mouton [soit vêtu de son sale] vêtement o[rdinaire].

SAA 4, 97, pp. 114, 403 (texte, translittération, traduction).
Ecriture néo-babylonienne.

37.

British Museum, K 11437

1 [^{d}UTU EN GAL]-u šá a-šal-lu-ka [an-na GI.NA a-pal-an-ni]
2 [TA UD NE-i] UD-6-KÁM šá ITI an-ni-e ITI.Š[E a-di UD-5-KÁM šá ITI.SIG$_{4}$ šá MU.AN.NA TU-ti]
3 [a-na 90 UD.M]EŠ 90 MI.MEŠ ši-kin a-dan-ni-ia [i-na ši-kin a-dan-ni šu-a-tú]
4 [lu-ú ^{lú}]SAG.MEŠ šá ziq-ni man-za-az pa-ni [LUGAL lu-ú NUMUN LUGAL IGI.MEŠ]
5 [lu-ú NU]MUN LUGAL EGIR.MEŠ lu-ú qur-ub LUGAL mim-[ma mál GÁL-ú]
6 [lu-ú GAR-nu].MEŠ lu-ú mu-šar-ki-s[a]-a-[n]i GAL-⌜ú⌝-[ra-a-ti]
7 [lu-ú qur]-bu-tú lu-ú šá GÌR.2 l[u-ú] GIŠ.GIGIR LUGAL [lu-ú ^{lú}Ì.DU$_{8}$.MEŠ šá É-a-ni]
8 [lu-ú ^{lú}Ì.]DU$_{8}$.MEŠ šá qa-a-ni lu-ú L[Ú šá] É-ku-din LÚ šá [É-2-e]
9 [lu-ú ^{l}]^{ú}MU.MEŠ SUM.NINDA.MEŠ NINDA.MEŠ k[i-i]t-ki-tu-ú ga[b-bu mál GÁL-ú]
10 [lu-ú ^{l}]^{ú}I-tu-'a-a-a NIM.MA.KI-a-a GIŠ.BAN.TAG.G[A.MEŠ Hat-ta-a-a Gur-ra-a-a]
11 [lu]-ú URI.KI lu-ú Ah-lá-mu-ú lu-ú Gi-mir-[ra-a-a]
12 [l]u-ú Mu-uṣ-ra-a-a lu-ú Ku-sa-a-a lu-ú Qi-d[a$^{?}$-ra-a-a]
13 lu-ú ŠEŠ.MEŠ-šú-un lu-ú DUMU.MEŠ-šú-un lu-[ú DUMU ŠEŠ.MEŠ-šú-un]
14 lu-ú EN-MUN.MEŠ-šú-un lu-ú EN-NINDA.MEŠ-šú-un lu-ú ERIM.MEŠ šá [is-si-šú-un ú-du-ú-ni]
15 lu-ú ^{lú}SAG lu-ú šá ziq-ni mál GÁL-ú lu-ú ^{lú}KÚR [mál GÁL-ú]

16 lu-ú i-na kal UD-me lu-ú i-na šat MI lu-ú i-na UR[U lu-ú i-na A.ŠÀ]
17 lu-ú i-na GIŠ.GU.ZA LUGAL-ti a-šar áš-bu lu-ú i-na GIŠ.GIGIR lu-ú [i-na šá šá-da-di]
18 lu-ú i-na GÌR.2-šú lu-ú a-na È-šú lu-ú a-na e-[re-bi-šú]
19 lu-ú i-na UGU šad-at-tu-ú-ni a-šar áš-bu lu-ú ERIM.[MEŠ šá i-na hu-ra-di]
20 lu-ú ERIM.MEŠ šá a-na pir-ri TU.MEŠ È.MEŠ lu-ú i-na KÚ NINDA.HI.A l[u-ú i-na A.MEŠ NAG]
21 lu-ú i-na MURUB$_4$ KÉŠ.MEŠ lu-ú i-na MURUB$_4$ DU$_8$.MEŠ lu-ú i-na U[GU ra-ma-ak A.MEŠ]
22 lu-ú i-na pir-ṣa-te lu-ú i-na pa-ni har-du-ú-ti lu-ú mim-[ma mál GÁL-ú]
23 si-hu HI.GAR a-na UGU ^{md}Aš-šur-ŠEŠ-SUM-na LUGAL ^{kur}Aš-šur^{ki} DÙ.MEŠ-šú-ú ŠU.2-[su-un šá HUL-tim a-na ŠÀ-šú ub-ba-lu-ú]
24 DINGIR-ut-ka GAL-ti ZU-e DÙ-eš si-hi HI.GAR a-na UGU ^{m}Aš-šur-ŠEŠ-SUM-na L[UGAL ^{kur}Aš-šur^{ki}]
25 i-na SILIM-tim i-na KA DINGIR-ti-ka GAL-ti ^{d}UTU EN GAL-ú qa-bi-i ⸢ku⸣-un-[i IGI-ru IGI-ra ŠE-ú ŠE-e]
Rv. 1 e-zib šá de-e-ni UD-me an-ni-e GIM DÙG.GA [GIM ha-ṭu-ú]
2 e-zib šá KÙ lu-'u-ú SISKUR.SISKUR TAG.MEŠ ú-[lu a-na IGI SISKUR.SISKUR GIL.MEŠ-ku]
3 e-zib šá lu-'u-ú lu-'u-ú-tú KI MÁŠ D[IB.MEŠ-ma ú-le-'u-ú]
4 e-zib šá i-na KI an-ni-e lu-'u-[ú MÁŠ MÁŠ-ú]
5 e-zib šá UDU.NITÁ DINGIR-ti-ka šá a-na M[ÁŠ MÁŠ-ú LAL-ú ha-ṭu-ú]
6 e-zib šá TAG-it SAG.KI UDU.NITÁ TÚG gi-né-šú ár-šat lab-šú mim-ma [lu-'u-ú KÚ NAG ŠÉŠ-šú]
7 e-zib šá a-na-ku DUMU LÚ.HAL ARAD-ka mim-ma lu-'u-ú KÚ NAG-⸢ú⸣ [ŠÉŠ-šú]
8 ⸢ú⸣-lu ku-un ŠU.2 BAL-ú uš-pe-lu lu-ú Z[I.MEŠ lu-ú BAR.MEŠ a-šal-ka ^{d}UTU EN GAL-ú]
9 [k]i-i TA UD-me an-ni-e UD-6-KÁM šá ITI an-ni-e ITI.ŠE a-di U[D-5-KÁM šá ITI.SIG$_4$ šá MU.AN.NA TU-ti]
10 si-hu HI.GAR a-na UGU ^{md}Aš-šur-ŠEŠ-SUM-na [LUGAL ^{kur}Aš-šur^{ki} DÙ.MEŠ-šú]

11 qa-su-un šá HUL-tim [a-na ŠÀ-šú ub-ba-lu]

12 id-du-[ku-šú]

13 [i]-na ŠÀ UDU.NITÁ an-ni-e GUB-za-am-[ma an-na GI.NA GIŠ.HUR.MEŠ SILIM.MEŠ]
14 [UZU.ME]Š ta-mit SIG$_5$.MEŠ SILIM.MEŠ šá SILIM-tim [šá KA DINGIR-ti-ka GAL-ti šuk-nam-ma lu-mur]
15 [UGU DINGIR-t]i-ka GAL-ti ^{d}UTU EN GA[L-ú lil-lik-ma KIN li-tap-pal]
16 [x x x] GÍR GAR KALAG NU GAR-in 150 ZÉ ṣa-mid EDI[N U MURUB$_4$ x x x]
17 [ŠU.SI-MUR MURUB$_4$ SUHUŠ-s]à KÉŠ-is GAG.ZAG.GA e-bi ŠÀ.NIGIN 15 GUR.[MEŠ]
18 [x x x x x] ⌜UZU⌝ ZI-ih MÁŠ šal-mat AN.TA-t[ú DU-ik]
19 [x x x x x x] ŠÀ.NIGIN 12 [x x x x x]
s. 1 ^{md}AMAR.UTU-MU-PAB ^{m}Na-ṣi-ru ^{m}Tab-ni-i [x x x]
2 ^{m}A-qar-a ^{md}AMAR.UTU-MU-DÙ ^{m}Ba-ni-⌜i⌝ [x x x x]
3 ITI.ŠE UD-6-KÁM hi-su-tú [x x x x x]

1 [Shamash, grand seigneur, donne-moi une ferme réponse positive] à ce que je te demande.
2 [A partir de ce jour,] 6e jour de ce mois d'*addāru,* [jusqu'au 5e jour du mois de *simānu* de l'année qui arrive],
3 [pour 90 jour]s et 90 nuits, (cela) est mon délai établi. [Durant ce délai établi,]
4 [soit] les eunuques, les non-eunuques, les courtisans [du roi, soit les aînés de la famille royale,]
5 [soit] les cadets de la famille royale, soit tous les proches du roi, [quels qu'ils soient,]
6 [soit les gouverneu]rs, soit les délégués, soit les chefs des [détachements],
7 [soit les gardes] du corps, soit la garde personnelle, s[oit] les cochers du roi, [soit la garde des portes intérieures,]
8 [soit la] garde des portes extérieures, soit le chef de l'écurie des mulets, soit les [domestiques],
9 [soit] les cuisiniers, les confiseurs, les boulangers, to[us les] artisans [quels qu'ils soient,]
10 [soit] les Itu', soit les Elamites, soit les archers [montés (?), soit les Hittites, soit les Gurru,]
11 [so]it les Akkadiens / Ourartéens (?), soit les Araméens, soit les Cimmér[iens,]
12 [s]oit les Égyptiens, soit les Nubiens, soit les gens de Qe[dar,]
13 soit leurs frères, soit leurs fils, so[it leurs neveux,]
14 soit leurs amis, soit leurs commensaux, soit les gens [qui pensent avec eux,]

15 soit les eunuques, soit les non-eunuques, quels qu'ils soient, soit l'ennemi [quel qu'il soit,]

16 soit dans la journée, soit pendant la nuit, soit dans une ville, [soit à la campagne,]

17 soit quand il occupe la place sur le trône de la royauté, soit sur un char, soit [sur un chariot de fête,]

18 soit quand il (va) à pied, soit à la sortie, soit à l'[entrée,]

19 soit quand il occupe une place sur ..., soit les gens [qui ont des charges militaires,]

20 soit les gens qui entrent (et) sortent pour la collecte des taxes, soit quand il mange du pain, [soit quand il boit de l'eau,]

21 soit quand on le vêtira, soit quand on le dévêtira, soit lors du [bain de l'eau,]

22 soit par une tromperie, soit par une ruse, soit par n'importe [quoi, quel qu'il soit,]

23 est-ce qu'ils feront une révolte (et) une rébellion contre Assarhaddon, roi d'Assyrie, [est-ce qu'ils mettront sur lui leurs] mains hostiles?]

24 Ta grande divinité (le) sait. Est-ce que l'exécution d'une révolte (et) d'une rébellion contre Assarhaddon, [roi d'Assyrie,]

25 est dite, est-ce que (elle) est établie par la bonté, par la bouche de ta grande divinité, Shamash, grand seigneur? [Est-ce que celui qui voit (le) verra, celui qui entend (l')entendra?]

Rv. 1 Tolère en ce qui concerne la décision de ce jour aussi bien ce qui est bon [que ce qui est erroné.]

2 Tolère que le pur (ou) le souillé ait touché le mouton du sacrifice, o[u ait entravé le mouton du sacrifice.]

3 Tolère que le souillé ou la souillée soit [passé] sur la place de la divination [et (l')ait souillée.]

4 Tolère que [j'aie pratiqué la divination] sur cette place souillée.

5 Tolère que le mouton de ta divinité [utilisé pour la divination soit imparfait (et) vicieux].

6 Tolère que celui qui a touché le front du mouton soit vêtu de son sale vêtement ordinaire, [qu'il ait mangé, bu ou qu'il se soit muni de] quelque chose [de souillé].

7 Tolère que moi, le devin, ton esclave, j'aie mangé, bu ou [que je me sois muni] de quelque chose de souillé,

8 ou que j'aie changé (ou) modifié le rite. Que [(cela) soit écarté, que (cela) soit mis de côté. Je te demande, Shamash, grand seigneur,]

9 si à partir de ce jour, 6e jour de ce mois d'*addāru,* jusqu'au [5e jour du mois de *simānu* de l'année qui arrive,]

10 une révolte (et) une rébellion [seront faites] contre Assarhaddon, roi d'Assyrie;]

11 si leurs mains hostiles [seront mises sur lui;]

12 [s'il sera] tué.

13-14 Place à l'intérieur de ce mouton [une ferme réponse positive; pose des configurations favorables, de bons] présages favorables de la bonté [de la parole de ta grande divinité, pour que je (les) voie.]
15 [Que (cela) aille jusqu'à] ta grande [divinité], Shamash, grand seigneur, [et que la prédiction soit donnée en réponse.]
16 [...] Le *sentier* est présent. La *puissance* n'est pas présente. La partie gauche de la vésicule biliaire est *attachée*. La sur[face moyenne du *doigt* ...]
17 [Le *doigt* moyen du poumon: son fondement est] *attaché*. Le sternum est gros. Les tours d'intestin sont tournés à droite.
18 [...] La chair est déchirée. L'*accroissement* est normal. Le dessus [est élevé.]
19 [...] (Il y a) 12 tours d'intestin [...]
s. 1 Marduk-šumu-uṣur, Nāṣiru, Tabnî, [...]
2 Aqarāia, Marduk-šumu-ibni, Bānî, [...]
3 Le mois d'*addāru*, 6e jour. Rappel.

AGS 108 (texte, translittération, traduction). AVIIU, N° 68, e (traduction partielle, commentaire). SAA 4, 139, pp. 148-150 (translittération, traduction).

Ecriture néo-assyrienne.

4. Le mot *ša ziqni* (littéralement "les barbus") est une désignation des courtisans assyriens qui n'étaient pas eunuques, contrairement aux ^{lú}SAG, "les eunuques": CAD, vol. Z, pp. 126-127.

10. GIŠ.BAN.TAG.GA.MEŠ: pour la signification "les archers montés", voir: CAD, vol. M, p. 102; les textes: ADD, 631: 6; ABL, 1206: 11; MSL 12, 238: Rv. 11. Ce mot peut être également interprété comme une désignation du peuple Mahiṣu en Elam.

22. La signification "ruse" pour les mots *pa-ni har-du-ú-ti* est proposée par S. Parpola qui s'appuie sur le texte ABL 945: 7: SAA 4, p. 148.

Rv. 16. Le deuxième présage est équivoque, cf.: SAA 4, 280 (PRT 105): 3: BE KALAG NU GAR *ni-ip-hu*, "si la *puissance* n'est pas présente, (cela signifie) la collision". Le présage suivant est favorable, cf. le commentaire du N° 34.

17. Le premier indice est neutre ou favorable, cf. le commentaire du N° 27.

18. Les deux derniers indices sont probablement neutres. Pour le premier, voir SAA 4, 280: 7, pour le deuxième, le commentaire du N° 20, Rv. 16.

On peut donc supposer que cette divination est favorable, bien qu'il n'y ait ici qu'un seul présage sûrement favorable.

38.

British Museum, K 11444

1 [^{d}UTU EN GAL-ú šá a-šal-lu-ka an-na GI.NA a-p]al-an-ni
2 [TA UD-x-KÁM šá ITI NE-i ITI.x a-di UD-x-KÁM šá ITI.x šá MU.AN.NA] an-ni-ti
3 [a-na x UD.MEŠ x MI.MEŠ ši-kin a-dan-ni-ia i-na ši-kin a-dan-ni šu-a-tú lu-ú ^{lú}]GAL.MEŠ ^{lú}NAM.MEŠ
4 [lu-ú i-na ^{lú}SAG.MEŠ šá ziq-ni man-za-az pa-ni LUGAL lu]-⸢ú⸣ i-na NUMUN LUGAL IGI.MEŠ
5 [lu-ú i-na NUMUN LUGAL EGIR.MEŠ lu-ú GAR-nu.MEŠ mu-šar-kis-a-ni GAL-ú-ra-a-ti lu-ú m]u-kil PA.MEŠ 3.U_5.MEŠ A-SIG.MEŠ
6 [lu-ú ^{lú}x x x x x x x x x x x x x x x x x x x x x x lu]-ú GAL-KA.KÉŠ.MEŠ lu-ú qur-⸢bu⸣-tú
7 [lu-ú šá GÌR.2 lu-ú ^{lú}Ì.DU_8.MEŠ šá É-a-ni lu-ú ^{lú}Ì.]DU_8.MEŠ šá qa-an-ni lu-ú kal-lab.MEŠ
8 [lu-ú ^{lú}UŠ-kib-si.MEŠ lu-ú x x x x x x x x x x x x l]u-ú šá IGI-É.GAL.MEŠ šá GIŠ.PA.MEŠ šá EN.NUN.MEŠ
9 [lu-ú ^{lú}KA.KÉŠ.MEŠ KAŠ.LUL.MEŠ MU.MEŠ SUM.NINDA. MEŠ NINDA.MEŠ kit-ki-tu-ú gab-bu lu-ú ^{lú}DUB.SAR].MEŠ Aš-šur^{ki}-a-a lu-ú ^{lú}DUB.SAR.MEŠ ár-ma-a-a šá [(x)]
10 [lu-ú ^{lú}I-tu-'a-a-a ^{lú}NIM.MA-a-a ^{lú}GIŠ.BAN.TAG.GA.MEŠ ^{lú}Gur-ra-a-a lu]-⸢ú⸣ ^{kur}Man-na-a-a Mad-a-a ^{lú}Gi-mir-ra-a-a
11 [lu-ú ^{lú}Ah-la-mu-ú ^{lú}Hat-ta-a-a$^{?}$ lu-ú ^{lú}Pi-li-is-ta-a-a lu-ú ^{l}]^{ú}Ṣi-du-un-a-a lu-ú ^{lú}Mu-uṣ-ra-a-a
12 [lu-ú ^{lú}Ku-sa-a-a lu-ú ^{lú}Qi-da-ra-a-a$^{?}$ lu-ú ^{lú}Šá-bu-qa-a-a] lu-ú ^{lú}SAG.MEŠ šá til-li ÍL-ú-ni
13 [lu-ú LÚ šá ziq-ni šá til-li ÍL-ú-ni a-na EN.NUN šá LUGAL GUB.MEŠ-ú-ni] ⸢lu⸣-ú i-na ^{lú}zak-ke-e gab-bu
14 [^{lú}ERIM.MEŠ šá is-si-šú-un iš-mu-ú-ni ú-du-ú-ni ŠEŠ.MEŠ-šú-un DU]MU.MEŠ-šú-un qí-in-⸢ni-šú⸣-u[n x x x x]
[...]
Rv. [...]
1 [i-na ŠÀ UDU.NITÁ an-ni-i GUB-za-am-ma an-na GI.NA GIŠ.HUR.MEŠ] SILIM.MEŠ
2 [UZU.MEŠ ta-mit SIG_5.MEŠ SILIM.MEŠ šá SILIM]-tim
3 [šá KA DINGIR-ti-ka GAL-ti šuk-nam-ma lu]-mur
4 [UGU DINGIR-ti-ka GAL-ti ^{d}UTU EN GAL-ú lil-lik-ma U]R_5.ÚŠ li-tap-pa[l]

1 [Shamash, grand seigneur,] donne-moi [une ferme réponse positive à ce que je te demande.]
2 [A partir de … jour de ce mois de … jusqu'au … jour du mois de … de] cette [année],
3 [pour … jours et … nuits, (cela) est mon délai établi. Durant ce délai établi, soit] les dignitaires, soit les gouverneurs des provinces,
4 [soit parmi les eunuques, les non-eunuques, les courtisans du roi,] soit parmi les aînés de la famille royale,
5 [soit parmi les cadets de la famille royale, soit les gouverneurs, les délégués, les chefs des détachements, soit les co]chers de chars, les troisièmes guerriers de chars, les guerriers de chars,
6 [soit … so]it les capitaines, soit les gardes du corps,
7 [soit la garde personnelle, soit la garde des portes intérieures, soit la] garde des portes extérieures, soit les courriers à cheval
8 [soit les limiers, soit …] soit les gérants du palais, les porteurs de sceptre, les sentinelles,
9 [soit les tailleurs, les brasseurs, les cuisiniers, les confiseurs, les boulangers, tous les artisans, soit les scrib]es assyriens, soit les scribes araméens,
10 [soit les Itu', soit les Elamites, soit les archers montés (?), soit les Gurru, soit] les Mannéens, les Mèdes, les Cimmériens,
11 [soit les Araméens, les Hittites (?), soit les Philistins, soit] les gens de Sidon, soit les Égyptiens,
12 [soit les Nubiens, soit les gens de Qedar (?), soit les gens de Šabuqu,] soit les eunuques qui portent les armes,
13 [soit les non-eunuques qui portent les armes, qui sont présents pour la garde du roi,] soit (quelqu'un) parmi tous les *zakkû,*
14 [soit les gens qui écoutent (et) pensent avec eux, soit leurs frères,] leurs fils, leurs familles […]
[…]
Rv. […]
1-3 [Place à l'intérieur de ce mouton une ferme réponse positive; pose des configurations] favorables, [de bons présages favorables de la bon]té [de parole de ta grande divinité, pour que je (les)] voie.
4 [Que (cela) aille jusqu'à ta grande divinité, Shamash, grand seigneur, et que la pré]diction soit donnée en réponse.

AGS 109 (texte, translittération, traduction). AVIIU, N° 68, e, 2 (traduction partielle, commentaire). SAA 4, 144, pp. 154-155 (translittération, traduction).

13. *Zakkû* désigne une couche inférieure des fonctionnaires assyriens. La signification originelle de ce mot est "les hommes libres": CAD, vol. Z, pp. 22-23. E. Knudtzon donne la lecture ^{lú}*zak-ku i-qab-bu*. Une division correcte des mots a été proposée par I.M. Diakonoff.

39.

British Museum, K 11516

[...]
1 [x x x] ⸢x x x⸣ [x x x x]
2 [x x x] UZU x [x x x x]
3 [BE SA]-ti UGU U.[SAG MUR U_5]
4 [BE GAG.Z]AG.GA BAR-MA [DU_8]
5 [x] TAG.MEŠ AŠ [ŠÀ-bi]
6 (blank) NU DÙG.G[A 0]
7 [^{lú}DUMU].MEŠ-KIN.MEŠ šá ^{m}AN.ŠÁR-DÙ-A MAN ^{k}[^{ur}AN.ŠÁR]
8 [DÙ-ut] ŠU-ka šá a-na ^{lú}G[i-mir-ra-a-a]
9 [il-l]i-ku-ma i-ku-x[x x x]
[...]

[...]
1 [...]
2 [...] la chair [...]
3 [L'extérieu]r [chevauche] la *ci*[*me* du poumon.]
4 [Le ster]num [est fendu] au centre.
5 (Il y a) [...] indices défavorables à [son intérieur.]
6 Défavorable.
7 [Les mes]sagers d'Assourbanipal, roi [d'Assyrie,]
8-9 [création] de ta main, qui [sont pa]rtis chez les Ci[mmériens ...]
[...]

SAA 4, 295, pp. 278, 393 (texte, translittération, traduction).

3. Présage défavorable, cf.: le même présage: BE SA-*ti* [UGU U.SAG MUR U_5] (SAA 4, 352: 5) et le présage semblable BE SA-*ti* UGU U.SAG U_5 (SAA 4, 280: 17 et SAA 4, 305: 6) avec l'indication sur le fait qu'ils sont défavorables. Pour l'apodose, voir le commentaire du N° 33.

4. Présage défavorable: BOISSIER, *Choix*, 95: 16: BE GAG.ZAG.GA BAR-*ma* DU_8 *a-rad* URU *ana* GIŠ.TUKUL ŠUB-*ti* SIG-*i*, "Si le sternum est fendu au centre, (cela signifie) l'abandon de la ville, la chute d'un notable à cause des armes".

Les deux présages conservés sur cette tablette sont donc défavorables.

40.

British Museum, 83-1-18,564

1 [^{d}UTU EN GAL-ú šá a-šal-lu-ka an-na GI.NA] a-pal-an-ni
2 [x x x x x x x x x x x x x x x] ù ^{lú}ERIM.MEŠ Gi-mir-ra-a-a
3 [x x x x x x x x x x x x x x x] ma-dak-tu šak-nù
4 [x x x x x x x x x x x x x x i-n]a UGU ^{m}Ah-se-ri
5 [x x x x x x x x x x x x x x] ma-dak-ti-šú
6 [x x x x x x x x x DINGIR-ti-ka GAL-ti] ZU-⸢e⸣
7 [i-na SILIM-tim i-na KA DINGIR-ti-ka GA]L-ti
8 [^{d}UTU EN GAL-ú qa-bi-i ku-un IGI-r]u IGI-r[a 0]
[...]
Rv. [...]
1 [x x x x x x x x x x x x x x x x x x x x] x x [x x]
2 [x x x x x x x x x i-na ŠÀ UDU.NITÁ NE-i G]UB-za-am-m[a]
3 [an-na GI.NA GIŠ.HUR.MEŠ SILIM.MEŠ UZU.MEŠ ta-mi]t SIG$_5$.MEŠ SILIM.MEŠ
4 [šá SILIM-tim šá KA DINGIR-ti-ka GAL-ti šuk-n]am-ma lu-mur
5 [UGU DINGIR-ti-ka GAL-ti ^{d}UTU EN GAL-ú li]l-lik-ma UR$_5$.ÚŠ li-tap-pal

1 [Shamash, grand seigneur,] donne-moi [une ferme réponse positive à ce que je te demande.]
2 [...] et les troupes cimmériennes
3 [...] le camp est établi
4 [...co]ntre Ahšēri
5 [...] leur camp
6 [... Ta grande divinité] (le) sait.
7-8 [Est-ce que (cela) est dit, est-ce que (cela) est établi par la bonté, par la bouche de ta gra]nde [divinité, Shamash, grand seigneur? Est-ce que celui qui vo]it (le) verra?
[...]
Rv. [...]
1 [...]
2 [...] Place [à l'intérieur de ce mouton]
3-4 [une ferme réponse positive; po]se [des configurations favorables, de] bons [présages] favorables [de la parole de ta grande divinité,] pour que je (les) voie.
5 [Que (cela)] aille [jusqu'à ta grande divinité, Shamash, grand seigneur,] et que la prédiction soit donnée en réponse.

AGS 24 (texte, translittération, traduction). AVIIU, N° 68, b (traduction partielle). SAA 4, 269, p. 246 (translittération, traduction).

4. Ahšēri est un roi mannéen mentionné également dans les "annales" d'Assourbanipal. Pour son nom, voir: GRANTOVSKIJ, *op. cit.*, pp. 247-248.

41. Contrat de vente de potager à Ninive

British Museum, K 341.

1 NA$_4$.KIŠIB ^{m}Bi-bi-i EN-GIŠ.GIGIR
2 EN GIŠ.SAR SUM-ni
3 GIŠ.SAR ša Ú.SAR AŠ ^{uru}Ni-nu-a
4 AŠ IGI ti-tu-ri SUMUN
5 SUHUR GIŠ.SAR ša ^{md}PA-GIN-du-gul ^{lú}A-S[IG]
6 SUHUR GIŠ.SAR ša ^{d}MAŠ.MAŠ
7 SUHUR KASKAL-MAN SUHUR ÍD
8 ú-piš-ma ^{m}Man-nu-ki-arba-[il]
9 [AŠ ŠÀ x MA.N]A K[UG.UD] ⸢il⸣-[qi]
[...]
Rv. [...]
1 AŠ d[e-ni-šú DUG$_4$.DUG$_4$-ma la i-laq-qi]

---

2 IGI ^{md}PA-[x x x x x x]
3 IGI ^{m}Aš-šur-MU-G[IN$^{?}$ x x x x]
4 IGI ^{m}Qur-di-^{d}⸢15⸣ [^{lú}GAL-ki-ṣir]
5 IGI ^{m}Gi-ni-ia ^{l}[^{ú}x x x]
6 IGI ^{m}Da-ni-i ^{l}[^{ú}x x x]
7 IGI ^{md}IM-SUM-MU ^{lú}⸢GAL-ki-ṣir⸣
8 IGI ^{m}SUHUŠ-KASKAL ^{lú}: Gi-mir-a-a
9 IGI ^{m}PAB-DINGIR-a-a ša GÌR.2
10 IGI ^{m}DI-mu-EN-la-áš-me ^{lú}MU
11 IGI ^{m}Rém-a-ni-BE ^{lú}SUM.NINDA
12 IGI ^{m}SUHUŠ-^{d}7.BI ^{lú}DAM.QAR
e. 13 [ITI].DUL UD-13-KÁM lim-mu ^{m}TA-^{d}IM-a-ni-⸢nu⸣

1 Le sceau de Bībî, guerrier de char,
2 propriétaire du potager en vente.
3 Le jardin potager à Ninive,

4 en face du vieux pont,
5 contigu au potager de Nabû-kēnu-dugul, guerrier de char,
6 contigu au potager de Nergal,
7 contigu à la route royale, contigu à la rivière:
8 Mannu-kī-Arba[il] a conclu le marché et
9 (l')a ach[eté pour ... min]es d'ar[gent,]
[...]
Rv. [...]
1 [s'il se plaint] à [son] pr[ocès, il ne (le) recevra pas.]

---

2 En présence de Nabû-[...]
3 En présence d'Aššūr-šumu-k[a"in ...]
4 En présence de Qurdi-Issār, commandant de détachement.]
5 En présence de Ginnāia [...]
6 En présence de Danî [...]
7 En présence d'Adad-nādin-šumi, commandant de détachement.
8 En présence d'Ubru-Harrān, « cimmérien.
9 En présence d'Aḫu-ilāʾī, membre de la garde personnelle (du roi).
10 En présence de Šulmu-Bēli-lašme, cuisinier.
11 En présence de Rēmanni-Illil, confiseur.
12 En présence d'Ubru-Sebetti, marchand.
e. 13 Le mois de *tašrītu,* 13e jour, l'éponymie d'Issi-Adad-anīnu.

ADD, N° 364 (texte, commentaire). AR, N° 374. AVIIU, N° 66 (traduction, commentaire). NALK, 154. SAA 6, N° 204 (translittération, traduction).

Rv. 8. Le nom du commandant de détachement est assyrien. L'ethnonyme *Gi-mir-a-a* est précédé par le signe de répétition qui concerne sans doute la désignation de la profession. La traduction "commandant de détachement, Cimmérien" est théoriquement possible, mais elle semble être moins convaincante.

e. 13. L'éponymie d'Issi-Adad-anīnu est datée à 679 avant J.-C.

42. "Annales" d'Assourbanipal, rédaction E_1

1 [... ^{lú}RA.GA]B-ú-šú it-[...]
2 a-na ša-'a-al šul-[me]-ia
3 iṭ-ha-a a-na mi-ṣir KUR-ia
4 UN.MEŠ KUR-ia i-mu-ru-šu-ma
5 man-nu-me-e at-ta a-hu-u iq-bu-šu
6 ša ma-te-ma ^{lú}RA.GAB-ú-ku-un

7 da-rag-gu la iš-ku-na a-na ki-sur-ri
8 a-na NINA^{ki} URU be-li-ti-ia
9 [...] ú-bi-lu-ni-šu AŠ mah-ri-ia
10 EME.MEŠ ṣi-it-ti ^{d}UTU-ši e-rib ^{d}UTU-ši
11 ša ^{d}Aš-šur ú-ma-al-lu-u qa-tu-u-a
12 be-el EME-šú ul ib-ši-ma
13 EME-šu na-ak-rat-ma
14 la i-šim-mu-u at-mu-šu
15 ul-tu mi-ṣir KUR-šú
16 [...] it-ti-šú ú-bi-[la]

1 [...] son ca[valier ...]
2 pour s'informer de ma santé
3 a atteint les frontières de mon pays.
4 Les gens de mon pays l'ont vu et
5 lui ont demandé: "Qui es-tu, l'étranger?
6 Votre cavalier n'a jamais
7 emprunté le chemin vers (cette) région."
8-9 On l'a amené chez moi, à Ninive, la ville de ma royauté [...]
10 (Parmi) les langues d'Orient et d'Occident
11 qu'Assour a confiées à mes mains,
12 il n'y avait pas de traducteur de sa langue.
13 Sa langue est étrangère et
14 sa parole est incompréhensible.
15-16 Il a apporté avec soi [...] des frontières de son pays.

La version E$_1$ est la plus ancienne des rédactions connues des "annales" d'Assourbanipal. Elle date des années 668-665 avant J.-C. Cette rédaction est connue grâce à quelques fragments de "prismes". Le passage en question est conservé sur deux d'entre eux:

1. Institut oriental de Chicago, A 7920.

PIEPKORN, *op. cit.*, pp. 14-17 (translittération, traduction). COGAN M., TADMOR H., *op. cit.*, pp. 66-68 (translittération, traduction, commentaire).

Ce fragment comprend les parties supérieures des cinquième et sixième faces d'un "prisme" hexagonal. La numérotation des lignes suit ce fragment.

2. British Museum, K 1821.

SMITH G., *History of Ashurbanipal*, pp. 76-77, 82-83 (translittération, traduction). STRECK, *Assurbanipal*, partie 1, p. XXXI, partie 2, pp. 165-157 (translittération, traduction). BAUER Th., *Die Inschriftenwerk Assurbanipals*, pl. 17, p. 27 (texte, translittération, traduction, commentaire). PIEPKORN, *op. cit.*, pp. 14-17 (translittération, traduction). COGAN, TADMOR. *op. cit.*, pp. 66-68 (translittération, traduction, commentaire).

Le fragment comprend les parties supérieures des quatrième et cinquième faces d'un "prisme" hexagonal. Le texte reproduit les lignes 3 à 16 du fragment de Chicago.

Les variantes: 10: ṣi-it ^{d}UTU-ši | 11: ša AN.ŠÁR | 14: la i-šim-mu-ú.

2. Formule de salutation typique qui témoigne d'une reconnaissance de vassalité par la personne saluant. Cette formule était largement répandue à partir de l'époque de Sargon: AHw, vol. I, p. 1151b.

43. "Annales" d'Assourbanipal, rédaction E$_2$

BM 134454, A (V)

6 [^{m}Gu-gu] MAN ^{kur}Lu-ud-[di]
7 [áš-ru] ru-ú-qu
8 [x x x] pa-an ^{kur}Aš-šur^{ki}
9 [la x x] x-tú-u né-su-u URU-šú
10 [LUGAL.MEŠ a-l]i-kut mah-ri AD.MEŠ-ia
11 [la iš-mu-ú] zi-kir MU-šú
12 [da-ad-m]e rap-šá-tu-ma
13 [x x l]a$^{?}$ šuk-lu-lu
14 [i-ṣu-t]ú e-mu-qi
15 [^{lú}Gi-mi]r-ra-a-a KÚR ak-ṣu
16 [x x x x] AŠ tam-ha-ri
17 [x x x x] x ú-šam-qí-[tu]
[…]

BM 134445, C (V), BM 121018, C (V)

1 […] x […]
2 G[IM ZI.GA-ut BUR$_5$.HÁ]
3 ka-[tim ^{kur}Lu-ud-di ka-li-ša]
4 ṣi-ir KUR […]
5 a-na paṭ gim-[ri …]
6 ^{md}Aš-šur-DÙ-[DUMU MAN ^{kur}Aš-šur^{ki}]
7 ki-ma nu-ú-[ri …]
8 šu-pu-ma ku-x […]
9 ú-šá-an-ni-ma x […]
10 AŠ šat mu-ši [^{d}Aš-šur ú-šab-ra-ni-ma]
11 ki-a-am [iq-ta-bi DIŠ ia-a-ši]
12 um-ma šá ^{m}Aš-šur-[DÙ-DUMU MAN ^{kur}Aš-šur^{ki}]
13 hi-ši-ih-te Aš-šur [LUGAL DINGIR.MEŠ]
14 GÌR-2 ⌜EN-ú⌝-[ti-šu ṣa-bat-ma]

15 a-na ⸢e-pi⸣-[iš ARAD-u-ti]

BM 134455, A (VI), BM 127923, A (V)

1 [...]-ka
2 [ta-ma]-⸢ah-ha⸣-aṣ-ma
3 [tu-ra-as]-sa-pá AŠ GIŠ.TUKUL
4 [MÁŠ.MI] aṭ-ṭu-la ap-lah-ma
5 [DUG$_4$.GA DING]IR-ia ú-šal-li-ma
6 [ú-šá-a]n-na-a a-na LUGAL
7 [ul-tu UD-m]e an-ni-i
8 šat-ti-šam [l]a na-par-ka-a
9 na-šá-ku [k]a-bit-tú GUN
10 [ù a]-na ṣi-ir ^{lú}KÚR.MEŠ-šú
11 [ka-ia-na] a-na-ku la-as-ma-ku
12 [GUN ú]-⸢še⸣-bi-la am-hur
13 [... an-n]a-a-te
14 [...] šú

BM 134454, B (VI)

1 ⸢ú⸣ [...]
2 ^{lú}A-[KIN ...]
3 a-na a-mar [...]

BM 134454, A

6 [Gygès,] roi de Lyd[ie,]
7 [endroit] éloigné,
8 [...] Assyrie
9 [il n'y avait pas (?) ...] sa ville est loin.
10 [Les rois pré]cédents, mes aïeux,
11 [n'ont pas entendu] prononcer son nom.
12 [(Son) pay]s est grand
13 [... n'est] pas (?) parfait
14 [le manque] des forces
15 [Les Cim]mériens, un ennemi puissant
16 [...] en bataille
17 [...] ils ont détruit
[...]

BM 134445, C, BM 121018, C

1 [...]
2 co[mme par une invasion de criquets,]
3 [toute la Lydie a été] cou[verte (par les Cimmériens)]
4 contre le pays [...]
5 sur toutes les frontières [...]
6 Assourban[ipal, roi d'Assyrie]
7 comme la lumi[ère ...]
8 est apparu [...]
9 il m'a fait savoir [...]
10 "Pendant la nuit, [Assour m'a fait voir (un rêve).]
11 [Il m'a dit] ce qui suit:
12 "Assour[banipal (est) le roi d'Assyrie,]
13 bien-aimé d'Assour, [roi des dieux.]
14 [Etreins] les pieds de [sa] seigneur[ie;]
15 pour l'accompliss[ement du service]
[...]

BM 134455, A, BM 127923, A

1 [...] ton
2 [tu (les) ba]ttras et
3 [tu (les) ané]antiras par les armes."
4 Je me suis effrayé [du rêve] que j'avais vu.
5 J'ai accompli [l'ordre de] mon di[eu]
6 [Je (le) fais] savoir au roi.
7 [A partir de] ce [jou]r,
8 chaque année, sans interruption,
9 j'apporte un lourd tribut
10-11 [et] j'attaque [constamment] ses ennemis."
12 J'ai accepté [le tribut] qu'il avait envoyé.
13 [...] ces
14 [...] son

BM 134454, B

1 et [...]
2 le mes[sager ...]
3 chez [...]

La rédaction E_2 des "annales" d'Assourbanipal donne une description détaillée de l'ambassade de Gygès. Cette rédaction date de 665 avant J.-C. Le texte de cette version n'est conservé qu'en fragments. Le passage en question est conservé dans les fragments suivants:

1. British Museum, BM 134454.

MILLARD A.R., "Fragments of Historical Texts from Nineveh: Assurbanipal", in *Iraq*, 30, 1968, p. 102, pl. XX (texte, translittération, traduction). COGAN, TADMOR, *op. cit.*, pp. 69-71 (translittération, traduction, commentaire).

Ce fragment provient des fouilles de Ninive. Il comprend des parties des cinquième et sixième faces d'un "prisme" hexagonal.

2. British Museum, BM 134445 (TM 1931-32,11).

THOMPSON, "A Selection", N° 20, pp. 100-102, fig. 12 (texte, translittération, traduction). COGAN, TADMOR, *op. cit.*, pp. 69-71 (translittération, traduction, commentaire).

Ce fragment a été retrouvé lors des fouilles de R.C. Thompson à Kouyoundjik (Ninive) en 1931-1932. Il comprend des parties des troisième, quatrième et cinquième faces d'un "prisme" hexagonal. Il s'agit probablement d'un fragment du même "prisme" que le fragment précédent. Les deux fragments ne sont cependant pas jointifs.

3. British Museum, BM 121018 (TH 1929-10-12,13).

THOMPSON, "A Selection", N° 21, pp. 100-102, fig. 12 (texte, translittération, traduction). COGAN, TADMOR, *op. cit.*, pp. 69-71 (translittération, traduction, commentaire).

Ce fragment a été retrouvé lors des fouilles de R.C. Thompson à Kouyoundjik (Ninive) en 1929. Il comprend les parties inférieures des troisième, quatrième et cinquième faces d'un "prisme" hexagonal. Son texte reproduit les lignes 7-15 du fragment précédent.

4. British Museum, BM 134455 (TM 1931-2,14).

THOMPSON, "A Selection", N° 23, p. 103, fig. 13 (texte, translittération, traduction, commentaire). COGAN, TADMOR, *op. cit.*, pp. 69-71 (translittération, traduction, commentaire).

Ce fragment a été retrouvé lors des fouilles de R.C. Thompson à Kouyoundjik (Ninive) en 1931. Il comprend les parties supérieures des sixième et première faces d'un "prisme" hexagonal. G. LANFRANCHI (*Cimmeri*, p. 256, n. 4) mentionne que ce fragment est jointif au fragment BM 127940 attribué par M. Cogan et H. Tadmor à la rédaction E_1. Ce fait témoigne de la nécessité de regrouper au moins partiellement les fragments des "prismes" à l'intérieur de ces deux rédactions.

5. British Museum, BM 127923.

MILLARD, "Fragments", p. 102, pl. XX (texte, translittération, traduction). COGAN, TADMOR, *op. cit.*, pp. 69-71 (translittération, traduction, commentaire).

Ce fragment provient des fouilles de Ninive. Il comprend la partie inférieure d'une face d'un "prisme". Son texte reproduit les lignes 2 à 8 du fragment B.M. 134455.

B.M. 134445: 13. Pour la traduction des mots *hišihti Aššur*, voir: GELIO, "La délégation", pp. 209-210 avec des textes analogues. R. Gelio lui-même propose trois traductions différentes à divers endroits dans son article: "recherché", "reconnu", "réclamé".

44. "Annales" d'Assourbanipal, rédaction HT

British Museum, KK 228+3081+3084 et K 2675

Rv.13 ^{m}Gu-gu LUGAL ^{kur}Lu-ud-di na-gu-ú ni-bir-ti A.AB.BA aš-ru ru-ú-qu

14 ša LUGAL.MEŠ a-li-kut mah-ri AD.MEŠ-ia la iš-mu-ú zik-ri MU-šu
15 ni-bit LUGAL-ti-ia kab-ti AŠ MÁŠ.MI ú-šab-ri-šu-ma ^{d}Aš-šur DINGIR ba-nu-ú-a
16 um-ma šá ^{d}Aš-šur-DÙ-DUMU LUGAL Aš-šur^{ki} hi-ših-ti ^{d}Aš-šur LUGAL DINGIR.MEŠ EN gim-ri
17 GÌR.2.MEŠ ru-bu-ti-šu ṣa-bat-ma LUGAL-su pit-luh-ma ṣu-ul-la-a be-lut-su
18 šá e-piš ARAD-u-ti u na-din man-da-at-ti lil-li-ku-uš su-up-pu-ka
19 UD-mu MÁŠ.MI an-ni-tu e-mu-ru a-na ša-'a-al šul-me-ia ^{lú}RA.GAB-ú-šu iš-pu-ra a-di mah-ri-ia
20 ^{lú}Gi-mir-ra-a-a mu-dal-li-bu-u-ti KUR-šu AŠ qir-bi tam-ha-ri bal-ṭu-us-su ik-šú-da ŠU.2-šu
21 it-ti ta-mar-ti-šu ka-bit-tú a-na NINA^{ki} URU be-lu-ti-ia ú-še-bil-am-ma ú-na-aš-šiq GÌR.2-ia

Rv.

13-15 Assour, le dieu qui m'avait créé, a fait voir en rêve à Gygès, roi de Lydie, région de l'autre côté de la mer, endroit éloigné dont les rois précédents, mes aïeux, n'avaient pas entendu prononcer le nom, la dénomination de ma royauté majestueuse:
16 "Assourbanipal (est) le roi d'Assyrie, bien-aimé d'Assour, roi des dieux, seigneur de tout.
17 Etreins les pieds de sa grandeur, vénère sa royauté, implore sa seigneurie;
18 que tes prières concernant l'accomplissement du service et le paiement du tribut l'atteignent."
19 Le jour où il a vu ce rêve, il m'a envoyé son cavalier pour s'informer de ma santé.
20 Pendant la bataille, ses mains ont pris vivants les Cimmériens qui avaient opprimé son pays.
21 Il les a envoyés à Ninive, ville de ma royauté, avec ses lourdes offrandes et il a embrassé mes pieds.

RAWLINSON, *op. cit.*, vol. III, pl. 28-29a (texte). SMITH G., *History of Ashurbanipal,* pp. 73-76 (translittération, traduction). SMITH S.A., *Die Keilschrifttexte Asurbanipals,* vol. III, pp. 124-125 (texte). STRECK, *Assurbanipal,* partie 1, pp. XXXII-XXXIII, partie 2, pp. 166-169 (translittération, traduction). ARAB, vol. II, pp. 348-354 (traduction). AVIIU, N° 74 (traduction, commentaire).

Ces deux tablettes avec le même texte proviennent des archives de Kouyoundjik. Ces sont probablement des copies de l'inscription sur la construction du temple de Sin à Harran, où l'original doit se trouver. Cette rédaction des "annales" date de 660 avant J.-C. environ, cf.: SPALINGER A.J., "Esarhaddon and Egypt", pp. 317 suiv.

15. Les mots ^{d}*Aš-šur* DINGIR *ba-nu-ú-a* font sans doute allusion au nom du roi Aššūr-bāni-apli, "Assour a créé le fils-héritier".

45. "Annales" d'Assourbanipal, rédactions B, C et F

1 ^{m}Gu-ug-gu LUGAL Lu-ud-di ša ni-bir-ti A.AB.BA
2 áš-ru ru-u-qu ša LUGAL.MEŠ AD.MEŠ-ia la iš-mu-u zi-kir MU-šu
3 ni-bit LUGAL-ti-ia AŠ MÁŠ.MI ú-šab-ri-šu-ma AN.ŠÁR DINGIR ba-nu-u-a
4 UD-mu MÁŠ.MI an-ni-tu e-mu-ru ^{lú}rak-bu-šu iš-pu-ra
5 a-na ša-'a-al šul-mì-ia ^{lú}Gi-mir-a-a ^{lú}KÚR ek-ṣu
6 ša la ip-tal-la-hu AD.MEŠ-ia ù ia-a-ši la iṣ-ba-tú GÌR.2 LUGAL-ti-ia
7 AŠ TUKUL-ti AN.ŠÁR u ^{d}AMAR.UTU EN.MEŠ-ia
8 AŠ ^{giš}ṣi-iṣ-ṣi šat-qa-ti ^{giš}ši-ga-ri ú-tam-me-eh-ma
9 it-ti ta-mar-ti-šú ka-bit-ti ú-še-bi-la a-di mah-ri-ia
10 a-tam-ma-ru da-na-an AN.ŠÁR u ^{d}AMAR.UTU

1-3 Assour, le dieu qui m'avait créé, a fait voir en rêve à Gygès, roi de Lydie, région de l'autre côté de la mer, endroit éloigné dont les rois, mes aïeux, n'avaient pas entendu prononcer le nom, la dénomination de ma royauté.
4 Le jour où il a vu ce rêve, il a envoyé son cavalier
5 pour s'informer de ma santé. Les Cimmériens, un ennemi tenace,
6 qui ne (nous) avaient pas craint mes aïeux et moi, n'avaient pas étreint les pieds de ma royauté,
7-8 il (les) a mis aux fers, aux menottes et aux cangues grâce à l'aide d'Assour et Marduk / Ishtar et
9 me les a envoyés avec ses lourdes offrandes.
10 J'ai vu la puissance d'Assour et de Marduk.

Ce passage relatant l'ambassade de Gygès et sa lutte contre les Cimmériens est conservé avec des divergences insignifiantes dans les trois versions des "annales" d'Assourbanipal: B, C et F.

1. Rédaction B.

a) British Museum, K 2732 + Sm 1712.

RAWLINSON, *op. cit.*, vol. III, pl. 30-30a (texte). SMITH G., *History of Ashurbanipal*, pp. 68-73 (texte, translittération, traduction). WINCKLER, *Sammlung*, vol. III, pp. 38-48 (texte). STRECK, *Assurbanipal*, partie 1, pp. XXI-XXVII, partie 2, pp. 96-99 (translittération, traduction, commentaire). ARAB, vol. II, pp. 323-340 (traduction). PIEPKORN, *op. cit.*, pp. 26 suiv. (translittération, traduction, commentaire).

Ce "prisme" octogonal abîmé a été retrouvé par O. Rassam en 1854, lors de ses fouille du palais nord de Kouyoundjik (Ninive). Il est daté de l'éponymie de Bēl-šunu (648 avant J.-C.). Certains fragments de "prismes" appartenant à cette même rédaction datent de l'éponymie d'Ahu-ilāī (649 avant J.-C.). Le passage concernant Gygès se trouve aux lignes II, 93 - III, 4.

Variantes: 2: zik-ri II, 94 | 3: ba-nu-a II, 96 | 4: an-ni-tú II, 97 | 5: ak-ṣu II, 98 | 9: [it-ti ta-mar]-ti-šu III, 3.

b) British Museum, K 1779B.

WINCKLER, *Sammlung*, vol. III, pp. 56-58 (texte). CT 35, pl. 49-50 (texte). PIEPKORN, *op. cit.*, pp. 26 suiv. (collations).

Ce fragment reproduit les lignes II, 77 - III, 3 du "prisme" B.

Variante: 6: *caret.*

c) British Museum, Sm 344.

PIEPKORN, *op. cit.*, p. 26 (collations).

Ce fragment reproduit les lignes II, 94-95 du "prisme" B.

d) British Museum, TM 1931-32-2,21.

THOMPSON, "A Selection", N° 25, pp. 103-104, fig. 15, col. B (texte, translittération, traduction).

Ce fragment reproduit les lignes III, 3-43 du "prisme" B.

e) Institut oriental de Chicago, A 7935.

PIEPKORN, *op. cit*, pp. 24 suiv. (collations).

Ce fragment reproduit les lignes II, 67 - III, 9 du "prisme" B.

Variante: 3: AN.ŠÁR ba-nu-u-a.

f) Institut oriental de Chicago, A 7936.

PIEPKORN, *op. cit*, pp. 24 suiv. (collations).

Ce fragment reproduit les lignes II, 88 - III, 1 du "prisme" B.

g) Institut oriental de Chicago, A 7944.

PIEPKORN, *op. cit*, pp. 24 suiv. (collations).

Ce fragment reproduit les lignes II, 77 - III, 2 du "prisme" B.

h) Institut oriental de Chicago, A 7947.

PIEPKORN, *op. cit*, pp. 24 suiv. (collations).

Ce fragment reproduit les lignes II, 95 - III, 12 du "prisme" B.

i) Institut oriental de Chicago, A 7948.

PIEPKORN, *op. cit*, pp. 24 suiv. (collations).

Ce fragment reproduit les lignes II, 97 - III, 7 du "prisme" B.

j) Institut oriental de Chicago, A 7949.

PIEPKORN, *op. cit*, pp. 24 suiv. (collations).

Ce fragment reproduit les lignes II, 99 - III, 4 du "prisme" B.

2. Rédaction C.

a) Institut oriental de Chicago, A 8104.

Ce "prisme" n'est pas publié. Pour les collations, voir: PIEPKORN, *op. cit.* AYNARD, *op. cit.* Il est daté de l'éponymie de Nabû-nādin-ahi, c'est-à-dire de 647 avant J.C, cf.: TADMOR, "Tri poslednikh des'atiletija", p. 240.

b) British Museum, ND 5405.

KNUDSEN, *op. cit.*, p. 66, pl. XVIII (texte).

Fragment d'un "prisme" avec des restes de texte sur deux faces. Il a été retrouvé en 1956 lors des fouilles de Kalhu (Nimrud). Le passage en question est conservé aux lignes II, 10-24. L'auteur de sa publication l'attribue à la rédaction A.

Variantes: 1: na-gu-ú šá | 2: ru-ú-qu | la iš-mu-ú | 4: ^{lú}rak-bu-šú | 5: DIŠ ša-'a-[al] | 6: ia-a-ti | 7: AN.ŠÁR u ^{d}15 | 10: *caret.*

3. Rédaction F.

a) Musée du Louvre, AO 19939.

AYNARD, *op. cit.* (texte, translittération, traduction, commentaire).

"Prisme" hexagonal conservé presque complètement. L'endroit de la découverte n'est pas connu. Le "prisme" a été acquis par le musée du Louvre en 1947. Ce "prisme" et les autres fragments de la même rédaction sont datés de l'éponymie de Nabû-šar-ahhēšu. Ce nom n'est pas inclus dans la liste canonique des éponymes se terminant en 649 avant J.-C. Les documents d'affaires de cette époque, notamment ADD 927 permettent de rapporter son éponymie à 645 avant J.-C. Le passage concernant Gygès se trouve aux lignes II, 10-20.

Variantes: 1: šá | 3: ú-šab-ri-šú-ma | AN.ŠÁR ba-nu-u-a | 4: UD-mi MÁŠ.MI an-ni-ta | 6: at-tu-u-a | 7: AN.ŠÁR u ^{d}15 | 10: *caret.*

b) British Museum, 1913-4-16,147.

BAUER Th, *Die Inschriftenwerk Assurbanipals,* pl. 1-4, pp. 3-8 (texte, translittération, traduction).

Ce "prisme" est attribué par son éditeur à la rédaction A (nommé A^{a}).

c) Institut oriental de Chicago, A 8039.

Fragment non publié. Pour les collations, voir: AYNARD, *op. cit.*

Variantes: 1: ^{kur}Lu-ud-di | 4: an-ni-tú | 5: ^{kur}Gi-mir-ra-a-a.

d) Institut oriental de Chicago, A 8042.

Fragment non publié. Pour les collations, voir: PIEPKORN, *op. cit.*

Variante: 5: ^{kur}Gi-mir-ra-a-a.

e) Musée du Louvre, MAH 15849.

SCHEIL V., *Le prisme S d'Assarhaddon,* Paris, 1914, pl. a, 7, fr. b (texte). STRECK, *Assurbanipal,* partie 3, pp. 834-835 (collations). AYNARD, *op. cit.*, pp. 7 suiv. (collations).

Variantes: 3: LUGAL-ti-a kab-ti | 4: UD-me | 6: at-tu-ú-a.

11. Le mot *šatqati* et le mot *išqati* (rédaction A) sont probablement des synonymes qui désignent les menottes, cf.: AYNARD, *op. cit.*, pp. 36-37, n. 7. Le mot *šigaru* signifie "collier" (LANDSBERGER B. *Die Fauna der alten Mesopotamien nach 14. Tafel der Serie* Hur-ra = hubullu, Leipzig, 1934, p. 81), "carcan, cangue" (AHw, Lfg. 13, pp. 1230-1231).

46. "Annales" d'Assourbanipal, rédaction A

II, 95 ^{m}Gu-ug-gu LUGAL ^{kur}Lu-ud-di na-gu-u ša ni-bir-ti A.AB.BA
96 aš-ru ru-ú-qu ša LUGAL.MEŠ AD.MEŠ-ia la iš-mu-ú zi-kir MU-šu
97 ni-bit MU-ia AŠ MÁŠ.MI ú-šab-ri-šu-ma AN.ŠÁR DINGIR ba-nu-u-a
98 um-ma GÌR.2 ^{m}AN.ŠÁR-DÙ-A LUGAL ^{kur}AN.ŠÁR^{ki} ṣa-bat-ma

99 AŠ zi-kir MU-šu ku-šú-ud ^{lú}KÚR.MEŠ-ka
100 UD-mu MÁŠ.MI an-ni-tú e-mu-ru ^{lú}rak-bu-šu iš-pu-ru
101 a-na ša-'a-al šul-me-ia MÁŠ.MI an-ni-tú ša e-mu-ru
102 AŠ ŠU.2 ^{lú}A.KIN-šu iš-pur-am-ma ú-ša-an-na-a ia-a-ti
103 ul-tú ŠÀ-bi UD-mì ša iṣ-ba-tú GÌR.2 LUGAL-ti-ia
104 ^{lú}Gi-mir-ra-a-a mu-dal-li-bu UN.MEŠ KUR-šu
105 ša la ip-tal-la-hu AD.MEŠ-ia ù at-tu-u-a la iṣ-ba-tú
106 GÌR.2 LUGAL-ti-ia ik-šú-ud
107 AŠ TUKUL-ti AN.ŠÁR u ^{d}15 DINGIR.MEŠ EN.MEŠ-ia TA ŠÀ-bi EN-URU.MEŠ
108 šá ^{lú}Gi-mir-ra-a-a ša ik-šú-du 2 EN-URU.MEŠ
109 AŠ ṣi-iṣ-ṣi iš-qa-ti AN.BAR bi-ri-ti AN.BAR ú-tam-me-eh-ma
110 it-ti ta-mar-ti-šu ka-bit-tú ú-še-bi-la a-di mah-ri-ia
111 ^{lú}rak-bu-šu ša a-na ša-'a-al šul-me-ia ka-a-a-an iš-ta-nap-pa-ra
112 ú-šar-ša-a ba-ṭi-il-tú aš-šu ša a-mat AN.ŠÁR DINGIR DÙ-ia
113 la iṣ-ṣu-ru a-na e-muq ra-man-i-šu it-ta-kil-ma ig-pu-uš ŠÀ-bu
114 e-mu-qi-e-šu a-na kit-ri ^{m}Pi-ša-mì-il-ki LUGAL ^{kur}Mu-ṣur
115 šá is-lu-ú GIŠ.GIŠ EN-ti-ia iš-pur-ma a-na-ku aš-me-e-ma
116 ú-ṣal-li AN.ŠÁR u ^{d}15 um-ma pa-an ^{lú}KÚR-šu pa-gar-šu li-in-na-di-ma
117 liš-šú-u-ni GÌR.PAD.DU.MEŠ-šu ki-i ša a-na AN.ŠÁR am-hu-ru iš-lim-ma
118 pa-an ^{lú}KÚR-šu pa-gar-šu in-na-di-ma iš-šu-u-ni GÌR.PAD.DU.MEŠ-šu
119 ^{lú}Gi-mir-ra-a-a ša AŠ ni-bit MU-ia ša-pal-šu ik-bu-su
120 it-bu-nim-ma is-pu-nu gi-mir KUR-šu EGIR-šu DUMU-šu ú-šib AŠ GIŠ.GU.ZA-šu
121 ip-šit MÍ.HUL-tì ša AŠ ni-iš ŠU.2-ia DINGIR.MEŠ tik-li-ia
122 AŠ pa-an AD DÙ-šu ú-šap-ri-ku AŠ ŠU.2 ^{lú}A.KIN-šu iš-pur-am-ma
123 iṣ-ba-ta GÌR.2 LUGAL-ti-ía um-ma LUGAL ša DINGIR i-du-ú-šu at-ta
124 AD-u-a ta-ru-ur-ma MÍ.HUL iš-ša-kin AŠ pa-ni-šu
125 ia-a-ti ARAD pa-lih-ka kur-ban-ni-i-ma la-šú-ṭa ap-ša-an-ka

II, 95-97 Assour, le dieu qui m'avait créé, a fait voir en rêve à Gygès, roi de Lydie, région de l'autre côté de la mer, endroit éloigné dont les rois, mes aïeux, n'avaient pas entendu prononcer le nom, la dénomination de mon nom:
98 "Etreins les pieds d'Assourbanipal, roi d'Assyrie, et
99 vainc tes ennemis grâce à la prononciation de son nom".

100 Le jour où il a vu ce rêve, il a envoyé son cavalier
101 pour s'informer de ma santé. Ce rêve qu'il avait vu,
102 il me (l')a transmis et me (l')a fait savoir par l'intermédiaire de son messager.
103 Après le jour où il a étreint les pieds de ma royauté,
104 les Cimmériens qui avaient opprimé le peuple de son pays,
105 qui ne (nous) avaient pas craints mes aïeux et moi, n'avaient pas étreint
106 les pieds de ma royauté, il (les) a vaincus
107-9 grâce à l'aide d'Assour et d'Ishtar, les dieux, mes seigneurs. Il a mis aux fers, aux menottes de fer et aux chaînes de fer deux chefs de villes d'entre les chefs de villes qu'il avait vaincus et
110 me (les) a envoyés avec ses lourdes offrandes.
111 Son cavalier qu'il avait constammentenvoyé pour s'informer de ma santé,
112-3 il a cessé de (l')envoyer. J'ai appris qu'il ne se souvient plus de l'ordre d'Assour, le dieu qui m'avait créé, qu'il se fiait à ses propres forces et qu'il était devenu arrogant.
114-5 Il a envoyé ses troupes pour aider Psammétique, roi d'Égypte, qui a secoué le joug de ma seigneurie. J'ai entendu (cela) et
116 j'ai imploré Assour et Ishtar: "Que son cadavre soit jeté devant son ennemi et
117 qu'on emporte ses ossements." Il est arrivé, comme j'avais demandé à Assour.
118 Son cadavre a été jeté devant son ennemi et on a emporté ses ossements.
119 Les Cimmériens qu'il avait foulés aux pieds grâce à la dénomination de mon nom
120 ont attaqué et ont dévasté tout son pays. Après lui, son fils est monté sur son trône.
121-2 Il m'a envoyé par l'intermédiaire de son messager (la nouvelle) du malheur que les dieux, mes assistants, avaient fait subir selon ma prière à son père qui l'avait créé et
123 il a étreint mes pieds: "Toi, tu es un roi élu par le dieu.
124 Tu as maudit mon père et le mal est tombé sur lui.
125 Bénis-moi, esclave qui te craint, et que je traîne ton joug".

La rédaction A comprenant une description détaillée des événements liés à Gygès date probablement de 643/2 avant J.-C. Le passage en question est conservé dans les deux versions principales des "annales" de la rédaction A.

1. British Museum, Rm 1.

RAWLINSON H.G., *op. cit.*, vol. V, 1880, pl. 1-10 (texte). WINCKLER, *Sammlung*, vol. III, 1895, pp. 1-37 (texte). SMITH S.A., *Die Keilschrifttexte*, vol. I, (translittération, traduction, commentaire). P. JENSEN, in: SCHRADER E., *Keilschriftliche Bibliothek*, vol. II, pp. 152 suiv. (translittération, traduction). STRECK,

Assurbanipal, partie 1, pp. XVII-XIX, partie 2, pp. 20-23 (translittération, traduction, commentaire). ARAB, vol. II, p. 290 (traduction). AVIIU, N° 72 (traduction, commentaire).

Ce "prisme" décagonal (dit "cylindre de Rassam") a été retrouvé en 1878 par O. Rassam lors des fouilles du palais nord de Kouyoundjik (Ninive). Il est daté de l'éponymie de Šamaš-dān-inanni.

Variante: 124: ^{m}Ti-ša-mì-il-ki

2. British Museum, K 8537.

RAWLINSON, *op. cit.*, vol. III, 1870, pl. 17 suiv (texte). WINCKLER, *Sammlung*, vol. III, 1895, pp. 1-37 (texte). SMITH G., *History*, p. 3 suiv. (translittération, traduction). SMITH G., *Assyrian Discoveries. An Account of Exploration and Discoveries on the site of Nineveh during 1873 and 1874*, New York, 1875, pp. 318-376 (translittération, traduction). STRECK, *Assurbanipal*, partie 1, pp. XX-XXI, partie 2, pp. 20-23 (translittération, traduction, commentaire). ARAB, vol. II, p. 290 (traduction). AVIIU, N° 72 (traduction, commentaire).

Ce "prisme" octogonal (dit "le prisme A") a été retrouvé en 1854 par O. Rassam lors des fouilles du palais nord de Kouyoundjik. Il est daté de l'éponymie de Šamaš-dān-inanni.

Variantes: 95: ^{m}Gu-gu I 96: zik-ri I 97: ni-bit LUGAL-ti-ia kab-ti I ú-šab-ri-ma I 100: rak-bu-šu iš-pu-ra a-di mah-ri-a I 104: mu-da-al-li-bu I 107: ul-tu I 108: ^{lú}Gi-mir-a-a I 110: ka-bit-ti I 112: aš-šu *caret* I 114: é-mu-qi-šu I LUGAL *caret* I 116: pa-an *caret* I li-na-di-ma I 117: GÌR.PAD.DA.MEŠ I iš-li-ma I 122: ba-ni-šu I 123: iṣ-ba-tu I i-du-šu I 125: kur-ba-ni-ma.

47. "Annales" d'Assourbanipal, rédaction IT

84 … [^{m}Gu-ug-gu LUGAL ^{kur}Lu-ud-di AN].ŠÁR DINGIR ba-nu-u-a ni-[bit MU-ia] AŠ MÁŠ.MI

85 u-[šab-ri-šu um-ma] GÌR.2 AN.ŠÁR-DÙ-A LUGAL ^{kur}AN.ŠÁR^{ki} ṣa-[ba-at-ma]

86 [AŠ zi-kir MU-šu ku-šu-ud KÚR.MEŠ]-ka i-na zi-kir MU-ia ^{lú}KÚR.MEŠ-šu ik-šú-ud [UD-mu MÁŠ.MI an-ni-tu e-mu-ru]

87 ^{lú}rak-bu-šú šá šul-me i[š-pu-ru ta-mar-ti-šu ka-bit]-ti ú-še-bi-lam-ma ú-na-áš-šiq GÌR.2-i[a] …

....

138 [^{m}Mu-gal-lu LUGAL ^{kur}Tab]-alu šá it-ti LUGAL.MEŠ AD.MEŠ-ia

139 id-bu-bu da-ṣa-a-ti pu-luh-ti AN.ŠÁR ^{d}NIN.LÍL EN.MEŠ-[ia is-hup-šú-ma] šá a-na ⸢ni-ri⸣-ia i[k-nu-šu]

140 [DUMU].MÍ ṣi-it ŠÀ-bi-šú it-ti ANŠE.KUR.RA.MEŠ GAL.MEŠ man-da-a[t]-ta-šú [DUGUD]-tú ú-še-bi-lam-ma ú-na-áš-šiq GÌR.2-ia

141 [x x]-us-si DUMU-šú šat-ti-šam la na-par-ka-a man-da-at-ta-šú
DUGUD-tú ú-še-bi-lam-ma ú-ṣal-la-a EN-u-t[i-ia]
142 [ni-iš DIN]GIR.MEŠ GAL.MEŠ EN.MEŠ-ia ú-šá-az-kír-šú-ma i-šiṭ
ma-mit DINGIR-ú-ti-šú-nu GAL-te it-ti ^{m}Dug-dam-me-i LUGAL
143 NUMUN hal-qá-te-i iš-ta-kan pi-i-šú AN.ŠÁR KUR-ú GAL-u šá
i-ta-a-šú la in-ni-ni [ul-tu r]u-u-qu ik-šú-us-su-ma
144 AŠ ^{d}GIŠ.BAR a-ri-ri pa-gar-šú ú-šaq-me ba-lu GIŠ.BAN
ANŠE.KUR.RA.MEŠ [ANŠE.KUNGÁ].MEŠ ŠEŠ.MEŠ-šú
[qin]-nu-šú NUMUN É AD-šu
145 ERIM.HÁ-šú DAGAL-tum tuk-lat Á.2-šú ANŠE.KUR.RA.MEŠ
ANŠE.KUNGÁ.MEŠ AŠ la me-ni AŠ mil-[ki r]a-ma-ni-šú-nu
[iš]-lu-u-ni ^{kur}AN.ŠÁR^{ki}
146 ^{m}Dug-dam-m[e-i] LUGAL šad-da$^{?}$-a-a-ú Gu-tu-um^{ki} muš-tar-[hu]
ša pa-lah AN.[ŠÁR] la i-du-ú
147 a-na e-muq ra-ma-ni-šu it-ta-kil-ma ERIM.HÁ-šú id-kam-ma a-na
e-piš MÚR u ta-ha-z[i]
148 AŠ me-ṣir ^{kur}AN.ŠÁR^{ki} it-ta-di KARAŠ-su AN.ŠÁR ^{d}NIN.LÍL
^{d}EN ^{d}NÀ ^{d}15 a-ši-bat ^{uru}Ar[ba-ìl]
149 [...] pi-i-šú ir-he-e MÚD-ú-ma im-ta-r[a-a]ṣ UGU-šú-un i-na a-mat
[DINGIR]-ti-[šú]-nu-ma
150 [^{d}GIŠ.B]AR ul-tú AN-e im-qu-ut-ma šá-a-šú ERIM.HÁ-šú
KARAŠ-su ú-[qal]-li-šú-nu-ti
151 ^{m}Dug-[dam-me-i ip-lu]h-ma na-qut-tu ir-ši-ma [ERI]M.HÁ-šú
KARAŠ-su is-[su]-uh-ma
152 a-na EGIR [... a-n]a KUR-šú i-t[ur] pu-luh-ti [AN.]ŠÁR ^{d}NIN.LÍL
^{d}EN ^{d}NÀ ^{d}[1]5 ^{uru}Ar[ba-ìl^{ki} DINGIR.MEŠ]
153 [ša it]-tak-kil-u-in-ni is-hup-šú-ma ^{lú}MAH.MEŠ-šú šá ṭu-u-bi ù
su-lum-[me-e u-ma-'i-ir-ma$^{?}$]
154 [man-da-tu-šu ka-bit-tu$^{?}$ a]m-hur KUG.GI lu-bul-tu bir-me [x
x].MEŠ it-ti ANŠE.KUR.RA.MEŠ GAL.MEŠ
155 [... ANŠE.KUR.RA].MEŠ ru-kub be-lu-ti-šú ú-nu-ut MÈ
man-da-a[t]-ta-šú [ka-bi]t-tú
156 ú-še-bi-lam-ma ú-na-á[š-šiq GÌR.]2-ia a-na la ha-ṭi-e m[i-ṣ]ir
^{kur}AN.ŠÁR^{ki} n[i-iš AN.ŠÁR u ^{d}NI]N.LÍL
157 [ú-šá-a]z-kír-šú-ma ú-dan-nin it-ti-šú áš-ta-kan ma-mit šu-ú ma-mit
DINGIR.MEŠ GA[L.MEŠ]
158 [la] i-dá-gul [e-tiq-ma a-na mi-ṣir ^{kur}]AN.ŠÁR^{ki} ú-ṣa-am-mir
MÍ.[HUL ...] a-šar ti-ib-k[i] ih-ti
159 AŠ mi-ṣ[ir ^{kur}AN.ŠÁR^{ki} a-n]a šá-ka-ni na-[x x x
GIŠ.TUKUL.MEŠ] AN.ŠÁR EN-ia is-hup-šú-ma mah-hu-tíš
il-lik-ma AŠ me-qit ṭe-[e-m]e

160 ú-na-aš-šak rit-ti-šú mut-ta-as-s[u i]m-ma-šid-ma si-ih-lu iš-[šá-kin AŠ lìb-bi$^{?}$]-šú im-mar-ṭa-ma
161 im-qut GÌŠ-šú AŠ za-a-bi u ha-a-li 'ú-a a-a iq-ta-ti na-piš-tuš [...]
162 [AŠ qa$^{?}$]-ti ra-ma-ni-šú-nu [u-ras-si-bu a]-ha-miš AŠ GIŠ.TUKUL.MEŠ i-dal-la-lu ta-nit-ti AN.ŠÁR EN GAL-[i]a$^{?}$
163 AŠ UD-me an-na-a [...] al-[ta-ab]-ban ap-pi at-ta-'i-id da-na-an DI[NGIR.MEŠ GAL.MEŠ ša]
164 [it-tal]-ku ri-ṣu-ti si-it-te ^{lú}KÚR.MEŠ la kan-š[u-te] pu-luh-ti AN.ŠÁR ^{d}NIN.[LÍL]
165 [^{d}15 ša] ^{uru}Arba-ìl^{ki} DINGIR.MEŠ [tik-li-ia is-hup-šu-nu-ma] a-na gi-[bi]š MU-ia ip-tal-la-hu ARAD-u-ti ir-[ri-šu]

84-85 [As]sour, le dieu qui m'avait créé, a [fait voir] en rêve [à Gygès, roi de Lydie,] la dé[nomination de mon nom: "Etr]eins les pieds d'Assourbanipal, roi d'Assyrie, et
86 [vainc] tes [ennemis grâce à la prononciation de son nom". Il a vaincu ses ennemis grâce à la prononciation de mon nom. [Le jour, où il a vu ce rêve,]
87 il a [envoyé] son cavalier pour la salutation. Il a expédié [ses lourdes offrandes] et il a embrassé mes pieds ...

....

138-9 [Mugallu, roi du Tab]al, qui prononçait des insultes contre les rois mes aïeux, la terreur d'Assour et d'Ellilitu, [mes] seigneurs, [l'a frappé et] il s'est [incliné] sous mon joug.
140 Il (m')a envoyé [(sa) fi]lle, son rejeton, avec de grands chevaux, son [lourd] tribut et a embrassé mes pieds.
141 [x x]ussi, son fils envoyait chaque année, sans interruption son lourd tribut et implorait [ma] seigneurie.
142-3 Je l'ai fait jurer par les grands [di]eux, mes seigneurs, (mais) il a méprisé le serment par leurs (*sic*) grands dieux. Il s'est concerté avec Dugdammi, roi des barbares-destructeurs. Assour, grande montagne, dont les signes / frontières ne changent pas, l'a terrassé [de] loin et
144 a brûlé son corps par le feu flambant. Sans arc, ni chevaux, ni [mulets], (ni ?) ses frères, (ni ?) sa [par]enté, semence de la maison de son père,
145 sa grande armée, l'assistance de ses mains, a envoyé d'urgence suivant sa propre décision des chevaux et des mulets sans nombre en Assyrie.
146 Dugdamm[i], roi montagnard (?), Gutium, insol[ent] qui ne connaissait pas la terreur d'As[sour],
147 s'est fié à sa propre force et a rassemblé son armée pour livrer combat et bataille.

148 Il a établi son camp sur la frontière de l'Assyrie. Assour, Ellilitu, Bēl, Nabû, Ishtar habitant en Ar[bela]

149 [...] Le sang s'écoula de sa bouche et il est tombé malade. Suivant la volonté de leur (d'Assour, Ellilitu, etc.) divinité,

150 [le f]eu du ciel est tombé sur eux (les Cimmériens), et lui-même, son armée et son camp, il les a brûlés.

151 Dug[dammi a été ter]rifié, il s'est trouvé dans une situation déplorable et a en[le]vé son armée et son camp;

152 il est re[venu ... dans] son pays. La terreur d'[As]sour, d'Ellilitu, de Bēl, de Nabû, d'Ishtar d'Ar[bela, dieux]

153 [qui] m'aident l'a frappé et il [a envoyé] ses capitaines pour (établir) l'amitié et la paix.

154 J'ai reçu [son lourd tribut]. De l'or, des vêtements multicolores [...] avec de grands chevaux

155 [... des cheva]ux d'équitation de sa seigneurie, de l'équipement militaire, son [lou]rd tribut,

156-9 il me l'a envoyé et il a embr[assé] mes [pieds]. Je l'[ai fait] jurer [Assour et Elli]litu de ne pas pécher contre les frontières de l'Assyrie, et j'ai renforcé (cela) en concluant avec lui un traité sous serment. Il [n'a pas] respecté le traité sous serment par les gra[nds] dieux. [Il est entré dans les frontières de] l'Assyrie avec l'intention (de faire) le mal [...]. Il a péché contre les fron[tières de l'Assyrie] sur la place de libation; pour l'établissement [...L'arme] d'Assour, mon seigneur l'a frappé; il est devenu fou, et dans (sa) folie

160-1 il mordait ses doigts. La moitié de son (corps) a été atteinte de paralysie, une douleur aiguë a per[cé] son [coeur]; son pénis a été griffé et est tombé. Sa vie s'est terminée dans les excrétions, déjections et gémissements [...]

162 [par] leurs propres [ma]ins (?) [ils se sont terrassés (?)] l'un l'autre par les armes; ils se sont soumis à la gloire d'Assour, mon grand seigneur.

163 Ce jour [...] je me suis prosterné et j'ai glorifié la puissance des [grands dieux qui]

164 me [sont ve]nus en aide. D'autres ennemis insoumis, la terreur d'Assour et d'Ellil[itu],

165 [d'Ishtar d]'Arbela, des dieux [qui m'aident, les a frappés;] ils ont eu peur de la puissance de mon nom et ils ont dé[claré] leur soumission.

Le texte des "annales" de cette rédaction est conservé sur trois dalles de calcaire identiques qui se trouvaient dans les fondations du temple d'Ishtar bâti par Assourbanipal à Ninive (sur la colline de Kouyoundjik). Pendant les fouilles des années 1931-1932, on a trouvé 120 fragments de ces dalles. Le texte restitué des annales est publié dans l'édition: THOMPSON R.C., MALLOWAN M.E.L., "The British Museum Excavations at Nineveh, 1931-1932", in *University of Liverpool. Annals of Archaeology and*

Anthropology, 20, 1933, pp. 79-113, pl. LXXX-XCVII (texte, translittération, traduction, commentaire).

Variantes: 86: AŠ fr. 61 | 140: man-da-ta-šú fr. 99 | 141: be-lu-[ti] fr. 46 | 143: hal-qa-ti [x] fr. 99 | 145: Á-šú fr. 94 | ^{d}AŠ fr. 99 | 146: LUGAL šad-da$^{?}$-a-a-u Gu-tu-um^{ki} fr. 78 | ša pa-[lah AN.ŠÁR la] i-du-u fr. 99 | 147: u MÈ fr. 78 | 148: [^{d}1]5 šá ^{uru}Ar[ba-ìl] fr. 94 | 149: [ir]-he-e MÚD-u-ma fr. 99 | 151: is-su[h-ma] fr. 76, [is]-suh-ma fr. 99 | 155: man-da-a[t]-ta-šú DU[GUD] fr. 79 | 157: šu-u fr. 81 | 160: ú-na-šak fr. 79 | 164: si-it-ti fr. 79.

85. Les mots LUGAL ^{kur}AN.ŠÁR^{ki} sont lisibles dans l'autographie du texte, mais ils sont omis dans la translittération.

140. La publication de R.C. Thompson comprend une coquille. La variante est attestée par le fragment 99 et non par le fragment 100, comme indiqué dans cette publication. La même faute se retrouve également plus loin.

145. Ce passage est relativement obscur. La traduction de R.C. Thompson est incompréhensible. Il s'agit probablement du fait que l'armée, qui n'a pas souffert la colère d'Assour, a pris l'initiative après la mort de son roi, dont le corps a été brûlé par le feu céleste (le mot *pagru* signifie non seulement "cadavre", mais également "corps": AHw, Lfg. 10, p. 809), de conclure la paix avec l'Assyrie. Elle lui a donc envoyé le tribut.

152. La translittération dans la publication de R.C. Thompson montre une divergence avec l'autographie. Elle comprend la lecture ^{d}15 ša ^{uru}Ar[ba-ìl^{ki}.

155. La restitution du texte est fondée sur le fragment BM 123410: 19-20 (cf. infra).

158. La restitution du texte est fondée sur le fragment BM 123410: 25.

160. La restitution du texte est fondée sur le fragment BM 123410: 30.

48. "Annales" d'Assourbanipal, rédaction H

BM 121027

1(6) [^{m}Dug-dam-me-i gal-l]u NUMUN hal-q[á-te-i]
2(7) [x x x x l]a ba-bil [i-gi-si-e]
3(8) [a-na e-mu]q ra-man-i-šu [it-ta-kil-ma]
4(9) [ki-ma ZI.G]A-ut BUR$_5$.HÁ-ma [KUR ik-tim]
5(10) [ERIM.HÁ-šu] id-ka-[a-ma]
6(11) [AŠ me-ṣir ^{kur}AN.ŠÁR^{ki} it-ta]-ad-di KARAŠ-[su x x]
7(12) [x x x x x] da-tar lu mu-ra-da A[N.ŠÁR ^{d}30]
8(13) [^{d}UTU ^{d}15 ša ^{uru}]NINA^{ki} ^{d}15 ša ^{uru}A[rba-ìl^{ki}]
9(14) [x x x x pi-i-šú] ir-he-e MUD i[m-ta-ra-aṣ]
10(15) [x x x x x] GAL-ti a-šar šit-ku-[nu]
11(16) [x x x ^{d}GIŠ.B]AR TA AN-e im-[qu-ut-ma ša-a-šú]
12(17) [ERIM.HÁ-šu KARAŠ-su] ú-qal-li-[šú-nu-ti ^{m}Dug-dam-me-i]
13(18) [ip-luh-ma na-qut]-tu ir-[ši ...]
14(19) [...] a-na [^{uru}Har-ṣa-al-le-e]

BM 123410

12(7) [ERIM.HÁ-šu KARAŠ-su ú-q]al-li-šú-nu-ti
13(8) [^{m}Dug-dam-me-i ip-luh-ma] na-qut-tú ir-ši
14(9) [ERIM.HÁ-šú KARAŠ-su is-su-uh] a-na ^{uru}Har-ṣa-al-le-e
15(10) [...] šu šu
16(11) [...] KUR-šú UGU-šú ib-bal-ki-tu-ma
17(12) [... n]a-piš-tú iš-kun AŠ KI HUL-e u-šib-ma
18(13) [... it-t]i DINGIR.MEŠ-ia AŠ UKKIN ERIM.HÁ-šú i-dab-bu-ub
19(14) [...]-šú-un pu-luh-ti AN.ŠÁR ^{d}30 ^{d}UTU
20(15) [^{d}15 ša NI]NA^{ki} ^{d}15 ša ^{uru}Arba-ìl^{ki}
21(16) [DINGIR.MEŠ EN.MEŠ-i]a šá ú-tak-kil-in-ni is-hup-šu-ma
22(17) [^{lú}MAH.MEŠ-šú ša ṭu]-ú-bi ù su-lum-me-e
23(18) [...]-ti-šú it-ti ANŠE.KUR.RA.MEŠ
24(19) [GAL.MEŠ ...] ANŠE.KUR.RA.MEŠ ru-kub EN-šú
25(20) [...] x be-li ú-nu-tu MÈ
26(21) [man-da-at-ta-šu DUG]UD-tu ú-še-bi-lam-ma ú-na-áš-šiq GÌR.2-ia
27(22) [a-na la-ha-ṭi]-e mi-ṣir ^{kur}AN.ŠÁR niš DINGIR.MEŠ GAL.MEŠ
28(23) [EN-ia] ú-šá-az-kír-šú-ma ú-dan-nin it-ti-šu
29(24) [aš-ta-k]an ma-mit šu-ú ma-mit DINGIR.MEŠ GAL.MEŠ
EN.MEŠ-ia ip-ru-us-ma
30(25) [la i-da]-gul e-tiq-m[a] a-na mi-ṣir ^{kur}AN.ŠÁR^{ki} ú-ṣa-mir MÍ.HUL
31(26) [a-šar t]i-ib-ki$^{?}$ ih-ṭi a-na mi-ṣir ^{kur}AN.ŠÁR^{ki} a-na šá-ka-ni-šu
32(27) [... GIŠ.TU]KUL.MEŠ AN.ŠÁR EN-ia is-hup-šu-ma
33(28) [mah-hu-tíš il-li-k]a-am-ma AŠ me-qit ṭe-e-me ú-na-áš-šak rit-ti-šú
34(29) [...] ú-nak-kír-ma e-mid-su še-ret-su GAL-tu
35(30) [mit-ta-as-su im-ma-ši]d-ma si-ih-lu iš-šá-kin AŠ ŠÀ-bi-šú
36(31) [...-ti]-šú la ba-še-e ERIM.HÁ-šú
37(32) [... i]m-mar-ṭa-ma im-qut GÌŠ-šú
38(33) [... iq-t]a-ti n[a-piš-tuš]

1 [Dugdammi, démon *gal*]*lu*,barbare-dest[ructeur]
2 [...] qui n'apporte pas [le tribut annuel,]
3 [s'est fié à] sa propre [forc]e,
4 [a couvert] le pays [comme une invas]ion de criquets.
5 Il a rassemblé [son armée et]
6 [éta]bli [son] camp [sur la frontière de l'Assyrie ...]
7 [...] ... la descente (?) As[sour, Sīn,]
8 [Shamash, Ishtar de] Ninive, Ishtar d'Ar[bela]
9 [...] Le sang s'écoula [de sa bouche;] il est [tombé malade.]
10 [...] grandeur, place éta[blie (?)]

11 [… le f]eu du ciel est tom[bé et lui-même,]
12 [son armée et son camp,] il [les] a brûlés. [Dugdammi]
13 [a été terrifié et] il s'est retrouvé dans [une situation déplo]rable;
14 [il a enlevé son armée et son camp,] en Harṣalê
15 […] …
16 […] (de) son pays se sont révoltés contre lui et
17 […] il a expiré. Il se trouvait dans un mauvais endroit et
18 […] il machinait [con]tre mes dieux à l'intérieur de son armée.
19 […] leur. La terreur d'Assour, de Sīn, de Shamash
20 [d'Ishtar de Ni]nive, d'Ishtar d'Arbela,
21 [dieux, mes seigneurs,] qui m'aidaient, l'a frappé;
22 [ses capitaines pour (établir) l'am]itié et la paix
23 […] avec de [grands (?)] chevaux
24 […] des chevaux d'équitation de sa seigneurie,
25 […] … de l'équipement militaire,
26 [son lou]rd [tribut,] il me l'a envoyé et il a embrassé mes pieds.
27-29 Je l'ai fait jurer par les grands dieux, [mes seigneurs de ne pas pécher] contre les frontières de l'Assyrie et j'ai renforcé (cela) [en con]cluant avec lui le traité sous serment. Il a rejeté le traité sous serment par les grands dieux et
30 [ne l'a pas re]specté. Il est entré dans les frontières de l'Assyrie avec l'intention (de faire) le mal
31 Il a péché contre les frontières de l'Assyrie [sur la place] de libation; pour l'établissement (?)
32 [… L'ar]me d'Assour, mon seigneur l'a frappé;
33 [il est devenu fou,] et dans (sa) folie il mordait ses doigts.
34 […] il a changé et lui a infligé une sévère punition.
35 [La moitié de son (corps) a été atteinte de paralysie,] une douleur aiguë a percé son coeur;
36 […] de lui il n'y avait pas, son armée
37 […] son pénis a été griffé et est tombé.
38 […Sa vi]e s'est ter[minée …]

Cette rédaction est la variante la plus tardive des "annales" d'Assourbanipal. Un des fragments de cette rédaction (BM 83-1-18,600) est daté de 639 avant J.-C.: BAUER Th., *Die Inschriftenwerk Assurbanipal*, pp. 28-31. Le passage en question est conservé sur deux fragments:

1) British Museum, TH 1929-10-12,23 (BM 121027).

THOMPSON, "A Selection", N° 35, p. 109, fig. 20 (texte, translittération, traduction).

C'est un fragment de la dernière face d'un "prisme". Il provient des fouilles de 1929 à Ninive.

2) British Museum, BM 123410.

MILLARD, "Fragments", pp. 109-110, pl. XXIV (texte, translittération, traduction, commentaire). C'est un fragment de la première et de la dernière face d'un "prisme" octogonal. Il provient des fouilles de Ninive.

1. La restitution *gallu* est proposée par M. COGAN et H. TADMOR (*op. cit.*, p. 80, n. 26).

7-14. Les lignes 12-19 du premier fragment sont restituées par R.C. Thompson d'une façon erronée. Elle empêche par là de comprendre le texte des lignes 14-19, cf.: MILLARD, "Fragments", p. 106. La restitution proposée ici est fondée sur les textes de l'inscription du temple d'Ishtar et du fragment BM 123410. Les textes du premier et du deuxième fragment se suivent l'un l'autre avec une petite superposition (les fragments appartiennent à des "prismes" différents). Nous donnons ici les textes de ces deux fragments séparément pour rendre la restitution plus évidente. Nous sommes obligés d'introduire dans le texte une conjecture: le signe MUD au lieu du signe ZI à la 14e ligne du premier fragment.

14. La ville de Harṣalê n'est mentionnée nulle part ailleurs et sa localisation précise semble impossible à établir.

31. Les signes *ti-ib-ki* sont restitués par analogie avec l'inscription IT. Le dernier signe de ce mot est lu dans l'autographie comme RAD. Il s'agit probablement d'une haplographie des signes KÍ IH.

49. "Cylindre" d'Assourbanipal

British Museum, TH 1930-5-8,5 A, 22 (BM 122616) + BM 127966

10 [^{m}Dug-dam]-me-i LUGAL ERIM-man-da NUMUN [hal-qá-te-i]
11 [... a]-ni-ir ú-šam-qit

10-11 [J'ai] tué, j'ai renversé [Dugdam]mi, le roi d'*ummān manda,* barbare-[destructeur ...]

THOMPSON, "A Selection", N° 33, pp. 106-107, fig. 18 (texte, translittération, traduction). MILLARD, "Fragments", p. 111, pl. XXVI (texte, translittération, traduction).

Il s'agit d'un fragment de "cylindre", courte inscription de construction. Il est nommé par erreur fragment de "prisme" dans la publication de R.C. Thompson (dans la légende du dessin dans cette publication, il est nommé cependant "cylindre"). Ce "cylindre" date probablement de 639 avant J.-C.: TADMOR, "Tri poslednikh des'atiletija", p. 240. MILLARD, "Fragments", p. 111.

50. L'hymne d'Assourbanipal au dieu Marduk

British Museum, KK 120b + 144 + 3298 + 3265 et K 3412 (double)

20 ù ^{m}Dug-dam-me-i LUGAL ERIM-man-da tab-nit TI.AMAT tam-šil [^{d}GAL$_{5}$.LÁ]
21 a-na la e-piš an-ni la ha-ṭi-e mi-ṣir KUR-ia ni-i[š DINGIR.MEŠ]
22 i-miš la ik-kud-ma zi-kir-ka kab-tu šá ^{d}Í-gì-gì [ip-tal-la-hu]
23 a-na šur-bi-i be-lu-ti-ka ù da-na-an DINGIR-ti-ka [...]
24 ki-i šip-ri DINGIR-ti-ka šá taš-pu-ra um-ma ú-sap-pah il-lat-[su ...]
25 ^{m}Sa-an-dak-KUR-ru DUMU ṣi-it ŠÀ-bi-šú šá a-na te-ni-šú iš-ku-nu a-s[a-kip$^{?}$]
26 áš-me-ma at-ta-id ^{d}AMAR.UTU qar-du

20 Et Dugdammi, roi d'*ummān manda,* création de Tiāmat, une espèce de [démon *gallu*],
21-22 a méprisé le serment [par les dieux] de ne pas faire le crime, de ne pas pécher contre les frontières de mon pays; il n'a pas craint ton grand nom que les Igigi [vénèrent.]
23 Pour magnifier ta seigneurie et la puissance de ta divinité [...]
24 Suivant le message de ta divinité que tu as envoyé: "Je disperserai [son] armée [...];
25 je pré[cipiterai (?)] Sandakkurru / Sandakšatru, (son) fils, son rejeton qu'on a désigné comme son héritier".
26 J'ai entendu (cela) et j'ai glorifié le puissant Marduk.

STRONG, *op. cit.*, pp. 361-385 (texte, translittération, traduction, commentaire). CRAIG, *op. cit.*, vol. I, pl. 10-13, vol. II, pl. IX (texte). MESSERSCHMIDT, *op. cit.*, pp. 63-67 (translittération, traduction). WINCKLER, "Kimmerier", pp. 492-496 (translittération, traduction, commentaire). MARTIN, *op. cit.*, pp. 46-53 (translittération, traduction, commentaire). STRECK, *Assurbanipal,* partie 1, pp. L-LI, partie 2, pp. 276-287 (translittération, traduction, commentaire). AVIIU, N° 78 (texte, traduction).

20. Cette lecture a été proposée par le premier éditeur de ce texte A. Strong. Elle a été confirmée par F. Martin et M. Streck, ainsi que par B. LANDSBERGER et Th. BAUER: ("Zu neuveröffentlichten Geschichtsquellen", p. 80). J. Craig a cependant proposé la lecture *e-liš*, au lieu de la lecture *tab-nit*. Cette supposition a été approuvée par L. Messerschmidt et H. Winckler qui a proposé, en plus, de lire le mot *u-tar-an-[ni-ma]* au lieu de *tam-šil* [^{d}GAL$_{5}$.LÁ]. Elle a été également approuvée par I.M. Diakonoff (AVIIU, N° 78). Ce dernier a cependant rejeté plus tard ces lectures et repris l'interprétation d'A. Strong (*Istorija Midii*, p. 285, n. 1). Pour la restitution *tam-šil* [^{d}GAL$_{5}$.LÁ] cf.: la désignation analogue du roi d'Elam Teumman dans la rédaction B des "annales" d'Assourbanipal (IV, 71).

Tiāmat est une créature démoniaque, personnification du chaos primitif.

Les *Gallu* sont des démons maléfiques, notamment les gardiens de l'entrée aux enfers.

22. Les Igigi sont des dieux célestes.

25. La lecture *tênu* a été proposée par A. Strong, bien qu'ignorant la signification de ce mot. G. Winckler et M. Streck ont supposé la lecture *maškani* (?). I.M. Diakonoff a gardé dans le texte le mot *têнu* et donné sa traduction correcte: "successeur, héritier", cf.: AHw, Lfg. 14, p. 1347.

51. Oracle de la déesse Ishtar à Assourbanipal

British Museum, K 883.

1 ^{d}NIN.LÍL kab-ta-at ^{mí}ra-gi-in-tú
2 [ma-a] a-bít LUGAL ^{d}NIN.LÍL ši-i ma-a la ta-pal-làh ^{m}Aš-šur-DÙ-A
3 a-di ki-i šá aq-bu-u-ni ip-pa-šu-u-ni ad-da-nak-kan-ni
4 [...] a-di AŠ UGU DUMU.MEŠ šá šá SU$_6$.MEŠ AŠ UGU hal-pe-te šá ^{lú}SAG.MEŠ
5 [...] LUGAL-u-tú AŠ muh-hi-šú-nu tu-up-pa-šú-u-ni
6 [...] LUGAL-ka AŠ É.UŠ-u-ti
7 [...]-a-a-ti x x x x i-rak-kas
8 [LUGAL].MEŠ šá KUR.KUR a-na a-hi-iš i-qab-bu-u-ni
9 [ma-a] il-lik AŠ UGU ^{m}Aš-šur-DÙ-A LUGAL ši-i gaš-ra-ši
10 [ki-i x].MEŠ a-na AD.MEŠ-ni AD.AD.MEŠ-ni i-ši-mu-u-ni
11 [šú-u] AŠ bir-⌜tu⌝-ni lip-ru-us
12 [^{d}NIN].LÍL taq-ṭi-bi ma-a [LUGAL.MEŠ] šá KUR.KUR
13 [a]-sah-hu-pá a-ni-tu [...].MEŠ AŠ GÌR.2-šú-nu GAR-an
14 [ma]-a šá-ni-tú laq-bak-ka ma-a ki-i ^{kur}NIM^{ki} ^{kur}Gi-mir-a-[a e-puš]
Rv. 1 [e]-ta-al-la gi-ṣu a-šab-bir-ma a-mur-din-nu a-na ni-ip-ši a-nap-pa-áš
2 [a]-dam-mu ma-a-te a-na šar-bi ú-ta-ra
3 hal-la-la-at-ti en-gur-a-ti
4 at-ta ta-qab-bi ma-a mi-i-nu hal-la-la-at-ti en-gur-a-ti
5 hal-la-la-at-ti AŠ ^{kur}Mu-ṣur e-rab en-gur-a-ti ú-ṣa-a
6 ma-a šá ^{d}NIN.LÍL AMA-šú-ni la ta-pal-lah šá GAŠAN Arba-ìl ta-ri-su-ni la ta-pal-lah
7 ma-a ki-i ta-ri-ti AŠ UGU gi-iš-ši-ia ÍL-ši-ka-ši-ka
8 ma-a ^{giš}šu-kur-ra AŠ bi-rit UBUR.MEŠ-ia a-šak-kan-ka
9 šá mu-še-ia e-rak AN ṣar-ka šá kal UD-me hi-il-pa-ka ad-dan
10 šá kal-la-ma-ri un-na-ni-ka ú-ṣur ú-ṣur up-pa-áš-ka
11 [ma]-a at-ta la ta-pal-lah mu-u-ri šá ana-ku ú-rab-bu-u-ni

1 Ellilitu majestueuse proclamant:
2 "Voici la parole royale d'Ellilitu: "Ne crains pas, Assourbanipal,
3 je ferai ainsi, comme j'ai dit; je te donnerai
4 [... que] sur tous les non-eunuques, sur ... des eunuques,
5 [... que] tu aies l'autorité royale sur eux.
6 [...] de ta royauté dans le palais de l'héritier.
7 [...] ...
8 [Les rois] des pays parlaient entre eux:
9 "Allons chez / contre Assourbanipal, roi puissant [?].
10 [Comme les ...] dirigeaient nos pères et nos grands pères,
11 ainsi qu'[il] prenne la décision nous concernant.
12-13 [Ellil]itu a dit: "Je renverserai [les rois] des pays; je mettrai [des fers[?]] à leurs pieds.
14 Je te dis pour la deuxième fois: ["Je ferai] avec les Cimmériens comme avec Elam".
Rv. 1 Je m'élèverai, je briserai le paliure, je respirerai le parfum de la rose[?]
2 ... les pays, je (les) transformerai en feu.
3 Secrètement et ...
4 Tu demandes: "Qu'est-ce qu'est secrètement et ...?"
5 J'entre secrètement en Égypte, je sors ...
6 (Toi) dont la mère est Ellilitu, n'aie pas peur, (toi) dont la maîtresse d'Arbela est la nourrice, n'aie pas peur.
7 Je te prends sur mes genoux comme une nourrice.
8 ... Je te mettrai entre mes seins.
9 Je veille sur toi pendant la nuit, toute la journée, je te donne du lait.
10 J'écoute attentivement tes prières tôt le matin, j'écoute attentivement tes actions.
11 N'aie pas peur, mon enfant, que j'ai élevé.

STRONG, *op. cit.*, pp. 633-635, 645 (texte, translittération, commentaire). CRAIG, *op. cit.*, pl. 26-27 (texte). SCHEIL, *op. cit.*, pp. 206-207 (traduction). MARTIN, *op. cit.*, pp. 100-105 (translittération, traduction, commentaire). JASTROW, *op. cit.*, pp. 170-174 (traduction, commentaire).

1. *Ellilitu* est une désignation habituelle d'Ishtar de Ninive dans les inscriptions d'Assourbanipal: JASTROW, *op. cit.*, vol. II,1, p. 170, n. 3.

4. Les éditeurs de ce texte donnent la lecture EME.MEŠ. Pour la lecture SU_6.MEŠ, voir: CAD, vol. 21, Z, 1961, p. 127. La signification du mot *halpete* est obscure: CAD, vol. 6, H, 1956, p. 48. W. von Soden suppose qu'il est lié au mot néo-assyrien *hallupu* et au verbe *halāpu, "hineinschlüpfen, bekleiden":* AHw, vol. I, p. 313a.

6. Il s'agit probablement de l'époque où Assarhaddon était vivant et Assourbanipal le prince héritier.

9. L'autographie d'A. Strong comprend le signe LUGAL. Ce signe manque cependant dans les translittérations publiées de ce texte (exception faite de celle de M. Martin).

Les translittérations d'A. Strong et de M. Martin donnent la lecture *ši-i-bi ra-ši...* V. Scheil et M. Martin proposent la traduction "Assourbanipal, qui devient vieux". Cette traduction ne peut pas être approuvée, car le mot *ra-ši* ne reçoit pas alors une explication suffisante. De plus, le texte comprend probalement la mention de la campagne contre l'Égypte qui a eu lieu au début du règne d'Assourbanipal quand il n'était pas encore vieux. M. Jastrow propose la traduction *"gegen Assurbanipal, diesen Starken gehen"*. Cette traduction n'est pas tout à fait convaincante non plus.

10-11. Pour la restitution du texte et son interprétation, voir: CAD, vol 17,1, Š, 1989, p. 361-362. Les éditeurs précédents proposaient des restitutions du texte dans les lacunes [NAM].MEŠ et [KAL-*šú*], "Il déterminait les [destins] de nos pères et de nos grands-pères. Que [sa puissance] parmi nous soit terminée".

14. *šá-ni-tú laq-bak-ka:* nous suivons la traduction de M. Martin et de M. Jastrow. V. Scheil propose la traduction: "ils craindront ta splendeur".

Rv. 1. Pour la lecture *a-mur-din-nu* au lieu de la lecture *a-har-tin-nu* donnée par les éditeurs, voir: AHw, vol. I, p. 46a (avec la signification *Rose ?*). CAD, vol 1,2, A, 1968, p. 91 (avec la signification *bramble*). Le sens de cette phrase n'est pas tout à fait clair. Nous suivons l'interprétation de W. von Soden: AHw, Bd. II, S. 736, 792. Les auteurs du dictionnaire de Chicago supposent que ce texte comprend les mots homonymes *napāšu* et *nipšu* dont la signification est *to comb and clean wool, tuft of wool* (CAD, vol 11,1, N, 1980, p. 291, vol. 11,2 N, 1980, p. 249). Ils proposent la traduction *I shall break into small pieces the proud thorns, I shall pluck / pick the bramble into tufts:* CAD, vol. 5, G, 1956, p. 99, vol 1,2, A, 1968, p. 91.

2. M. Jastrow explique le mot *a-dam-mu* comme un dérivé du mot *dammu,* "sang". V. Scheil propose la traduction "quelque pays que ce soit", M. Martin "je ravagerai le pays" (du verbe *damāmu,* "sangloter"(?). Aucune de ces variantes ne semble convaincante.

3-5. V. Scheil propose la traduction "le prince et les gouverneurs" qui ne peut être approuvée. M. Jastrow fait dériver le mot *halalati* du verbe *halālu, "klagen"*. La signification du mot *engurati* reste obscure et M. Jastrow donne sa traduction par analogie avec le mot précédent comme "les pleurs et les gémissements": JASTROW, *op. cit.*, vol. II,1, p. 172, n. 4-5. M. Martin ne propose aucune traduction pour ce mot. Les deux mots sont cependant, pour autant qu'on puisse en juger, des adverbes formés suivant le modèle courant des adverbes en *-atta/-atti,* cf.: von SODEN, *Grundriss,* p. 163, § 113 l. La signification de l'adverbe *hallālati* est probablement *"verstohlen":* AHw, vol. I, p. 312 a, la signification de l'adverbe *enguratti* reste obscure: AHw, vol. I, p. 248 b, cf.: von SODEN W., "Die akkadische Adverbialisendung *-atta(m)l-atti*", in ZA, 45, 1939, pp. 63-64. Cf. la traduction proposée dans CAD, 6, H, 1956, p. 43, cf.: vol. 4, E, 1958, p. 168: *like a furtively walking person, like a proudly walking person (?) - should you ask: "What does "Like a furtively walking person, like a proudly walking person" mean?" (I explain) like a furtively walking person he will enter Egypt, like a proudly walking person (?) he will come out (of Egypt).*

8. Le sens de cette phrase est clair, mais le rôle du premier mot dans ce contexte est obscur. Si sa translittération est correcte, ce mot désigne une lance ou un javelot, cf.: AHw, vol. III, p. 1266, avec la citation du texte en question.

9. Cf.: CAD, vol. 6, H, 1956, p. 186.

52. Lettre de l'astrologue Akkullanu au roi Assourbanipal

British Museum, 83-1-18,61 + Ki 1904-10-9,59 (BM 99030)

1 [a-na] LUGAL be-lí-ia
2 [ARAD-ka] ^{m}Ak-kul-la-nu
3 [lu-u š]ul-mu a-na LUGAL be-lí-ia
4 [^{d}NÀ] u ^{d}AMAR.UTU a-na LUGAL EN-iá lik-ru-bu
5 [^{mul}ṣal]-bat-a-nu AŠ KASKAL šu-ut ^{d}EN.LÍL it-ti GÌR.2.MEŠ
6 [^{mul}]ŠU.GI it-tan-mar un-nu-ut pu-ṣu šá-kin
7 [IT]I.GUD UD-26-KÁM a-ta-mar a-du iš-qa-an-ni
8 [ha]-ra-me-ma a-na LUGAL EN-iá as-sap-ra pi-še-er-šu

---

9 [DIŠ ^{m}]^{ul}ṣal-bat-a-nu a-na ^{mul}ŠU.GI TE-hi AŠ KUR.MAR.TU
10 BAL-tu$_{4}$ GÁL-ma ŠEŠ ŠEŠ-šú GAZ-ak
11 É.GAL NUN KAR-a' ni-ṣir-ti KUR DIŠ KUR šá-ni-tim-ma È
12 [Š]U.NIR KUR HUL.MEŠ LUGAL ŠÚ DINGIR.MEŠ-šú DIŠ
KÚR-šú u-sah-ha-ru-šú

---

13 HUL ša KUR.MAR šu-u-tú DINGIR.MEŠ-⌜ka⌝ šum-ma kiš-šu-tu$_{4}$
14 [a]m-mar ^{kur}Gim-ra-a-a e-pu-u[š-u-n]i Aš-šur DINGIR-ka
15 la i-na-áš-šá-an-ni a-na LUGAL EN-iá l[a id-d]an-⌜u-ni⌝

---

16 [DIŠ] ^{mul}MAN-ma DIŠ ^{d}EN.ME.ŠÁR.RA TE-hi ŠÀ KUR
DÙG-a[b UN.MEŠ DAGAL.MEŠ]

---

17 ^{mul}MAN-ma ^{d}ṣal-bat-a-nu : du-un-qu ša LUGAL EN-iá [šu-u-tú]

---

18 DIŠ ^{mul}ṣal-bat-a-nu um-mu-liš KUR-ha-ma ŠE.ER.ZI.MEŠ-šú
SI[G$_{7}$]
19 AŠ MU BI LUGAL NIM.MA^{ki} BA.UG$_{7}$
20 DIŠ ^{d}UGUR AŠ IGI.DU$_{8}$.A-šú ṣu-hur pu-ṣu šá-kin
21 GIM MUL AN-e ma-diš um-mul a-na ^{kur}URI^{ki} ARHUŠ TUG
22 Á ERIM-ia$_{5}$ GUB-az-ma KÚR GAZ-ak ERIM KÚR AŠ IGI
ERIM-ia$_{5}$ là GUB-az
23 bu-ul ^{kur}URI^{ki} par-ga-niš AŠ EDIN NÁ ŠE.GIŠ.Ì
24 u ZÚ.LUM.MA SI.SÁ.MEŠ DINGIR.MEŠ DIŠ ^{kur}URI^{ki} ARHUŠ
TUG.MEŠ
25 DIŠ AŠ ITI.GUD ^{mul}ṣal-bat-a-nu IGI.LÁ ^{mí}KÚR.MEŠ GÁL.MEŠ
26 šal-pú-tì ERIM man-da

---

27 ERIM man-da ^{lú}Gim-ra-a-a

---

28 AN.GI$_6$ ša AŠ ITI.BARAG ^{d}UTU iš-kun-u-ni
29 qaq-qa-ru ša ^{kur}SU.BIR$_4$ la il-pu-ut
30 ù ^{mul}SAG.ME.GAR KI.GUB-su us-sa-lim
31 15 UD.MEŠ DIR.MEŠ GUB-iz SIG$_5$ šu-u-tú

---

e. 32 DIŠ ^{d}UTU AŠ ŠÀ ni-di KUR-ha EŠŠANA ŠÚR-ma GIŠ.TUKUL i-na-aš-ši

---

33 ^{kur}Aš-šur ^{kur}URI^{ki}-im-ma ša LUGAL EN-iá

Rv. 1 ù AŠ UGU ŠÈG.MEŠ ša MU.AN.NA an-ni-ti
2 im-ṭu-u-ni BURU$_{14}$.MEŠ la in-ni-piš-u-ni
3 du-un-qu ša TI.LA ZI.2.MEŠ ša LUGAL
4 EN-iá šu-u-tú is-su-ri LUGAL be-lí i-qab-bi
5 ma-a AŠ ŠÀ mi-i-ni ta-a-mur qi-bi-i'-a
6 AŠ ŠÀ ú-ìl-ti ša ^{md}É-a-mu-šal-lim
7 ša a-na ^{md}MEZ.SÌ.PAP.MEŠ EN-šú iš-pur-u-ni šá-ṭir
8 šum-ma ISKIM AŠ AN-e DU-kam-ma pi-iš-šá-tu la ir-ši
9 šum-ma a-na ma-qa-at ŠÈG.MEŠ ib-ši-ka
10 [E]ŠŠANA KASKAL.MEŠ na-ki-ri šu-uṣ-bit
11 [e]-ma DU-ku i-kaš-šad UD.MEŠ-šú GÍD.DA.MEŠ

---

12 [DIŠ ^{d}30 AŠ] ITI.SIG$_4$ UD-30-KÁM IGI.LÁ
13 [ṭuh]-du MAR.TU^{ki} ah-la-mu-u KÚ

---

14 [an-na-ti] ISKIM.MEŠ ša KUR.MAR HUL.MEŠ
15 [^{d}Aš-šur ^{d}E]N ^{d}NÀ DINGIR.MEŠ-ka
16 [šum-ma nak-ru-t]i AŠ ŠU.2 LUGAL EN-iá [...]
17 [... ŠUB]-tì ^{lú}K[ÚR.MEŠ ...]
18 [...] x a [...]
19-21 [...]
22 [... b]u-tum
23 [...] bu-u-ni
24 [... b]u-nim-ma
25 [...] KU.MEŠ ŠUB.MEŠ

1 [Au] roi, mon seigneur,
2 [ton esclave] Akkullanu.
3 La paix soit avec le roi, mon seigneur,

4 Que [Nabû] et Marduk bénissent le roi, mon seigneur.

5-6 [Ma]rs était visible sur le chemin des (étoiles) d'Enlil, près des pieds de Persée; il était terne et blafard.

7 J'ai vu (cela) le 26e jour du mois d'*aiāru,* maintenant il s'est levé haut.

8 J'ai envoyé plus tard son interprétation au roi, mon seigneur.

9-10 "[Si] Mars s'approche de Persée, il y aura la révolte dans le pays Amurru, le frère tuera son frère.

11 Le palais du souverain sera pillé, les trésors du pays seront emportés dans un autre pays.

12 Le signe du pays est défavorable. Le roi du monde sera livré par ses dieux à son ennemi."

13-15 C'est un mauvais présage pour le pays Amurru. Tes dieux (et) Assour, ton dieu, enlèveront sûrement la puissance acquise par les Cimmériens, si grande qu'elle soit, et la donneront au roi, mon seigneur."

---

16 ["Si] l'étoile Šanuma s'approche du dieu Enmešarra, le coeur du pays sera content, [le peuple se multipliera."]

---

17 Šanuma c'est Mars. [C'est] un bon présage pour le roi, mon seigneur.

---

18 "Si Mars se lève en changeant sa couleur et si son rayonnement est jaune,

19 le roi d'Elam mourra cette année."

20 "Si Nergal est petit et blafard lors de son apparition

21 et qu'il change fortement sa couleur comme une étoile céleste, il sera bienveillant pour l'Akkad.

22 Les forces de mon armée résisteront et déferont l'ennemi. L'armée de l'ennemi ne résistera pas contre mon armée.

23 Le bétail de l'Akkad se couchera tranquillement sur le pâturage. Le sésame

24 et les dattes seront abondants. Les dieux seront bienveillants pour l'Akkad."

25 "Si Mars est visible au mois d'*aiāru,* des actions hostiles auront lieu,

26 (il y aura) la défaite de l'*ummān-manda.*"

---

27 L'*ummān-manda,* (c'est) les Cimmériens.

- - - - - - - - - - - - - - - - - - - -

28 L'éclipse de soleil qui a eu lieu au mois de *nisannu,*

29 n'a pas atteint "la terre de Subartu",

30 et Jupiter a terminé son stationnement.

31 Il a stationné pendant les 15 jours suivants. C'est un bon présage.

---

e. 32 "Si le soleil se lève en *nīdu,* le roi se mettra en colère et prendra les armes."

---

33 L'Assyrie (désignée par) Akkad, appartenant au roi, mon seigneur.

Rv. 1 En ce qui concerne le fait que les pluies de cette année
2 ont été peu nombreuses et que la récolte n'a pas été abondante,
3 c'est un bon présage pour le déroulement de la vie du roi,
4 mon seigneur. Il est possible que le roi, mon seigneur, demande:
5 "Où (l')as-tu vu? Dis-moi."
6 Dans le document d'Eamušallim,
7 qu'il avait envoyé à Marduk-nādin-ahhē, son seigneur, c'est écrit:
8 "Si un présage apparaît dans le ciel et qu'il n'ait pas d'interprétation,
9 si l'épuisement des pluies se produit pour toi,
10 que le roi fasse qu'on se mette en campagne contre les ennemis;
11 (partout) [o]ù il arrivera, il (les) conquerra; ses jours (seront) longs.

---

12 ["Si au] mois de *simānu* [la lune] apparaît (pour la première fois) au 30e jour (d'*aiāru*),
13 les *ahlamû* mangeront la richesse du pays Amurru".

---

14 [Ces] présages sont mauvais pour Amurru.
15 [Assour, Bē]l, Nabû, tes dieux,
16 [si l'hostilité,] aux mains du roi, mon seigneur [...]
17 [... la défai]te des enn[emis ...]
[...]

ABL 679, 1391 (texte). CT 34, pl. 10-11 (texte du premier fragment). RCAE, vol. I, pp. 510-511, vol. II, pp. 472-473, vol. III, pp. 105, 358-359, vol. IV, p. 207 (translittération, traduction, commentaire). HARTMAN, *op. cit.*, pp. 25-37 (translittération, traduction, commentaire). LAS, vol. I, pp. 72-75, vol. II, pp. 307-311, 375-377 (réunification des deux fragments, translittération, traduction, commentaire).

Cette lettre comprend deux fragments qui ont été réunis par S. Parpola: LAS, vol. II, pp. 307 suiv. S. Parpola reproduit le texte de cette lettre suivant les collations faites pour lui en 1973 par E. Solberger. Ce texte diffère légèrement des publications précédentes.

5-7. Le mot ^{mul}*ṣalbatanu* est une désignation habituelle de Mars (L. Wateman donne une lecture erronée NI-*be-a-nu*). L'apparition de Mars près des "pieds" de la constellation ^{mul}ŠU.GI (ι du Cocher et ζ de Persée), précisément près du "pied" droit (ζ de Persée), a en effet eu lieu en 657 avant J.-C. (pour cette date, voir plus loin) le 11 mai = le 26 *aiāru*. Les mots *a-du iš-qa-an-ni* témoignent du fait qu'il ne s'agit pas de la première apparition ("lever solaire", cf. plus loin) de Mars qui a eu lieu le 2 mai = le 17 *aiāru*. Pour les détails, voir: LAS, vol. II, p. 308.

"Le chemin des étoiles d'Enlil" est la partie du ciel qui se trouve au 16° et plus loin vers le nord de l'équateur.

Le moi d'*aiāru* (2e mois de l'année) a commencé en 657 avant J.-C. le 16 avril.

9-12. Citation du recueil *Enūma Anu Enlil,* tabl. LVI: ACh Išt 20, 92-94.

13. La lecture de la publication de L. King (CT 34) *am-mar* est confirmée par les collations d'E. Solberger. L. Waterman donne la lecture *ṭé-me* en s'appuyant sur la publication de R. Harper.

16. Citation du recueil *Enūma Anu Enlil,* tabl. LII: ACh Išt 24,15; AO 6486+VAT 7850 r. 19 f: WEIDNER E.F., "Ein Astrologischer Kommentar aus Uruk", in *Studia Orientalia,* 1, Helsingforsiae, 1925, p. 354. Cf.: RMA 184: 6-7, où il s'agit cependant de Mercure. L. Hartman rejette l'interprétation du mot ^{mul}MAN-ma comme ^{mul}*ahu* et la traduction "l'étoile hostile", mais S. Parpola donne de nouveaux arguments en faveur de cette interprétation: LAS, vol. II, p. 309.

^{d}EN.ME.ŠÁR.RA (L. Hartman donne par erreur la lecture ŠAR) est la partie inférieure de la constellation ^{mul}ŠU.GI (Persée), "des genoux jusqu'aux talons": WEIDNER, "Ein Astrologischer Kommentar", p. 352. Cf. les lignes 5-6, où il s'agit des "pieds" de Persée. La division et la traduction de L. Waterman ^{d}*Bêl me-hi-ra, "stands before Bel"* sont erronées, d'autant plus que la forme du verbe mahāru reste inexplicable.

17. La translittération de S. Parpola comprend, probablement par erreur, le signe DIŠ au début de cette ligne. Ce commentaire est important, car le mot ^{mul}MAN-*ma* désignait non seulement Mars, mais également Mercure (cf. supra).

18. Cf. RMA 232,6. Le mot KUR (*napāhu*) est un terme technique des astrologues babyloniens qui désignait la position des planètes supérieures (notamment de Mars), dans laquelle elles devenaient visibles à l'est comme des "étoiles du matin" après leur occultation par le Soleil ("le lever solaire"). Le mot *ummuliš* est un adverbe dérivé de l'adjectif *ummulu,* qui désigne les étoiles dont la couleur et la luminance varient. Mars peut avoir une couleur jaune quand elle est visible près de l'horizon, cf.: HARTMAN, *op. cit.,* pp. 30-31, avec les références.

19. L. Waterman, en s'appuyant sur l'édition de R. Harper, donne la lecture erronée *ardu-ka*? au lieu de BA.UG$_7$. L. Hartman suit l'édition de L. King et donne la lecture BA-AŠ avec la signification correcte de *mâtu,* "mourir". Il semble cependant que l'idéogramme en question ne soit pas attesté avec cette signification. Les collations d'E. Solberger dans l'édition de S. Parpola donnent la lecture BA.UG$_7$ (ou UŠ).

20-26. Citation du recueil ACh 2 Spl. 70: 16 suiv., cf.: RMA, 232: 8, avec des divergences insignifiantes. Dans ce texte, les deux prédictions données aux lignes 18-24 sont également citées l'une après l'autre.

Nergal est encore une désignation de Mars. Le nom de Mars est accompagné par l'attribut *ummulu* (pour sa signification, cf. supra). L. Hartman suppose que les mots *kakkab šamê* désignent ici seulement les étoiles variables (*kakkabū ummulūtu*) et non pas toutes les étoiles. Les étoiles variables font, par exemple, partie de la constellation ^{mul}LU.LIM (la partie de Cassiopée adjacente à Persée), non loin de laquelle se trouvait Mars à ce moment-là. Il semble cependant plus probable qu'il s'agisse ici simplement du fait que Mars, après avoir perdu sa couleur rouge, ressemblait aux autres étoiles.

25. Le recueil d'où cette prédiction a été empruntée est inconnu. Il est probable que la source d'Akkullanu comprenait déjà la glose ancienne expliquant les ^{mí}KÚR.MEŠ comme *šal-pú-tì* ERIM *man-da* (cf.: HARTMAN. *op. cit.,* pp. 31-32). Le mot *šalputtu* est un *nomen actionis* III(Š) du verbe *lapātu.* Le contexte témoigne du fait que les *ummān-manda* sont un objet logique de *šalputti,* et non pas un sujet, comme L. Hartman le suppose, c'est-à-dire que les Cimmériens doivent être vaincus.

28. Les astrologues mésopotamiens divisaient en quatre parties le disque de la Lune ou du Soleil dans leurs descriptions des éclipses partielles. Ils désignaient chaque quart du disque par des noms de pays qui symbolisaient les points cardinaux. Subartu est le quart oriental du disque selon le système assyrien et le quart nord selon le système babylonien qui était également utilisé par les astrologues assyriens. Akkullanu a probablement utilisé ici le système babylonien, car Subartu correspond dans sa prédiction à l'Assyrie. En effet, le fait que "la terre de Subartu" n'ait pas été couverte par l'ombre est considéré comme un bon présage pour l'Assyrie, cf.: HARTMAN, *op. cit.*, p. 32. Cf. encore: RMA 62: 4: *an-ni-nu* SU.BIR^{ki}, "nous sommes Subartu". La traduction de cette phrase proposée par L. Waterman est incompréhensible.

Nisannu est le premier mois de l'année qui correspond à mars - avril. La mention du mois suivant d'*aiāru* aux lignes 14 et Rv. 12-13 prouve que cette lettre a été écrite au moins un mois après cette éclipse. Ce fait pourrait expliquer l'absence dans cette lettre de sa description détaillée. Une telle description pourrait être donnée dans la lettre précédente déjà reçue par le roi: HARTMAN, *op. cit.*, p. 32. L. Hartman a démontré que l'éclipse en question date du 15 avril (28 *nisannu*) 657 avant J.-C. ce qui permet de dater précisemment cette lettre: HARTMAN, *op. cit.*, pp. 34-37.

30-31. Il s'agit de la période durant laquelle Jupiter était visible avant son occultation par le Soleil, ce qui est arrivé 15 jours après l'éclipse de soleil (LAS, vol. II, p. 310).

32. Le premier signe DIŠ manque dans les édition de R. Harper et de L. Waterman. Ce présage est encore mentionné dans les textes RMA 29: 24; 181B: 23-24; 183: 3-4. La signification du mot *nīdu* n'est pas claire. On l'a traduit par "une sorte de nuage": AHw, vol. II, p. 786. L. Hartman suppose qu'il s'agit de parhélie ("faux-soleil"), images du soleil vues à côté de lui. Ce phénomène optique s'explique par la réfraction des rayons du soleil dans l'atmosphère. S. Parpola (LAS, vol. II, p. 310) suppose cependant l'existence d'un lien entre l'occultation tardive de Jupiter et l'apparition des *nīdu* et rejette l'interprétation de ce mot comme une désignation d'un phénomène atmosphérique.

33. L. Waterman suppose que les signes IM.MA sont un idéogramme qui désigne le mot *ṭuppu*. Il propose la traduction *"Assyria is Akkad in the tablet of the king"*. Le mot *ṭuppu* est cependant désigné par le signe IM, et non par les deux signes IM.MA. Le dernier signe désigne probablement en ce cas simplement l'enclitique *ma*.

Rv. 7. Akkullanu invoque l'autorité d'un astrologue ancien. Ce dernier ne nous est pas connu. "Son seigneur", le roi babylonien Marduk-nādin-aḫḫē a régné de 1098 à 1081 avant J.-C.: BRINKMAN J.A., *A Political History of Post-Kassite Babylonia. 1158 - 722 B.C.*, Roma, 1968, p. 119 suiv. LAS, vol. II, p. 310.

8. L'édition de R. Harper comprend la lecture *pír-iš-šá-tu*. L. Waterman propose l'interprétation, qui n'est pas satisfaisante, de ces signes comme ERIM *iš-šá* KU$_4$. L'édition de L. King donne la lecture *pi-iš-šá-tu* confirmée par les collations d'E. Solberger. L. Hartman propose la conjecture *pi-iš-ra$^!$-tu*, le pluriel du mot *pišru*, "explication, interprétation": HARTMAN, *op. cit.*, p. 34. Cette conjecture n'est cependant pas nécessaire, car le mot *piššatu* n'est qu'une graphie assyrienne du mot babylonien *pissatu*, cf.: OPPENHEIM A.L., "A Babylonian Diviner's Manual", in *JNES*, 33, 1974, pp. 197-198, LAS, vol. II, p. 310.

9. Les deux éditions du texte donnent la lecture *ib-ši-ka* confirmée également par les collations d'E. Solberger. L. Waterman explique ce mot comme un *"noun from pašaqu"*, mais il n'existe pas de forme semblable. Il est également impossible d'interpréter ce mot comme une forme personnelle du verbe *pašāqu*, car il n'a pas de formes de la première (G) conjugaison. L. Hartman propose la conjecture *ip-par$^!$-ka* (le prétérit de la IIe (N) conjugaison du verbe parāku), mais elle ne semble pas nécessaire. En effet, S. Parpola

propose l'interprétation, convaincante, du mot *ib-ši-ka* comme étant le prétérit du verbe *bašû*, "arriver, se passer" avec le suffixe pronominal de la deuxième personne: LAS, vol. II, p. 310.

10. S. Parpola explique le mot *šu-uṣ-bit* comme l'impératif de la IIIe (Š) conjugaison du verbe *ṣabātu*. L. Hartman propose la conjecture *<lu>-uṣ-<ṣab>-bit*, en expliquant le *šu* comme un suffixe pronominal.

11. Pour la restitution *[e]-ma*, voir: RMA 29: 3; 34: 5; 35: 7; 48: 2; etc., cf.: HARTMAN, *op. cit.*, p. 34. Suivant ce passage, les présages qui ne sont pas cités dans les recueils astrologiques ne doivent pas être interprétés dans un sens négatif pour le roi. Akkullanu renforce cette affirmation en attribuant à ces présages un sens positif, cf.: HARTMAN, *op. cit.*, p. 33.

12-13. Citation du recueil ACh 2 Spl. 13a.

La nouvelle lune a donc eu lieu le 29 *aiāru* et le premier quart de la phase de lune le 30 *aiāru*. L'apparition de la lune marque cependant le début du nouveau mois, le mois d'*aiāru* n'avait donc cette fois que 29 jours. Ce phénomène est le dernier parmi ceux qui sont mentionnés dans la lettre. Il date du 15 mai et la rédaction de cette lettre peut donc être rapportée au 16 ou 17 mai 657 avant J.-C.: HARTMAN, *op. cit.*, p. 37.

14. R. Harper et L. Waterman donnent le signe MAN au lieu du signe KUR suivant la publication de L. King, cf.: RCAE, vol. IV, p. 207.

16. Pour la restitution du texte, voir: ABL 340: 21-22.

53. Fragment d'une lettre des archives d'Assourbanipal

British Museum, 83-1-18,777

[...]
1 [...] ⸢x x x⸣ [...]
2 [...] x a e KÁ.DINGIR.RA [...]
3 [...] ^{m}AN.ŠÁR-DÚ-A LUGAL kiš-šá-ti man-nu [...]
4 [... AŠ UGU$^{?}$ / ša$^{?}$ ${}^{l]ú}$Gi-mir-a-a ni-iš-mu-u-ni [...]
5 [...] GIŠ.ÙR.MEŠ KALAG.MEŠ ANŠE.[KUR.RA.MEŠ ...]
6 [... ${}^{tú]g}$ku-zip-pi ú-q[a$^{?}$-ri-bu-ni$^{?}$ ...]
7 [...] AN.ŠÁR EN [...]
[...]

[...]
1 [...] ... [...]
2 [...] Babylone [...]
3 [...] Assourbanipal, roi du monde, qui [...]
4 [... des (?)] Cimmériens nous avons entendu [...]
5 [...] les grands troncs, les chev[aux ...]

6 […] vêtements [sont arrivés (?) …]

7 […] Assour, seigneur […]

[…]

CT 53, 944, pl. 209 (texte). LANFRANCHI, *Cimmeri*, pp. 112-113 (translittération, traduction).

54. Inventaire de l'époque des Sargonides

British Museum, 8835 + R 10335

I, 1 [x x x x] šá-har-rat

2 [x x x x x] UG MUŠ

3 [x x x x] x : SA_5 KAR

4 [x x x x] : SA_5 KUR

5 [x x x x] : BABBAR.MEŠ

6 [x x x x] É Á.MEŠ

7 [x x x x x] KUR

8 [x x x x] x-a-ni$^{?}$-tú

9 [x x x x] : BABBAR.MEŠ

10 [x x x] x KUŠ.DA.E.SÍR

11 [x x x x GÍ]D$^{?}$.DA

12 [x x x x] : SA_5 GI_6

13 [x x x x] x mar-šá-ni

14 [x x x x ^{túg}ṣi-i]p$^{?}$-rat

[…]

II, 1 1 ^{túg}pa-x [x x]

2 É-ra-[m]a-ki

3 šá qi-ir-si

4 3 ^{túg}sa-su-pat

5 *erasure* bé-te

6 ZAG S[A_5] KUR

7 1 KUŠ.DA.E.SÍR

8 ša ^{kur}Gi-mir-a-a

9 8 ^{kuš}gi-ni-se-⌜e$^{?}$⌝

10 1 mu-kar-ri-su URUDU

11 1 za-rat AN-e

12 ^{túg}ṣi-ip-rat
13 GIŠ.GU.ZA še-pa-te
14 SA$_5$ KAR
15 1 ^{túg}hu-zi-qu-tú
16 1 TÚG.[Š]À? U.SAG.MEŠ
17 [x x S]A$_5$? KUR
18 [x x x x x] ⌜x x⌝
[…]
Rv. […]
I, 1 [(x) x] x ⌜hu-ṣu⌝ [x x]
2 ^{m}A-bu-tú [x]
3 ú-de-e
4 ^{m}Ma-ga-šu ⌜x x⌝

5 PAB x [x x]
6 ^{m}TAR-x [x (x x)]
[…]

I, 1 […] houseaux (?)
2 […] … serpent
3 […] « rouge, importé (?)
4 […] « rouge, du pays (?)

5 […] « blancs

[…]
9 […] « blancs
10 […] chaussure
11 […l]ong
12 […] « rouge (et) noire
13 […] palanquin
14 [… éch]arpes
[…]
II, 1 1 […]
2 (pour) salle de bain
3 qui …
4 3 pagnes
5 de la maison,
6 le devant (?) est rou[ge], du pays.
7 1 (paire) de chaussures
8 cimmériennes.
9 8 *ginisê*
10 1 récipient de cuivre.

11 1 tente …
12 Des bandes
13 pour un siège à pieds
14 rouges, exportées (?).
15 1 *huziqūtu*
16 1 … bandeaux de tête
17 [… rou]ges, du pays (?)
18 […]
[…]
Rv. […]
I, 1 […]
2 Abutu […]
3 ustensiles
4 Magašu […]

5 au total […]
6 …

ADD 1039 (texte). SAA 7, 120, pp. 131-132 (translittération, traduction).
9. Le déterminatif montre qu'il s'agit du nom d'un objet en cuir.
15. Nom de vêtement.

ABREVIATIONS BIBLIOGRAPHIQUES

ABL — HARPER R.F., *Assyrian and Babylonian Letters belonging to the Kouyundjik Collection of the British Museum,* vol. I - XIV, London, Chicago, 1892-1914.

ACh — VIROLLEAUD C., *L'astrologie chaldéenne,* Paris, 1908-1912.

ACh Išt — VIROLLEAUD C., *L'astrologie chaldéenne, Ištar,* fasc. 3, 7, Paris, 1908-1909.

ADD — JOHNS C.H.W., *Assyrian Deeds and Documents Recording the Transfer of Property, Including the So-Called Private Contracts, Legal Decisions and Proclamations, Preserved in the Kouyunjik Collections of the British Museum, Chiefly of the Seventh Century B.C.,* vol. I-IV, Cambridge, 1898-1923.

AfO — *Archiv für Orientforschung,* Graz.

AGS — KNUDTZON J.A., *Die Assyrische Gebete an den Sonnengott für Staat und königliches Haus aus der Zeit Asarhaddons und Asurbanipals,* vol. I-II, Leipzig, 1893.

AHw — von SODEN W., *Akkadisches Handwörterbuch,* vol. I-III, Wiesbaden, 1959-1981.

AJSL — *American Journal of Semitic Languages and Literatures,* Chicago, New York.

AKA — *Annals of the Kings of Assyria,* ed. E.A.W. BUDGE, L.W. KING, London, 1902.

AnS — *Anatolian Studies. Journal of the British Institute of Archaeology at Ankara,* London.

AR — KOHLER J., UNGNAD A., *Assyrische Rechtsurkunden,* Leipzig, 1913.

ARAB — LUCKENBILL D.D., *Ancient Records of Assyria and Babylonia,* vol. 1-2, Chicago, 1926-1927.

AVIIU — D'JAKONOV I.M., "Assiro-vavilonskije istočniki po istorii Urartu", in *Vestnik drevenj istorii,* 1951, N° 2 (N° 1-50), N° 3 (N° 51-86).

CAD — *Assyrian Dictionary of the Oriental Institute of the University of Chicago,* ed. by M. CIVIL, I.J. GELB, B. LANDSBERGER, A.L. OPPENHEIM, E. REINER, Chicago, Glückstadt, 1956-1992.

CRRAI — *Compte rendu de la ... Rencontre assyriologique internationale.*

CT — *Cuneiform Texts from Babylonian Tablets in the British Museum,* London.

FGrHist — JACOBY F., *Die Fragmente der Griechischen Historiker,* vol. I-III, Leiden, 1923-1958.

JA — *Journal asiatique,* Paris.

JAOS — *Journal of the American Oriental Society,* Chicago, New York.

JCS — *Journal of Cuneiform Studies,* New Haven.

JHS — *Journal of Hellenic Studies,* London.

JNES *Journal of Near Eastern Studies,* Chicago.
JRAS *Journal of the Royal Asiatic Society of Great Britain and Ireland,* London.
JSS *Journal of Semitic Studies,* Manchester.
KAR EBELING E., *Keilschrifttexte aus Assur verschiedenen Inhalts,* Leipzig, 1919, 1923.
KBo *Keilschrifttexte aus Boghazköi,* Leipzig, Berlin, 1916 suiv.
KUB *Keilschrifturkunden aus Boghazköi,* Berlin, 1921 suiv.
LAS PARPOLA S., *Letters from Assyrian Scholars to the Kings Esarhaddon and Assurbanipal, (Alter Orient und Altes Testament, 5/1, 2),* vol. 1-2, Kevelaer, Neukirchen-Vluyn, 1970-1983.
LSJ LIDDEL H.G., SCOTT R., JONES H.S., *A Greek-English Lexicon, with a Supplement,* Oxford, 1985.
MDAI *Mitteilungen der Deutschen Archäologische Institut. Kairo.*
MDOG *Mitteilungen der Deutschen Orient-Gesellschaft,* Berlin.
MSL LANDSBERGER B., u.a., *Materialien zum sumerischen Lexikon,* Roma, 1937 suiv.
MVG *Mitteilungen der Vorderasiatischen (Vorderasiatisch-ägyptischen) Gesellschaft,* Berlin, Leipzig.
NAT PARPOLA S., *Neo-Assyrian Toponyms, (Alter Orient und Altes Testament, 6),* Kevelaer, Neukirchen-Vluyn, 1970.
NALK KWASMAN T., *Neo-Assyrian Legal Documents in the Kouyundjik Collection of the British Museum,* Roma, 1988.
OLZ *Orientalistische Literaturzeitung,* Berlin, Leipzig.
OrAnt *Oriens Antiquus. Rivista del Centro per l'antichità e la storia dell'arte del Vicino Oriente,* Roma.
PRT KLAUBER E.G., *Politisch-religiöse Texte aus der Sargonidenzeit,* Leipzig, 1913.
PSBA *Proceedings of the Society of the Biblical Archaeology,* London.
RCAE WATERMAN L., *Royal Correspondance of the Assyrian Empire,* vol. I-IV, Ann Arbor, 1930-1936.
RE *Pauly's Real-Encyclopädie der classischen Altertumswissenschaft,* Neue Bearbeitung, begonnen von G. WISSOWA, herausgegeben von W. KROLL, Stuttgart, 1894 suiv.
RHR *Revue de l'histoire des religions,* Paris.
RhM *Rheinisches Museum für Philologie,* Frankfurt am Main.
RLA *Reallexikon der Assyriologie,* Berlin, Leipzig, New York, 1928 suiv.
RMA THOMPSON R.C. *The Reports of the Magicians and Astrologers of Nineveh and Babylon in the British Museum,* vol. 1-2, London, 1900.
RSO *Rivista degli studi orientali,* Roma.
SAA 1 *The Correspondence of Sargon II, Part 1, Letters from Assyria and the West,* ed by S. PARPOLA: *State Archives of Assyria,* vol. I, Helsinki, 1987.

SAA 2 *Neo-Assyrian Treaties and Loyalty Oaths,* ed. by S. PARPOLA, K. WATANABE: *State Archives of Assyria,* vol. II, Helsinki, 1988.

SAA 3 *Court Poetry and Literary Miscellanea,* ed. by A. LIVINGSTONE: *State Archives of Assyria,* vol. III, Helsinki, 1989.

SAA 4 *Queries to the Sungod,* ed. by I. STARR: *State Archives of Assyria,* vol. IV, Helsinki, 1990.

SAA 5 *The Correspondence of Sargon II, Part II, Letters from the Northern and Northeastern Provinces,* ed. by G.B. LANFRANCHI, S. PARPOLA: *State Archives of Assyria,* vol. V, Helsinki, 1990.

SAA 6 *Legal Transactions of the Royal Court of Nineveh, Part I, Tiglath-Pileser III through Esarhaddon,* ed. by T. KWASMAN, S. PARPOLA: *State Archives of Assyria,* vol. VI,Helsinki, 1991.

SAA 7 *Imperial Administrative Records, Part I, Palace and Temple Administration,* ed. by F.M. FALES, J.N. POSTGATE: *State Archives of Assyria,* vol. VII,Helsinki, 1992.

SAA 8 *Astrological Reports to Assyrian Kings,* ed. by H. HUNGER: *State Archives of Assyria,* vol. VIII,Helsinki, 1992.

SAAB *State Archives of Assyria Bulletin,* Padova.

TSBA *Transctions of the Society of Biblical Archaeology,* London.

UKN MELIKIŠVILI G.A., *Urartsije klinoobraznyje nadpisi,* Moscou, 1960.

VAB *Vorderasiatische Bibliothek,* Leipzig.

ZA *Zeitschrift für Assyriologie und vorderasiatische Geschichte,* Berlin.

ZAW *Zeitschrift für die alttestamentliche Wissenschaft,* Gießen, Berlin.

BIBLIOGRAPHIE

ABAJEV V.I., *Istoriko-etimologičeskij slovar' osetinskogo jazyka,* vol. I, Moscou, Léningrad, 1958.

ABAJEV V.I., *Skifo-jevropejskije izoglossy,* Moscou, 1965.

ABAJEV V.I., "Skifo-sarmatskije narečija", in *Osnovy iranskogo jazykoznanija. Drevneiranskije jazyki,* Moscou, 1979.

ABEL L., WINCKLER H., *Keilschrifttexte zum Gebrauch bei Vorlesungen,* Berlin, 1890.

ALBOROV A., *"Guymirty" osetinskikh narodnykh skazanij,* Manuscrit, les archives de l'Institut de recherches scientifiques de l'Ossètie du Nord, L. 19, o. 1, d. 11.

ALY W., *De Strabonis codice rescripto, cuius reliquiae in codicibus Vaticanis Vat. Gr. 2306 et 2061A servatae sunt,* Città del Vaticano, 1956.

ALY W., ed., Strabonis *Geographica,* vol. I, Bonn, 1968.

ARO J., "Remarks on the Practice of Extispicy in the Time of Esarhaddon and Assurbanipal", in *La divination en Mésopotamie ancienne et dans les régions voisines* (*CRRAI* 14), Paris, 1966.

ARUT'UN'AN N.V., *Biajnili (Urartu),* Erevan, 1970.

AUJAC G., ed., Strabon, *Géographie,* vol. I,1. Paris, 1969.

AYNARD J.-M., *Le prisme du Louvre AO 19.939,* Paris, 1957.

BARAMIDZE A.A., "K voprosu o datirovk'e proniknov'enija kimmerijcev v Peredn'uju Aziju", in *Soobščenija Akademii nauk Gruzinskoj SSR,* 1956, 16, N° 8.

BARTHOLOMAE Chr., *Altiranisches Wörterbuch,* Strassburg, 1904.

BAUER H., LEANDER P., *Historische Grammatik der hebräischen Sprache des alten Testament,* vol. I, Halle S., 1922.

BAUER H., LEANDER P., *Grammatik des Biblische-Aramäischen,* Halle S., 1927.

BAUER Th., "Ein Erstbericht Asarhaddons", in *ZA,* 6, 1931.

BAUER Th., *Die Inschriftenwerk Assurbanipals, vervolständigt une neu bearbeitet,* Leipzig, 1933.

Bălgarski etimologičeski rečnik, vol. II, Sofia, 1962.

BENVENISTE E., *Hittite et indo-européen,* Paris, 1962.

BIONDI A., *Gli accenti nei papiri greci biblici,* Roma, Barcelona, 1983.

den BOER W., "Herodot und die Systeme der Chronologie", in *Mnemosyne,* 20, 1967.

BOISSIER A., *Documents assyriens relatifs aux présages,* vol. I - III, Paris, 1894-1899.

BORGER R., *Die Inschriften Asarhaddons, Königs von Assyrien,* (*AfO,* Beiheft 9), Graz, 1956.

BOUZEK J., "Les Cimmériens en Anatolie", in *Modes de contacts et processus de transformation dans les sociétés anciennes,* Pise, Rome, 1983.

BRINKMAN J.A., *A Political History of Post-Kassite Babylonia. 1158 - 722 B.C.,* (*Analecta Orientalia,* 43), Roma, 1968.

BRIXHE C., *Le dialecte grec de Pamphylie. Documents et grammaire*, Paris, 1976.
BRØNNO E., *Studien über Hebräischen Morphologie und Vokalismus. Auf Grundlage der Mercatischen Fragmente der zweiten Kolumne der Hexapla des Origenes*, Leipzig, 1943.
BROOKE A.E., McLEAN M., ed., *The Old Testament in Greek*, Cambridge, vol. I,1, *Genesis*, 1906, vol. III,3, *I and II Chronicles*, 1932.
BUCHHOLZ E., *Homerische Kosmographie und Geographie*, Leipzig, 1871.
BUDGE E., *History of Esarhaddon*, London, 1880.
BURN A.R., "Early Greek Chronology", in *JHS*, 69, 1949.
CAMERON G., *History of Early Iran*, Chicago, 1936.
CARPENTER R., *Folk Tale, Fiction and Saga in the Homeric Epics*, Berkley, Los Angeles, 1956[2].
CAZELLES H., "Sophonie, Jérémie et les Scythes en Palestine", in *Revue Biblique*, 74, 1967.
CHANTRAINE P., *Dictionnaire étymologique de la langue grecque*, vol. I-IV, Paris, 1968-1980.
COGAN M., TADMOR H., "Gyges and Ashurbanipal. A Study of Literary Transmission", in *Orientalia*, 46, 1977.
CONDAMIN P., *Le livre de Jérémie*, Paris, 1936.
CORNELIUS F., "ERIN-manda", in *Iraq*, 25, 1963.
COZZOLI U., *I Cimmeri*, Roma, 1968.
CRAIG J.A., *Assyrian and Babylonian Religious Texts being Prayers, Oracles and Hymns*, vol. I, Leipzig, 1895.
DALLEY S., "Foreign Chariotry and Cavalry in the Armies of Tiglath-Pileser III and Sargon II", in *Iraq*, 47, 1985.
DANDAMAJEV M.A., "Novyje dannyje vavilonskikh dokumentov VI - V vv. do n.e. o sakakh", in *Vestnik drevenj istorii*, 1977, N° 1.
DANDAMAYEV M.A., "Data of the Babylonian Documents from the 6th to the 5th Centuries B.C. on the Sakas", in *Prolegomena to the Sources on the History of Pre-Islamic Central Asia*, Budapest, 1979.
DÁVID A., "Le fils de Gygès", in *Oriens antiquus. A Magyar keleti Társaság Kiadványai. Acta Societatis Hungaricae Orientalis*, 5-12, Budapest, 1945.
DELLER K., "Ausgewählte neuassyrische Briefe betreffend Urartu zur Zeit Sargons II", in PECORELLA P.E., SALVINI M., *Tra lo Zagros e l'Urmia. Richerche stotrche ed archeologiche nell'Azerbaigian Iraniano*, Roma, 1984.
DETSCHEW D., *Die thrakischen Sprachreste*, Wien, 1976[2].
DHORME E., "Quelques prêtres assyriens d'après leur correspondance", in *RHR*, 116, 1937.
DIAKONOFF I.M., "The Cimmerians", in *Acta Iranica*, 21, 1981.
DIAKONOFF I.M., "ערי מדי: The Cities of the Medes", in *Ah, Assyria... Studies in Assyrian History and Ancient Near Eastern Historiography Presented to Hayim Tadmor (Scripta Hierosolymitana*, vol. XXXIII), Jérusalem, 1991.

D'JAKONOV I.M., "Poslednije gody urartskogo gosudarstva po assiro-vavilonskim istočnikam", in *Vestnik drevnej istorii,* 1951, N° 2.
D'JAKONOV I.M., *Istorija Midii,* Moscou, Léningrad, 1956.
D'JAKONOV I.M., *Urartskije pis'ma i dokumenty,* Moscou, Léningrad, 1963.
D'JAKONOV I.M., *Predystorija arm'anskogo naroda,* Erevan, 1968.
D'JAKONOV I.M., "Malaja Azija i Armenija okolo 600 g. do n. e. i severnyje pokhody vavilonskikh carej", in *Vestnik drevnej istorii,* 1981, N° 2.
D'JAKONOV I.M., "K metodike issledovanij po etničeskoj istorii ("kimmerijcy")", in *Etničeskije problemy istorii Central'noj Azii v drevnosti (II tys. do n.e.),* Moscou, 1981.
D'JAKONOV I.M., IVANOV V.V., *Drevnije jazyki Maloj Azii,* Moscou, 1980.
DIAKONOFF I.M., KASHKAI S.M., *Geographical Names according to Urartian Texts,* (*Répertoire géographique des textes cunéiformes,* vol. 9), Wiesbaden, 1981.
DIETRICH M., "Neue Quellen zur Geschichte Babyloniens (II)" in *Die Welt des Orients,* 4,2, 1968.
DIETRICH M., *Die Aramäer Südbabyloniens in der Sargonidenzeit (700 - 648),* Neukirchen - Vluyn, 1970.
DIHLE A., "Proteas von Zeugma. Grammatiker", in *RE,* vol. XXIII, 1957.
DREWS R., "The Fall of Astyages and Herodotus' Chronology of the Eastern Kingdom", in *Historia,* 18, 1967.
DREWS R., *The Greek Accounts of Eastern History,* Washington, 1973.
EBERT M., *Südrussland im Altertum,* Bonn, Leipzig, 1921.
EL'NICKIJ L.A., "Kimmerijcy i kimmerijskaja kul'tura", in *Vestnik drevnej istorii,* 1949, N° 3.
EL'NICKIJ L.A., *Skifija evrazijskikh stepej,* Novosibirsk, 1977.
van ESS L., ed., *Vetus Testamentum graecum, iuxta Septuaginta interpretes,* Lipsiae, 1824.
ESTERLICH P., "Gomer", in *Enciclopedia de la Biblia,* vol. III, Barcelona, 1963.
FALES F.M., "New Assyrian Letters from the Kuyunjik Collection", in *AfO,* 27, 1980.
FALES F.M., LANFRANCHI G.B., "ABL 1237: The Role of the Cimmerians in a Letter to Esarhaddon", in *East and West,* N.S. 31, 1981.
FORRER E., *Die Provinzeinteilung des assyrischen Reiches,* Leipzig, 1920.
FRAZER P.M., MATTHEWS E., ed., *Lexicon of Greek Personal Names,* vol. I, *The Aegean Islands, Cyprus, Cyrenaica,* Oxford, 1987.
FRIEDRICH J., *Hethitisches Wörterbuch. Kurzgefasste kritische Sammlung der deutungen hethitischer Wörter,* Heidelberg, 1954, Ergänzungshefte 1, Heidelberg, 1957.
FRITZSCHIUS F.V., emendavit et interpretavit, Aristophanes, *Ranae,* Turici, 1845.
von FRITZ K., *Die griechische Geschichtsschreibung,* vol. I, Berlin, 1967.

GARZYA A., ed., Dionysii *Ixeuticon seu de aucupio libri tres,* Leipzig, 1963.
GELIO R., "La délégation envoyée par Gygès, roi de Lydie. Un cas de propagande politique", in *Assyrian Royal Inscriptions, New Horizons,* Roma, 1981.
GELZER H., "Das Zeitalter des Gyges", in *RhM,* 30, 1875.
GELZER H., *Sextus Julius Africanus und die Byzantinische Chronographie,* Leipzig, 1898.
GEORGIEV Vl. I., "Kimmerioi", in *Linguistique Balkanique,* 25, 1982.
GESENIUS W., *Hebräisches und Aramäisches Handwörterbuch über das Alten Testament,* Bearbeitet und herausgegeben von D.R. MEYER und D.H. DONNER, 18. Auflage, Berlin, Heidelberg, New York, London, Paris, Tokyo, 1987, Lfg. 1.
GHIRSHMAN R., *L'Iran des origines à l'Islam,* Paris, 1951.
GINDIN L.A., *Drevnejšaja onomastika Vostočnyh Balkan (frako-khetto-luvijskije i frako-maloazijskije izoglossy),* Sofia, 1981.
GINDIN L.A., "Lingvofilologičeskij analiz X pesni "Odissei" i nekotoryje problemy gomerovskoj poetiki", in *Antičnaja kul'tura i sovremennaja nauka,* Moscou, 1985.
GOLDMAN H., "Sandon and Herakles", in *Hesperia,* Suppl. VIII, 1949.
GORODCOV V.A., "K voprosu o kimmerijskoj kul'ture", in *Trudy sekcii arkheologii RANION,* 3, 1928.
GRAKOV B.N., *Skify,* Moscou, 1971.
GRANTOVSKIJ E.A., *Rann'aja istorija iranskikh plem'on Perednej Azii,* Moscou, 1970.
GRAYSON A.K., *Assyrian and Babylonian Chronicles,* Locust Valley, 1975.
GRAYSON A.K., "The Chronology of the Reign of Ashurbanipal", in *ZA,* 70, 1981.
GURNEY O.R., "The Sultantepe Tablets. IV. The Guthean Legend of Naram-Sin", in *AnS,* 5, 1955.
GUSMANI R., *Lydisches Wörterbuch,* Heidelberg, 1964, Ergänzungsband, Lfg. 3, Heidelberg, 1986.
GUSMANI R., "Lydisch kāna und luwisch wana", in *Sprachwissenschaftliche Forschungen. Festschrift J.Knobloch,* Innsbruck, 1983.
GÜTERBOCK H.G., "Die historische Tradition und ihre literarische Gestaltung bei Babyoniern und Hethitern bis 1200", in *ZA,* 42, 1934.
HAAS V., "Die Dämonisierung des Fremden und des Feindes im Alten Orient", in *Rocznik Orjentalistyczny,* 41, 1980.
HAGEN M., *Lexicon Biblicum,* Parisiis, 1907.
HALÉVY J., *Recherches bybliques,* vol. I, Paris, 1895.
HARPER R.F., "Some Corrections to the Texts of Cylinders A and B of the Esarhaddon Inscriptions as published in I R, 45-47 and III R, 15-16" in *Hebraica,* 3, 1887.
HARPER R.F., "Transliteration and Translation of Cylinder A of the Esarhaddon Inscriptions (I R, 45-47)", *Hebraica,* 4, 1888.

HARPER R.F., "The Letters of the Rm 2 Collection of the British Museum", in *ZA*, 8, 1893.

HARTMAN L.F., "The Date of Cimmerian Threat against Ashurbanipal according to ABL 1391", in *JNES*, 21, 1962.

HAWKINS J.D., POSTGATE J.N., "Tribute from Tabal", in *SAAB*, 2, 1988.

HEIDEL A., "A New Hexagonal prism of Esarhaddon (676 B.C.)", in *Sumer*, 12, 1956.

HELCK W., *Die Beziehungen Ägyptens zu Vorderasien im 3. und 2. Jahrtausend v. Chr.*, Wiesbaden, 1971.

HELK H., *De Cratetis Mallotae studiis criticis quae ad Odysseam spectant*, Progr., Dresden, 1914.

HELM P.R., "Herodotus' Medikos Logos and Median History" in *Iran*, 19, 1981.

HERZFELD E., *Altpersische Inschriften*, Berlin, 1938.

HEUBECK A., *Lydiaka. Untersuchungen zu Schrift, Sprache und Götternamen der Lyder*, Erlangen, 1959.

HEUBECK A., "Κιμμέριοι", in *Hermes*, 91, 1963.

HEUBECK A., Compte rendu du livre: BENVENISTE E., *Hittite et indo-européen*, Paris, 1962, in *Gnomon*, 35, 1963.

HEUBECK A., Compte rendu du livre: NEUMANN G., *Untersuchungen zum Weiterleben hethitischen und luwischen Sprachgutes in hellenistischer und römisccher Zeit*, Wiesbaden, 1961, in *Gnomon*, 35, 1963.

HEUBECK A., "Lidijskij jazyk", in *Drevnije jazyki Maloj Azii*, Moscou, 1980.

HEUBECK A., HOEKSTRA A., *A Commentary on Homer's "Odyssey"*, vol. II, Books IX - XVI, Oxford, 1989.

HONIGMANN, "Amurru", in *RLA*, vol. I, 2, 1929.

HOUWINK TEN CATE P.H.J., *The Luwian Population Groups of Lycia and Cilicia Aspera during the Hellenistic Period*, Leiden, 1961.

HULIN P., "Another Esarhaddon Cylinder from Nimrud", in *Iraq*, 24, 1962.

HÜSING G., "Kyaxares", in *OLZ*, 2, 1899.

IVANOV V., "On the Reflex of the Indo-European Voiced Palatal Aspirate in Luwian", in *Symbolae linguisticae in honorem G.Kuriłowicz*, Wrocław, 1965.

IVANOV V., "Urartsk. *mari*, hurritsk. *marianne*, hajassk. *marija*", in *Peredneaziatskij sbornik*, III, Moscou, 1979.

IVANTCHIK A.I., "Les guerriers-chiens. Les loups-garous et les invasions scythes en Asie Mineure", in *Métis*, sous presse.

IVANTCHIK A.I., "Voiny-psy. Mužskije sojuzy i skifskije vtorženija v Peredn'uju Aziju", in *Sovetskaja etnografija*, 1988, N° 5.

JACOBY F., *Apollodors Chronik*, Berlin, 1902.

JACOBY F., *Das Marmor Parium*, Berlin, 1904.

JAGER J.N., ed., *Vetus Testamentum Graecum, iuxta Septuaginta interpretes*, Parisiis, 1878.

JASTROW M., *Die Religion Babyloniens und Assyriens,* vol. II,1, Gießen, 1912.
JOHNS C.H.W., "Sennacherib's Letters to his Father Sargon", in *PSBA,* 17, 1895.
JOHNS C.H.W., *Babylonian and Assyrian Laws, Contracts and Letters,* Edinburgh, 1904.
JUSTI F., *Iranisches Namenbuch,* Marburg, 1895.
KALETSCH H., "Zur Lydische Chronologie", in *Historia,* 7, 1958.
KAMMENHUBER A., "Kimmerier", *RLA,* vol. V, 7/8, 1980.
KAPANC'AN G., *Istoriko-lingvističeskoje značenije toponimii drevnej Armenii,* Erevan, 1940.
KAPANC'AN G., "Hajasa - kolybel' arm'an", in *Istoriko-lingvističeskije raboty. K načal'noj istorii arm'an,* vol. I, Erevan, 1956.
KARST J., Eusebius, *Werke,* vol. V, *Die Chronik,* aus dem armenischen übersetzt mit textkritischem Kommentar, Leipzig, 1911.
KESSLER K., "Hupišna", in *RLA,* vol. IV, 3, 1975.
KESSLER K., *Untersuchungen zur historischen Topographie Nordmesopotamiens nach keilschriftlichen Quellen des 1. Jahrtausends v. Chr,* Wiesbaden, 1980.
KINNIER-WILSON J.V., "The Kurba'il Statue of Shalmaneser III", in *Iraq,* 24, 1962.
KITCHEN K.A., *The Third Intermediate Period in Egypt (1100 - 650 B.C.),* London, 1973.
KLAUBER E., *Assyrisches Beamtentum nach Briefen aus der Sargonidenzeit,* Leipzig, 1910.
KNUDSEN E.E., "Fragments of Historical Texts from Nimrud, II", in *Iraq,* 29, 1967.
KÖNIG F.W., *Älteste Geschichte der Meder und Perser,* Leipzig, 1934.
KRISTENSEN A.K.G., *Who were the Cimmerians, and where did they come from? Sargon II, the Cimmerians, and Rusa I,* (*Historisk-filosofiske Meddelelser. Det Kongelige Danske Videnskabernes Selskab,* 57), Copenhagen, 1988.
KRONASSER H., *Etymologie der hethitischen Sprache,* Wiesbaden, 1961-1963.
KUPPER J.-R., *Les nomades en Mésopotamie au temps des rois de Mari,* Paris, 1957.
LABAT R., "Kaštariti, Phraorte et les débuts de l'histoire mède", in *JA,* 249, 1961.
LABAT R., *Manuel d'épigraphie akkadienne. Signes, Syllabaire, Idéogrammes,* Paris, 1976.
LANDSBERGER B., *Die Fauna der alten Mesopotamien nach 14. Tafel der Serie* Hur-ra = hubullu, Leipzig, 1934.
LANDSBERGER B., BAUER Th., "Zu neuveröffentlichten Geschichtsquellen der Zeit von Asarhaddon bis Nabonid", in *ZA,* 37, 1926.
LANFRANCHI G.B., "Some new Texts about a Revolt against the Urartian King Rusa I", in *OrAnt,* 22, 1983.

LANFRANCHI G.B., "Sargons's Letter to Aššur-šarru-uṣur: an Interpretation", in *SAAB,* 2, 1988.

LANFRANCHI G.B., "Scholars and Scholarly Tradition in Neo-Assyrian Times: A Case Study", in *SAAB,* 3, 1989.

LANFRANCHI G.B., *I Cimmeri. Emergenza delle élites militari iraniche nel Vicino Oriente (VIII - VII sec. a. C.),* Padova, 1990.

LAROCHE E., *Dictionnaire de la langue louvite,* Paris, 1959.

LAROCHE E., *Les noms des Hittites,* Paris, 1966.

LATTE K., recensuit et emendavit, Hesychii Alexandrini *Lexicon,* vol. I-II, Hauniae, 1953-1966.

LAUM B., *Das Alexandrinische Akzentuationssystem,* Paderborn, 1928.

LAYARD A.H., *Inscriptions in the Cuneiform Characters from Assyrian Monuments,* London, 1851.

LA ROCHE J., *Homerische Textkritik im Altertum,* Leipzig, 1866.

LEHMANN-HAUPT C.F., *Armenien einst und jetzt,* vol. II,1, Berlin, Leipzig, 1926.

LEHMANN-HAUPT C.F., "Kimmerier", in *RE,* vol. XI, 1921.

LEICHTY E., *Bibliography of the Cuneiform Tablets of the Kuyunjik Collection in the British Museum,* London, 1964.

LEJEUNE M., *Traité de phonétique grecque,* Paris, 1955.

LEVINE L., "Hubuškia", in *RLA,* vol. IV, 1972-1975.

LEVINE L., "Išta'ippa", in *RLA,* vol. V, 1976-1980.

LEVY G.R., "The Oriental Origin of Herakles", in *JHS,* 54, 1934.

LIE A.G., *The Inscriptions of Sargon II, King of Assyria. Part I. The Annals. Transliterated and Translated with Notes,* Paris, 1929.

LIEBIG M., "Zur Lage einiger im Bericht über den 8. Feldzug Sargons II. von Assyrien genannter Gebiete", in *ZA,* 81, 1991.

LIPINSKI E., "Gyges et Lygdamis d'après les sources néo-assyriennes et hébraïque", in *CRRAI* 34 (Abstracts), Istanbul, 1987.

LIPINSKI E., "Les Japhétites selon Gen. 10,2-4 et 1 Chr. 1,5-7", in *Zeitschrift für Althebraistik,* 3, 1990.

LIVERANI M., "The Trade Network of Tyre according to Ezek. 27", in *Ah, Assyria... Studies in Assyrian History and Ancient Near Eastern Historiography Presented to Hayim Tadmor (Scripta Hierosolymitana,* vol. XXXIII), Jérusalem, 1991.

LOCH V., ed., *Vetus Testamentum graece, iuxta LXX interpretes,* Ratisbonae, 1866.

van LOON M., "The Inscription of Ishpuini and Meinua at Qalatgah, Iran", in *JNES,* 34, 1975.

LUDWICH A., *Aristarchs Homerische Textkritik nach den Fragmenten des Didymos dargestellt und beurteilt,* vol. 1-2, Leipzig, 1884.

MAKSOUDIAN K., ed., Hovhannes Draskhanakertets'i, *Patmut'iwn Hayots',* New York, 1980 (Tiflis, 1912).

MALLOWAN M.E.L., "The Excavations at Nimrud (Kalhu)", in *Iraq,* 14, 1952.

MALONE J.L., "Wave Theory, Rule Ordering and Hebrew-Aramaic Segolation", in *JAOS,* 91, 1971.

MARQUART J., "Untersuchungen zur Geschichte von Eran", in *Philologus,* 55, 1896, Suppl. 10, 1905.
MARTIN F., *Textes religieux assyriens et babyloniens. Transcription, traduction et commentaire,* Paris, 1903.
MAYER W., "Sargons Feldzug gegen Urartu 714 v. Chr.", in *MDOG,* 112, 1980.
MAYER W., "Sargons Feldzug gegen Urartu - 714 v. Chr. Text und Übersetzung", in *MDOG,* 115, 1983.
MAYRHOFER M., *Onomastica Persopolitana,* Wien, 1973.
MAYRHOFER M., "Zu einem Kimmerier-Name", in *Die Sprache,* 27, 1981.
MAYSER E., *Grammatik der griechischen Papyri aus der Ptolemäerzeit,* vol. I, *Laut- und Wortlehre,* Leipzig, 1906.
MAZETTI K., "Voprosy lidijskoj khronologii", *Vestnik drevnej istorii,* 1978, N° 2.
MEDVEDSKAJA I.N., "K utočneniju maršruta pokhoda Sargona v 714 g. do n.e.", in *Vestnik drevnej istorii,* 1989, N° 2.
MELBER J., "Über die Quellen und den Wert der Strategemensammlung Polyaens", in *Jahrbücher für klassische Philologie,* Suppl. 14, Leipzig, 1885.
MELIKIŠVILI G.A., "Urartovedčeskije zametki", in *Vestnik drevnej istorii,* 1951, N° 3.
MESHCHANINOV I.I., *Annotirovannyj slovar' urartskogo (biajnskogo) jazyka,* Léningrad, 1978.
MESSERSCHMIDT L., "Die Inschriften der Stele Nabuna'id's, Königs von Babylon", in *MVG,* I, 1896.
METTE H.J., *De Cratete Mallota sive Pergameno,* Lipsiae, 1931.
METTE H.J., *Spairopoiia. Untersuchungen zur Kosmologie des Krates von Pergamon,* München, 1936.
METTE H.J., *Parateresis. Untersuchungen zur Sprachteorie des Krates von Pergamon,* Halle, 1952.
MIGNE J.-P., *Patrologiae Cursus Completus,* Series Graeca, Vol. 19,1, Paris, 1857.
MILLARD A.R., "Esarhaddon Cylinder Fragments from Shalmanaser Fort, Nimrud", in *Iraq,* 23, 1961.
MILLARD A.R., "Fragments of Historical Texts from Nineveh: Assurbanipal", in *Iraq,* 30, 1968.
MILLARD A.R., "Assyrian Royal Names in Biblical Hebrew", in *JSS,* 21, 1976.
MILLER M., "Herodotus as Chronographer", in *Klio,* 46, 1965.
MITCHEL F., "Herodotos' Use of Genealogical Chronology", in *Phoenix,* 10, 1956.
MORAG S., *The Vocalisation Systems of Arabic, Hebrew and Aramaic,* S.-Gravenhage, 1962.
MOSSHAMMER A.A., "Phainias of Eresos and Chronology", in *California Studies in Classical Antiquity,* 10, 1978.
von der MÜHLL P., "Die Kimmerier der *Odyssee* und Theopomp", in *Museum Helveticum,* 16, 1959.

MÜLLENHOFF K., *Deutsche Altertumskunde,* vol. III, Berlin, 1892[2].
NASTER P., *L'Asie Mineure et l'Assyrie aux VIIIe et VIIe siècles avant J.C.,* Louvain, 1938.
NEUMAN G., *Untersuchungen zum Weiterleben hethitischen und luwischen Sprachgutes in hellenistischer und römisccher Zeit,* Wiesbaden, 1961.
NEUMANN K., *Die Hellenen in Skythenlande,* vol. I, Berlin, 1855.
NYLANDER C., "Kimmerioi - Gamirraa", in *Hermes,* 93, 1965.
OERI A., *De Herodoti fonte Delphico,* Diss., Basileae, 1899.
OLMSTEAD A.T., *Western Asia in the Days of Sargon of Assyria 722 - 705 B.C.,* New York, 1908.
OLMSTEAD A.T., *Assyrian Historiography,* Columbia, 1918.
OLMSTEAD A.T., *History of Assyria,* New York, London, 1923.
OPPENHEIM A.L., "Idiomatic Accadian (Lexicographical Researches)", in *JAOS,* 61, 1941.
OPPENHEIM A.L., "Notes to the Harper-Letters", in *JAOS,* 64, 1944.
OPPENHEIM A.L., "A Babylonian Diviner's Manual", in *JNES,* 33, 1974.
OTTEN H., *Zur grammatikalischen und lexikalischen Bestimmung des Luwischen,* Berlin, 1953.
PAPE W., BENSELER G., *Wörterbuch der griechischen Eigennamen,* vol. II, Graz, 1959[3].
PARKER H., "The Length of the Reign of Amasis and the Beginning of the Twenty Sixth Dynasty", in *MDAI,* 15, 1957.
PARPOLA S., Compte rendu du livre: AHw, vol. II, III,1, in *OLZ,* 74, 1979.
PARPOLA S., *Neo-Assyrian Letters from the Kuyunjik Collection,* CT, N° 53, London, 1979.
PARPOLA S., "Assyrian Royal Inscriptions and Neo-Assyrian Letters", in *Assyrian Royal Inscriptions. New Horizons,* Roma, 1981.
PARPOLA S., "The Royal Archives of Nineveh", in *Cuneiform Archives and Libraries,* (*CRRAI* 30, Leiden, 1983), Istanbul, 1986.
PEDERSÉN O., "The Reading of the Neo-Assyrian Logogram U.U", in *Orientalia Suecana,* 33-35, 1984-1986.
PEISER F.E., "Miscellen", in *ZAW,* 17, 1897.
PFEIFFER R.H., *State Letters of Assyria. A Transliteration and Tranlation of 335 Official Assyrian Letters dating from the Sargonid Period (722 - 625 B.C.),* New Haven, 1935.
PIEPKORN A.C., *Historical Prism Inscriptions of Asshurbanipal,* vol. I, Chicago, 1933.
PIÉRART M., "Les dates de la chute de Troie et de la fondation de Rome: Comput par génération ou compte à rebours?", in *Historia testis. Mélanges d'épigraphie, d'histoire ancienne et de philologie offerts à Tadeusz Zawadzki. Seges,* 7, Fribourg, 1989.
PINCHES T.G., "Notes upon the Assyrian Report Tablets, with Translation", in *TSBA,* 6, 1878.
PINCHES T.G., "Sargon's eighth Campaign", in *JRAS,* 1913, N° 3.
PIOTROVSKIJ B.B. *Vanskoje carstvo (Urartu),* Moscou, 1959.

POKORNY J., *Indogermanisches Etymologisches Wörterbuch,* Bern, München, 1959.
POPOV A.I., *Nazvanija narodov SSSR,* Léningrad, 1973.
POSTGATE J.N., "Assyrian Texts and Fragments", in *Iraq,* 35, 1973.
POSTGATE J.N., *The Governor's Palace Archive. Cuneiform Texts from Nimrud II,* London, 1973.
POSTGATE J.N., "Itu'", in *RLA,* vol. V, 1976-1980.
POTEBN'A A.A., *Etimologičeskije zametki o mifologičeskom značenii nekotorykh obr'adov,* Moscou, 1865.
PRAŠEK J., *Geschichte der Meder und Perser bis zur Makedonischen Eroberung,* vol. I, Gotha, 1906.
PRAKKEN D., *Studies in Greek Genealogical Chronology,* Lancaster, 1943.
PRZYLUSKI J., "Une étoffe orientale, le kaunakes", in *JRAS,* 1931.
RADEMACHER C., ed., *Aristophanes' Frösche,* Wien, 1922.
RADET G., *La Lydie et le monde grec aux temps des Mermnades (687-546),* Paris, 1893.
RAHLFS A., ed., *Septuaginta, id est Vetus Testamentum graece iuxta LXX interpretes,* vol. 1-2, Stuttgart, 1935 etc.
RAWLINSON H.C., *The Cuneiform Inscriptions of Western Asia,* vol. I, III, IV, V, London, 1861, 1870, 1891, 1880.
READE J., "Archaeology and the Kuyunjik Archives", in *Cuneiform Archives and Libraries,* (*CRRAI* 30, Leiden, 1983), Istanbul, 1986.
ROHDE E., "Studien zur Chronologie der griechischen Litteraturgeschichte", in *Kleine Schriften,* vol. I, Tübingen, Leipzig, 1901.
ROST P., *Die Keilschrifttexte Tiglat-Pilesers III., nach den Papierabklatschen und Originalen des Britischen Museum,* Leipzig, 1893.
SAGGS H.W.F. "The Nimrud Letters, 1952. Part IV. The Urartian Frontier", in *Iraq,* 20, 1958.
SALONEN E., *Die Waffen der alten Mesopotamier,* Helsinki, 1965.
SALVATORI S., "Il dio Santa-Sandon. Uno sguardo ai testi", in *La Parola del Passato,* 30, 1975.
SALVINI M., "La storia della regione in epoca Urartea e i documenti", in PECORELLA P.E., SALVINI M., *Tra lo Zagros e l'Urmia. Richerche storiche ed archaeologiche nell'Azervaigian iraniano,* Roma, 1984.
SAMOKVASOV D. Ja., *Mogily russkoj zemli,* Moscou, 1908.
SAROWSKY A., "Notizen zu einigen biblischen geographischen und ethnographischen Namen", in *ZAW,* 32, 1912.
SCHALIT A., *Namenwörterbuch zu Flavius Josephus. A Complete Concordance to Flavius Josephus,* Suppl. I, Leiden, 1968.
SCHAWE, "Aššuriṣûa", *RLA,* vol. I, 3, 1929.
SCHEIL V., "Choix de textes religieux assyriens", in *RHR,* 36, 1897.
SCHEIL V., *Le prisme S d'Assarhaddon,* Paris, 1914.
SCHIFFER S., Compte rendu du livre: ABL, vol. VIII-IX, in *OLZ,* 17, 1914.
SCHIFFER S., Compte rendu du livre: ABL, vol. X-XI, *OLZ,* 18, 1915.

SCHMIDT M., post I. ALBERTUM recensuit, Hesychii Alexandrini *Lexicon,* Amsterdam, 1965 (1858).
SCHOENE A., ed., Eusebius, *Chronicorum Canonum quae supersunt,* vol. II, Dublin. Zürich, 1967 (1866).
SCHOENE A., ed., Eusebius, *Chronicorum liber prior,* vol. I, Dublin, Zürich, 1967 (1875).
SCHRADER E., *Keilschriftliche Bibliothek. Sammlung von assyrischen und babylonischen Texten in Umschrift und Übersetzung,* vol. II, Berlin, 1890.
SCHRAMM G., *Nordpontische Ströme,* Göttingen, 1973.
SCHWYZER E., "Iranisches", in *Zeitschrift für Indologie und Iranistik,* 6, 1928.
SCHWYZER E., *Griechische Grammatik,* vol. I, München, 1939.
SEGERT S., *Altaramäische Grammatik,* Leipzig, 1986.
SMITH G., *History of Ashurbanipal,* London, 1871.
SMITH G., *Assyrian Discoveries. An Account of Explorations and Discoveries on the Site of Nineveh during 1873 and 1874.* New York, 1875.
SMITH S.A., *Die Keilschrifttexte Asurbanipals, Königs von Assyrien,* vol. I-III, Leipzig, 1887-1889.
SMITH S., *Babylonian Historical Texts, Relating to the Capture and Downfall of Babylon,* London, 1924.
SMITH S., "The Supremacy of Assyria", in *The Cambridge Ancient History,* vol III, Cambridge, London, New York, 1976 (1925).
SMITH S., "Compte rendu de l'article: THOMPSON R.C., MALLOWAN M.E.L., "The British Museum Excavations at Nineveh, 1931-1932", in *University of Liverpool. Annals of Archaeology and Anthropology,* 20, 1933", in *JRAS,* 1934, N° 10.
SMITH W., FULLER J., *A Dictionary of the Bible,* London, 1893.
von SODEN W., "Zum akkadischen Wörterbuch, 1-5", in *Orientalia,* 15, 1946.
von SODEN W., *Grundriss der akkadischen Grammatik,* Roma, 1952.
von SODEN W., "Aramäische Wörter in neuassyrischen und neu- und spätbabylonischen Texten. Ein Vorbericht, III", in *Orientalia,* 46, 1977.
SOEDEL P., *De fabellis ad Croesum pertinentibus quaestiones selectae,* Diss., Gottingae, 1911.
SOLOV'JOVA S.S., "Lidija pri Gigese i jego vzaimootnošenija s Assirijej", in *Drevnij Vostok,* 1, Moscou, 1975.
SOMMER F., *Die Ahhijawa-Urkunden,* München, 1932.
SPALINGER A.J., "Esarhadon and Egypt: An Analysis of the First Invasion of Egypt", in *Orientalia,* 43, 1974.
SPALINGER A.J., "The Date of the Death of Gyges and its Historical Implications", in *JAOS,* 98, 1978.
STARR I., *The Rituals of the Diviner,* (*Bibliotheca Mesopotamica,* 12), Malibu, 1983.
STRASBURGER H., "Herodots Zeitrechnung", in *Historia,* 5, 1956.
STRECK M., "Das Gebiet der heutigen Landschaften Armenien, Kurdistân und Westpersien nach den babylonisch-assyrischen Keilinschriften.

III. Gebiete zwischen Van- und Urmiasee, sowie nördlich von beiden", in *ZA*, 14, 1899, 15, 1900.
STRECK M., *Assurbanipal und die letzten assyrische Könige bis zum Untergange Nineveh's,* parties 1-3, (*VAB* 7), Leipzig, 1916.
STRONG A., "On some Oracles to Esarhaddon and Ashurbanipal", in *Beiträge zur Assyriologie und vergleichenden Semitischen Sprachwissenschaft,* vol. II, Leipzig, 1894.
STRUVE V.V., "Arijskaja problema", in *Sovetskaja etnografija,* 6-7, 1947.
STRUVE V.V., "Khronologija VI v. do n.e. v trud'e Gerodota i data pokhoda Darija I na skifov Pričernomor'ja", in *Et'udy po istorii Severnogo Pričernomor'ja, Kavkaza i Srednej Azii,* Léningrad, 1968.
SULIMIRSKI T., "The Cimmerian Problem", in *Bulletin of the Institute of Archaeology of London,* 2, 1960.
SWETE H.B., ed., *The Old Testament in Greek, according to the Septuagint,* Cambridge, 1894-1896.
TADMOR H., "The Campaigns of Sargon II of Assur: a Chronological and Historical Study", in *JCS,* 12, 1958.
TADMOR H., "Tri poslednikh des'atiletija Assirii", in *Trudy XXV Meždunarodnogo kongressa vostokovedov,* vol. I, Moscou, 1962.
TADMOR H., LANDSBERGER B., PARPOLA S., "The Sin of Sargon and Sennacherib's Last Will", in *SAAB,* 3, 1989.
TALLGREN A.M., "La Pontide préscythique", in *Eurasia septentrionalis antiqua,* 2, Helsinki, 1926.
TERENOZKIN A.I., "K istorii izučenija predskifskogo perioda": *Skifskije drevnosti,* Kiev, 1973.
TERENOZKIN A.I., *Kimmerijcy,* Kiev, 1976.
THOMPSON E.M., *An Introduction to Greek and Latin Palaeography,* Oxford, 1912.
THOMPSON R.C., *The Prisms of Esarhaddon and Ashurbanipal Found at Nineveh, 1927-8,* London, 1931.
THOMPSON R.C., "An Assyrian Parallel to an Incident in the Story of Semiramis", in *Iraq,* 4, 1937.
THOMPSON R. C., "A Selection from the Cuneiform Historical Texts from Nineveh (1927-32)", in *Iraq,* 7, 1940.
THOMPSON R.C., MALLOWAN M.E.L., "The British Museum Excavations at Nineveh, 1931-1932", in *University of Liverpool. Annals of Archaeology and Anthropology,* 20, 1933.
THUREAU-DANGIN F., *Une relation de la huitième campagne de Sargon II,* Paris, 1912.
THUREAU-DANGIN F., "Tell Ahmar", in *Syria,* 10, 1929.
THUREAU-DANGIN F., DUNAND M., *Til-Barsib,* Paris, 1936.
de TISCHENDORF C., ed., *Vetus Testamentum Graece, iuxta LXX Interpretes,* Lipsiae, 1875.
TOKHTAS'JEV S.R., "O peredviženii soglasnykh vo frakijskom jazyke", in *Antičnaja balkanistika. Karpato-balkanskij region v diakhronii. Predvaritel'nyje materialy k simpoziumu,* Moscou, 1984.

TOKHTAS'JEV S.R., "Thracica 2: ἄργιλλαι i drugije", in *Meždunarodnyj simposium "Antičnaja balkanistika 6"*, Les résumés des conférences, Moscou, 1988.

TOMASCHEK W., *Die alten Thraker. Eine ethographische Untersuchung*, Wien, 1980[2].

The Triglot Bible, vol. I, Old Testament, London, 1890.

TRONSKIJ I.M., *Drevnegrečeskoje udarenije*, Moscou, Léningrad, 1962.

TRUBATCHEV O.N. "*Temarundum matre maris*. K voprosu o jazyke indoevropejskogo naselenija Priazov'ja", in *Slav'anskoje i balkanskoje jazykoznanije*, Moscou, 1977.

UKERT F.A., *Geographie der Griechen und Römer von den frühesten Zeiten bis auf Ptolemäus*, vol. III,2, *Skythien*, Weimar, 1846.

UNGNAD, "Eponymen", in *RLA*, vol. II, 1938.

van der VALK M., *Textual Criticism of the Odyssey*, Leiden, 1949.

VASMER M., *Untersuchungen über die ältesten Wohnsitze der Slaven. I. Die Iranier in Südrußland*, Leipzig, 1923.

VIGOUROUX F., *Dictionnaire de la Bible*, vol. III, Paris, 1903.

VIGOUROUX F., ed., *La Sainte Bible Polyglotte*, Paris, 1900-1906.

WALDE A., HOFMANN J.B. *Lateinisches Etymologisches Wörterbuch*, Heidelberg, 1982[5].

WALDE A., POKORNY J., *Vergleichende Wörterbuch der Indogermanischen Sprachen*, Berlin, Leipzig, 1927.

WATERMAN L., "Some Kouyounjik Letters and Related Texts", in *AJSL*, 29, 1912.

WEIDNER E., "Studien zur babylonischen Himmelskunde", in *RSO*, 9, 1922.

WEIDNER E.F., "Ein Astrologischer Kommentar aus Uruk", in *Studia Orientalia*, 1, Helsingforsiae, 1925.

WELLES C.B., *Royal Correspondence in the Hellenistic Period*, Roma, 1966.

WEVERS J.W., ed., *Septuaginta. Vetus Testamentum Graecum, Auctoritate Academiae Scientiarum Gottingensis editum*, vol. I, *Genesis*, Göttingen, 1974.

von WILAMOWITZ-MOELLENDORFF U., "Panion, 1906", in *Kleine Schriften*, vol. V, 1, Berlin, 1937.

von WILAMOWITZ-MÖLLENDORFF U., *Timotheos, Die Perser*, Berlin, 1903.

WINCKLER H., *Die Keilschrifttexte Sargons*, Leipzig, 1889.

WINCKLER H., *Sammlung von Keilschrifttexte*, vol. II, III, Leipzig, 1893, 1895.

WINCKLER H., "Kimmerier, Skythen, Ašguzäer", in *Altorientalische Forschungen*, Heft VI, Leipzig, 1897.

WISEMAN D.J., "The Nimrud Tablets, 1951", in *Iraq*, 14, 1952.

WISEMAN D.J., "The Vassal-Treaties of Esarhaddon", in *Iraq*, 20, 1958.

YONG R.S., de VRIES K., McCLELLAN, *The Gordion Excavations. Final Reports*, vol. I, *Three Great Early Tumuli*, Pennsylvania, 1981.

YLVISAKER S.C., *Zur babylonischen und assyrischen Grammatik. Eine Untersuchung auf Grund der Briefe aus der Sargonidenzeit*, Leipzig, 1912.
ZADOK R., *Geographical Names according to New- and Late- Babylonian Texts.* (*Répertoire géographique des textes cunéiformes*, vol. 8), Wiesbaden, 1984.
ZGUSTA L., *Kleinasiatische Personennamen*, Prag, 1964.
ZGUSTA L., *Kleinasiatische Ortsnamen*, Heidelberg, 1984.
ZIEGLER J., ed., *Septuaginta. Vetus Testamentum Graecum, Auctoritate Academiae Scientiarum Gottingensis editum*, vol. XVI,1, *Ezechiel*, Göttingen, 1952.
ZWICKER, "Sandon", in *RE*, vol. z.R. II, 1920.

INDEX DES NOMS PROPRES

Le nom des Cimmériens et ses différentes formes ne sont pas inclus. Les noms des auteurs modernes mentionnés dans le texte sont indiqués en italique

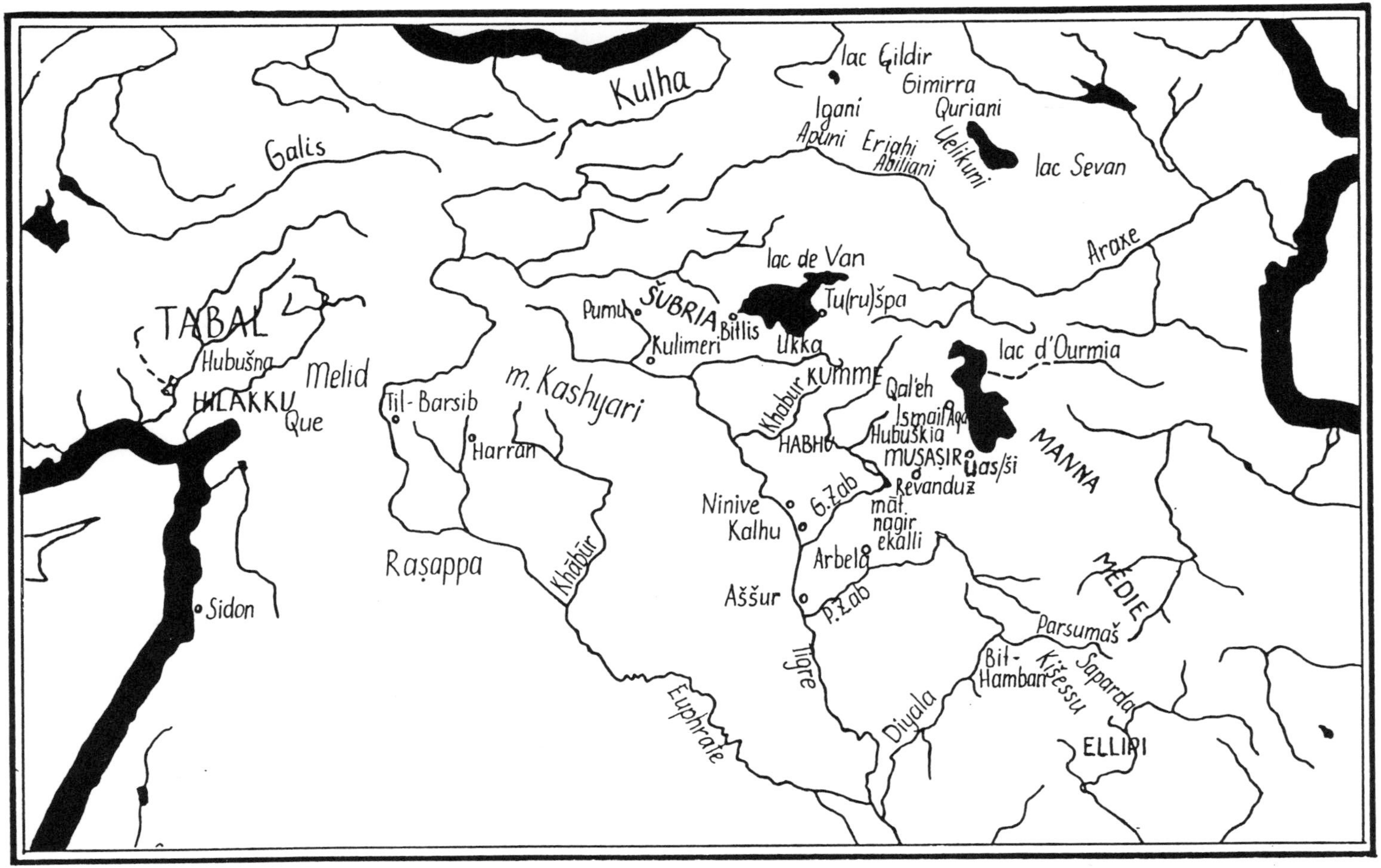

lac Çildir
Gimirra
Quriani
Igani
Apuni
Eriahi
Abiliani
Uelikuni
lac Sevan
Kulha
Galis
Araxe
lac de Van
Tu(ru)špa
Pumu
ŠUBRIA
Bitlis
Kulimeri
Ukka
lac d'Ourmia
TABAL
Hubušna
Melid
HILAKKU
Que
Til-Barsib
m. Kashyari
Harran
KUMME
Khabur
HABHU
Qal'eh
Ismail Aqa
Hubuškia
MUSAṢIR
Uas/ši
MANNA
Revanduz
G. Zab
Ninive
Kalhu
māt nagir ekalli
Arbela
Rasappa
Khābūr
Aššur
P. Zab
MÉDIE
Sidon
Parsumaš
Tigre
Bit-Hambarri
Kišessu
Saparda
Diyala
Euphrate
ELLIPI

ORBIS BIBLICUS ET ORIENTALIS

Bd. 1 OTTO RICKENBACHER: *Weisheitsperikopen bei Ben Sira.* X–214–15* Seiten. 1973. Vergriffen.

Bd. 2 FRANZ SCHNIDER: *Jesus der Prophet.* 298 Seiten. 1973. Vergriffen.

Bd. 3 PAUL ZINGG: *Das Wachsen der Kirche.* Beiträge zur Frage der lukanischen Redaktion und Theologie. 345 Seiten. 1974. Vergriffen.

Bd. 4 KARL JAROŠ: *Die Stellung des Elohisten zur kanaanäischen Religion.* 294 Seiten, 12 Abbildungen. 1982. 2. verbesserte und überarbeitete Auflage.

Bd. 5 OTHMAR KEEL: *Wirkmächtige Siegeszeichen im Alten Testament.* Ikonographische Studien zu Jos 8, 18–26; Ex 17, 8–13; 2 Kön 13, 14–19 und 1 Kön 22, 11. 232 Seiten, 78 Abbildungen. 1974. Vergriffen.

Bd. 6 VITUS HUONDER: *Israel Sohn Gottes.* Zur Deutung eines alttestamentlichen Themas in der jüdischen Exegese des Mittelalters. 231 Seiten. 1975.

Bd. 7 RAINER SCHMITT: *Exodus und Passa. Ihr Zusammenhang im Alten Testament.* 124 Seiten. 1982. 2. neubearbeitete Auflage.

Bd. 8 ADRIAN SCHENKER: *Hexaplarische Psalmenbruchstücke.* Die hexaplarischen Psalmenfragmente der Handschriften Vaticanus graecus 752 und Canonicianus graecus 62. Einleitung, Ausgabe, Erläuterung. XXVIII–446 Seiten. 1975.

Bd. 9 BEAT ZUBER: *Vier Studien zu den Ursprüngen Israels.* Die Sinaifrage und Probleme der Volks- und Traditionsbildung. 152 Seiten. 1976. Vergriffen.

Bd. 10 EDUARDO ARENS: *The* ΗΛΘΟΝ-*Sayings in the Synoptic Tradition.* A Historico-critical Investigation. 370 Seiten. 1976.

Bd. 11 KARL JAROŠ: *Sichem.* Eine archäologische und religionsgeschichtliche Studie, mit besonderer Berücksichtigung von Jos 24. 280 Seiten, 193 Abbildungen. 1976.

Bd. 11a KARL JAROŠ/BRIGITTE DECKERT: *Studien zur Sichem-Area.* 81 Seiten, 23 Abbildungen. 1977.

Bd. 12 WALTER BÜHLMANN: *Vom rechten Reden und Schweigen.* Studien zu Proverbien 10–31. 371 Seiten. 1976. Vergriffen.

Bd. 13 IVO MEYER: *Jeremia und die falschen Propheten.* 155 Seiten. 1977. Vergriffen.

Bd. 14 OTHMAR KEEL: *Vögel als Boten.* Studien zu Ps 68, 12–14, Gen 8, 6–12, Koh 10, 20 und dem Aussenden von Botenvögeln in Ägypten. – Mit einem Beitrag von Urs Winter zu Ps 56, 1 und zur Ikonographie der Göttin mit der Taube. 164 Seiten, 44 Abbildungen. 1977. Vergriffen.

Bd. 15 MARIE-LOUISE GUBLER: *Die frühesten Deutungen des Todes Jesu.* Eine motivgeschichtliche Darstellung aufgrund der neueren exegetischen Forschung. XVI–424 Seiten. 1977. Vergriffen.

Bd. 16 JEAN ZUMSTEIN: *La condition du croyant dans l'Evangile selon Matthieu.* 467 pages. 1977. Epuisé.

Bd. 17 FRANZ SCHNIDER: *Die verlorenen Söhne.* Strukturanalytische und historisch-kritische Untersuchungen zu Lk 15. 105 Seiten. 1977.

Bd. 18 HEINRICH VALENTIN: *Aaron.* Eine Studie zur vor-priesterschriftlichen Aaron-Überlieferung. VIII–441 Seiten. 1978.

Bd. 19 MASSÉO CALOZ: *Etude sur la LXX origénienne du Psautier.* Les relations entre les leçons des Psaumes du Manuscrit Coislin 44, les Fragments des Hexaples et le texte du Psautier Gallican. 480 pages. 1978.

Bd. 20 RAPHAEL GIVEON: *The Impact of Egypt on Canaan.* Iconographical and Related Studies. 156 Seiten, 73 Abbildungen. 1978.

Bd. 21 DOMINIQUE BARTHÉLEMY: *Etudes d'histoire du texte de l'Ancien Testament.* XXV–419 pages. 1978. Epuisé.

Bd. 22/1 CESLAS SPICQ: *Notes de Lexicographie néo-testamentaire.* Tome I: p. 1–524. 1978. Epuisé.

Bd. 22/2 CESLAS SPICQ: *Notes de Lexicographie néo-testamentaire.* Tome II: p. 525–980. 1978. Epuisé.

Bd. 22/3 CESLAS SPICQ: *Notes de Lexicographie néo-testamentaire.* Supplément. 698 pages. 1982.

Bd. 23 BRIAN M. NOLAN: *The Royal Son of God.* The Christology of Matthew 1–2 in the Setting of the Gospel. 282 Seiten. 1979. Out of print.

Bd. 24 KLAUS KIESOW: *Exodustexte im Jesajabuch.* Literarkritische und motivgeschichtliche Analysen. 221 Seiten. 1979. Vergriffen.

Bd. 25/1 MICHAEL LATTKE: *Die Oden Salomos in ihrer Bedeutung für Neues Testament und Gnosis.* Band I. Ausführliche Handschriftenbeschreibung. Edition mit deutscher Parallel-Übersetzung. Hermeneutischer Anhang zur gnostischen Interpretation der Oden Salomos in der Pistis Sophia. XI–237 Seiten. 1979.

Bd. 25/1a MICHAEL LATTKE: *Die Oden Salomos in ihrer Bedeutung für Neues Testament und Gnosis.* Band Ia. Der syrische Text der Edition in Estrangela Faksimile des griechischen Papyrus Bodmer XI. 68 Seiten. 1980.

Bd. 25/2 MICHAEL LATTKE: *Die Oden Salomos in ihrer Bedeutung für Neues Testament und Gnosis.* Band II. Vollständige Wortkonkordanz zur handschriftlichen, griechischen, koptischen, lateinischen und syrischen Überlieferung der Oden Salomos. Mit einem Faksimile des Kodex N. XVI–201 Seiten. 1979.

Bd. 25/3 MICHAEL LATTKE: *Die Oden Salomos in ihrer Bedeutung für Neues Testament und Gnosis.* Band III. XXXIV–478 Seiten. 1986.

Bd. 26 MAX KÜCHLER: *Frühjüdische Weisheitstraditionen.* Zum Fortgang weisheitlichen Denkens im Bereich des frühjüdischen Jahweglaubens. 703 Seiten. 1979. Vergriffen.

Bd. 27 JOSEF M. OESCH: *Petucha und Setuma.* Untersuchungen zu einer überlieferten Gliederung im hebräischen Text des Alten Testaments. XX–392–37* Seiten. 1979.

Bd. 28 ERIK HORNUNG/OTHMAR KEEL (Herausgeber): *Studien zu altägyptischen Lebenslehren.* 394 Seiten. 1979.

Bd. 29 HERMANN ALEXANDER SCHLÖGL: *Der Gott Tatenen.* Nach Texten und Bildern des Neuen Reiches. 216 Seiten, 14 Abbildungen. 1980.

Bd. 30 JOHANN JAKOB STAMM: *Beiträge zur Hebräischen und Altorientalischen Namenkunde.* XVI–264 Seiten. 1980.

Bd. 31 HELMUT UTZSCHNEIDER: *Hosea - Prophet vor dem Ende.* Zum Verhältnis von Geschichte und Institution in der alttestamentlichen Prophetie. 260 Seiten. 1980.

Bd. 32 PETER WEIMAR: *Die Berufung des Mose.* Literaturwissenschaftliche Analyse von Exodus 2, 23–5, 5. 402 Seiten. 1980.

Bd. 33 OTHMAR KEEL: *Das Böcklein in der Milch seiner Mutter und Verwandtes.* Im Lichte eines altorientalischen Bildmotivs. 163 Seiten, 141 Abbildungen. 1980.

Bd. 34 PIERRE AUFFRET: *Hymnes d'Egypte et d'Israël.* Etudes de structures littéraires. 316 pages, 1 illustration. 1981.

Bd. 35 ARIE VAN DER KOOIJ: *Die alten Textzeugen des Jesajabuches.* Ein Beitrag zur Textgeschichte des Alten Testaments. 388 Seiten. 1981.

Bd. 36 CARMEL McCARTHY: *The Tiqqune Sopherim and Other Theological Corrections in the Masoretic Text of the Old Testament.* 280 Seiten. 1981.

Bd. 37 BARBARA L. BEGELSBACHER-FISCHER: *Untersuchungen zur Götterwelt des Alten Reiches im Spiegel der Privatgräber der IV. und V. Dynastie.* 336 Seiten. 1981.

Bd. 38 MÉLANGES DOMINIQUE BARTHÉLEMY. *Etudes bibliques offertes à l'occasion de son 60e anniversaire.* Edités par Pierre Casetti, Othmar Keel et Adrian Schenker. 724 pages, 31 illustrations. 1981.

Bd. 39 ANDRÉ LEMAIRE: *Les écoles et la formation de la Bible dans l'ancien Israël.* 142 pages, 14 illustrations. 1981.

Bd. 40 JOSEPH HENNINGER: *Arabica Sacra.* Aufsätze zur Religionsgeschichte Arabiens und seiner Randgebiete. Contributions à l'histoire religieuse de l'Arabie et de ses régions limitrophes. 347 Seiten. 1981.

Bd. 41 DANIEL VON ALLMEN: *La famille de Dieu.* La symbolique familiale dans le paulinisme. LXVII–330 pages, 27 planches. 1981.

Bd. 42 ADRIAN SCHENKER: *Der Mächtige im Schmelzofen des Mitleids.* Eine Interpretation von 2 Sam 24. 92 Seiten. 1982.

Bd. 43 PAUL DESELAERS: *Das Buch Tobit.* Studien zu seiner Entstehung, Komposition und Theologie. 532 Seiten + Übersetzung 16 Seiten. 1982.

Bd. 44 PIERRE CASETTI: *Gibt es ein Leben vor dem Tod?* Eine Auslegung von Psalm 49. 315 Seiten. 1982.

Bd. 45 FRANK-LOTHAR HOSSFELD: *Der Dekalog.* Seine späten Fassungen, die originale Komposition und seine Vorstufen. 308 Seiten. 1982. Vergriffen.

Bd. 46 ERIK HORNUNG: *Der ägyptische Mythos von der Himmelskuh.* Eine Ätiologie des Unvollkommenen. Unter Mitarbeit von Andreas Brodbeck, Hermann Schlögl und Elisabeth Staehelin und mit einem Beitrag von Gerhard Fecht. XII–129 Seiten, 10 Abbildungen. 1991. 2. ergänzte Auflage.

Bd. 47 PIERRE CHERIX: *Le Concept de Notre Grande Puissance (CG VI, 4).* Texte, remarques philologiques, traduction et notes. XIV–95 pages. 1982.

Bd. 48 JAN ASSMANN/WALTER BURKERT/FRITZ STOLZ: *Funktionen und Leistungen des Mythos.* Drei altorientalische Beispiele. 118 Seiten, 17 Abbildungen. 1982. Vergriffen.

Bd. 49 PIERRE AUFFRET: *La sagesse a bâti sa maison.* Etudes de structures littéraires dans l'Ancien Testament et spécialement dans les psaumes. 580 pages. 1982.

Bd. 50/1 DOMINIQUE BARTHÉLEMY: *Critique textuelle de l'Ancien Testament.* 1. Josué, Juges, Ruth, Samuel, Rois, Chroniques, Esdras, Néhémie, Esther. Rapport final du Comité pour l'analyse textuelle de l'Ancien Testament hébreu institué par l'Alliance Biblique Universelle, établi en coopération avec Alexander R. Hulst †, Norbert Lohfink, William D. McHardy, H. Peter Rüger, coéditeur, James A. Sanders, coéditeur. 812 pages. 1982.

Bd. 50/2 DOMINIQUE BARTHÉLEMY: *Critique textuelle de l'Ancien Testament.* 2. Isaïe, Jérémie, Lamentations. Rapport final du Comité pour l'analyse textuelle de l'Ancien Testament hébreu institué par l'Alliance Biblique Universelle, établi en coopération avec Alexander R. Hulst †, Norbert Lohfink, William D. McHardy, H. Peter Rüger, coéditeur, James A. Sanders, coéditeur. 1112 pages. 1986.

Bd. 50/3 DOMINIQUE BARTHÉLEMY: *Critique textuelle de l'Ancien Testament.* Tome 3. Ézéchiel, Daniel et les 12 Prophètes. Rapport final du Comité pour l'analyse textuelle de l'Ancien Testament hébreu institué par l'Alliance Biblique Universelle, établi en coopération avec Alexander R. Hulst†, Norbert Lohfink, William D. McHardy, H. Peter Rüger, coéditeur†, James A. Sanders, coéditeur. 1424 pages. 1992.

Bd. 51 JAN ASSMANN: *Re und Amun.* Die Krise des polytheistischen Weltbilds im Ägypten der 18.–20. Dynastie. XII–309 Seiten. 1983.

Bd. 52 MIRIAM LICHTHEIM: *Late Egyptian Wisdom Literature in the International Context.* A Study of Demotic Instructions. X–240 Seiten. 1983.

Bd. 53 URS WINTER: *Frau und Göttin.* Exegetische und ikonographische Studien zum weiblichen Gottesbild im Alten Israel und in dessen Umwelt. XVIII–928 Seiten, 520 Abbildungen. 1987. 2. Auflage. Mit einem Nachwórt zur 2. Auflage.

Bd. 54 PAUL MAIBERGER: *Topographische und historische Untersuchungen zum Sinaiproblem.* Worauf beruht die Identifizierung des Ǧabal Mūsā mit dem Sinai? 189 Seiten, 13 Tafeln. 1984.

Bd. 55 PETER FREI/KLAUS KOCH: *Reichsidee und Reichsorganisation im Perserreich.* 119 Seiten, 17 Abbildungen. 1984. Vergriffen. Neuauflage in Vorbereitung

Bd. 56 HANS-PETER MÜLLER: *Vergleich und Metapher im Hohenlied.* 59 Seiten. 1984.

Bd. 57 STEPHEN PISANO: *Additions or Omissions in the Books of Samuel.* The Significant Pluses and Minuses in the Massoretic, LXX and Qumran Texts. XIV–295 Seiten. 1984.

Bd. 58 ODO CAMPONOVO: *Königtum, Königsherrschaft und Reich Gottes in den Frühjüdischen Schriften.* XVI–492 Seiten. 1984.

Bd. 59 JAMES KARL HOFFMEIER: *Sacred in the Vocabulary of Ancient Egypt.* The Term *DSR,* with Special Reference to Dynasties I–XX. XXIV–281 Seiten, 24 Figures. 1985.

Bd. 60 CHRISTIAN HERRMANN: *Formen für ägyptische Fayencen.* Katalog der Sammlung des Biblischen Instituts der Universität Freiburg Schweiz und einer Privatsammlung. XXVIII-199 Seiten. Mit zahlreichen Abbildungen im Text und 30 Tafeln. 1985.

Bd. 61 HELMUT ENGEL: *Die Susanna-Erzählung.* Einleitung, Übersetzung und Kommentar zum Septuaginta-Text und zur Theodition-Bearbeitung. 205 Seiten + Anhang 11 Seiten. 1985.

Bd. 62 ERNST KUTSCH: *Die chronologischen Daten des Ezechielbuches.* 82 Seiten. 1985.

Bd. 63 MANFRED HUTTER: *Altorientalische Vorstellungen von der Unterwelt.* Literar- und religionsgeschichtliche Überlegungen zu «Nergal und Ereškigal». VIII–187 Seiten. 1985.

Bd. 64 HELGA WEIPPERT/KLAUS SEYBOLD/MANFRED WEIPPERT: *Beiträge zur prophetischen Bildsprache in Israel und Assyrien.* IX–93 Seiten. 1985.

Bd. 65 ABDEL-AZIZ FAHMY SADEK: *Contribution à l'étude de l'Amdouat.* Les variantes tardives du Livre de l'Amdouat dans les papyrus du Musée du Caire. XVI–400 pages, 175 illustrations. 1985.

Bd. 66 HANS-PETER STÄHLI: *Solare Elemente im Jahweglauben des Alten Testamentes.* X–60 Seiten. 1985.

Bd. 67 OTHMAR KEEL / SILVIA SCHROER: *Studien zu den Stempelsiegeln aus Palästina/Israel.* Band I. 115 Seiten, 103 Abbildungen. 1985.

Bd. 68 WALTER BEYERLIN: *Weisheitliche Vergewisserung mit Bezug auf den Zionskult.* Studien zum 125. Psalm. 96 Seiten. 1985.

Bd. 69 RAPHAEL VENTURA: *Living in a City of the Dead.* A Selection of Topographical and Administrative Terms in the Documents of the Theban Necropolis. XII–232 Seiten. 1986.

Bd. 70 CLEMENS LOCHER: *Die Ehre einer Frau in Israel.* Exegetische und rechtsvergleichende Studien zu Dtn 22, 13–21. XVIII–464 Seiten. 1986.

Bd. 71 HANS-PETER MATHYS: *Liebe deinen Nächsten wie dich selbst.* Untersuchungen zum alttestamentlichen Gebot der Nächstenliebe (Lev 19,18). XII–204 Seiten. 1990. 2. verbesserte Auflage.

Bd. 72 FRIEDRICH ABITZ: *Ramses III. in den Gräbern seiner Söhne.* 156 Seiten, 31 Abbildungen. 1986.

Bd. 73 DOMINIQUE BARTHÉLEMY/DAVID W. GOODING/JOHAN LUST/EMANUEL TOV: *The Story of David and Goliath.* 160 Seiten. 1986.

Bd. 74 SILVIA SCHROER: *In Israel gab es Bilder.* Nachrichten von darstellender Kunst im Alten Testament. XVI–553 Seiten, 146 Abbildungen. 1987.

Bd. 75 ALAN R. SCHULMAN: *Ceremonial Execution and Public Rewards.* Some Historical Scenes on New Kingdom Private Stelae. 296 Seiten, 41 Abbildungen. 1987.

Bd. 76 JOŽE KRAŠOVEC: *La justice (Ṣdq) de Dieu dans la Bible hébraïque et l'interprétation juive et chrétienne.* 456 pages. 1988.

Bd. 77 HELMUT UTZSCHNEIDER: *Das Heiligtum und das Gesetz.* Studien zur Bedeutung der sinaitischen Heiligtumstexte (Ez 25–40; Lev 8–9). XIV–326 Seiten. 1988.

Bd. 78 BERNARD GOSSE: *Isaie 13,1-14,23.* Dans la tradition littéraire du livre d'Isaïe et dans la tradition des oracles contre les nations. 308 pages. 1988.

Bd. 79 INKE W. SCHUMACHER: *Der Gott Sopdu - Der Herr der Fremdländer.* XVI–364 Seiten, 6 Abbildungen. 1988.

Bd. 80 HELLMUT BRUNNER: *Das hörende Herz.* Kleine Schriften zur Religions- und Geistesgeschichte Ägyptens. Herausgegeben von Wolfgang Röllig. 449 Seiten, 55 Abbildungen. 1988.

Bd. 81 WALTER BEYERLIN: *Bleilot, Brecheisen oder was sonst?* Revision einer Amos-Vision. 68 Seiten. 1988.

Bd. 82 MANFRED HUTTER: *Behexung, Entsühnung und Heilung.* Das Ritual der Tunnawiya für ein Königspaar aus mittelhethitischer Zeit (KBo XXI 1 - KUB IX 34 - KBo XXI 6). 186 Seiten. 1988.

Bd. 83 RAPHAEL GIVEON: *Scarabs from Recent Excavations in Israel.* 114 Seiten. Mit zahlreichen Abbildungen im Text und 9 Tafeln. 1988.

Bd. 84 MIRIAM LICHTHEIM: *Ancient Egyptian Autobiographies chiefly of the Middle Kingdom.* A Study and an Anthology. 200 Seiten, 10 Seiten Abbildungen. 1988.

Bd. 85 ECKART OTTO: *Rechtsgeschichte der Redaktionen im Kodex Ešnunna und im «Bundesbuch».* Eine redaktionsgeschichtliche und rechtsvergleichende Studie zu altbabylonischen und altisraelitischen Rechtsüberlieferungen. 220 Seiten. 1989.

Bd. 86 ANDRZEJ NIWIŃSKI: *Studies on the Illustrated Theban Funerary Papyri of the 11th and 10th Centuries B.C.* 488 Seiten, 80 Seiten Tafeln. 1989.

Bd. 87 URSULA SEIDL: *Die babylonischen Kudurru-Reliefs.* Symbole mesopotamischer Gottheiten. 236 Seiten, 33 Tafeln und 2 Tabellen. 1989.

Bd. 88 OTHMAR KEEL/HILDI KEEL-LEU/SILVIA SCHROER: *Studien zu den Stempelsiegeln aus Palästina/Israel.* Band II. 364 Seiten, 652 Abbildungen. 1989.

Bd. 89 FRIEDRICH ABITZ: *Baugeschichte und Dekoration des Grabes Ramses' VI.* 202 Seiten, 39 Abbildungen. 1989.

Bd. 90 JOSEPH HENNINGER SVD: *Arabica varia.* Aufsätze zur Kulturgeschichte Arabiens und seiner Randgebiete. Contributions à l'histoire culturelle de l'Arabie et de ses régions limitrophes. 504 Seiten. 1989.

Bd. 91 GEORG FISCHER: *Jahwe unser Gott.* Sprache, Aufbau und Erzähltechnik in der Berufung des Mose (Ex. 3–4). 276 Seiten. 1989.

Bd. 92 MARK A. O'BRIEN: *The Deuteronomistic History Hypothesis:* A Reassessment. 340 Seiten. 1989.

Bd. 93 WALTER BEYERLIN: *Reflexe der Amosvisionen im Jeremiabuch.* 120 Seiten. 1989.

Bd. 94 ENZO CORTESE: *Josua 13-21.* Ein priesterschriftlicher Abschnitt im deuteronomistischen Geschichtswerk. 136 Seiten. 1990.

Bd. 95 ERIK HORNUNG (Herausgeber): *Zum Bild Ägyptens im Mittelalter und in der Renaissance. Comment se représente-t-on l'Egypte au Moyen Age et à la Renaissance.* 268 Seiten. 1990.

Bd. 96 ANDRÉ WIESE: *Zum Bild des Königs auf ägyptischen Siegelamuletten.* 264 Seiten. Mit zahlreichen Abbildungen im Text und 32 Tafeln. 1990.

Bd. 97 WOLFGANG ZWICKEL: *Räucherkult und Räuchergeräte.* Exegetische und archäologische Studien zum Räucheropfer im Alten Testament. 372 Seiten. Mit zahlreichen Abbildungen im Text. 1990.

Bd. 98 AARON SCHART: *Mose und Israel im Konflikt.* Eine redaktionsgeschichtliche Studie zu den Wüstenerzählungen. 296 Seiten. 1990.

Bd. 99 THOMAS RÖMER: *Israels Väter.* Untersuchungen zur Väterthematik im Deuteronomium und in der deuteronomistischen Tradition. 664 Seiten. 1990.

Bd. 100 OTHMAR KEEL/MENAKHEM SHUVAL/CHRISTOPH UEHLINGER: *Studien zu den Stempelsiegeln aus Palästina/Israel.* Band III. Die Frühe Eisenzeit. Ein Workshop. XIV–456 Seiten. Mit zahlreichen Abbildungen im Text und 22 Tafeln. 1990.

Bd. 101 CHRISTOPH UEHLINGER: *Weltreich und «eine Rede».* Eine neue Deutung der sogenannten Turmbauerzählung (Gen 11,1–9). XVI–654 Seiten. 1990.

Bd. 102 BENJAMIN SASS: *Studia Alphabetica.* On the Origin and Early History of the Northwest Semitic, South Semitic and Greek Alphabets. X–120 Seiten. 16 Seiten Abbildungen. 2 Tabellen. 1991.

Bd. 103 ADRIAN SCHENKER: *Text und Sinn im Alten Testament.* Textgeschichtliche und bibeltheologische Studien. VIII–312 Seiten. 1991.

Bd. 104 DANIEL BODI: *The Book of Ezekiel and the Poem of Erra.* IV–332 Seiten. 1991.

Bd. 105 YUICHI OSUMI: *Die Kompositionsgeschichte des Bundesbuches Exodus 20,22b–23,33.* XII–284 Seiten. 1991.

Bd. 106 RUDOLF WERNER: *Kleine Einführung ins Hieroglyphen-Luwische.* XII–112 Seiten. 1991.

Bd. 107 THOMAS STAUBLI: *Das Image der Nomaden im Alten Israel und in der Ikonographie seiner sesshaften Nachbarn.* XII–408 Seiten. 145 Abb. und 3 Falttafeln. 1991.

Bd. 108 MOSHÉ ANBAR: *Les tribus amurrites de Mari.* VIII–256 Seiten. 1991.

Bd. 109 GÉRARD J. NORTON/STEPHEN PISANO (eds.): *Tradition of the Text.* Studies offered to Dominique Barthélemy in Celebration of his 70th Birthday. 336 Seiten. 1991.

Bd. 110 HILDI KEEL-LEU: *Vorderasiatische Stempelsiegel.* Die Sammlung des Biblischen Instituts der Universität Freiburg Schweiz. 180 Seiten. 24 Tafeln. 1991.

Bd. 111 NORBERT LOHFINK: *Die Väter Israels im Deuteronomium.* Mit einer Stellungnahme von Thomas Römer. 152 Seiten. 1991.